21世纪通才系列教材

商法学通论

Introduction to Commercial Law

（第二版）

主　编　朱羿锟
副主编　郭宗杰　胡鹏翔

北京大学出版社
PEKING UNIVERSITY PRESS

图书在版编目(CIP)数据

商法学通论/朱羿锟主编. —2 版. —北京：北京大学出版社，2015.4
（21 世纪通才系列教材）
ISBN 978-7-301-25399-1

Ⅰ. ①商… Ⅱ. ①朱… Ⅲ. ①商法—法的理论—中国—高等学校—教材 Ⅳ. ①D923.991

中国版本图书馆 CIP 数据核字（2015）第 018048 号

书　　　名	商法学通论（第二版）
著作责任者	朱羿锟　主编　郭宗杰　胡鹏翔　副主编
责 任 编 辑	罗　玲
标 准 书 号	ISBN 978-7-301-25399-1
出 版 发 行	北京大学出版社
地　　　址	北京市海淀区成府路 205 号　100871
网　　　址	http://www.pup.cn
电 子 信 箱	law@pup.pku.edu.cn
新 浪 微 博	@北京大学出版社　@北大出版社法律图书
电　　　话	邮购部 62752015　发行部 62750672　编辑部 62752027
印 刷 者	河北滦县鑫华书刊印刷厂
经 销 者	新华书店
	730 毫米×980 毫米　16 开本　22 印张　419 千字
	2009 年 8 月第 1 版
	2015 年 4 月第 2 版　2021 年 12 月第 5 次印刷
定　　　价	39.00 元

未经许可，不得以任何方式复制或抄袭本书之部分或全部内容。
版权所有，侵权必究
举报电话：010-62752024　电子信箱：fd@pup.pku.edu.cn
图书如有印装质量问题，请与出版部联系，电话：010-62756370

第二版修订说明

科技进步一日千里,商业模式革故鼎新,商法新规层出不穷,商事司法精彩迭出,商法理论推陈出新,新理论、新成果不断涌现。此次修订,主要工作有三:一是注入商事登记改革、公司注册资本登记改革等立法和司法的最新发展,融入商法学前沿成果;二是全面更新司考知识链接,所有真题均选用2011—2013年试题;三是文字性校对。

拙著一旦成稿,相应的缺陷也就固定下来,诚望各位专家和读者批评指正。

编者
2015年1月2日

第一版编写说明

为适应非法学专业商法公共课程教学的需要，我们组织编写了融商法原理、图解和司法考试知识三位一体的新型教科书。为使学生通过本课程的学习，切实增强职业技能和素养，本书定位于商法的基本原理和基本制度，尽可能让学生对商事法有一个系统而全面的把握。从覆盖面来看，包括商法的基本制度、独资企业法、合伙企业法、公司法、合同法、证券法、票据法、保险法、信托法、破产法以及商事仲裁与诉讼。

为增强教材的针对性和实用性，本教材在编写上以非法学专业学生的学习特征为出发点，重在讲述基本原理和基本规则，深入浅出，言简意赅，简明扼要，一般不涉及学术研究尚无定论的内容。为将深奥的商法原理和商法规则直观化、模型化，真正让学生一目了然，提高学习兴趣和学习效率，本书创制了47幅图表。为实现与司法考试的无缝对接，增强学生的实战技能，本书专门设置了司法考试知识链接，除第一章商法概述和第七章信托法，因司法考试尚无具体题目涉及外，其余八章均收录了真题、题目的详解以及相关法条。在此基础上，每章均设计有实战演练题目，并在本书最后配参考答案，便于学生及时检验学习效果。

本书第一章、第三章和第六章由朱羿锟和李支撰写，第二章和第八章由朱羿锟和徐喜荣撰写，第四章、第五章和第七章由胡鹏翔撰写，第九章和第十章由郭宗杰撰写。全书由主编统稿、定稿，副主编郭宗杰和胡鹏翔协助主编统稿，郭宗杰博士为完善全书体例、司法考试知识链接以及实战演练题目设计，做了大量的工作。

本书旨在为非法学专业商法教学提供一些新的尝试，既为尝试，自有不断完善的空间，诚望各方面专家和读者不吝赐教。

本书的策划、编辑与出版得到了北京大学出版社李燕芬女士的大力支持与帮助，谨此致以衷心的感谢！

编者

2009 年 5 月

目　　录

第一章　商法概述 ·· 1
第一节　商法与营商环境 ·· 1
第二节　商事登记 ·· 9
第三节　商号 ·· 13
第四节　商事账簿 ·· 16
实战演练 ·· 20

第二章　企业法 ·· 22
第一节　企业概述 ·· 22
第二节　独资企业 ·· 25
第三节　普通合伙企业 ·· 28
第四节　特殊的普通合伙企业 ·· 37
第五节　有限合伙企业 ·· 38
司法考试相关知识链接 ·· 41
实战演练 ·· 46

第三章　公司法 ·· 48
第一节　公司设立 ·· 48
第二节　公司融资 ·· 54
第三节　公司股东 ·· 62
第四节　公司治理 ·· 66
第五节　公司变更与终止 ·· 79
司法考试相关知识链接 ·· 85
实战演练 ·· 95

第四章　合同法 ·· 97
第一节　合同的订立 ··· 97
第二节　合同的效力 ··· 109
第三节　合同的履行 ··· 115
第四节　合同的变更和转让 ·· 119
第五节　合同的终止 ··· 120

第六节 违约责任 123
司法考试相关知识链接 127
实战演练 131

第五章 证券法 133
第一节 证券概述 133
第二节 证券发行与承销 138
第三节 证券交易 146
第四节 上市公司收购 156
第五节 证券投资基金 164
司法考试相关知识链接 172
实战演练 175

第六章 票据法 176
第一节 票据的基本制度 176
第二节 汇票 186
第三节 本票和支票 195
司法考试相关知识链接 201
实战演练 205

第七章 信托法 207
第一节 信托的设立 207
第二节 信托财产 215
第三节 信托当事人 219
第四节 信托的变更和终止 228
实战演练 232

第八章 保险法 234
第一节 保险概述 234
第二节 保险公司 239
第三节 保险合同总论 245
第四节 财产保险合同 254
第五节 人身保险合同 260
司法考试相关知识链接 265
实战演练 269

第九章 破产法 272
第一节 破产总论 272
第二节 重整 287
第三节 和解 292

第四节　破产清算……………………………………………294
司法考试相关知识链接………………………………………300
实战演练………………………………………………………306

第十章　商事仲裁与诉讼………………………………………309
第一节　商事仲裁………………………………………………309
第二节　商事诉讼………………………………………………318
司法考试相关知识链接………………………………………332
实战演练………………………………………………………334

实战演练的参考答案……………………………………………337

图 目 录

图 1-1　商法的构造 …………………………………………… 1
图 1-2　世界银行的全球营商环境评价指标体系 …………… 2
图 1-3　商法的基本原则 ……………………………………… 5
图 1-4　会计凭证的类型 ……………………………………… 17
图 1-5　会计账簿的类型 ……………………………………… 18
图 1-6　资产与负债和所有者权益的关系 …………………… 18
图 2-1　商主体格局 …………………………………………… 22
图 3-1　我国公司治理结构 …………………………………… 67
图 3-2　董事会与经理权力的边界 …………………………… 74
图 3-3　董事、监事和高管义务的类型 ……………………… 76
图 4-1　合同的进程：从成立到终止 ………………………… 101
图 5-1　广义证券的类型 ……………………………………… 134
图 5-2　我国首只股票：飞乐音响 …………………………… 136
图 5-3　敲开市宝钟 …………………………………………… 149
图 5-4　持续信息公开的类型 ………………………………… 151
图 5-5　上市公司收购的类型 ………………………………… 158
图 5-6　基金当事人与基金财产的关系 ……………………… 165
图 6-1　汇票和支票中的法律关系 …………………………… 178
图 6-2　本票中的法律关系 …………………………………… 178
图 6-3　银行汇票的样式 ……………………………………… 187
图 6-4　汇票背书的样式 ……………………………………… 189
图 6-5　银行本票的样式 ……………………………………… 196
图 6-6　银行支票的样式 ……………………………………… 199
图 7-1　信托当事人与信托财产的关系 ……………………… 208

图7-2 信托成立、生效及当事人的权利 …………………………………… 211
图8-1 危险与损失 ……………………………………………………………… 234
图8-2 保险的类型 ……………………………………………………………… 235
图8-3 保险组织中的保险公司 ………………………………………………… 239
图9-1 重整的进程 ……………………………………………………………… 288
图9-2 和解的进程 ……………………………………………………………… 293
图9-3 破产清算的进程 ………………………………………………………… 295
图10-1 商事仲裁的进程 ……………………………………………………… 312
图10-2 商事案件的管辖 ……………………………………………………… 323
图10-3 商事诉讼的进程 ……………………………………………………… 325

表 目 录

表1-1	我国主要商事立法	9
表2-1	外商投资企业的主要形态	25
表2-2	普通合伙、有限合伙与有限责任公司	39
表3-1	一般有限责任公司与一人有限责任公司和国有独资公司之比较	50
表3-2	有限责任公司与股份有限公司的差异	51
表3-3	有限责任公司与股份有限公司的设立条件	52
表3-4	公司的组织机构	54
表3-5	股权融资与债权融资	55
表3-6	股东和发起人出资形式之比较	56
表3-7	股东(大)会会议的召集人与主持人顺序	68
表5-1	权证与股票、可转换公司债券之比较	138
表5-2	我国各种证券发行的核准机关	141
表5-3	我国证券上市的核准机关	148
表5-4	定期报告与临时报告的披露规则	152
表5-5	四种禁止的交易行为的法律责任比较	153
表5-6	协议收购与要约收购之比较	163
表9-1	破产程序的种类	273
表9-2	破产无效行为的溯及期与后果	280

第一章 商法概述

第一节 商法与营商环境

一、商与商法

（一）商法及其构造

商法（business law/commercial law），亦称商事法，是指调整商主体与商行为之法。商事关系中至少有一方须为经营者，经营者之法由商法作出规定，经营者之外的平等主体，已有民法、消费者权益保护法等作出规定。商行为就是经营行为，亦称商事交易，是一种特殊的私法行为，并不因为其主体的广泛性而丧失特殊性，商法需对其作出特别规定（图1-1）。

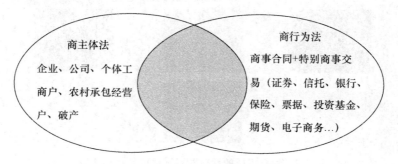

图 1-1　商法的构造

商法由商主体法和商行为法两大部分构成（图1-1）。商主体法是关于商主体资格的取得、变更或消灭的规则，系商法的核心。商行为法，亦称商事交易法，是商主体从事各种经营活动的行为规则。我国的基本商事行为已经纳入民商合一的《合同法》之中，在15种有名合同中，除赠与、无偿保管、委托、居间和个人消费买卖合同外，其他均具有商事合同性质，商事色彩之浓，可见一斑。特别商事交易法则具有很强的行业性，现行立法有一个显著的特点，就是除信托实行信托行为与信托主体分离的模式外，证券、证券投资基金、保险和银行都是实行主体与行为合一的立法模式。故，商主体法与商行为法往往会发生交叉（图1-1）。商主体法往往将与商事组织本身有着密切联系的行为纳入其中，如公司并购、证券发行等，因为它们并非单纯的商事交易活动，不宜交由合同法调整，而是由公司法统一调整。

(二) 营商环境中的商法

当今世界,和平交易而非武力夺取成为增加财富和提高人们生活水平的主要方式,国与国的竞争往往就是营商环境的竞争。而商法在一定程度上就是营商环境竞争力的体现。商法愈强,商法愈现代化,营商环境愈有吸引力(图1-2)。改进和完善商法,就是增强营商环境的竞争力和吸引力。2013年,全球114个经济体实施了238项监管改革,改革数量增加18%。中小企业需完成的手续总和为21272个,需要248745天,基于监管改善,比2012年减少4万天,实效之显著可见一斑。在全球营商环境排行榜上,我国台湾地区2009年还位居157位,当年即修订公司法,采取了废除有限公司和股份有限公司的最低注册资本制度等举措,2014年跃升第16位。我国在2014年全球营商环境排行榜上位居第96位,相信随着商事登记、注册资本制度及行政审批等改革的深化,我国营商环境会愈来愈具竞争力和吸引力。

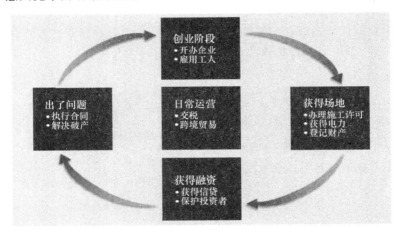

图1-2 世界银行的全球营商环境评价指标体系

二、商法的特征

尽管我国采用民商合一的立法体制,民法也适用于商事关系,但商法具有相对独立性,有着不同于普通民事法律制度的显著特征,主要体现为兼容性、创新与变革性、路径依赖性、本土性与趋同性。

(一) 兼容性

商法的兼容性表现为两个方面:一是作为私法,兼有公法的性质。商事关系是一种特殊的民事关系,商法也常常与民法并称为民商法,商法无疑属于私法的范畴。但是,为了确保私法规定的实现,尤其是确保商事交易安全,商法中存在许多公法性的规范,如在《证券法》中设置了大量关于国家证券监督管理机构监管职权的条款。这些公法性的规范没有从本质上改变商法的私法属性,但是体现了商法鲜明的公法化趋势。二是作为实体法,兼有程序法的内容。实体法是以规定和确认权利和义务或职责为主的法律规范,商法中明确规定了商主体的权利和义务,是当然的实体法。同时,商法还有大量的程序规范,如公司注册的程序、破产的程序、证券发行的程序等。实体法与程序法双管齐下,无疑保障了当事人权利的实现。

(二)创新与变革性

为营利创造条件和环境,乃是商法的使命。近代以来,最大的社会发明就是通过和平交易,而非武力夺取的方式增加财富和提高生活水平。唯有敏锐地应对和适应技术进步和社会经济发展变迁,商法才堪担当此重任,从而展现出鲜明的创新性和变革性,被誉为整个私法的开路先锋。[1]

其一,在抑商环境下因创新而诞生。创新显然不为商法所特有,但它的创新特色最为突出,就在于它能够在抑商环境下破土而生。重农抑商乃中西传统,商法正是降生于西方抑商环境之中,足见其夹缝中求生存的生命力。当初只是习惯法,但随着商业革命的兴起,星星之火,发展成燎原之势,为商法争取到准生证,并成为近代西方各国制定商法典的蓝本。

其二,因创新而迅猛发展。商事关系随技术进步和商业模式变化而不断翻新。交易领域从最初以海商为中心,发展到以陆地贸易为主,航空贸易欣欣向荣,航天贸易初露端倪;交易标的从早期以商品和货物为主,发展到商品与服务并举,金融服务愈来愈活跃;交易方式从传统的面对面协商,发展到交易人互不见面即可迅速达成交易,电子商务方兴未艾;支付手段从现金、票据、银行卡支付,发展到电子货币、电子支票,虚拟信用卡等新型支付方式层出不穷。相应地,法律调整的需求往往最先表现于商法,许多制度创新起源于商法。正因为如此,一项有效率的制度安排会不断地为他国或其他地区所吸收,没有效率的制度安排会逐步被淘汰。[2] 以公司治理准则为例,这种软法(soft law,亦称准法)形式始于英美,十余年间便光大于全球。

(三)路径依赖性

路径依赖源于生物学术语,是指具有正反馈机制的非线性动力系统一旦为某种偶然事件所影响,整个系统就会沿着一条固定的道路演化下去,即使有更好的替代方案也不能改变既定的路径,从而形成一种不可逆的自我强化机制。不

---

[1] 〔德〕拉德布鲁赫:《法学导论》,米健等译,中国大百科全书出版社1997年版,第75—76页。
[2] Roberta Romano, The States as a Laboratory: Legal Innovation and State Competition for Corporate Charters, Yale Law School Working Paper, 2005, http://ssrn.com/abstract=706522,最后访问日期2014年10月22日;G. Moodie, Forty Years of Charter Competition: A Race to Protect Directors' from Liability, Havard Law School John M. Olin Center for Law, Economics and Business Fellows Discussion Paper No. 1 (2004).

仅政治、经济、法律、文化等制度环境因素,可能影响商法的发展变迁,初始状态、系统演化过程中的偶然事件、认知能力的有限性、既得利益集团和转换成本等,同样会影响其发展变化。商法之所以能够在抑商环境下诞生,就是它善于借用原有制度的价值母体,"旧瓶装新酒",赢得了生存空间。我国公司治理之所以采用三角形公司治理结构,就是因为在当初学习、移植的一刹那,大陆法上的公司治理模式都是荷兰模式——荷兰东印度公司模式,而历次公司法修订仍维持这种模式,就是路径依赖使然。① 正因为如此,商法规范移植的过程往往也是本土化的过程。商法既有趋同性,也有多样性,不能以趋同性否定多样性。

(四) 趋同性与本土性

商法乃是工具型与情感型共同体的融合,大量的技术性规范与经济利益有着密切关系,亦有承载于习俗、惯例、经验、文化传统、道德的情感性规范,从而呈现出趋同性与本土性并存的局面。

首当其冲的就是技术性规范的趋同性。技术性愈强,愈是全球性或区域性趋同。无论是不同类型公司之间的转换规则,各种类别股份及类别股东会、股东大会和董事会法定人数,董事和监事的选举与罢免规则,公司反收购措施等,还是票据的文义性、独立性、无因性,票据的出票、背书、承兑、抗辩及追索权的行使,证券交易、持续信息披露以及上市公司收购,抑或保险费率的精算、偿付能力、保险保证金、保险准备金、保险保障基金以及保险资金运用规则等,无不具有极强的技术性,趋同性也很突出。这主要体现为:(1)技术性愈强,可移植性愈强;(2)国际条约和国际惯例日趋丰富多样;(3)区域性立法异军突起。欧盟部长理事会和欧洲委员会相继出台大量的派生立法(secondary legislation),包括条例(regulations)、指令(directives)和决定(decisions)。条例直接在各个成员国生效。指令需要成员国在规定的期限内转换为本国法,若成员国没有按时进行转换,可能被欧洲委员会诉诸欧洲法院(ECJ)。决定则是针对个案作出的,直接生效。欧盟的派生立法无疑促进了商法规范区域性一体化②,创设了崭新的公司形态——欧洲公司(European company, societas Europaea,简称"SE")。

当然,并不能简单地基于趋同性而忽视本土性。自19世纪末以来人类法律发展就已进入回应型发展阶段,注重法律扎根于现实土壤和实践场域,探究法律与经济、政治、文化、社会等复杂而广泛的现实因素之间的关系与互动,强调法律对社会需求的恰切而有效的回应,进而促进更远大更艰难的社会进步。法律必然是本土性的、自治性的,商法规范也不例外。正是由于许多规范承载于习俗、

---

① 参见邓峰:《中国公司治理的路径依赖》,载《中外法学》2008年第1期。
② Luca Enriques, EC Company Law Directives and Regulations: How Trivial Are They, ECGI Working Paper, 2005, http://ssrn.com/abstract=730388,最后访问日期2014年10月22日。

惯例、经验、文化传统和道德,具有鲜明的民族性,因而难以移植,也难以趋同。就欧盟公司法而言,尽管 1968—2004 年,欧盟通过的条例和指令达 47 件之多,仍难以触及民族性色彩浓烈的公司治理结构这个领域,基本是采用选择制这种妥协办法,谁也动不了谁的"奶酪"。再者,就算是法律移植,如果规范的民族性、本土性强,所谓移植往往也就是一个本土化的过程,"法律出口国仅仅能够向进口国展示它是如何处理所面对的法律问题的。最终,仍是由进口国自己权衡具体的移植是否有益"。①

三、商法的基本原则

商法的基本原则,是指反映一国商事法律的基本宗旨,对各类商事关系具有普遍性适用意义或司法指导意义,对统一的商法规则体系具有统领作用的根本准则。理解商法的基本原则,有助于理解商法及其具体的法律规范,有助于在实践中更客观地运用商法解决实际问题,有助于更好地认识和了解商法的创新和发展。本书将商法的基本原则概括为四大类:即维护企业自由原则、提高交易效率原则、维护交易安全原则和维护交易公平原则(图 1-3)。

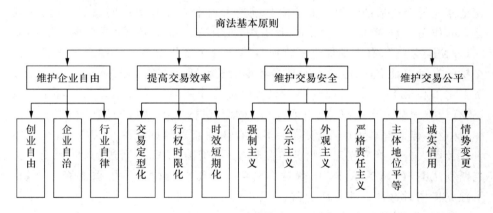

图 1-3 商法的基本原则

(一)维护企业自由原则

企业自由(free enterprise),是创造财富和增加价值的必要前提和基础。这并不是说企业可以为所欲为,而是在法律框架下,人们拥有从事商事活动的自主权,商法也保障这种自由。这种自由包括创业自由、企业自治和行业自律。创业自由,是指人们有创业或不创业的自由,有自主选择商主体法律形态进行创业的

---

① 〔荷〕扬·M.斯米茨:《法律模式的进口与出口:荷兰的经验》,魏磊杰译,载〔意〕简玛利亚·阿雅尼、魏磊杰编:《转型时期的法律变革与法律文化后苏联国家法律移植的审视》,魏磊杰、彭小龙译,清华大学出版社 2011 年版,第 32 页。

自由和决定对商主体投资额度的自由。在许多国家,为促进工商业的发展和增进社会就业,法律均鼓励居民自主创业,并给予一定的优惠。在我国,特殊人群如大学生、下岗职工等创业,可以享受包括税收减免等在内的优惠。现行《公司法》允许在两年之内分期完成出资,就是鼓励投资、鼓励创业的体现。

商主体一旦设立,即实行企业自治,包括自主管理和自主交易两个方面。自主管理是指在法律的框架内,商主体可以自行管理自身的经营事务,政府和其他个人组织不得随意干涉商主体的经营管理活动。对于公有制企业,还应当做到所有权和经营权的分离,国有资产监督管理机关代表国家行使所有权,但并不需要参与具体的经营管理活动,实行"政企分离,政资分离"。这样,可以增强商主体对瞬息万变的市场的驾驭能力,随机应变,当机立断,在激烈的市场竞争中立于不败之地。自主交易,是指只要不违反公序良俗,当事人有权决定是否订立合同、与谁订立合同以及选择合同的条件和形式。商事合同的订立是交易的基础,也是交易的保障。有了这种自主权,市场就可以充分发挥资源配置的基础作用,优胜劣汰,优化资源配置。

行业自律也是企业自由的重要内容。如前所述,商法最初源于习惯法,本身就是商人行会自治的结果。商法应鼓励这种行业自律性组织的发展,以发挥其更大的作用。我国也有大量的行业组织,尤其在工商业领域,不少地方已出台"行业协会条例",有力地促进了行业自律和行业自我发展。证券交易所和期货交易所本身也是自律性组织,对证券和期货交易进行监管。依据我国《证券法》第174条和第176条,由证券公司组成的证券业协会是我国证券业的自律性组织,有权维护会员合法权益,向证券监督管理机构反映会员的建议和要求。当然,行业自律自有其限度,即使是在实行自律性监管最彻底的英美国家,在安然事件及巨人公司接二连三的财务丑闻爆发后,美国2002年通过的《萨班斯—奥克斯利法案》("SOX法案"),就对注册会计师行业自律作出了重要修正,强化了独立机构对这种行业自律的监管。

(二)提高交易效率原则

商场如战场,商机稍纵即逝。商法不仅要维护交易自由,还要提高交易效率。这样,商主体才能实现营利目的。交易定型化、行权时限化和时效短期化就是这一原则的具体体现。

交易定型化是保障交易效率的重要基础,它包括交易形态的定型化和交易客体的定型化。交易形态定型化是指通过强行法律规则预先设定若干类型的典型化交易,使得任何组织和个人,无论何时从事交易,均可获得同样的法律效果。这在现实交易中体现为强制商品标记规格、产地、保质期等信息。交易客体的定型化,则是指交易客体的商品化和证券化。例如对无形的权利,通过一定的形式使之证券化,提高流转的效率,保单、股票、公司债券等均是此种情况。

为了提高效率,商主体许多权利的行使必须受到一定时间的限制。比如,投保人申报的被保险人年龄不真实,并且真实年龄不符合合同约定的年龄限制,保险人有权解除合同,并在扣除手续费后,向投保人退还保险费。但是,自合同成立之日起逾2年,保险人则无权解除合同。不及时行权就承担不利的法律后果,有利于督促商主体及时行权,而不是躺在权利上睡觉,从而大大提高了交易的效率。

时效短期化,是指对交易行为所产生的债权的时效期间予以特别的缩短,以便迅捷地确定其行为的效果。基于该理念,各国商法对各类商事请求权普遍采取短于民事时效期间的短期时效。例如,根据我国《票据法》第17条,持票人对支票出票人的权利,时效为6个月;出票人对前手的追索权,自被拒绝承兑或被拒绝付款之日起,时效为6个月;出票人对前手的再追索权,时效为3个月,自清偿日或者被起诉之日起计算。

（三）维护交易安全原则

商事交易贵在迅捷,但亦需安全。如果交易安全不能得到保证,交易的当事人不但无法实现最初的交易目的,还可能蒙受损失。为了确保交易的安全,商法采取了强制主义、公示主义、外观主义和严格责任主义。强制主义,是指国家通过公法的手段对商事关系进行强制性的干预或规范。强制主义体现了商法的公法性特征,强制性的规则在商法中比比皆是,如公司法对设立公司的最低条件限制,证券法对股票发行条件的规定等。公示主义,是指对涉及利害关系人利益的营业上事实,必须予以公告周知的法律要求。阳光是最好的杀毒剂,公开也是相对人维权的基础。公示主义贯穿于商法,如证券法对上市公司信息披露的规则等。外观主义,是指以交易当事人行为的外观为准,而认定其行为所产生的法律效果。赋予外观的优越性,有助于维护交易安全,如对于股东资格的认定,股东名册、工商登记资料以及公司章程的记载具有优越性。严格责任主义,是指从事商事交易的当事人承担比一般民事责任更加严格的责任。这是保障交易安全的又一重要措施,如票据法关于汇票的出票人、背书人、承兑人和保证人对持票人承担连带责任的规定,公司法关于股份有限公司不能成立时,发起人对设立行为所产生的债务和费用承担连带责任的规定等,都属此例。

（四）维护交易公平原则

天下熙熙皆为利来,天下攘攘皆为利往,以至于自古就有"商场无父子"的说法。为此,商法必须维护交易公平,这体现为交易主体地位平等、诚实信用和情势变更原则。商品是天生的平等派,商人在交易中地位平等便是首当其冲的要求。任何形态的商主体的法律地位一律平等,其合法权益均受法律保护。当然,我国还处在转轨经济时代,传统计划经济体制遗留下来的一些不平等市场待遇还不同程度地存在,地方保护主义和所有制区别对待的情况仍时有发生,这种状况亟待改变。

诚实信用,是民商法的"帝王条款",对商事活动自然是适用的。商主体在从事商业活动时须以善意的方式行事,不得有欺诈行为或滥用权利。它原本属于道德要求,现已为各国民商法所认可,广泛运用于商事立法。违反该原则,可能产生严厉的法律责任。

情势变更原则,是指商事合同成立后至履行前,如发生重大情势变迁,或基于不可归责于当事人之事由,发生非当事人所能预料的情势,而使原合同实施的效果显失公平的,当事人可请求对方适当地变更该合同,或由法院判令其变更,从而恢复交易的公平性。其实,这也是诚实信用原则的另一种体现。比如,因不可归责于承租人之事由,致租赁物部分灭失的,承租人得按灭失的部分请求减少租金。保险契约成立后,如危险减少,被保险人可以请求保险人重新核定保险费。

四、商事立法

古代简单商品经济时代,并没有独立的商事立法,一些零星的商事法规被民法所吸收。直到中世纪经过商人坚持不懈的斗争,才赢来了商人法,这些习惯法成为近代西方一些国家商法典的前身。自近代以来,西方各国产生了大量的商事法规,无论是大陆法系还是英美法系,均是如此。真正具有现代意义的商法产生于19世纪。现代西方各国的商法可谓浩如烟海。大陆法系的商事立法体制有民商合一与民商分立之分。在英美法系,既没有民法典,也没有商法典,自无民商分立与民商合一的问题。不过,无论是在英美法系,还是在实行民商分立的大陆法系,商事单行法已成为不可阻挡的历史潮流。

我国古代法乃至后来的封建法制均为诸法合体,民刑不分,重刑轻民,连独立的民事立法都没有,更不必奢谈商法了。商事立法肇始于清朝末年,并形成了民商合一的立法体制。新中国成立后,由于历史和长期计划经济体制的原因,商法基本上没有赖以生存的社会经济基础。改革开放以来,商法赢来了发展机遇。因我国经济体制改革始于流通领域,故出台了大量的商行为法,如《工矿产品购销合同条例》(1984年)、《农副产品购销合同条例》(1984年)、《借款合同条例》(1985年)等。为了适应对外开放和引进外资的需要,还颁行了一系列有关外商投资企业的法律,比如《中外合资经营企业法》(1979年通过,1990年、2001年两次修订)、《外资企业法》(1986年通过,2000年修订)等。

改革开放三十多年来,随着市场经济体系的发展和深化,我国商事立法得以空前繁荣和发展,支撑性的商事立法业已齐备,并随着市场经济体制的不断完善而修订和改进,商法体系业已形成(表1-1)。无疑,这应归功于商事立法的实用主义策略,摒弃了由来已久的民商合一与民商分立之争。需要什么法,就立什么法;什么时候成熟,就什么时候立法,并未追求大而全的理想化商法典。这是商事立法实践基于经济社会发展的紧迫要求所做出的选择。这种选择无疑是合理的，反映了商法文明的大趋势和发展方向。

表 1-1 我国主要商事立法

法律的名称	颁布和修订时间	法律的名称	颁布和修订时间
公司法	1993、1999、2004、2005、2013	企业国有资产法	2008
合伙企业法	1997、2006	全民所有制工业企业法	1988、2009
个人独资企业法	1999	乡镇企业法	1996
证券法	1998、2004、2005、2013	中小企业促进法	2002
证券投资基金法	2003、2012	中外合资经营企业法	1979、1990、2001
票据法	1995、2004	中外合作经营企业法	1988、2000
信托法	2001	外资企业法	1986、2000
保险法	1995、2002、2009	电子签名法	2004
海商法	1992	企业破产法	2006

第二节　商事登记

一、商事登记概述

商事登记，亦称商业登记，是指当事人为设立、变更或终止商主体资格，依法向登记机关提出登记申请，登记机关依据法定条件和程序将其设立、变更或终止的事实记载于登记簿册，并予以公示的法律行为。它虽由两方实施，但会产生对外的公示力和公信力，故涉及和影响第三人的利益。

其特征有三：第一，导致商主体设立、变更或终止的法律行为。它以赋予商主体身份和资格，肯定其法律地位为核心，目的在于创设、变更或终止商主体的资格和能力。第二，要式法律行为。只有符合法定条件的当事人，依法向法定登记机关提出申请，登记机关按照法定程序进行核准登记后，有关登记事项才产生相应的法律效果。第三，公法行为。这是国家为了提高交易效率和维护交易安全，利用公权力对商事活动所为的必要干预。登记机关的管辖和职权以及登记程序无疑属于行政法，而有关商主体登记条件的设定则是在商法，登记效果亦反映在商法领域。商法规范商事登记，无可厚非。

二、商事登记的类型

各国商事登记的类型不尽相同。我国主要有设立登记、变更登记、注销登记和分支机构登记四种类型。设立登记最为基础，也最为重要。

（一）设立登记

设立登记，是指商主体的创设人为设立商主体而向登记机关提出申请，经登记机关核准,发给营业许可证书的法律行为。依据商主体法定原则,除农村承包经营户外,所有商主体的设立均需要设立登记。因合并、分立而新设立的商主体,亦需办理设立登记。依据登记对象,可以将其区分为法人企业的设立登记和非法人企业的设立登记,前者领取企业法人营业执照,后者领取营业执照。

(二) 变更登记

变更登记,是指已经设立的商主体的法定登记事项发生变化,向登记机关提出申请,由登记机关对其相应登记事项予以变更的法律行为。变更登记事项的范围,则与登记事项完全一致。只要属于登记事项,其发生变化,即应进行变更登记。未经变更登记,任何商主体不得擅自改变其登记事项。否则,应受到相应的行政处罚。

(三) 注销登记

注销登记,是指登记机关依法对终止经营的商主体,收缴营业执照、公章,撤销其注册登记号,并取消其商主体资格的法律行为。为了确保交易的安全,商主体在解散、歇业、被撤销、宣告破产或因其他法定事由而终止经营时,均应办理注销登记。

(四) 分支机构登记

公司、合伙企业和独资企业均可以设立分支机构,而其设立亦需办理登记手续。依据分支机构登记内容的不同又可分为分支机构设立登记、变更登记和注销登记。分支机构经登记后,均领取营业执照。

三、商事登记程序

(一) 登记机关

商事登记机关,是指依法接受商事登记申请,并负责办理商事登记的国家机构。各国商事登记机关主要有法院、法院和行政机关、行政机关或附设机关以及专门注册中心和商会四种模式。我国属于行政机关模式,由工商行政管理机关办理商事登记。各级工商行政管理机关实行分级管辖,分级标准因商主体的类型而异。各级工商局独立行使职权,不受非法干预。下级登记机关须接受上级登记机关的领导,上级工商局有权依法纠正下级工商局的不适当行为。

(二) 登记事项

商事登记是关于商主体的登记,凡是主体资格取得与变动的事项,均为登记事项。现行法定位较为模糊,商事登记附加了诸多不必要的营业登记事项。企业法人的登记事项有11项,包括企业法人名称、住所、经营场所、法定代表人、经济性质、经营范围、经营方式、注册资金、从业人数、经营期限、分支机构。公司登记事项则有8项:名称、住所、法定代表人姓名、注册资本、公司类型、经营范围、营业期限、有限责任公司股东或股份有限公司发起人的姓名或者名称。合伙企业的登记事项则有:合伙企业的名称、主要经营场所、执行事务合伙人、经营范围、合伙企业类型、合伙人姓名或者名称及住所、承担责任方式、认缴或者实际缴付的出资数额、缴付期限、出资方式和评估方式;合伙协议约定合伙期限的,登记事项还应当包括合伙期限;执行事务合伙人是法人或者其他组织的,登记事项还应当包括该法人或者其他组织委派的代表。

其实,只要登记商号(商业名称)、企业类型、注册资本、代表人(负责人)、住所及公司股东(发起人)即可,而诸如企业的经济性质、经营范围、实缴资金与经营方式、经营场所、出资时间、出资方式以及经营期限等涉及企业经营管理的事项,均应予以剔除。当下,我国正推进商事登记制度改革,简化登记事项乃大势所趋,至于简化到何种程度,仍在探索之中。

(三) 申请

申请人首先应提出申请,申请应为书面形式,设立登记、变更登记、注销登记和分支机构登记均是如此。提交申请的方式,可以到登记机关提交,亦可通过信函、电报、电传、传真、电子数据交换和电子邮件等方式提出申请,但通过电报、电传、传真、电子数据交换和电子邮件等方式提交的,应提供申请人的联系方式以及通讯地址。[①] 设立登记的申请由商主体的创办人或商主体提出,变更登记由商主体自行提出,注销登记则是由清算人向登记机关提出。

至于申请人何时向登记机关提出设立登记申请,原则上由当事人自主确定,法律不做强行干预。作为例外,在以下三种情形,申请人需在规定的时间内申请[②]:(1)依据法律、行政法规,设立有限责任公司需要报经批准的,需在批准后90日内申请设立登记。否则,申请人应报批准机关确认原批准文件的效力或另行报批。(2)以募集方式设立的股份有限公司,应在创立大会后30日内申请设立登记。(3)依据《企业法人登记管理条例》设立企业,凡是有前置行政许可要求的,即应在主管部门或审批机关批准后30日内申请设立登记。与设立登记有所不同,变更登记和注销登记一般均有时限。比如,公司需在清算结束后30日内申请注销登记,而独资企业与合伙企业则需在清算结束后15日内申请注销登记。[③]

(四) 核准

登记机关受理之后,即应对其进行审查,对申请事项作出是否准予登记的决定,这就是核准。核准的时限,因法而异。依据《企业法人登记管理条例》第14条,登记机关作出核准决定的时限为自受理起30日内。对于合伙企业和独资企

---

① 参见我国《电子签名法》第4条,《公司登记管理条例》第51条。
② 参见我国《公司登记管理条例》第20条第1款、第21条第1款,《企业法人登记管理条例》第14条。
③ 参见我国《公司登记管理条例》第42条,《合伙企业登记管理办法》第22条,《个人独资企业登记管理办法》第18条。

业,则分别为自接受全部文件之日起20日、15日内,作出是否核准的决定。① 一经核准,即应通知申请人。对公司而言,登记机关核准的时限则因申请人提交申请的方式而异②,包括四种情形:(1)当场核准。申请人到登记机关提交申请的,在受理时即可当场作出核准决定。(2)15日内核准。申请人通过信函方式提交申请,自受理之日起15日内作出核准决定。(3)核实原件之后才核准。通过电报、电传、传真、电子数据交换和电子邮件等方式提交申请的,申请人应自收到《受理通知书》之日起15日内,提交与电报、电传、传真、电子数据交换和电子邮件等内容一致并符合法定形式的申请文件、材料原件。如申请人到登记机关提交前述原件,登记机关应当场作出核准决定;如通过信函方式提交前述原件,登记机关应自受理之日起15日内作出核准决定。(4)不予核准。登记机关自发出《受理通知书》之日起60日内,未收到申请文件、材料原件,或该原件与登记机关所受理的申请文件、材料不一致的,应作出不予登记的决定。

一经核准,登记机关即应向申请人出具《准予设立登记通知书》或《准予变更登记通知书》。同时,应通知申请人自决定之日起10日内领取或换发营业执照。③ 营业执照签发之日就是公司成立之日,公司应将其备置于公司住所。公司凭企业法人营业执照刻制印章,开立银行账户,申请纳税登记。商事登记完成后,是否需要公告亦因法而异。依据《企业法人登记管理条例》第23条,企业法人设立、变更名称和注销,均应公告,均由登记机关发布。对于公司而言,则是由向社会公众开放的公司登记簿代替了公告,设立登记和变更登记均无须公告,唯吊销营业执照需由登记机关公告。④

四、商事登记的效力

商主体一经登记,便取得从事营业活动的资格,对于企业法人而言,还同时取得法人资格。合法有效的商事登记,必然产生对第三人的效力,故英美法上将公司登记证作为公司成立的终局性证据(conclusive evidence),大陆法系虽有瑕疵设立(defective incorporation)制度,但都承认注册证的表面证据作用。何况该制度已有软化的趋势。

这就意味着,凡是应登记的事项,一经登记,并公告,即对第三人产生效力。不过,有些国家规定登记事项需要在登记公告后一定期限届满,才能产生该效力。未登记的事项不得对抗善意第三人。已合法登记的事项在公告时发生错误,不得对抗善意第三人。善意第三人信任已公告的事项并采取法律行为,其责

---

① 参见我国《合伙企业法》第10条第2款,《个人独资企业登记管理办法》第15条。
② 参见我国《公司登记管理条例》第53条。
③ 参见我国《公司登记管理条例》第54条第1款。
④ 参见我国《公司登记管理条例》第56—57条。

任由登记义务人承担。

商事登记旨在提高交易效率和维护交易安全,登记信息公开则是发挥作用的必要条件,更是采用登记对抗主义的基本要求。否则,商事登记便丧失其存在的意义。在我国,《公司法》第 6 条第 3 款明确赋予社会公众向登记机关查询登记事项的权利,登记机关有义务提供查询服务。构建商主体信用信息公示体系和信用约束机制,以促进信息共享,监管共治,乃是强化市场监管的重要基础。

第三节 商 号

一、商号的概念与特征

商号,亦称商业名称、商事名称,是指商主体从事商行为时所使用的名称。商号之于商主体,如同姓名之于自然人,是将商主体特定化的法技术。商主体应以自己的商号从事法律行为,并承担相应的法律后果。

其特征为:(1)商主体的名称。凡商主体均可使用商号,以表明其在营业上的活动。我国《民法通则》第 26 条、第 33 条分别准予个体工商户和个人合伙起字号。企业不仅可以使用商号,而且商号本身就是企业设立的条件之一。可见,商号有别于自然人的姓名以及机关法人和社会团体法人的名称。(2)商主体从事商行为时所用的名称。商主体之所以选用商号,是为了从事商行为时与其他商主体相区别。独资企业和合伙企业的投资人若不从事商行为,使用其姓名就可以了,另起一个商号纯属多余,其成员的姓名或雅号则不是商号。商法人本来就是以从事商行为为目的而设立的,因其具有独立于其成员的法人人格,自然需要一个商号。机关法人和社会团体法人虽有名称,但不能从事商行为,该名称不是商号。(3)商主体用以表明自己营业的名称。商场如战场,优胜劣汰。为了在激烈的市场竞争中追求卓越,立于不败之地,商号成为同行业商主体相互区别各自商品和服务质量的重要标志,也是客户和消费者识别不同商主体的商品和服务质量的重要信号,故商号本身蕴含着各个商主体日积月累的商誉,且具有愈来愈重要的商业价值,是重要的无形财产。

二、企业商号选用规则

(一)商号单一原则

一个企业只准使用一个商号,且营业执照上只准标明一个商号。企业住所处所标明的商号以及企业的印章、银行账户、信笺所使用的商号,亦应与企业的营业执照上的商号相同。从事商业、公共饮食、服务等行业的企业的商号牌匾可适当简化,但应当报登记机关备案。

(二) 企业商号结构

企业商号均由四部分构成:行政区划名称、字号、行业或者经营特点、组织形式,而且必须严格按照该顺序依次组成。所不同的是,企业集团的第四部分应标明"集团"字样。要调整该次序,必须符合法定条件。比如,企业法人要将商号中的行政区划置于字号之后,组织形式之前,必须属于使用控股企业商号中的字号的情形,且该控股企业的商号不含行政区划。又如,企业为反映其经营特点,可以在名称中的字号之后使用国家(地区)名称或者县级以上行政区划的地名。此时,该地名已不属于企业商号中的行政区划。

对于设有分支机构的企业,须有三个以上分支机构,其商号中方可使用"总"字。不能独立承担民事责任的分支机构,其商号应当冠以其所从属企业的名称,缀以"分公司""分厂""分店"等字词,并标明其行业和所在地行政区划名称或者地名,其行业与所从属的企业一致的,才可以从略。凡是能独立承担民事责任的分支机构,应当使用独立的商号,并可以使用其所从属企业的商号中的字号。能独立承担民事责任的分支机构再设立分支机构的,所设立的分支机构不得在商号中使用总机构的名称。对于联营企业,其商号可使用联营成员的字号,但不得使用联营成员的商号,并在其商号中标明"联营"或者"联合"字词。①

(三) 特殊字词的选用规则

1. "中国""中华"和"国际"的使用规则

仅限于以下四种情形:(1) 全国性公司;(2) 国务院或其授权的机关批准的大型进出口企业;(3) 国务院或其授权的机关批准的大型企业集团;(4) 国家工商行政管理局规定的其他企业。此外,使用外国(地区)出资企业字号的外商独资企业、外方控股的外商投资企业,可以在商号中间使用"(中国)"字样。

2. 禁止使用的文字

企业商号不得含有下列六种情形之一的内容和文字:(1) 有损于国家、社会公共利益的;(2) 可能对公众造成欺骗或者误解的;(3) 外国国家(地区)名称、国际组织的名称;(4) 政党名称、党政军机关名称、群众组织名称、社会团体名称及部队番号;(5) 汉语拼音字母(外文名称除外)、数字;(6) 其他法律、行政法规规定禁止的。

三、商号登记

商号实行强制登记原则。没有登记,就不得使用商号,即使使用了,也不受法律保护。企业有特殊需要的,可以单独申请商号预登记。至于外商投资企业,则实行强制预登记制度,且应在项目建议书和可行性研究报告被批准之后,合

---

① 参见我国《企业名称登记管理规定》第14—15条。

同、章程被批准之前,单独申请商号预登记。

登记主管机关应当在收到企业提交的预先单独申请企业名称登记注册的全部材料之日起,10日内作出核准或者驳回的决定。一经核准,即核发企业名称登记证书,有效期为1年。经批准有筹建期的,企业名称保留到筹建期终止。保留期届满不办理企业开业登记的,商号自动失效。

企业的商号可以变更。但是,如无特殊原因,企业不得在商号核准后1年内申请变更,以维护交易安全。企业变更商号,应当办理变更登记,且应自变更登记核准之日起30日内,办理其分支机构商号的变更登记。

四、商号权

(一) 商号权的性质

商号权,是指商主体对其依法登记的商号享有的专用权。商号权是商主体的一项绝对权利,仅商主体可以享有这种权利。商号权的性质颇有争议,不仅有人身权说、财产权说和知识产权说,还有折中说。本书持折中说,认为商号权兼有人身权和财产权的双重属性,属于混合权,而非单纯的人身权或者财产权。一方面,商号始终与特定的商主体及其信誉相联系,且商号是其取得商主体资格的必备条件;另一方面,商号权又可以作为财产占有、使用、收益、转让以及做其他处分。商主体的声誉愈好,商号权的财产价值愈高,财产属性愈突出。

(二) 商号权的内容

商号权的内容包括专有权、专用权、变更权和转让权。

商号一经登记,商号所有人即对其享有专有权,即具有排斥他人使用相同或相似商号的效力。不过,这一排他性具有地域性,各国均是如此,只是排斥的地域范围大小不同而已。在我国,商号只是在登记机关的辖区内具有排他效力。商号所有人不仅可以专有,还可以专用。只有商号所有人才可以在营业活动中使用该商号。非经转让等合法方式移转,其他商主体不得使用。既然商号为所有人专有、专用,所有人当然可以因生产经营需要,而变更该商号。鉴于商号权具有一定的人身权属性,商号频繁变更可能危害交易安全,影响交易效率,故没有特殊原因的,企业不得在商号核准后1年内申请变更。

商主体有权转让商号,唯商号权与商主体声誉息息相关,根据是否需要与营业一并转让,可将各国立法归结为合并转让主义和单独转让主义。我国应属于改良的合并转让主义。企业商号可以随企业或者企业的一部分一并转让,并应经原登记机关核准。商号只能转让给一个受让人,且转让方在商号转让后不得继续使用已经转让的商号。

(三) 商号权的法律保护

依据我国《民法通则》第120条第2款,企业法人的名称权、名誉权、荣誉权受到侵害的,被侵权人有权要求停止侵害,恢复名誉,消除影响,赔礼道歉,并可以要求赔偿损失。该规定虽不适用于非企业法人,但该规定所确立的法律原则对其他商主体亦适用。再者,我国《企业名称登记管理规定》第27条适用于所有企业,对于擅自使用他人已经登记的企业商号或者有其他侵犯企业商号专用权行为的,被侵权人可以请求登记机关或法院予以保护,登记机关有权责令侵权人停止侵权行为,赔偿被侵权人因该侵权行为所遭受的损失。此外,针对前述侵犯企业商号权的行为,法律也规定了行政救济,即登记机关可以没收非法所得,并处罚款5000—50000元。

第四节　商事账簿

一、商事账簿的概念与特征

商事账簿,亦称商业账簿,是指商主体为表明其财产状况和经营情况,依法制作的簿册,包括书面形式和电子形式。商法上的商事账簿是指广义商事账簿,包括商法、会计法和其他法律法规所要求制作的账簿。

与政府账簿、事业单位账簿相比,其特征有三:(1)商主体所制作的账簿。商主体依法备置的账簿才是商事账簿,非商主体无须设置商事账簿。依据我国《会计法》第2条,国家机关、社会团体和事业单位等亦应依法设置会计账簿,但不属于商事账簿。(2)反映商主体的营利性。政府账簿反映的是政府的财政收支和财物保管情况,反映的是消耗性,而商事账簿则是反映商主体的营利性,因而比政府账簿更为复杂。为了体现商主体的营利性,需要用六项会计要素,即资产、负债、所有者权益、收入、费用和利润[①],来反映商主体在商事活动中形成的权利义务,从而反映营业上的财产及其损益情况。商主体自身、投资者、交易相对人以及政府监管机关所关注的也是其反映出的商主体的营利性。(3)其设置具有法定性。各国商法均要求,商主体须设置商事账簿,记载其营业上的财产及其损益状态。在我国,除农村承包经营户外,其他商主体均需设置商事账簿。我国《公司法》第163、164条要求公司依法建立财务会计制度,且在每个会计年度终了时制作财务会计报告。我国《个人独资企业法》第21条也明确要求企业设置商事账簿,进行会计核算。至于外商投资的企业,我国《中外合资经营企业法实施条例》第11章和《外资企业法实施细则》第9章分别对合资企业和外资企业的商事账簿作专章规定,《中外合作经营企业法》第15条对此亦有明确规定。个体工商户亦需设立、使用和保管账簿、凭证;确实有困难的,经批准才可缓建账

[①] 参见《企业会计准则——基本准则》第10条。

簿，但需要妥善保管进出货的凭证和发票。

二、商事账簿的种类

我国一般依据《会计法》第 13 条将商事账簿分为会计凭证、会计账簿和财务会计报告三类。

（一）会计凭证

会计凭证，是指记录商主体日常生产经营活动情况，作为会计发生和商事账簿记录依据的书面证明。商主体的款项收付、款项结算、货物进出、财产增减等，均需要由经办人员取得或填制会计凭证，以此作为结算的依据。凡是没有会计凭证的，不得收付款项，不得进出货物，不得进行财产处理。依据会计凭证的填制程序和用途，可以将其区分为原始凭证和记账凭证（图1-4）。

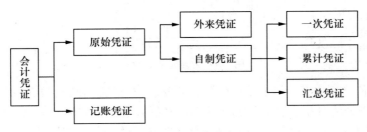

图 1-4　会计凭证的类型

（二）会计账簿

会计账簿，是指按会计制度规定的结构、程序和方法，全面、系统、连续和分类记载商主体营业活动以及财产变动情况的簿册。会计账簿通常由会计主管机关按照一定的格式统一印制，由具有专门格式且具有相互联系的账册构成。根据其用途，可将其分为序时账簿、分类账簿和备查账簿（图1-5）。根据其外表形式，可分为订本式账簿、活页式账簿、卡片式账簿和磁性介质账。而依据其格式，又可分为三栏式账簿、数量金额式账簿和多栏式账簿。我国《会计法》第 15 条，只规定了总账、明细账、日记账和其他辅助性账簿四种。

（三）财务会计报告

财务会计报告，亦称财务报告，是指商主体依法以货币形式总结一定时期的财务状况、经营成果和现金流量，并向监管机关和社会公布的书面文件。其目的，就是向财务会计报告使用者提供与企业财务状况、经营成果和现金流量等有关的会计信息，反映企业管理层受托责任的履行情况，有助于财务会计报告使用者作出经济决策。前述使用者包括投资者、债权人、政府及其有关部门和社会公

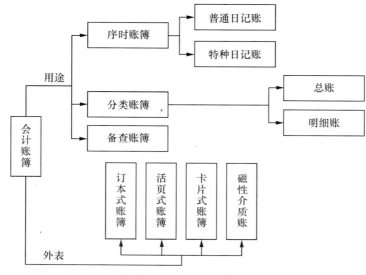

图 1-5 会计账簿的类型

众等。① 依据其内容,可以区分为资金报表、成本报表和利润报表;而依据编制周期,则可分为月报表、季报表和年报表;根据其所反映的资金运动状况,还可分为静态报表和动态报表。我国《会计法》第 20 条第 2 款确认了会计报表、会计报表附注和财务情况说明书三大组成部分。会计报表一般包括资产负债表、利润表和现金流量表。

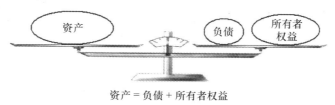

资产 = 负债 + 所有者权益

图 1-6 资产与负债和所有者权益的关系

三、商事账簿的披露与信息质量保障

商主体为商事账簿制作的义务主体,其负责人应负责商事账簿的制作。公司的商事账簿由董事会负责制作,不设董事会的有限公司则由执行董事负责。为确保商事账簿所提供的信息与财务会计报告使用者的经济决策需要相关,有助于财务会计报告使用者对企业的过去、现在或者未来的情况作出评价或预测,

---

① 参见《企业会计准则——基本准则》第 4 条。

其信息质量应符合真实可靠性、可比性、简明性的要求。

（一）披露

为确保社会经济管理部门实施宏观调控，或强化对特殊公司的监管，有关立法明确要求有关商主体定期向有关监管者报送财务报表。在商主体所在地备置商事账簿，以供投资人查阅，或向投资人提交商事账簿，是确保投资人知情权的重要内容，也是保障投资人行使表决权的基础。依据我国《合伙企业法》第28条、第36条和第68条，合伙企业显然应当备置商事账簿，以便合伙人了解合伙企业的经营情况和财务状况。至于是否要向合伙人送交有关财务报告，该法没有作出明确规定，合伙企业完全可以作出相关约定，或由合伙人作出有关决定。依据《公司法》第165条，有限责任公司应向所有股东送交财务会计报告，至于送交的期限，则由各个公司在章程中自主决定。至于股份有限公司，由于股东众多，要向各个股东送交，即便不是不可能，成本也是极其高昂，故只要置备于本公司，股东能够查阅即可。

以募集方式成立的股份有限公司，则必须在专门报刊上公告其财务会计报告。中期报告的公开披露时间为一个会计年度的上半年结束之日起2个月之内，年度报告的公开披露时间为一个会计年度结束之日起4个月之内。

（二）信息质量保障机制

商主体，尤其是上市公司财务造假已成为社会经济生活的公害，严重地威胁交易安全，危害证券市场的信用。安然事件以来，各国均在构筑信息质量保障体系。[①] 商主体乃是造假的元凶，强化商主体内部的信息质量责任制，乃是信息质量保障体系的首道防线。其主要举措包括 CEO 和 CFO 的个人认证制度、审计委员会的制衡和强化信息披露的透明度与及时性。由于审计业务的竞争压力和非审计业务的利益冲突，以及会计师行业自律的失灵，会计师往往成为信息造假的帮凶。为此，各国纷纷出台措施，确保审计员的独立性，强化会计师行业的监管。

强化造假者的责任，自不待言。我国也为造假者规定了相应的行政责任和刑事责任，行政责任的规定已较完善，唯刑事处罚力度仍有欠缺。依据我国《公司法》第207条，承担资产评估、验资或验证的机构提供虚假证明文件的，没收违法所得，处以违法所得1—5倍的罚款，并可由有关主管部门依法责令该机构停业、吊销直接责任人员的资格证书，吊销营业执照。承担资产评估、验资或验证的机构因过失提供有重大遗漏的报告的，责令改正，情节较重的，处以所得收入1—5倍的罚款，并可由有关主管部门依法责令该机构停业、吊销直接责任人员的资格证书，吊销营业执照。依据《证券法》第223条，证券服务机构未勤勉

[①] 参见朱羿锟：《美国反信息欺诈立法及其启示》，载《南方经济》2004年第6期。

尽责,所制作、出具的文件有虚假记载、误导性陈述或者重大遗漏的,责令改正,没收业务收入,暂停或者撤销证券服务业务许可,并处以业务收入一倍以上五倍以下的罚款。对直接负责的主管人员和其他直接责任人员给予警告,撤销证券从业资格,并处以3万元以上10万元以下的罚款。构成犯罪的,依法追究刑事责任。就刑事责任而言,依据我国《刑法》第160—161条,对证券发行过程中的造假犯罪,其刑事责任为5年以下有期徒刑或拘役,单处或并处非法集资额1%—5%的罚金;上市之后的造假犯罪,其刑事责任为3年以下有期徒刑或拘役,单处或并处罚金2—20万。依据《刑法》第229条,承担资产评估、验资、验证、会计、审计、法律服务等职责的中介组织的人员故意提供虚假证明文件,情节严重的,处5年以下有期徒刑或者拘役,并处罚金;若涉及索取他人财物或非法收受他人财物的情形,处5—10年有期徒刑,并处罚金。

实战演练

一、选择题

1. 商法的趋同性主要体现为( )。
A. 技术性强,便于移植
B. 国际条约和国际惯例日趋丰富多样
C. 区域性立法异军突起
D. 商法的移植往往是一个本土化的过程

2. 交易形态定型化强调通过法律规则预先设定若干类型的典型化交易,使得任何组织和个人,无论何时从事交易,均可获得同样的法律效果,这体现了商法的( )。
A. 维护企业自由原则   B. 提高交易效率原则
C. 维护交易安全原则   D. 维护交易公平原则

3. 依据《企业名称登记管理规定》,企业中文名称不得使用( )。
A. 汉语拼音字母
B. 数字
C. 外国国家(地区)名称、国际组织名称
D. 政党名称、党政军机关名称、群众组织名称、社会团体名称及部队番号

4. 商号权,是指商主体对其依法登记的商号享有的专用权。下列关于商号权的说法,正确的有( )。
A. 商号权是商主体的一项绝对权利,仅商主体可以享有这种权利
B. 商号权具有人身权和财产权的双重属性
C. 商号是一种无形资产,可以占有、使用、收益,但不能转让或继承

D. 企业法人的商号权受到侵害的,受害人有权要求停止侵害,恢复名誉,消除影响,赔礼道歉,并可要求赔偿损失

二、判断题(正确的请在括号内划"√",错误的则划"×")

1. 作为调整商事关系的法律,商法规范一切商事关系。（　　）

2. 商法要回应一日千里的社会经济关系发展之需,不断修法,各国商事立法日益趋同。在这样的制度变迁和移植过程中,也就无所谓不同文化传统了。（　　）

3. 对中小企业予以特殊保护,并不与交易公平原则相悖。（　　）

4. 申请设立登记的时限原则上由当事人自主把握,变更登记和注销登记亦然。（　　）

5. 商事账簿就是会计账簿。（　　）

第二章 企 业 法

第一节 企业概述

一、商主体格局中的企业

当今社会,商主体以企业为中心(图2-1),而非传统商法上的商人。故,法国、德国、葡萄牙、日本学者认为,商法是企业的对外私法,甚至主张将商法改称为"企业法"。奥地利和我国澳门则已经付诸实践。奥地利废弃原来的商法典,单独制定了《奥地利企业法典》,废弃了商人和商行为的术语,转而采用企业和企业主的术语。我国澳门地区虽然保留了"澳门商法典"的名义,但已经将"企业"定为商法典的基本概念,并据此建立了商业活动的整套新规则。在这里,企业和企业主的概念占有重要地位,商人和商行为退居次要地位。①《澳门商法典》首卷第一编第一章就规定企业主、企业和商行为。企业主是指以自己的名义,自行或通过第三人经营企业的自然人或法人,公司是最典型的企业主。企业是指以持续性营利活动为目的而从事经营活动之生产要素的有机体,它是企业主的经营对象。商行为是指为了经营企业而实施的、受商法典特别规范的行为。

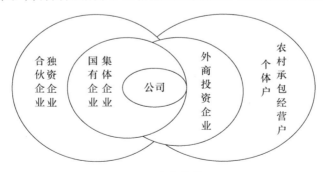

图 2-1 商主体格局

在我国,"企业"这一概念则更为普及,深入人心。新中国成立后,1950年颁行的《私营企业暂行条例》就采用"企业"的术语,也是新中国最早采用"企业"

---

① 参见叶林:《企业的商法意义及"企业进入商法"的新趋势》,载《中国法学》2012年第4期。

术语的法律文本。1956年前后完成生产资料的社会主义改造后,多数工业经济单位称为"厂"或"工厂",流通业中的经济单位称为"商店""商铺""厂(运输场)"或"社"等,只有少数从事对外经济贸易活动的经济单位延续了"公司"的称谓。改革开放以来,我国商主体立法取得了辉煌成就,企业乃是这些立法的中心之所在,这造就了多种企业法的并存。一是为了促进对外开放,吸引外资,相继制定了《中外合资经营企业法》《中外合作经营企业法》和《外资企业法》。二是为推进国家和集体组织改革和发展,相继制定了《全民所有制工业企业法》《企业国有资产法》《全民所有制工业企业转换经营机制条例》《城镇集体所有制企业条例》和《乡村集体所有制企业条例》。三是制定了《公司法》《合伙企业法》和《个人独资企业法》,这是20世纪90年代为确立和完善社会主义市场经济体制所制定的与现代商法接轨的企业立法。可见,我国商法在很大程度上是有关企业的主体地位、组织与运行之法。

二、国有企业与集体企业

(一) 国有企业

国有企业,亦称全民所有制企业,是指国家投资设立的企业法人,包括国有独资企业、国有独资公司、国有资本控股公司和国有资本参股公司。随着现代企业制度建设的推进,越来越多的国有企业完成了股份制改造,公司制国有企业日益成为主流。仅就中央企业而言,公司制企业所占比重已达70%,一批大型国有企业先后在境内外资本市场上市,中央企业资产总额的52.88%、净资产的68.05%、营业收入的59.65%都在上市公司。[①] 公司制国有企业自应适用公司法,这里仅探讨狭义国有企业,即依据《全民所有制工业企业法》设立的国有企业。

国有企业具有独立的法人资格,对内是自主经营、自负盈亏、自我发展、自我约束的经营者,对外独立享有民事权利,承担民事义务,以国家授予其经营管理的财产承担民事责任。其设立实行行政许可主义,须依照法律和国务院规定,由政府或者政府主管部门审核批准。其合并、分立、解散、申请破产以及法律、行政法规和本级人民政府规定应当由履行出资人职责的机构报经本级人民政府批准的重大事项,亦然。

作为企业法人,国有企业对其动产、不动产和其他财产依法以及依企业章程享有占有、使用、收益和处分的权利。企业享有经营管理自主权,享有生产经营决策权、投资决策权、产品和劳务定价权、资产处置权、联营兼并权、内部机构设置权等广泛权利。至于经营形式,由政府主管部门的决定,可以采取承包、租赁、

---

① 参见白天亮:《挺起中国经济的脊梁》,载《人民日报》2011年1月25日。

信托、股权经营等不同形式。无疑,国有企业应对出资人负责,国家对其所出资的企业依法享有资产收益、参与重大决策和选择管理者等出资人权利。国务院代表国家行使企业财产的所有权,国务院国有资产监督管理委员会代表国家履行出资职责。

国有企业实行厂长(经理)负责制,厂长(经理)系企业的法定代表人。厂长(经理)由国家委派或由职工代表大会选举,报政府主管部门批准。职工代表大会是企业实行民主管理的基本形式,是职工行使民主管理权力的机构。出资人按照国务院的规定委派监事组成监事会。董事、高级管理人员不得兼任监事。

(二) 集体企业

集体企业,亦称集体所有制企业,是指以生产资料的劳动群众集体所有为基础而设立的,实行共同劳动,在分配方式上以按劳分配为主体的经营者,包括城镇集体企业和乡村集体企业。作为一种企业法人,集体企业自主经营,独立核算、自负盈亏。城镇集体企业依法取得法人资格,以其全部财产独立承担民事责任;乡村集体企业经依法审查,具备法人条件的,亦可取得法人资格。与国有企业一样,其设立亦实行行政许可主义,城镇集体企业由省、自治区、直辖市人民政府规定的审批部门批准,乡村集体企业须依法经乡级人民政府审核后,由县级人民政府乡镇企业主管部门以及法律、法规规定的有关部门批准。其合并、分立、停业、迁移或者主要登记事项的变更,亦需经原审批部门批准。

作为企业法人,集体企业享有广泛的经营管理自主权,其财产及其合法权益受国家法律保护。集体企业实行厂长(经理)负责制,厂长(经理)是企业的法定代表人。对于城镇集体企业,职工(代表)大会是集体企业的权力机构,由其选举和罢免企业管理人员,决定经营管理的重大问题。乡村集体企业则是由所有者选举或选聘厂长(经理),决定企业的经营方向、经营形式、厂长(经理)选聘方式;职工有权参与企业的民主管理,有权对厂长(经理)和其他管理人员提出批评和控告;职工(代表)大会有权对企业经营管理中的问题提出意见和建议,评议、监督厂长(经理)和其他管理人员。

三、外商投资企业

为引进外资,我国相继采用了中外合资经营企业、中外合作经营企业及外资企业等外商投资企业形态(表2-1)。这些率先起步,并在很大程度上与国际接轨的组织形式,是增强营商环境竞争力的重要因子,亦为国内其他商主体的发育和完善提供了借鉴和有益的参照系。

既为外资,无论是合资、合作经营,还是外商独资经营,均涉及国家产业政策,甚至国家经济安全。当初,我国外商投资企业立法与外资管理是熔为一炉的,公司法亦尊重这一历史和现实的选择。外商投资的有限责任公司和股份有限公司优先适用外商投资企业法,而外商投资企业法没有规定的,则适用公司法。

表 2-1 外商投资企业的主要形态

组织形态		合资企业	合作企业		外资企业		股份公司
			法人	非法人	法人	非法人	
组织形态	有限责任公司	✓	✓		✓		
	股份有限公司						✓
最低注册资本							✓
外资最低股份 25%		✓	✓		100% 外资		✓
利润分配	出资比例	✓			✓		
	协议			✓			
提前回收投资				✓			
最高权力机构	董事会	✓	✓				
	股东大会						✓

第二节 独 资 企 业

一、独资企业概述

独资企业(sole trader, sole proprietorship),亦称个人独资企业,是指在中国境内依法设立的,由一个自然人投资,财产属于投资人个人所有,投资人以其个人财产对企业债务承担无限责任的经营实体。这是最古老的,也是最简单的企业法律形态。

其特征为:(1)投资人只有一个自然人。投资人的单一性是独资企业区别于其他商主体的重要标志。其既不同于有两个以上投资人的合伙企业和一般公司企业,也有别于一人公司,因为一人公司的投资人除了自然人之外,还包括法人。(2)属于非法人企业,投资人对企业债务须承担无限责任。独资企业仅由一个自然人出资设立,属于商个人。投资人要对企业债务承担无限责任,不仅要以其投入企业的财产承担责任,还要以其个人财产为企业的债务承担责任。这就有别于具有法人资格的外商独资企业、一人公司、国有独资公司等商法人。(3)投资人自己所有、自己控制。独资企业自身没有独立的法人地位,没有自己所有的财产,其所使用和取得的财产完全由投资者一人所有和控制,投资人对企业的事务拥有完全的控制和支配权,自主经营管理,不受他人制约和牵制。经营成果也完全由投资人独占,不必与其他人分享。

二、独资企业的设立

(一) 设立条件

1. 仅有一个自然人投资者

独资企业的投资者必须为一个自然人。从资本的拥有关系看,不存在两个以上投资主体之间的联合。就投资主体形态讲,任何法人组织及其分支机构都不可以成为独资企业的投资人,国家也不是该类企业的合格投资主体。依据民法的规定,独资企业的投资人必须具有完全的民事行为能力,法律、行政法规禁止从事营利性活动的人,也不得作为投资人申请设立独资企业,如国家公务员等。

2. 有合法的企业名称

独资企业享有商号权。其企业名称应当与其责任形式及从事的营业相符合。独资企业的投资人须对企业债务承担无限责任,企业名称中不得出现"有限"字样,也不得使用"公司"的称号。企业只准使用一个名称,在登记主管机构辖区内不得与已登记注册的同行业企业名称相同或相近似。

3. 有投资人申报的出资

资本是任何企业得以存在的物质基础,独资企业也不例外。投资人须申报与企业规模相当的经营资金,但该经营资金不是注册资本,只是经营的条件,不具有对债权人担保的效力。投资人还必须以其个人全部财产承担无限责任。

此外,设立独资企业还要有固定的生产经营场所和必要的生产经营条件,以及必要的从业人员等。

(二) 设立程序

设立独资企业,应由投资人或其代理人向企业所在地的登记机关提出设立申请。如从事法律、行政法规规定需要行政许可的业务,还应提交有关部门的批准文件。登记机关应当在收到设立文件之日起15日内,对符合法律规定条件的予以登记,发给营业执照;不符合条件的,不予登记,并应当给予书面答复,说明理由。营业执照签发之日,为企业成立之日。

独资企业可以设立分支机构。由投资人或者其委托的代理人向分支机构所在地的登记机关申请登记,领取营业执照。分支机构经核准登记后,应将登记情况报该分支机构隶属的独资企业的登记机关备案。分支机构的民事责任由设立该分支机构的独资企业承担。

三、独资企业的经营管理

独资企业的典型特征是投资者即为经营者,他可以自行管理企业事务,但也可以委托或者聘用其他人负责企业的事务管理。投资人委托或者聘用他人管理个人独资企业事务的,应当与受托人或者被聘用的人签订书面合同,明确委托的具体内容和授予的权利范围。但是,投资人对受托人或者被聘用人员的职权的限制,不得对抗善意第三人。

投资人委托或聘用的管理人员不得为以下行为:利用职务上的便利,索取或者收受贿赂;利用职务或者工作上的便利侵占企业财产;挪用企业的资金归个人使用或者借贷给他人;擅自将企业资金以个人名义或者以他人名义开立账户储存;擅自以企业财产提供担保;未经投资人同意,从事与本企业相竞争的业务;未经投资人同意,同本企业订立合同或者进行交易;未经投资人同意,擅自将企业商标或者其他知识产权转让给他人使用;泄露本企业的商业秘密;法律、行政法规禁止的其他行为。

独资企业应当依法设置会计账簿,进行会计核算;应当按时申报税务登记,严格履行纳税义务,接受税务机关的监督检查。

四、独资企业的解散与清算

(一) 解散

独资企业的解散是指独资企业终止营业活动,并处理其未了结事务的法律行为。解散事由为:(1) 投资人决定解散;(2) 投资人死亡或者被宣告死亡,无继承人或者继承人决定放弃继承;(3) 被依法吊销营业执照;(4) 法律、行政法规规定的其他情形。

(二) 清算

独资企业解散时,应当进行清算,只要具备解散事由之一,投资人即可自行清算,或由债权人申请法院指定清算人进行清算。投资人自行清算的,应当在清算前15日内书面通知债权人,无法通知的,应当予以公告。债权人应当在接到通知之日起30日内,未接到通知的应当在公告之日起60日内,向投资人申报其债权。在清算期间,独资企业不得开展与清算目的无关的经营活动。在按债务清算顺序清偿前,投资人不得转移、隐匿财产。

独资企业解散的,财产应当按照下列顺序清偿:(1) 所欠职工工资和社会保险费用;(2) 所欠税款;(3) 其他债务。如独资企业财产不足以清偿所欠债务,投资人应当以其个人的其他财产予以清偿;独资企业解散后,原投资人对独资企业存续期间的债务仍应承担偿还责任;但债权人在5年内未向债务人提出清偿请求的,该责任消灭。

独资企业清算结束后,投资人或者法院指定的清算人应当编制清算报告,并于清算结束之日起15日内向原登记机关申请注销登记。登记机关应当在收到申请及相关文件之日起15日内,做出核准登记或者不予登记的决定。经登记机关注销登记,个人独资企业终止。

第三节　普通合伙企业

一、合伙企业与普通合伙企业

（一）合伙企业

合伙企业(partnership),是指自然人、法人和其他组织依照合伙企业法在中国境内设立的普通合伙企业和有限合伙企业。根据《合伙企业法》的规定,我国允许设立的合伙企业有普通合伙企业、特殊的普通合伙企业和有限合伙企业。

其特征为:(1)必须由两个或两个以上的合伙人共同组建。这是合伙企业区别于独资企业的分水岭。合伙人一般应具备完全民事行为能力,有限合伙人除外。但是,法律、行政法规禁止从事营利性活动的人,不得成为合伙企业的合伙人。(2)属于非法人企业。合伙企业不具有法人资格,属于商合伙,从而有别于作为商法人的公司。合伙人须对合伙企业债务承担无限责任或无限连带责任。普通合伙企业的全体合伙人须相互承担无限连带责任。有限合伙企业的普通合伙人须承担无限责任(只有一名普通合伙人)或无限连带责任(有两名以上的普通合伙人)。(3)合伙协议是设立的基础。合伙协议界定合伙企业内部合伙人彼此之间的权利义务关系。鉴于合伙企业以合伙人之间的信任关系为基础,合伙人高度自治,国家强制性干预很少。与公司相比,合伙企业不仅设立条件较为宽松,而且合伙人就合伙协议的内容享有充分的自主权。

（二）普通合伙企业

普通合伙企业,是指由两个以上的普通合伙人根据合伙协议,互约出资,经营共同事业,全体合伙人对合伙企业债务承担无限连带责任的营利性经济组织。普通合伙企业是常见的合伙形式,如果未加"有限"的字样,通常所谓合伙企业就是普通合伙企业。

其最主要的特征就是全体合伙人都必须对合伙企业的债务负无限连带责任。在合伙企业财产不足以清偿全部债务时,任何一位合伙人都有义务清偿合伙企业的全部债务,已经清偿的合伙人就超过自己内部应承担的份额的债务,可以向其他合伙人追偿。

二、普通合伙企业的设立

（一）设立条件

设立普通合伙企业应当具备下列条件:(1)有两个以上的合伙人。合伙人为自然人的,应当具备完全民事行为能力。国有独资公司、国有企业、上市公司及公益性的事业单位、社会团体不得成为普通合伙人。依照《公司法》第15条，公司可以向其他企业投资；但是，除法律另有规定外，不得成为对所投资企业的债务承担连带责任的出资人。有限责任公司、股份有限公司只要不属于国有独资公司或者上市公司，就可以成为普通合伙企业的合伙人。（2）有书面合伙协议。合伙协议是合伙人之间共同协商订立，确定合伙经营原则和合伙企业事务执行原则及各合伙人间权利、义务等内容的契约。合伙协议经全体合伙人签名、盖章后生效。各合伙人按照合伙协议享有权利、履行义务。修改或者补充合伙协议，应当经全体合伙人一致同意。但是，合伙协议另有约定的除外。合伙协议未约定或约定不明确的事项，由全体合伙人协商决定；协商不成的，依照法律、行政法规的规定处理。（3）有各合伙人认缴或者实际缴付的出资。合伙人可以用货币、实物、知识产权、土地使用权或者其他财产权利出资，也可以用劳务出资。由于普通合伙企业的全体合伙人对合伙企业的债务承担无限连带责任，法律对设立普通合伙企业没有最低资本的要求，对出资的实际缴纳时间也没有限制，而是由合伙人协商确定。（4）有合伙企业的名称和生产经营场所。普通合伙企业的名称应当标明"普通合伙"字样，以便交易相对方了解其财产责任形态。（5）法律、行政法规规定的其他条件。

（二）设立程序

设立普通合伙企业，应当由全体合伙人指定的代表或者共同委托的代理人向企业登记机关提出申请。申请时应当提交登记申请书、合伙协议、合伙人身份证明等文件。合伙企业的经营范围中有属于法律、行政法规规定的在登记前必须批准的项目的，该项经营业务应当依法经过批准，并在登记时提交批准文件。申请人提交的登记申请材料齐全、符合法定形式，企业登记机关能够当场登记的，应予以登记，发给营业执照。其他情形下，企业登记机关应当自受理申请之日起20日内，做出是否登记的决定。予以登记的，发给营业执照；不予登记的，应当给予书面答复，并说明理由。合伙企业营业执照签发之日，就是合伙企业成立之日。合伙企业领取营业执照前，合伙人不得以合伙企业名义从事合伙业务。

合伙企业可以设立分支机构。为此，应向分支机构所在地的企业登记机关申请登记，领取营业执照。

三、普通合伙企业的财产

（一）财产的范围和性质

就财产范围而言，主要包括两大类，一是合伙人的出资，不仅包括合伙成立时合伙人认缴和实际缴纳的投资额，也包括合伙企业成立后合伙人增加的投资额，以及在合伙企业存续期间，新加入的合伙人依合伙协议的约定向合伙企业出资的财产。二是合伙的收益和依法取得的其他财产。它包括合伙企业存续期间,全体合伙人共同经营合伙企业所创造的利益除去合伙人分配外留存用以发展的积累资金,以及合伙企业受赠、获奖、受让的利益及其他依法取得的财产。

普通合伙企业的财产为全体合伙人共有,由全体合伙人共同管理和使用,在合伙企业存续期间,以合伙企业的名义对该财产行使权利和承担义务。在合伙企业清算前,合伙人不得请求分割合伙企业的财产,除非出现合伙人退伙等法定事由。

(二) 财产转让与出质

合伙财产为全体合伙人的共有财产,合伙人转让或质押其在合伙企业中的财产份额也受到相应的限制。基于合伙关系的人合性,如果合伙人将其在合伙企业中的财产份额转让给第三人,第三人因受让合伙企业财产而成为新的合伙人,就可能影响既有的人际信任。为此,除合伙协议另有约定外,合伙人向合伙人以外的第三人转让其在合伙企业中的全部或者部分财产份额时,须经其他合伙人一致同意。合伙人之间相互转让在合伙企业中的全部或者部分财产份额的,只需要通知其他合伙人即可。这种区别对待是合理的。合伙人向合伙人以外的第三人转让其在合伙企业中的财产份额时,在同等条件下,其他合伙人有优先购买权;但是,合伙协议另有约定的除外。合伙人以外的人依法受让合伙人在合伙企业中的财产份额的,经修改合伙协议而成为合伙企业的合伙人,依法享有合伙人的权利和义务。

合伙人以其在合伙企业中的财产份额出质的,须经其他合伙人一致同意;未经其他合伙人一致同意,其出质行为无效,由此给善意第三人造成损失的,由行为人依法承担赔偿责任。

四、普通合伙企业事务的执行

(一) 执行方式

合伙人对执行合伙事务享有同等的权利。这有两种实现途径,一是全体合伙人共同执行合伙企业事务。这是普通合伙企业事务执行的基本方式,也是普通合伙企业最经常使用的一种形式,尤其适用于合伙人较少,规模较小的合伙企业。如果全体合伙人共同执行合伙事务,则每个合伙人都有权对外代表合伙企业,对内执行合伙企业事务。二是按照合伙协议的约定或者经全体合伙人决定,委托一个或者数个合伙人对外代表合伙企业,执行合伙事务,其他合伙人不再执行合伙事务。这种执行方式适用于规模较大、合伙人较多的合伙企业。由一名或数名合伙人执行合伙企业事务的,其他合伙人不再执行合伙企业事务。不参加执行合伙企业事务的合伙人虽然不执行合伙企业的日常事务,但根据法律规定和合伙协议的约定,有权监督执行事务的合伙人,了解合伙企业的经营状况,检查合伙企业事务的执行情况,并对合伙企业重大事务有决定的权利。合伙企业执行人执行合伙企业事务的结果归合伙企业,所产生的收益归合伙企业,所产生的费用和亏损由合伙企业承担。

无论采用何种执行方式,经全体合伙人同意,合伙企业均可聘用合伙人以外的人担任合伙企业的经营管理人员。被聘任的合伙企业经营管理人员应在合伙企业授权范围内履行职务,如果其超越合伙企业授权范围履行职务,或者在履行职务过程中因故意或者重大过失给合伙企业造成损失,应依法承担赔偿责任。

（二）执行人的权利和义务

合伙事务执行人主要享有三项权利。一是代表权。合伙企业事务执行人有权在合伙企业协议约定的权利范围内,对外代表合伙企业,对内执行合伙企业事务。二是异议权。合伙人分别执行合伙企业事务的,执行合伙人可以对其他合伙人执行的事务提出异议。提出异议时,应当暂停该项事务的执行。如有争议,可由全体合伙人共同决定。三是报酬请求权。执行合伙企业事务,如果约定报酬的,合伙企业事务执行人有权请求合伙企业支付相应报酬。

合伙事务执行人亦需承担五项义务。一是报告义务。由一个或者数个合伙人执行合伙事务的,执行事务合伙人应当定期向其他合伙人报告事务执行情况以及合伙企业的经营和财务状况。合伙人为了解合伙企业的经营状况和财务状况,有权查阅合伙企业会计账簿等财务资料。二是竞业禁止。不得自营或同他人合作经营与本合伙企业相竞争的业务。三是禁止自我交易。合伙人原则上不得同本合伙企业进行交易,合伙协议另有约定或经全体合伙人同意的,不在此限。四是禁止不利益行为。合伙人不得从事损害本合伙企业利益的活动。五是禁止擅自行为。对于法定或合伙协议约定需要全体合伙人同意始得执行的事务,合伙人擅自处理,给合伙企业造成损失的,或不具有事务执行权的合伙人擅自执行合伙事务,给合伙企业或其他合伙人造成损失的,均应依法承担赔偿责任。受委托执行合伙事务的合伙人不按照合伙协议或者全体合伙人的决定执行事务的,其他合伙人可以决定撤销该委托。

（三）表决规则

合伙人决定合伙事务,表决办法从合伙协议之约定。合伙协议未约定或者约定不明确的,实行合伙人一人一票,并经全体合伙人过半数通过的表决办法。当然,法律另有规定的除外。但是,以下事项需要全体合伙人一致同意[①]：(1) 变更合伙企业名称;(2) 改变合伙企业经营范围、主要经营场所的地点;(3) 处分合伙企业的不动产;(4) 转让或处分合伙企业的知识产权和全体财产权;(5) 以合伙企业名义为他人提供担保;(6) 聘任非合伙人担任管理人员。不过,只要合伙协议另有约定,这六项的表决亦可免于一致同意规则。

---

① 参见我国《合伙企业法》第31条。

（四）利润分配与亏损分担

合伙企业应当依照法律、行政法规的规定建立企业财务、会计制度。合伙企业的利润分配、亏损分担，按照合伙协议的约定办理，但合伙协议不得约定将全部利润分配给部分合伙人或者由部分合伙人承担全部亏损。合伙协议未约定或者约定不明确的，由合伙人协商决定。协商不成的，由合伙人按照实缴出资比例分配、分担。无法确定出资比例的，由合伙人平均分配、分担。

五、普通合伙企业与第三人的关系

（一）合伙企业与善意第三人的关系

合伙企业对合伙人执行合伙事务以及对外代表合伙企业权利的限制，不得对抗善意第三人。这表明，普通合伙企业的合伙人对执行合伙事务享有同等的权利，每一名合伙人都有权代表合伙企业，但是如果普通合伙企业选择了由合伙事务执行人执行合伙企业事务的执行方式，按约定其他非合伙事务执行人的合伙人应当对内不再执行合伙企业事务，对外也无权代表合伙企业。但是，这种约定只能在合伙企业内部有约束力，对不知情的第三人，如果非执行人代表合伙企业与其进行交易，其他合伙人，包括事务执行人，也不得以该合伙人越权为由而主张交易无效。该项原则也适用于对合伙企业事务执行人的限制，事务执行人越权与善意第三人所为的交易行为，亦为有效的法律行为。

（二）合伙企业债务的清偿

普通合伙企业的全部合伙人对合伙企业所形成的债务负有无限连带责任。当合伙企业不能清偿到期债务时，债权人可越过合伙企业直接向全体合伙人或者部分合伙人请求清偿。但是合伙企业有各个合伙人的出资，有自己相对独立的财产，合伙企业以自己的名义开展对外交易活动，与第三人发生债权债务关系，该债务系由企业行为发生，企业欠款应当先由企业负责偿还，当企业全部财产不足清偿时，才由各个合伙人负无限连带责任。《合伙企业法》第38—39条就规定，合伙企业对其债务，应先以其全部财产进行清偿。合伙企业不能清偿到期债务的，合伙人承担无限连带责任。合伙人因承担无限连带责任，清偿数额超过其按照合伙企业损益分配规则确定的亏损分担比例的，有权向其他合伙人追偿。

值得注意的是，合伙人发生与合伙企业无关的债务，相关债权人不得以其债权抵销其对合伙企业的债务，也不得代位行使合伙人在合伙企业中的权利。合伙人的自有财产不足清偿其与合伙企业无关的债务的，该合伙人可以其从合伙企业中分取的收益用于清偿；债权人也可以依法请求法院强制执行该合伙人在合伙企业中的财产份额用于清偿。法院强制执行合伙人的财产份额时，应当通知全体合伙人，其他合伙人有优先购买权；其他合伙人未购买，又不同意将该财产份额转让给他人的,依法为该合伙人办理退伙结算,或者办理削减该合伙人相应财产份额的结算。问题是,合伙企业债务与合伙人个人债务并存,合伙企业与合伙人都资不抵债,如何确定清偿顺序呢?英美等国家采取了双重优先原则,就是合伙人的个人债权人优先于合伙企业的债务人从合伙人的个人财产中得到清偿,合伙企业的债权人优先于合伙人个人的债权人从合伙企业财产中得到清偿。易言之,合伙企业的财产优先清偿合伙企业的债务,合伙人个人的财产优先清偿个人债务。这样处理比较公平,我国多数学者赞成这种办法。①

六、入伙、退伙及合伙人地位的继承

(一)入伙

入伙,是指在合伙企业存续期间,非合伙人经其他合伙人同意,加入合伙企业而取得合伙人资格的民事法律行为。入伙必须符合一定的条件,并遵循相应的程序。新合伙人的加入,意味着合伙企业的原有合伙人都将对新合伙人在合伙企业中的行为承担无限连带责任。合伙企业设立的基础是合伙协议,新合伙人的入伙,使合伙人发生变化,实际上是合伙协议的修改。为此,《合伙企业法》第43条规定,新合伙人入伙,除合伙协议另有约定外,应当经全体合伙人一致同意,并依法订立书面入伙协议。新合伙人入伙时原合伙人负有全面告知的义务。对合伙企业状况的全面了解,是新合伙人决定是否入伙的基础。入伙后,新合伙人将对合伙企业的债务承担无限连带责任,如果对企业状况根本不了解,就有失公平。一旦入伙,新合伙人就成为合伙企业的合伙人,同原合伙人在地位上应当是平等的,其与原合伙人享有同等权利,承担同等义务。

一旦入伙,新合伙人成为合伙企业的普通合伙人,对入伙后产生的合伙企业债务承担无限连带责任,这是没有异议的。问题是,新合伙人对入伙前合伙企业产生的债务是否承担连带责任呢?这有两种处理方式。一是新合伙人对入伙前的合伙企业债务不承担任何责任,如美国统一合伙法,二是新合伙人对入伙前的合伙企业债务同原合伙人一样承担无限连带责任,如法国、日本等国家。我国采取了第二种模式,主要是为了保护债权人的利益,避免合伙人串通,用推迟入伙日期的方法,逃避合伙企业债务。何况,原合伙人已经告知新合伙人合伙企业的经营状况和财务状况,入伙与否也是他自主选择的。既然作出入伙选择,承担相应后果也是顺理成章的。

(二)退伙

退伙,是指在合伙企业存续期间,合伙人退出合伙企业,丧失合伙人资格的法律事实或者法律行为。根据退伙原因的不同,退伙一般分为自愿退伙、法定退

---

① 参见魏振瀛主编:《民法》(第5版),北京大学出版社、高等教育出版社2013年版,第108页。

伙和除名退伙。

1. 自愿退伙

自愿退伙，亦称任意退伙或声明退伙，由合伙人依照约定或按照自己的意愿主动提出退伙。入伙自由，退伙亦应自由，自愿退伙就是退伙自由的体现。当然，这种自由是有限度的，退伙不得给合伙事务执行造成不利影响。为此，《合伙企业法》第45条和第46条依据合伙协议是否约定合伙期限，而予以区别对待。只要合伙协议未约定合伙期限，其退伙不给合伙企业事务执行造成不利影响，就可以退伙，只要提前30日通知其他合伙人即可。如果合伙协议约定了合伙期限，在合伙企业存续期间，有下列情形之一的，合伙人也可以退伙：(1) 合伙协议约定的退伙事由出现；(2) 经全体合伙人一致同意；(3) 发生合伙人难以继续参加合伙的事由；(4) 其他合伙人严重违反合伙协议约定的义务。合伙人不依照这两种方式退伙，应当赔偿由此给合伙企业造成的损失。

2. 法定退伙

法定退伙，亦称当然退伙，是指基于法律规定的事由，而非基于合伙人的意思自治而发生的退伙。在合伙企业存续期间，一旦合伙人的行为符合法律规定的条件或者出现了法律规定的某种特殊情况，该合伙人自然丧失合伙人资格而退出合伙企业。退伙事由实际发生之日为退伙生效日。依据《合伙企业法》第48条，当然退伙包括以下五种情形：(1) 作为合伙人的自然人死亡或者被依法宣告死亡；(2) 个人丧失偿债能力；(3) 作为合伙人的法人或者其他组织依法被吊销营业执照、责令关闭、撤销，或者被宣告破产；(4) 法律规定或者合伙协议约定合伙人必须具有相关资格而丧失该资格；(5) 合伙人在合伙企业中的全部财产份额被法院强制执行。

至于合伙人被依法认定为无民事行为能力人或者限制民事行为能力人的，也有两种处理途径。一是经其他合伙人一致同意，该合伙人可以依法转为有限合伙人，普通合伙企业依法转换为有限合伙企业。二是法定退伙。其他合伙人未能一致同意，该无民事行为能力或者限制民事行为能力的合伙人就退伙。

3. 除名退伙

除名退伙，亦称开除退伙或强制退伙，是指在合伙企业存续期间，当某一合伙人出现法定事由或者合伙协议约定的事由时，经其他合伙人一致决定开除该合伙人的行为。依据《合伙企业法》第49条，除名退伙有以下四种情形：(1) 未履行出资义务；(2) 因故意或者重大过失给合伙企业造成损失；(3) 执行合伙事务时有不正当行为；(4) 发生合伙协议约定的事由。只要具备这四种情形之一，其他合伙人一致同意，即可决议将其除名。对合伙人的除名决议应书面通知被除名人。被除名人接到除名通知之日，除名生效，被除名人退伙。被除名人对除名决议有异议的，可以自接到除名通知之日起30日内，向法院起诉。

4. 退伙的结算与债务承担

退伙应当清结财产及债权债务,是为结算。合伙企业是全体合伙人共同出资设立的,如果在合伙企业存续期间发生退伙,不管是基于什么原因,退伙人都有权要求对合伙企业的财产进行结算,并取回其在合伙企业中应有的财产份额。其他合伙人则应当与该退伙人按照退伙时的合伙企业财产状况进行结算,退还退伙人的财产份额。如果合伙人在作为合伙人期间因不当执行合伙事务或其他原因给合伙企业造成损失,依法对合伙企业负有赔偿责任,或者合伙人未按照法定或约定条件退伙而给合伙企业造成损失的,在退伙结算时,应从应退还的财产份额中进行减扣,只将剩余的财产退还给该退伙人。退伙结算原则上以退伙生效时合伙企业的财产状况为准,但在退伙生效时,合伙企业可能还有未了结的企业事务,对于该事务所产生的收益,退伙人有权享有,所产生的亏损,退伙人也有责任承担。为此,凡是退伙时有未了结的合伙企业事务的,待该事务了结后方可结算。退伙人在合伙企业中的财产份额的退还办法,由合伙协议约定或者由全体合伙人决定,可以退还货币,也可以退还实物。

退伙后,退伙人退出合伙企业,丧失合伙人资格。同时,退伙人在退伙时办理的退伙结算,已经对其权利义务进行清理。从逻辑上说,退伙人退伙后,合伙企业发生的债权债务与其没什么关系。但是,退伙人在退伙前是合伙人,如果其退伙后对退伙前发生的合伙企业债务,或者虽然发生在其退伙后,但是,是基于退伙前的原因发生的合伙企业债务不用承担责任的话,就加重了未退伙人的负担,对未退伙人来说是不公平的,也可能为退伙人利用退伙逃避合伙企业债务,损害债权人利益,提供可乘之机。为此,退伙人对基于其退伙前的原因发生的合伙企业债务,亦应承担无限连带责任。合伙人退伙时,合伙企业财产少于合伙企业债务的,退伙人还应依法分担亏损。

(三)合伙人地位的继承

合伙人地位也是可以继承的。合伙人死亡或者被依法宣告死亡的,对该合伙人在合伙企业中的财产份额享有合法继承权的继承人,按照合伙协议的约定或者经全体合伙人一致同意,从继承开始之日起,取得该合伙企业的合伙人资格。但是,继承人不愿意成为合伙人的,自不存在合伙人地位的继承问题,只需将被继承合伙人的财产份额退还给继承人即可。即使继承人愿意继承,但继承人不具备法定或者合伙协议约定的相关资格,或者不符合合伙协议约定的其他情形,也不能继承,只能将被继承合伙人的财产份额退还给继承人。

至于合伙人的继承人为无民事行为能力人或者限制民事行为能力人的,同样有两种处理办法。一是经全体合伙人一致同意,该继承人可以依法成为有限合伙人,普通合伙企业依法转为有限合伙企业。二是全体合伙人未能一致同意的,合伙企业将被继承合伙人的财产份额退还该继承人。

七、合伙企业的解散与清算

（一）解散

合伙企业的解散，是指基于一定事由的发生，而停止其积极营业活动，并开始处理其未了结事务的法律行为。解散事由有以下七种：(1) 合伙期限届满，合伙人决定不再经营；(2) 合伙协议约定的解散事由出现；(3) 全体合伙人决定解散；(4) 合伙人已不具备法定人数满 30 天；(5) 合伙协议约定的合伙目的已经实现或者无法实现；(6) 依法被吊销营业执照、责令关闭或者被撤销；(7) 法律、行政法规规定的其他原因。

（二）清算

合伙企业一旦解散，即应由清算人进行清算。清算人由全体合伙人担任。经全体合伙人过半数同意，可以自合伙企业解散事由出现起 15 日内指定一个或者数个合伙人，或者委托第三人担任清算人。自合伙企业解散事由出现之日起 15 日内未确定清算人的，合伙人或者其他利害关系人可以申请法院指定清算人。清算人在清算期间的职责包括：(1) 清理合伙企业财产，分别编制资产负债表和财产清单；(2) 处理与清算有关的合伙企业未了结事务；(3) 清缴所欠税款；(4) 清理债权、债务；(5) 处理合伙企业清偿债务后的剩余财产；(6) 代表合伙企业参加诉讼或者仲裁活动。清算人自被确定之日起 10 日内将合伙企业解散事项通知债权人，并于 60 日内在报纸上公告。债权人应当自接到通知书之日起 30 日内，未接到通知书的自公告之日起 45 日内，向清算人申报债权。债权人申报债权，应当说明债权的有关事项，并提供证明材料。清算人应当对债权进行登记。清算期间，合伙企业存续，但不得开展与清算无关的经营活动。

至于债务清偿，合伙企业财产按照支付清算费用和职工工资、社会保险费用、法定补偿金以及缴纳所欠税款的顺序进行。清偿债务后的剩余财产，按照合伙协议的约定办理。合伙协议没有约定或者约定不明的，由合伙人协商决定。协商不成的，由合伙人按照实缴出资比例分配。无法确定出资比例的，由合伙人平均分配。如果合伙企业不能清偿到期债务，债权人可以依法向法院提出破产清算申请，也可以要求普通合伙人清偿。合伙企业依法被宣告破产的，普通合伙人对合伙企业债务仍应承担无限连带责任。

一旦清算结束，清算人应当编制清算报告，经全体合伙人签名、盖章后，在 15 日内向企业登记机关报送清算报告，申请办理合伙企业注销登记。合伙企业注销后，原普通合伙人对合伙企业存续期间的债务仍应承担无限连带责任。

第四节 特殊的普通合伙企业

一、特殊的普通合伙概述

特殊的普通合伙,是指在特定情况下,不由全体合伙人对合伙企业债务承担无限连带责任的普通合伙。西方发达国家称为有限责任合伙(limited liability partnership,LLP),它发源于美国,并很快就被移植到英国、加拿大和日本等地,主要是在会计师和律师行业采用。我国也认可这种合伙形态,但称其为特殊的普通合伙,亦不具有法人地位,适用范围限于以专业知识和专门技能为客户提供有偿服务的专业服务机构。不难看出,有限责任合伙只是普通合伙的特殊形式。

其特征有二:(1)普通合伙的一种特殊形式。特殊的普通合伙不是独立于普通合伙的另一种合伙类型,本质上仍然属于普通合伙,只是普通合伙的一种特殊责任形式。(2)合伙人在特定情形下承担有限责任。合伙人在执业活动中因故意或者重大过失造成合伙企业债务的,自应承担无限责任或者无限连带责任,而其他合伙人以其在合伙企业中的财产份额为限承担责任。而合伙企业在正常营业过程中产生的、非因合伙人重大过错造成的债务,其责任承担方式和普通合伙企业一样,所有合伙人均承担无限连带责任。

特殊的普通合伙企业并非任何领域均可设立,适用范围仅仅限于以专业知识和专门技能为客户提供有偿服务的专业服务机构。其设立程序与普通合伙企业相同,所不同的是,为了让交易相对人能够从名称中了解其财产责任形态,应当在特殊的普通合伙企业的名称中标明"特殊普通合伙"字样。

二、特殊的普通合伙的债务承担

(一)有重大过错的合伙人的债务承担

合伙人在执业活动中因故意或者重大过失造成的合伙企业债务,该合伙人应当对该债务承担无限责任,即合伙人不仅以其对合伙企业的出资承担责任,还要以其全部财产承担责任。如果两个以上的合伙人在执业活动中因故意或者重大过失造成合伙企业的同一债务,该部分合伙人应当对该债务承担无限连带责任——他们对该同一债务的清偿不仅承担无限责任,而且他们之间是互相连带的,债权人可以要求任何一个有重大过错的合伙人偿还其全部或部分债务。合伙人执业活动中因故意或者重大过失造成的合伙企业债务,以合伙企业财产对外承担责任后,该合伙人应当按照合伙协议的约定对其给合伙企业造成的损失承担赔偿责任。

如何理解"造成的合伙企业债务"呢?是否包括侵权、合同、不当得利或其他原因造成的合伙债务？有人认为《合伙企业法》第 57 条规定的"造成的合伙企业债务"仅限于因故意或重大过失造成的侵权之债,不包括合伙之债,也不包括一般过失引起的合伙企业债务。① 对于其他没有故意或重大过失的合伙人,其对有重大过错的合伙人的行为造成的该项合伙企业的债务,仅以其在合伙企业中的财产份额为限承担责任。

（二）合伙企业一般债务的承担

合伙人在执业活动中非因故意或者重大过失造成的合伙企业债务以及合伙企业的其他债务,由全体合伙人承担无限连带责任。此时,合伙企业的债务非因合伙人的重大过错造成,这种债务的承担与普通合伙企业的完全一样。

（三）债务清偿顺序

在不同情况下,特殊的普通合伙企业的债务清偿顺序也不尽相同。对于有重大过错的合伙人造成的合伙债务,首先以合伙企业财产对外承担责任,不足部分再由对该债务负有故意或重大过失的合伙人承担无限责任或无限连带责任。如果合伙协议约定了有重大过错的合伙人的赔偿责任,该合伙人应当按照合伙协议的约定对其给合伙企业造成的损失承担赔偿责任。至于一般合伙债务与有重大过错的合伙人造成的合伙债务并存的情形,则首先应当用合伙企业的财产对两类债务按比例清偿,不足部分,则一般合伙债务由全体合伙人包括有过错的合伙人负无限连带责任,有重大过错的合伙人造成的合伙债务则由该合伙人承担无限责任或无限连带责任。造成合伙企业损失的,合伙协议有约定赔偿的,也应当承担赔偿责任。至于仅有一般合伙债务的情形,则与普通合伙企业的清偿顺序完全一样,先由合伙企业财产清偿,不足部分则由全体合伙人负无限连带责任。

（四）执业风险基金

特殊的普通合伙企业债务的清偿保障相对较弱。为了保护交易相对人的利益,法律要求特殊的普通合伙企业建立执业风险基金、办理职业保险。执业风险基金用于偿付合伙人执业活动造成的债务。执业风险基金应当单独立户管理,具体管理办法由国务院规定。

第五节　有限合伙企业

一、有限合伙企业概述

有限合伙企业,是指由对合伙债务承担有限责任的有限合伙人和对合伙债

---

① 参见李飞主编:《中华人民共和国合伙企业法释义》,法律出版社 2006 年版,第 93 页。

务承担无限责任或无限连带责任的普通合伙人共同组成的合伙企业。有限合伙企业与普通合伙及公司相比,具有一定的优势。首先它将有限责任引入合伙制度,为合伙企业融资提供了方便。与普通合伙企业相比,有限合伙具有资本的优势,因为有限合伙人享有有限责任特权,有利于鼓励投资。与公司相比较,有限合伙人又具有信用的优势,因为普通合伙人对合伙企业债务承担无限责任或者无限连带责任。这是有能力的人与有财富的人共舞的良好平台,也有利于发展风险投资业务。① 其特征在于:(1)由有限责任合伙人与无限责任或无限连带责任合伙人共同组成。如仅剩有限合伙人,即应解散;仅剩普通合伙人的,即应转为普通合伙企业。(2)融合了普通合伙和有限公司的优势(表2-2)。②

表2-2 普通合伙、有限合伙与有限责任公司

	普通合伙	有限合伙(LP)	有限责任公司(LLC)
法人地位	×	×	✓
设立基础	合伙协议	合伙协议	公司章程
成员人数(人)	≥2	≥2 - ≤50	≥1 - ≤50
成员的有限责任	×	✓(有限合伙人)	✓
成员参与管理	✓	×(有限合伙人)	✓
双重征税	×	×	✓

设立有限合伙企业除了须具备普通合伙企业的条件外,还须符合四项特殊条件:其一,合伙人人数与构成。有限合伙不仅合伙人数受到最高数额50人之限,而且既要有无限合伙人,也要有有限合伙人。否则,就不成其为有限合伙。其二,企业名称。有限合伙企业名称中应当标明"有限合伙"字样。其三,合伙协议除须符合普通合伙企业的必要记载事项外,还应当载明下列事项:(1)普通合伙人和有限合伙人的姓名或者名称、住所;(2)执行事务合伙人应具备的条件和选择程序;(3)执行事务合伙人的权限与违约处理办法;(4)执行事务合伙人的除名条件和更换程序;(5)有限合伙人入伙、退伙的条件、程序以及相关责任;(6)有限合伙人和普通合伙人相互转变的程序。其四,有限合伙人可以用货币、实物、知识产权、土地使用权或者其他财产权利作价出资,但不得以劳务出资。

二、有限合伙企业的事务执行

有限合伙企业由普通合伙人对内执行合伙事务,对外代表有限合伙企业。这是由有限合伙企业的性质决定的。为了更好地激励执行合伙事务的普通合伙人勤勉尽职,谋取合伙企业的最大利益,有限合伙协议可以确定执行事务合伙人

---

① 参见施天涛:《商法学》,法律出版社2006年版,第65页。
② 参见李飞主编:《中华人民共和国合伙企业法释义》,法律出版社2006年版,第99页。

执行事务的报酬及报酬提取方式。这样,更有利于促进有限合伙企业的发展。

有限合伙人不执行合伙事务,不得对外代表有限合伙企业。而以下八种情形属于有限合伙人正当行使权利,不属于执行合伙事务:(1)参与决定普通合伙人入伙、退伙;(2)对企业的经营管理提出建议;(3)参与选择承办有限合伙企业审计业务的会计师事务所;(4)获取经审计的有限合伙企业财务会计报告;(5)对涉及自身利益的情况,查阅有限合伙企业财务会计账簿等财务资料;(6)在有限合伙企业中的利益受到侵害时,向有责任的合伙人主张权利或者提起诉讼;(7)执行事务合伙人怠于行使权利时,督促其行使权利或者为了本企业的利益以自己的名义提起诉讼;(8)依法为本企业提供担保。

第三人有理由相信有限合伙人为普通合伙人并与其交易的,该有限合伙人对该笔交易承担与普通合伙人同样的责任。有限合伙人未经授权以有限合伙企业名义与他人进行交易,给有限合伙企业或者其他合伙人造成损失的,该有限合伙人应当承担赔偿责任。

正因为如此,有限合伙人可享有一些普通合伙人所不具备的特有权利:除合伙协议另有约定外,有限合伙人可以同本有限合伙企业进行交易,可以自营或者同他人合作经营与本有限合伙企业相竞争的业务,可以将其在有限合伙企业中的财产份额出质等。有限合伙人可以按照合伙协议的约定向合伙人以外的人转让其在有限合伙企业中的财产份额,只要提前30日通知其他合伙人即可。

三、有限合伙企业的损益分配

为平衡有限合伙人和普通合伙人的利益,调动双方的积极性,当有限合伙企业有利润可供分配时,可以适当向有限合伙人倾斜。尽管有限合伙企业不得将全部利润分配给部分合伙人,但是合伙协议可以另行约定。

而在亏损分担方面,有限合伙企业仍须依照普通合伙企业的规定,不得约定由部分合伙人承担全部亏损。如果合伙协议中有这样的约定,该约定无效。

四、有限合伙企业的入伙、退伙与身份转换

有限合伙企业的入伙应当按照合伙协议的约定执行。新入伙的有限合伙人对于入伙前合伙企业的债务,亦需承担责任,与普通合伙企业的新合伙人有所不同,其只承担有限责任,即仅以其认缴的出资额为限承担责任。

有限合伙人的当然退伙事由为:(1)作为有限合伙人的自然人死亡或者被宣告死亡;(2)作为有限合伙人的法人或者其他组织依法被吊销营业执照、责令关闭、撤销,或者被宣告破产;(3)法律规定或者合伙协议约定有限合伙人必须具有相关资格而丧失该资格;(4)有限合伙人在合伙企业中的全部财产份额被法院强制执行。至于作为有限合伙人的自然人在有限合伙企业存续期间丧失民

事行为能力的,则不属于当然退伙,其他合伙人不得要求其退伙。作为有限合伙人的自然人死亡、被依法宣告死亡或者作为有限合伙人的法人及其他组织终止时,其继承人或者权利承受人可以依法取得该有限合伙人在有限合伙企业中的资格。

普通合伙人可以转变为有限合伙人,有限合伙人也可以转变为普通合伙人。至于转换的条件,合伙协议有约定的,从其约定。没有约定的,以全体合伙人一致同意为条件。

五、有限合伙人的债务承担

如果有限合伙人的自有财产不足以清偿其与合伙企业无关的债务,该合伙人可以其从有限合伙企业中分取的收益用于清偿。债权人也可以依法请求法院强制执行该合伙人在有限合伙企业中的财产份额用于清偿。法院强制执行有限合伙人的财产份额时,应当通知全体合伙人。在同等条件下,其他合伙人有优先购买权。对于新入伙的有限合伙人而言,对其入伙前有限合伙企业的债务,以其认缴的出资额为限承担责任。有限合伙人退伙后,对基于其退伙前的原因发生的有限合伙企业债务,以其退伙时从有限合伙企业中取回的财产承担责任。这与普通合伙人退伙不同,普通合伙人对基于其退伙前的原因发生的合伙企业债务承担无限连带责任。

至于合伙人身份转换后的责任衔接,有限合伙人转变为普通合伙人的,对其作为有限合伙人期间有限合伙企业发生的债务承担无限连带责任;而普通合伙人转变为有限合伙人的,对其作为普通合伙人期间合伙企业发生的债务承担无限连带责任。

司法考试相关知识链接

例题1 2011年卷三　　单项选择题

30. 赵、钱、孙、李设立一家普通合伙企业。经全体合伙人会议决定,委托赵与钱执行合伙事务,对外代表合伙企业。对此,下列哪一表述是错误的?
　A. 孙、李仍享有执行合伙事务的权限
　B. 孙、李有权监督赵、钱执行合伙事务的情况
　C. 如赵单独执行某一合伙事务,钱可以对赵执行的事务提出异议
　D. 如赵执行事务违反合伙协议,孙、李有权决定撤销对赵的委托

答案　A

详解　普通合伙企业事务的执行

选项A错误。《合伙企业法》第26条第2款规定,按照合伙协议的约定或

者经全体合伙人决定,可以委托一个或者数个合伙人对外代表合伙企业、执行合伙事务。第27条第1款规定,依照本法第26条第2款规定委托一个或者数个合伙人执行合伙事务的,其他合伙人不再执行合伙事务。因此,孙、李不再享有执行合伙企业事务的权限。

选项B正确。《合伙企业法》第27条第2款规定,不执行合伙事务的合伙人有权监督执行事务合伙人执行合伙事务的情况。

选项C、D正确。《合伙企业法》第29条规定,合伙人分别执行合伙事务的,执行事务合伙人可以对其他合伙人执行的事务提出异议。提出异议时,应当暂停该项事务的执行。如果发生争议,依照本法第30条规定作出决定。受委托执行合伙事务的合伙人不按照合伙协议或者全体合伙人的决定执行事务的,其他合伙人可以决定撤销该委托。

例题2 2012年卷三　　单项选择题

29. 为开拓市场需要,个人独资企业主曾水决定在某市设立一个分支机构,委托朋友霍火为分支机构负责人。关于霍火的权利和义务,下列哪一表述是正确的?

A. 应承担该分支机构的民事责任
B. 可以从事与企业总部相竞争的业务
C. 可以将自己的货物直接出卖给分支机构
D. 经曾水同意可以分支机构财产为其弟提供抵押担保

答案　D

详解　个人独资企业的事务管理

选项A错误。《个人独资企业法》第14条第3款规定,分支机构的民事责任由设立该分支机构的个人独资企业承担。

选项B、C错误。《个人独资企业法》第20条第(六)项规定,投资人委托或者聘用的管理个人独资企业事务的人员未经投资人同意,不得从事与本企业相竞争的业务。《个人独资企业法》第20条第(七)项规定,投资人委托或者聘用的管理个人独资企业事务的人员未经投资人同意,不得同本企业订立合同或者进行交易。

选项D正确。《个人独资企业法》第20条第(五)项规定,投资人委托或者聘用的管理个人独资企业事务的人员,不得擅自以企业财产提供担保。据此可知,若经曾水同意,霍火可以用分支机构财产为其弟提供抵押担保。

例题3 2012年卷三　　多项选择题

72. 周橘、郑桃、吴柚设立一家普通合伙企业,从事服装贸易经营。郑桃因炒股欠下王椰巨额债务。下列哪些表述是正确的?

A. 王椰可以郑桃从合伙企业中分取的利益来受偿

B. 郑桃不必经其他人同意,即可将其合伙财产份额直接抵偿给王椰
C. 王椰可申请强制执行郑桃的合伙财产份额
D. 对郑桃的合伙财产份额的强制执行,周橘和吴柚享有优先购买权

答案 ACD

详解 普通合伙人个人债务的清偿规则

选项A、C、D正确。《合伙企业法》第42条规定,合伙人的自有财产不足清偿其与合伙企业无关的债务的,该合伙人可以以其从合伙企业中分取的收益用于清偿;债权人也可以依法请求人民法院强制执行该合伙人在合伙企业中的财产份额用于清偿。人民法院强制执行合伙人的财产份额时,应当通知全体合伙人,其他合伙人有优先购买权;其他合伙人未购买,又不同意将该财产份额转让给他人的,依照本法第51条的规定为该合伙人办理退伙结算,或者办理削减该合伙人相应财产份额的结算。

选项B错误。《合伙企业法》第22条第1款规定,除合伙协议另有约定外,合伙人向合伙人以外的人转让其在合伙企业中的全部或者部分财产份额时,须经其他合伙人一致同意。

例题4 2013年卷三　　多项选择题

71. 甲、乙、丙于2010年成立一家普通合伙企业,三人均享有合伙事务执行权。2013年3月1日,甲被法院宣告为无民事行为能力人。3月5日,丁因不知情找到甲商谈一笔生意,甲以合伙人身份与丁签订合同。下列哪些选项是错误的?

A. 因丁不知情,故该合同有效,对合伙企业具有约束力
B. 乙与丙可以甲丧失行为能力为由,一致决议将其除名
C. 乙与丙可以甲丧失行为能力为由,一致决议将其转为有限合伙人
D. 如甲因丧失行为能力而退伙,其退伙时间为其无行为能力判决的生效时间

答案 ABD

详解 合同的效力、退伙、合伙企业形式的转化

选项A错误。《民法通则》第58条第1款第(一)项规定,无民事行为能力人实施的民事行为无效。因此,甲作为无民事行为能力人与丁签订的生意合同无效。

选项B错误。《合伙企业法》第49条第1款规定,合伙人有下列情形之一的,经其他合伙人一致同意,可以决议将其除名:(一)未履行出资义务;(二)因故意或者重大过失给合伙企业造成损失;(三)执行合伙事务时有不正当行为;(四)发生合伙协议约定的事由。据此可知,普通合伙人丧失行为能力不属于除名退伙的条件。

选项 C 正确。《合伙企业法》第 48 条第 2 款规定,合伙人被依法认定为无民事行为能力人或者限制民事行为能力人的,经其他合伙人一致同意,可以依法转为有限合伙人,普通合伙企业依法转为有限合伙企业。其他合伙人未能一致同意的,该无民事行为能力或者限制民事行为能力的合伙人退伙。

选项 D 错误。根据《合伙企业法》第 48 条第 2 款的规定可知,普通合伙人丧失行为能力,并不当然导致退伙。因此,退伙事由实际发生之日才是退伙生效之日。

例题 5　2011 年卷三　　不定项选择题

张、王、李、赵各出资四分之一,设立通程酒吧(普通合伙企业)。合伙协议未约定合伙期限。现围绕合伙份额转让、酒吧管理等事项,回答第 92—94 题。

92. 酒吧开业半年后,张某在经营理念上与其他合伙人冲突,遂产生退出想法。下列说法正确的是?

A. 可将其份额转让给王某,且不必事先告知赵某、李某

B. 可经王某、赵某同意后,将其份额转让给李某的朋友刘某

C. 可主张发生其难以继续参加合伙的事由,向其他人要求立即退伙

D. 可在不给合伙事务造成不利影响的前提下,提前 30 日通知其他合伙人要求退伙

答案　D

详解　普通合伙人的退伙

选项 A 错误。《合伙企业法》第 22 条第 2 款规定,合伙人之间转让在合伙企业中的全部或者部分财产份额时,应当通知其他合伙人。因此,张某将其份额转让给合伙人王某,应事先告知其他合伙人。

选项 B 错误。《合伙企业法》第 22 条第 1 款规定,除合伙协议另有约定外,合伙人向合伙人以外的人转让其在合伙企业中的全部或者部分财产份额时,须经其他合伙人一致同意。因此,张某将其份额转让给李某的朋友刘某,不仅要经过王某、赵某的同意,还需要经过李某的同意。

选项 C 错误,选项 D 正确。《合伙企业法》第 46 条规定,合伙协议未约定合伙期限的,合伙人在不给合伙企业事务执行造成不利影响的情况下,可以退伙,但应当提前 30 日通知其他合伙人。

93. 酒吧开业 1 年后,经营环境急剧变化,全体合伙人开会,协商对策。按照《合伙企业法》规定,下列事项的表决属于有效表决的是?

A. 张某认为"通程"二字没有吸引力,提议改为"同升酒吧"。王某、赵某同意,但李某反对

B. 鉴于生意清淡,王某提议暂停业 1 个月,装修整顿。张某、赵某同意,但李某反对

C. 鉴于酒吧之急需,赵某提议将其一批咖啡机卖给酒吧。张某、王某同意,但李某反对

D. 鉴于4人缺乏酒吧经营之道,李某提议聘任其友汪某为合伙经营管理人。张某、王某同意,但赵某反对

答案 B

详解 合伙事项的表决、自我交易的限制

选项A错误。《合伙企业法》第31条第(一)项规定,除合伙协议另有约定外,改变合伙企业的名称,应当经全体合伙人一致同意。选项A中,合伙人李某不同意,该表决无效。

选项B正确。《合伙企业法》第30条第1款规定,合伙人对合伙企业有关事项作出决议,按照合伙协议约定的表决办法办理。合伙协议未约定或者约定不明确的,实行合伙人一人一票并经全体合伙人过半数通过的表决办法。选项B中,停业装修整顿不属于《合伙企业法》第31条中规定的必须经全体合伙人一致同意的事项。因此,该决议有过半数合伙人通过即有效。

选项C错误。《合伙企业法》第32条第2款规定,除合伙协议另有约定或者经全体合伙人一致同意外,合伙人不得同本合伙企业进行交易。

选项D错误。《合伙企业法》第31条第(六)项规定,除合伙协议另有约定外,聘任合伙人以外的人担任合伙企业的经营管理人员,应当经全体合伙人一致同意。选项D中,合伙人赵某不同意,因此该表决无效。

94. 经全体合伙人同意,林某被聘任为酒吧经营管理人,在其受聘期间自主决定采取的下列管理措施符合《合伙企业法》规定的是?

A. 为改变经营结构扩大影响力,将经营范围扩展至法国红酒代理销售业务

B. 为改变资金流量不足情况,以酒吧不动产为抵押,向某银行借款50万元

C. 为营造气氛,以酒吧名义与某音乐师签约,约定音乐师每晚在酒吧表演2小时

D. 为整顿员工工作纪律,开除2名经常被顾客投诉的员工,招聘3名新员工

答案 CD

详解 合伙事务的执行

选项A错误。《合伙企业法》第31条第(二)项规定,除合伙协议另有约定外,改变合伙企业的经营范围、主要经营场所的地点,应当经全体合伙人一致同意。

选项B错误。《合伙企业法》第31条第(三)项规定,除合伙协议另有约定外,处分合伙企业的不动产,应当经全体合伙人一致同意。

选项C、D中的事项不属于《合伙企业法》中规定的需要经全体合伙人一致

同意才能进行的事项。因此,本题中经营管理人林某在其受聘期间可以自主决定采取措施。

实战演练

一、选择题

1. 根据我国《个人独资企业法》的规定,下列说法正确的有( )。

   A. 独资企业是一个自然人单独投资成立的企业,无论中国人或者外国人均可依法设立个人独资企业

   B. 独资企业是非法人企业,投资者对企业债务承担无限连带责任

   C. 独资企业是完全由投资者个人所有和控制的企业

   D. 设立个人独资企业的最低出资额是 3 万元人民币

2. 某合伙企业原有合伙人 3 人,后古某申请入伙,当时合伙企业负债 20 万元。入伙后,合伙企业继续亏损,古某遂申请退伙,获同意。古某退伙时,合伙企业已负债 50 万元,但企业尚有价值 20 万元的财产。后合伙企业解散,用企业财产清偿债务后,尚欠 70 万元不能偿还。对古某在该合伙企业中的责任,下列哪种说法是正确的?( )

   A. 古某应对 70 万元债务承担连带责任

   B. 古某仅对其参与合伙期间新增的 30 万元债务承担连带责任

   C. 古某应对其退伙前的 50 万元债务承担连带责任

   D. 古某应对其退伙前的 50 万元债务承担连带责任,但应扣除其应分得的财产份额

3. 甲、乙、丙、丁设立一合伙企业,乙是合伙事务的执行人。企业存续期间,甲转让部分合伙份额给丁用于偿债并告知了乙、丙。后甲经乙同意又将部分份额送给其情人杨某。甲妻知情后与甲发生冲突,失手杀死甲而被判刑。甲死后,其妻和 16 岁的儿子要求继承甲在合伙企业中的份额,各合伙人同意甲妻和甲子的请求。下列哪些表述是正确的?( )

   A. 丁受让甲的合伙份额为有效

   B. 杨某能够取得甲赠与的合伙份额

   C. 甲妻可以取得合伙人资格

   D. 甲子可以取得合伙人资格

4. 甲、乙、丙打算成立一个有限合伙企业,三方签订的合伙协议对有关合伙事项进行了约定,下列约定事项不符合《合伙企业法》规定的有( )。

   A. 甲作为有限责任合伙人,并与乙共同负责执行合伙事务

   B. 甲前三年执行合伙事务不收取报酬,并以此作价 30 万元作为其对合伙

企业的出资;三年后合伙企业每年支付甲 6 万元报酬,并根据合伙企业业绩提取利润 10% 作为其奖励报酬

C. 乙、丙各以 10 万元现金作为出资,同时丙另外以其不动产使用权作价出资 5 万元

D. 对于扣除合理支出后的合伙企业的净利润,三方平均分配,但每年在分配前预提 30% 作为企业发展基金

5. 甲、乙、丙打算成立一个主要从事餐饮服务的合伙企业,在成立前三人共同到某律师事务所咨询,该所张律师在听取三人的想法后提出了如下几点意见,其中不符合《合伙企业法》规定的有(　　)。

A. 三人应当成立一个特殊普通合伙企业,以免因特定合伙人的重大过错而使其他合伙人承担过大的风险

B. 三人都没有直接从事餐饮业的经验,因此应当聘请一名有经验的职业经理人负责管理合伙企业

C. 三方可以约定合伙期限,也可以不约定期限

D. 该特殊普通合伙企业的名称可以叫做"一清餐饮合伙专营店"

二、案例分析

甲、乙、丙三人各出资 1 万元组建了一家普通合伙企业,签订了合伙协议,约定利润均分,共担风险。由于经营不善,该合伙企业欠 A 公司 8 万元。此时,丁提出以有限合伙人的身份出资 3 万元加入该合伙企业,甲、乙、丙欣然同意,修改了合伙协议并进行了工商登记,把原普通合伙企业转变为有限合伙企业。同时,甲也征得其他合伙人的同意转变为有限合伙人。企业继续运营了一年,不但旧债未还,新债又起,欠下 B 公司 5 万元,而此时,乙退出了该合伙企业。

请问:该合伙企业的债务应当如何承担?

第三章 公　司　法

第一节　公　司　设　立

一、公司概述

(一) 概念与特征

公司是依法设立的营利性社团法人。近代以来,公司以其资本聚集和股东有限责任的魅力,极大地激发了人们的创业和投资热情;以其集中管理和管理的专业化、职业化,大大提高了经营管理水平和效率,从而推动了社会经济发展和人类文明进步。难怪巴特勒教授在 1921 年就感慨道,公司是现代社会最伟大的社会发明,蒸汽机和电也无法与其媲美。如果没有有限责任,蒸汽机和电的重要性也会大打折扣。[1] 当今社会,作为最典型和最普遍的商主体,公司活跃于社会经济的各个领域,从创业谋生的基本工具,到富可敌国的商业帝国,公司的身影无处不在。

人格性、社团性、营利性、股东责任有限性和永久存续性,乃是公司的特征。其中,人格性、社团性和营利性为基本特征,股东的有限责任和永久存续则是人格性特征的延伸。现代公司存在已逾一个半世纪。公司的经典概念亦随社会经济的变迁而不断发展,比如,私公司人格性的柔性化,公司的社团性对一人公司的包容,公司的营利性对社会责任的接纳;在特定情形下,公司法人格被否认,股东还应承担无限责任。这都是公司概念的新发展。

1. 人格性

与合伙企业相比,公司的显著特征就是具有法人地位,在法律上是独立的"人",尽管这种"人"并非有血有肉的自然人,纯属法律所拟制的人。公司虽由股东出资设立,但又独立于股东,具有自己的独立人格,具有独立的权利能力、行为能力和承担相应责任的能力。中航油集团被处民事罚款 800 万新元,就是因为违反新加坡证券法,从而被追究行政责任和刑事责任。[2] 正是这种独立法律人格的存在,才有了近代以来公司的发展和兴盛,也才有了公司股东与职业经理

---

[1] 参见 Andrew Hicks,"Corporate Form:Questioning the Unsung Hero",Journal of Business Law,July 1997,pp.306—308.

[2] 参见宗禾:《中航油母公司被处 800 万新元民事罚款》,载《南方日报》2005 年 8 月 20 日。

人博弈中所演绎出来的商业传奇。

2. 社团性

公司是法人组织,法人组织一般可以分为社团法人和财团法人。前者以社员的结合为基础,如公司、合作社等;后者以财产捐助的存在为基础,如慈善组织、基金会等。公司属于社团法人,尽管绝大多数国家已经认可一人公司,但这并不是主流公司的社团性特征。公司的社团性首先表现为集中管理制度,由于公司是由股东结社而成,在社员众多的组织中,不可能每个社员都参与组织的具体运作管理。现代公司,尤其是大中型公司,无不实行所有权与经营权分离,均由职业经理人经营管理。为了确保股东和其他要素提供者的利益,公司形成了分权制衡的治理结构,股东(大)会、董事会、经理与监事会各司其职,各尽其责,以实行公司价值的最大化。这样,股东可以分散风险,公司也可以广泛地吸收社会闲散资本,实现资本的集聚和集中,壮大公司规模,实现规模经济。

3. 营利性

一切商行为均以营利为目的。组建公司的目的就在于集中更多资源,更好地营利。不仅公司追求价值最大化,股东投资也追求最佳投资回报。没有营利,就没有公司的长期存在,也就无法激起股东的投资热情。公司的营利性也得到国家的高度重视。中国证监会 2008 年 10 月 9 日正式发布的《关于修改上市公司现金分红若干规定的决定》,不仅提高了上市公司申请再融资时的现金分红标准,而且要求上市公司披露能够进行现金分红而未进行分红的具体原因,说明未用于分红的资金留存公司的使用用途。同时,上市公司还应当披露现金分红政策的执行情况,并提供现金分红的历史数据对比,使广大投资者能够充分了解公司过往的现金分红情况和数据。

4. 股东责任的有限性

我国《公司法》第 3 条第 2 款规定,有限责任公司的股东以其认缴的出资额为限对公司承担责任;股份有限公司的股东以其认购的股份为限对公司承担责任。股东承担有限责任,是公司重要特征之一。这是因为,公司具有独立的人格,股东与公司的人格发生分离,公司实行集中管理,股东自然无须为他人的行为承担全部责任。

5. 永久存续性

公司具有独立的人格,拥有自己的生命。这就意味着,公司的生命与股东相分离,不因股东、代表人或雇员的变动或死亡,而影响其存续。自然人的生命是有限的,而公司的生命则是无限的。当然,这并不妨碍股东通过章程规定其经营期限。这是公司与合伙企业的又一差别。合伙企业会因合伙人的死亡、破产或退伙而解散。公司则可以永久存续,百年老店甚至千年老店也并非不可能。诚然,这并不意味着大多数公司都会"长寿"。市场竞争是残酷无情的,无数公司就这样被淘汰掉了。2000—2012年,我国企业数量以8%的速度增长,一半的企业都注销了,能够生存5年的企业只占总数的49.4%,每年有将近500万家企业被注销或者吊销,最终能做大做强的公司凤毛麟角。

(二)公司类型

公司的形态并非为了存在而存在,而是以人们从事商事活动的需要为宗旨。正是为了不断满足经济社会发展的需要,公司形态结构改革从未间断,消解投资者对有限责任的追求与有限责任原则适用范围狭窄之间的矛盾成为公司法发展的重要任务。尽管两大法系有着截然不同的法律传统,但都围绕股东是否承担有限责任及承担有限责任股东的范围,设置了多种类型的公司形态,以满足人们从事商事活动的多种需求。作为主流形态,大陆法系为有限责任公司和股份有限公司,英美则为股份有限公司。我国只有有限责任公司和股份有限公司两种形态。

1. 有限责任公司

除一般有限责任公司外,我国还有一人有限责任公司和国有独资公司两种特殊形态。一人有限责任公司有别于一般有限责任公司,国有独资公司亦有别于一般有限责任公司(表3-1)。

表3-1 一般有限责任公司与一人有限责任公司和国有独资公司之比较

		一般有限责任公司	一人有限责任公司	国有独资公司
	股东人数	至少2人	1人	1人
股东	自然人	✓	✓	×
	法人	✓	✓	×
	国家	✓	×	✓
	股东会	✓	×	×
董事会	董事会	✓	✓	✓
	执行董事	✓	✓	×
监事会	监事会	✓	✓	✓
	监事	✓	✓	×
资本	最低注册资本	3万	10万	3万
	分期出资	✓(2年内)	×	✓(2年内)

2. 股份有限公司

表 3-2　有限责任公司与股份有限公司的差异

	股份有限公司	有限责任公司
最少股东人数	2 人	1 人
最多股东人数	×	50 人
发行股份	✓	×
股份上市	✓	×
商号结尾之称谓	股份有限公司	有限责任公司
董事人数	5—19 人	3—13 人

相对于有限责任公司,股份有限公司属于一种公开的公司,是最典型的社团法人。其与有限责任公司的主要差异如表 3-2 所示。我国既为大陆法系公司形态结构,就不能不面对有限责任公司和非上市的股份有限公司两种封闭性公司,而非上市的股份有限公司往往处境颇为尴尬。为整合这两种封闭性公司制度资源,仍有待于下一步公司形态结构改革。[①]

二、公司设立

(一) 概述

公司设立,是指为组建公司并取得法人资格而完成的法律行为。这是股东或发起人以组建公司为目的的共同行为,是在同一目的之下以若干人的意思共同一致而为的行为。诚然,设立一人有限责任公司和国有独资公司属于单独行为。公司设立有别于公司成立,设立是为了成立,成立是设立的结果。公司设立行为可能导致公司成立,也可能归于失败,公司不能成立。故,设立乃是成立的必经阶段,而设立并不必然导致公司成立。

就行为的性质而言,设立行为有民事法律行为和行政法上的行为之分,但其核心部分或主要内容均为民事法律行为,商法自然侧重于讨论公司设立过程的民事法律行为。公司设立的手续因公司类型而异。相比而言,设立有限责任公司比较简单,不涉及向证券监管机关递交公开募集或向特定对象募集股份的核准申请,无需招股说明书、承销协议、创立大会等。

(二) 设立方式

公司的设立方式主要有发起设立和募集设立两种。有限责任公司只能采用发起设立方式,股份有限公司既可以采用发起设立,亦可采用募集设立。比较而言,募集设立的程序比较复杂,发起设立的程序则比较简单。

---

① 参见王保树:《公司法律形态结构改革的走向》,载《中国法学》2012 年第 1 期。

发起设立,亦称共同设立或单纯设立,是指由发起人认足全部股本而促成公司成立。采用这种设立方式,所有公司资本均来自发起人,不能公开向社会募集股份。募集设立,亦称渐次设立或复杂设立,是指公司发起人只认购部分股份,其余部分则通过向社会公开招募或者向特定对象募集而成立公司。只有股份公司在设立阶段才可以对外募集股份,故募集设立仅适用于股份有限公司。依据我国《公司法》第77条和第84条,募集设立包括公开募集和定向募集,发起人所认购的股份不得少于公司总股份的35%。若股份有限公司采取发起设立方式设立,其注册资本为在公司登记机关登记的全体发起人认购的股本总额;如采取募集方式设立,其注册资本则为在公司登记机关登记的实收股本总额。①

（三）设立的条件

公司设立条件因公司类型而异（表3-3）。有限责任公司需符合五项条件,股份有限公司需达到六项条件,唯股份有限公司还需依法办理股份发行、筹办事项。

表3-3 有限责任公司与股份有限公司的设立条件

	有限责任公司			股份有限公司
	一般有限公司	一人公司	国有独资公司	
股东或发起人人数	股东2—50人	股东1人	国家	发起人2—200人
认缴（购）股本	✓	✓	✓	✓
股份发行、筹办事项	×			✓
公司章程	股东制定		国资监管机构制定或董事会制定	发起人制定,创立大会通过（募集设立）
公司名称、组织机构	✓			✓
住所	主要办事机构所在地			

1. 股东或发起人符合法定人数

有限责任公司只有股东人数的要求,而股份有限公司则限定最低发起人人数（表3-3）,因为向公众发行股份,不可能限制股东人数上限。法国、日本要求至少有7个发起人,德国要求至少5个。我国《公司法》第78条则不仅规定了最低人数,还规定了最高人数,即不能少于2人,且不能多于200人。至于发起人是否限于本国人,大多数国家不加限制,有的要求本国人应占一定比例,我国要求1/2以上发起人在中国境内有住所。

---

① 参见我国《公司法》第80条。

2. 认缴(购)股本

有限责任公司和股份有限公司均应有注册资本。就营商环境发展趋势来看,注册资本实行认缴制,且大多不设最低资本限额。因应这一国际潮流,我国亦废除最低资本限额。如是,公司注册资本多少悉由公司决定,公司信用取决于公司净资产,而非注册资本。有限责任公司实行认缴制,由股东认缴公司的出资额;股份有限公司则实行认购制,由发起人认购公司股本。

一般情况下,公司注册资本就是股东或发起人所认缴的公司股本。作为例外,尚有银行业金融机构、证券公司、期货公司、基金管理公司、保险公司、保险专业代理机构和保险经纪人、直销企业、对外劳务合作企业、融资性担保公司、募集设立的股份有限公司,以及劳务派遣企业、典当行、保险资产管理公司、小额贷款公司等27种公司,仍执行实缴资本制,其注册资本为股东实际缴足的公司股本。

3. 公司章程

有限责任公司的章程由股东共同制定,不仅是因为章程实质上就是股东之间的合约,理当由其制定,而且股东人数有限,共同制定也具有可行性。一人有限责任公司的章程由股东制定,国有独资公司的章程由国有资产监督管理机构制定,或由董事会制定,报国有资产监督管理机构批准。[1] 股份有限公司则有所不同。因采取募集设立的股份有限公司股东众多,不可能让人人亲自签署章程,只要求发起人制定。采用募集方式设立的股份公司的公司章程,需经创立大会通过。[2]

4. 公司名称和组织机构

公司名称系公司在营业活动中所使用的名称。有限责任公司必须在其名称中标明有限责任公司或者有限公司字样,股份有限公司必须在名称中标明股份有限公司或者股份公司字样。一人有限责任公司虽无须在其名称中特别标注,但应在公司登记中注明自然人独资或者法人独资,并在公司营业执照中载明。[3] 公司名称中字号的选择需要符合国家的有关规定。

有限责任公司的组织机构通常为股东会、董事会和监事会,经理并非必设机构。股东人数较少或经营规模较小的有限责任公司,也可不设董事会和监事会,只设1名执行董事和1—2名监事。一人有限责任公司和国有独资公司不设股东大会。对于股份公司,股东大会、董事会、经理和监事会均为必设组织机构(表3-4)。

---

[1] 参见我国《公司法》第23、60、65条。
[2] 参见我国《公司法》第76条。
[3] 参见我国《公司法》第8、59条。

表 3-4　公司的组织机构

		股东(大)会	董事会	经理	监事会
有限责任公司	一般有限责任公司	✓	✓(小型除外)	可设	✓(小型除外)
	一人有限责任公司	×	✓(小型除外)	可设	✓(小型除外)
	国有独资公司	×	✓	✓	✓
股份有限公司		✓	✓	✓	✓

5．住所

公司的住所具有重要的法律意义,如决定法律文书送达的处所、债务履行地、登记管辖、诉讼管辖以及涉外民事关系中的准据法等。公司可能有多个生产经营场所,但只能有一个住所。有限责任公司和股份有限公司均以其主要办事机构所在地为住所,通常为登记机关核准登记的法定地址。我国正在推行注册资本登记制度改革,深圳、珠海等地则率先推行商事登记改革,住所登记手续得以简化,且准予"一址多照"和"一照多址"。

6．股份发行、筹办事项合法

这是股份有限公司设立的要求。有限责任公司根本不发行股份,无须符合该要件。有关发行股份的核准手续、招股说明书、认股书、承销协议以及股款缴付等事宜,详见第五章证券法。

（四）设立登记

设立登记已经愈来愈简便,全球189个经济体中已有96个采用一站式商事登记服务。我国公司设立亦实行准则主义,只要符合前述条件,登记机关即应予以核准登记。随着电子政务和商事登记改革的推进,公司设立登记日趋便捷,部分地区则实现移动化,通过手机终端即可办理。至于前置行政许可,依据法律、行政法规或者国务院决定需要批准的,应提交有关批准文件。有限责任公司应自批准之日起90日内向公司登记机关申请设立登记;逾期申请设立登记的,申请人应当报批准机关确认原批准文件的效力或者另行报批。在商事登记改革试点地区,则准许"先照后证"。

公司一经核准登记,自营业执照签发之日起成立,成为独立享有民事权利和承担民事义务的社团法人。

第二节　公司融资

一、公司资本与融资

公司资本与资产犹如货币的正反面,资产反映其实物形态,资本反映其价值形态。公司资产,是指公司所拥有的或者所控制的能够以货币计量的经济资源,包括各种财产、债权和其他权利。公司资本,则有广义和狭义两种。广义的公司资本,就是反映公司资产的价值形态;狭义的公司资本,是公司股本的同义词。公司法一般使用狭义的公司资本。

公司资本有债权融资和股权融资两大来源。作为出资人,股东是公司的成员,在公司之内,参与公司治理;而债权人则处于公司之外,通常不能参与公司治理(表3-5)。股东只有在公司有盈利时才可能获取股利,享有剩余索取权。为确保其剩余索取权,即应赋予其对公司事务相应的控制权,即通常所说的剩余控制权,因而股东参与公司治理。债权人获取固定的利息,且利息属于公司经营成本。在同等情形下,债权融资愈多,可供股东分配的利润就愈少,但是,公司承担的所得税会减轻。从理论上讲,公司债权和股权融资的最优结构是存在的,单纯采用股权或债权融资均非上策。当然,公司选择股权和债权融资的合理结构,受税收、破产成本、资本市场发达程度以及金融市场结构等制约。

表3-5 股权融资与债权融资

	股权融资	债权融资
融资方式	内源融资	外源融资
出资者的地位	股东	债权人
出资者的回报	股息	利息
风险大小	大	小
投资期限	永久	有期限
清算	股东最后参与剩余财产分配	债权人优先于股东获得清偿

资本市场愈发达,融资工具愈多,特别是各种混合融资工具,如混合证券(hybrid securities)兼有股权与债权融资的特征。[①] 一方面,参与债券、收益债券(income bond)、调整债券(adjustment bond)的持有人均可参与公司盈利的分配,债权股权化;另一方面,股权又在债权化,普通股之外不仅有优先股,而且还有多种等级的优先股,如有担保的优先股、偿债基金优先股、参加优先股、限制公司财务比率的优先股、累积优先股、可调整利率的优先股、可转换优先股、特定目标普通股等。因优先股的最终性质具有不确定性,其市场流通性较为复杂。

二、股东出资

(一) 公司资本体制

公司资本分为法定资本、授权资本和折中资本三大体制。为改善营商环境,

[①] 参见邱海洋:《公司利润分配法律制度研究》,中国政法大学出版社2004年版,第109、117页。

我国2005年修订的《公司法》就已经改良法定资本制，采用分期缴纳的法定资本制；2013年修订的《公司法》更是大刀阔斧，除采用募集设立的股份有限公司等27种公司外，均实行认缴制，不仅取消了最低注册资本限额和首期出资限额，而且出资期限完全由公司章程自主确定。这显然根本性地背离了传统法定资本制，吸收了授权资本制和折中资本制之长，但又有别于它们——没有授权董事会相机发行新股，章定资本需一次性发行和认缴。但是，出资期限完全实行章程自治，这比授权资本制和折中资本制更为灵活。

（二）出资形式

货币为一般等价物，任何国家均予认可，我国亦不例外。非货币财产则区分两种情形，一是实物、知识产权和土地使用权得到明确认可，自然可以出资；二是实物、知识产权和土地使用权之外的非货币财产，只要可以用货币估价，并可以依法转让，亦可出资。以股权出资的，仅限于股东或发起人在中国境内设立的公司所持有的股权，权属清楚、权能完整、依法可以转让。债权出资限于增资，债权转为公司股权限于对在中国境内设立的公司的债权，且需符合以下三种情形之一：债权人已经履行债权所对应的合同义务，且不违反法律、行政法规、国务院决定或者公司章程的禁止性规定；经法院生效裁判或者仲裁机构裁决确认；公司破产重整或者和解期间，列入经法院批准的重整计划或者裁定认可的和解协议。此外，法律和行政法规规定不得出资的，如劳务、信用、自然人姓名、商誉、特许经营权或者设定担保的财产等[①]，仍不得作为出资财产。有限责任公司的股东和股份有限公司的发起人，既可以用货币出资，也可以用非货币财产作价出资。至于募集设立的股份有限公司，公众认股人则只能用货币出资（表3-6）。

表3-6 股东和发起人出资形式之比较

		货币	非货币		
			实物	知识产权	土地使用权
有限公司		✓	✓	✓	✓
股份公司	发起人	✓	✓	✓	✓
	公众认股人	✓	×	×	×

货币出资易于准确、客观地计算其价值，无须作价评估，方便快捷，有些国家规定了货币出资的最低比例，法国和德国为25%，意大利为30%，瑞士和卢森堡为20%，体现了这种偏好。我国既无货币出资的最低比例要求，亦未就特定非货币出资设上限，完全实行公司自治。非货币财产均有价值波动性，故这种出资

---

① 参见我国《公司登记管理条例》第14条。

应评估作价,核实财产,不得高估或者低估作价。法律、行政法规对评估作价有规定的,从其规定。

(三) 出资缴纳

依据公司章程的约定期限和方式缴纳出资,乃是股东的契约义务,亦是法定义务。缴纳方式因出资形式而异。货币出资最为简单,将足额的货币存入公司在银行开设的账户即可。非货币财产出资则应依法办理财产权转移手续。一般动产只要向公司交付该动产即发生所有权转移效力,但是以船舶、飞行器和机动车等动产出资的,还应办理所有权变更登记;以不动产和土地使用权出资的,必须办理所有权和使用权变更登记;以知识产权出资的,亦应依法办理有关专有权的变更登记。以房屋、土地使用权或者需要办理权属登记的知识产权等财产出资,可能产生交付与登记脱节的情形,准予补正。凡已交付使用但未办理权属变更手续,公司、其他股东或者公司债权人均可请求法院责令其在指定的合理期间内办理权属变更手续。只要在该期间内办理了权属变更手续,即告履行出资义务,并可自其实际交付财产给公司使用时起享有相应股东权利。反之,若仅仅办理权属变更手续,但未交付给公司使用,公司或者其他股东均可主张其向公司交付,并在实际交付之前不享有相应股东权利。

股东需依约按期缴纳各自认缴的出资。股东如不按期出资,公司可行使出资追缴权。[①] 出资缴纳的期限既为章程自治,股东只要能够达成一致,出资似乎无限期。这种无限实则是受到严格约束的,最大的约束就是市场。股东出资迟迟不到位,难以取信于交易对方,势必寸步难行。市场体系日趋完善,商主体无不理性,无限拖延出资缴纳的,只能是自毁前程。再者,一旦进入解散或破产程序,债务人的出资人的出资期限视为到期。尚未完全履行出资义务的,管理人应当要求其缴纳所认缴的出资。[②]

(四) 出资瑕疵及其责任

出资瑕疵是指股东的出资和出资行为违反法律或公司章程的规定,既包括出资的财产或财产权存在瑕疵,也包括出资行为的瑕疵。一是怠于履行出资义务。二是出资评估不实,非货币财产出资的实际价额显著低于公司章程所定价额。除当事人另有约定外,非货币财产出资之后因市场变化或者其他客观因素导致出资财产贬值的,并不构成出资评估不实。三是虚假出资,未交付或者未按期交付作为出资的货币或者非货币财产。四是虚报注册资本。五是抽逃出资,即在公司成立后,股东抽逃其出资。瑕疵出资的股东或发起人侵害了公司权益,自应承担

---

① 参见最高人民法院《关于适用〈中华人民共和国公司法〉若干问题的规定(三)》第6条。
② 参见我国《企业破产法》第35条,最高人民法院《关于适用〈中华人民共和国公司法〉若干问题的规定(二)》第22条。

相应的责任,包括民事责任和行政责任。构成犯罪的,还要追究刑事责任。

三、股份发行

股份是构成股份公司资本的成分,是构成其资本的最小的均等的计量单位。公司所发行的股份就是其资本总额。其外在形式为股票,可以向发起人发行,亦可公开募集,可以上市交易,具有证券性,而有限责任公司的股权的外在形式为出资证明书,不能公开发行,也不能上市交易,不具有证券性。

我国《公司法》明确规定了普通股、记名股、无记名股、表决权股和面值股,亦为优先股、无表决权股和无面值股等类型的股份预留了空间,只要国务院相机作出有关规定,即可发行这类股份。同种类的每一股份应当具有同等权利。

（一）发行类型

股份的发行,是指股份有限公司为了筹集资金或其他目的而向投资者出售或分配其股份的行为。

按照发行的时间,可以分为公司成立前的设立发行和公司成立后的新股发行。新股发行的目的不局限于增资,也可以用股份发行代替现金分红。无论是采用发起设立还是募集设立方式,设立发行所筹集的资本,均为公司设立的必要条件。如采用募集方式设立,不仅发起人认购部分不得少于公司股份总数的35%,而且所有资本必须实缴到位,即注册资本等于实缴资本。新股发行则与公司设立无关,只需变更其注册资本登记事项即可。

依据发行对象是否为社会公众,又可以区分为公开发行和非公开发行。公开发行,亦称公开募集,是指面向社会公众公开募集或向特定对象募集股份。相应地,与此相反就是非公开发行。非公开发行证券,不得采用广告、公开劝诱和变相公开方式。无论是设立发行还是新股发行,均可采用公开发行。符合以下三种情形之一的,均为公开发行:(1)向不特定对象发行证券的;(2)向特定对象发行证券累计超过200人的;(3)法律、行政法规规定的其他发行行为。无论是设立发行还是新股发行,只要公开发行,均需获得中国证监会核准。未经依法核准,任何单位和个人不得公开发行股份。若设立发行采用公开发行形式,发起人认购部分不得少于公司股份总数的35%。公开发行需要遵循"三公"原则,即公开、公平和公正,而非公开发行只需遵循公平和公正原则。

（二）发行方式与价格

采用非公开发行方式的,比如采用发起设立方式,只要发起人认足章程所规定的股份,即可办理公司设立登记。若采用公开发行,不论是设立发行还是新股发行,均需制作招股说明书,载明以下事项:(1)发起人认购的股份数;(2)每股的票面金额和发行价格;(3)无记名股票的发行总数;(4)募集资金的用途;(5)认股人的权利、义务;(6)本次募股的起止期限及逾期未募足时认股人可以撤回所认股份的说明。公开发行股份时,公司必须采用间接发行方式:由证券公司承销,并与证券公司订立承销协议。股款由银行代收,公司应与银行订立代收股款协议。股款收足并经验资,才能办理设立登记或注册资本变更登记。

至于发行价格,依据其与股份面值的关系,有平价、溢价和折价之分。我国只允许平价和溢价发行,禁止折价发行。采用溢价发行的,超过票面金额所得溢价列入资本公积金。发行新股时,公司可以根据其经营情况和财务状况,自主确定发行价格。

四、股份与股权转让

(一) 股份转让

股东可以依法转让股份。若股份已经上市,转让自由体现得最为充分。至于转让的场所,除沪深证券交易所外,2012年国务院批准设立的全国中小企业股份转让系统,就是为非上市股份公司提供股份转让的全国性证券交易场所。

股份转让的方式因股票是否记名而异。对于记名股,股东可以背书或法律、行政法规规定的其他方式进行转让。转让后,由公司将受让人的姓名或者名称及住所记载于股东名册。股东大会召开前20日内或者公司决定分配股利的基准日前5日内,不得进行股份转让的股东名册变更登记。但是,法律对上市公司股东名册变更登记另有规定的,从其规定。至于无记名股,手续更为简便,只要股东将股票交付受让人,即发生转让效力。

股份回购(share repurchase/redemption),亦称股份回赎,自然会导致股份转让。我国准予四种情形下的股份回购:(1) 减少公司注册资本;(2) 与持有本公司股份的其他公司合并;(3) 将股份奖励给本公司职工;(4) 股东因对股东大会作出的公司合并、分立决议持异议,要求公司收购其股份。对于第(1) 种情形和第(3) 种情形,应由股东大会作出决议。因第(1) 种情形而回购的,公司应当自收购之日起10日内注销该股份;因第(2) 种情形和第(4) 种情形而回购的,公司应当在6个月内转让或者注销该股份。至于为激励职工而回购,则有数量限制,即回购数额不得超过本公司已发行股份总额的5%,且用于收购的资金应当从公司的税后利润中支出,并在1年内转让给职工。

(二) 股权转让

股权转让包括内部转让、外部转让和强制执行的转让三种情形。对于内部转让和外部转让,公司章程可以自主安排,且优先适用。若章程无相应安排,法定默示规则为,股东内部可以相互自由转让股权,可以转让股东的全部股权,也可转让其部分股权。至于强制执行中的股权转让,所有股东均可购买。法院应当通知公司及全体股东,其他股东在同等条件下有优先购买权。其他股东自法院通知之日起满20日不行使优先购买权的,视为放弃优先购买权。此时,法院即可将该股份转让给非股东。

股权转让合同原则上自合同成立之日起生效。这并不排除双方依意思自治原则,通过附条件或附期限来控制或者限制其效力或生效时间。但是,这种约定不得违反法律逻辑,如约定"合同自受让方购买的股权在公司登记机关办理变更登记之日起生效",就有本末倒置之嫌。股权转让后,公司均应注销原股东的出资证明书,向新股东签发出资证明书。公司应变更股东名册,修改股东名册中有关股东及其出资额的记载,方才产生股权变动的效力;同时,修改公司章程,唯此类章程修改无须股东会表决。

外部转让则受到一定限制:应当经其他股东过半数同意。征求其他股东意见的方法是,股东将其股权转让事项书面通知其他股东征求同意,其他股东自接到书面通知之日起满30日未答复的,视为同意转让。其他股东半数以上不同意转让的,不同意的股东应当购买该股权;不购买的,则视为同意转让。经股东同意转让的股权,在同等条件下,其他股东有优先购买权。两个以上股东主张行使优先购买权的,协商确定各自的购买比例;协商不成的,按照转让时各自的出资比例行使优先购买权。

五、公司债券

(一) 概述

公司债券,是指公司依法发行的,约定在一定期限内还本付息的有价证券。在我国,公司债券只能公开发行,也就是向社会公众批量发行。债券与股票一样,均属有价证券,均具有有价证券的特征。债券与其所表彰的权利不可分离,债券的占有即表明债权的存在,债券的转让亦与债权的转移如影随形。同股票一样,债券也是证权性证券,而非设权性证券。此外,债券还具有可转让性、收益稳定性、可回赎性和可转换性。

作为债权融资的重要工具,尽管债券与股票均属证券,实践中公众股东与债券持有人并无实质性差异,但是,两者在法律上仍有重大差别。债券与股票的差异如下:(1)股份有限公司和有限责任公司均可发行债券,而只有股份有限公司才能发行股票。(2)公司债券不能在设立时发行,只能在公司设立后发行,而股票可以采用设立发行。(3)债券发行核准机关为国务院授权的部门,而股票公开发行由中国证监会核准。(4)债券面额一般较大,而股票面额则较小。

(二) 类型

依据不同的标准,公司债券可以分为多种类型。第一,依据公司债券券面是否记载持有人姓名或名称,可以将其区分为记名债券和无记名债券。顾名思义,前者的券面明确记载持有人的姓名或名称,而后者则没有记载。公司既可以发行记名债券,亦可发行无记名债券。第二,依据发债人是否提供担保,可以将其区分为有担保公司债券和无担保公司债券。有担保公司债券是指以公司全部或部分资产作为偿还本息的担保而发行的债券。债券到期如不能还本付息,持有人可以该担保财产作价抵偿债务或以变卖价金清偿其债务。有时,这种担保财产可能来自第三人。无担保公司债券,是指公司仅凭自身信用,而不提供其他财产担保所发行的债券。该债券一般附有许多约束性条款,如限定发债募集资金的用途,或要求在清偿无担保债券之前,不得另行举债,特别是不能发行有担保公司债券等,不一而足。无担保公司债券的债息往往高于有担保公司债券。第三,依据公司债券是否可以转换为股票,可以将其区分为转换公司债券和非转换公司债券。转换公司债券,是指持有人可以选择将其持有的债券转换为公司股份的债券,否则,即属于非转换公司债券。我国上市公司可以发行转换公司债券,该债券上应标明可转换公司债券字样,并在公司债券存根簿上载明可转换公司债券的数额。第四,依据持有人的投资回报是否与公司经营情况挂钩,可以将其区分为普通公司债券、垃圾债券和参与型公司债券。普通公司债券,是指无论公司盈利分配有多高,仅按照原定债息支付利息的公司债券。参与型公司债券则是在公司股利分配超过债息时,需要按照一定比例增加债券利息的公司债券。该债券已具有一定股权性。而垃圾债券则被称为另类股权,属于没有达到投资等级的债券,风险较高,盛行于20世纪80年代的公司收购浪潮之中,现已不多见。

(三)发行

无论是股份有限公司还是有限责任公司,均可发行公司债券,上市公司还可以发行转换公司债券。公司债券的发行均需要取得国务院授权的部门的行政许可,即核准。发行转换公司债券的,应获得中国证监会的核准。未经依法核准,任何单位和个人不得公开发行债券。公司获得核准后,即应公告公司债券募集办法,并应载明下列事项:(1)公司名称;(2)债券募集资金的用途;(3)债券总额和债券的票面金额;(4)债券利率的确定方式;(5)还本付息的期限和方式;(6)债券担保情况;(7)债券的发行价格、发行的起止日期;(8)公司净资产额;(9)已发行的尚未到期的公司债券总额;(10)公司债券的承销机构。记名公司债券的登记结算机构应建立债券登记、存管、付息、兑付等相关制度。

(四)转让

公司债券可以自由转让,已经在证券交易所上市的公司债券,其转让更为自由,手续极其便捷。债券转让价格受市场调节,由转让人与受让人自主协商,达成合意。转让方式则因债券是否记名而异。记名公司债券的转让,一是要有转让人与受让人的合意;二是要采用背书或法律、行政法规规定的其他方式;三是由公司将受让人的姓名或名称及住所记载于公司债券存根。这样,该转让才有对抗效力。而无记名公司债券的转让则十分简便,只要有当事人的合意,并由持有人将债券交付受让人,即可发生转让效力。

第三节 公司股东

一、公司股东概述

持有公司股权或股份,即可成为公司股东。股东有出资义务,除实行注册资本实缴制的27种公司外,股东身份的取得不以出资为前提,只要认缴出资或认购股份即可。股东有别于债权人,尽管同为出资人,却有内外之别:股东在公司之内,参与公司治理;债权人在公司之外,无从置喙于公司治理。这并不妨碍债权人与股东身兼二任,德国全能银行就是如此,双重身份使其位居非金融公司治理之核心,举足轻重。① 职工亦可成为股东,而且还相当普遍。但是,股东有别于职工,职工应服从公司管理,听从安排,两者不容混淆。

(一) 类型

公司股东可以从不同的视角予以分类。依据股东是否为自然人,可以将其区分为自然人股东和法人股东。投资创业关乎公民基本人权,人人均可为股东乃各国通例,无论是否具有完全民事行为能力,无论是本国人还是外国人,均可成为股东。法人日益成为公司重要的股东,已是不争的事实。

股东亦因公司类型而有所差别。有限责任公司股东持有公司股权,不仅章程可以设置股权转让的限制条件,其他股东还享有优先购买权,而股份有限公司股东持有的股份原则上可以自由转让。凡此种种,不一而足。

公司可以发行多种类型的股份,股东因持有股份不同而分为不同类别。如公司作出的有关决议涉及有关类别股东权的变更或废除,该决议不仅要经公司股东大会通过,还应由受其影响的类别股东会议通过②,也是顺理成章的。为解决历史遗留问题,在股权分置改革中,流通股东可以就股权分置改革方案进行单独表决,就是适例。

(二) 股东资格的取得与变动

拥有公司股权或股份乃是取得股东资格的实质要件。在认缴制下,只要认缴出资或股份即可取得股权或股份,而在实缴制下,则应实际缴纳所认购股份的出资金额,方可取得股份。股东资格的取得虽不以缴纳出资为条件,但股东必须缴纳出资。否则,其不仅要对公司、其他股东以及债权人承担相应的民事责任,亦可通过章程限制其股东权,甚至有限责任公司还可通过股东会决议解除其股

---

① 参见朱羿锟:《公司控制权配置论》,经济管理出版社2001年版,第273页。
② 参见《到境外上市公司章程必备条款》第79—81条。国外亦有同样的要求,比如《欧洲公司条例》第60条第1款。

东资格。

股东资格的取得有原始取得和继受取得两种方式。原始取得,是指在公司设立时,因认购出资或股份,或认购公开募集的股份并实际缴纳出资,从而成为原始股东。继受取得则是因股权或股份的转让、继承或公司合并等方式而拥有股权或股份,从而取得股东资格,成为继受股东。实际上,继受取得就是股东资格变动的结果。

股东名册,是指记载股东及其持股与变动情况的簿册。在公司与股东之间,股东名册对于确认股东身份具有表见证明力。[①] 股东可以依据股东名册之记载向公司主张股东权,公司亦可依据股东名册向股东发出股东会议通知,分配股利和剩余财产,确认表决权和新股认购权等。只要公司没有恶意,即使股东名册记载的股东与实质上的股东不一致,公司亦可免责。正因为如此,公司备置股东名册乃是公司的法定义务。[②] 在我国,除上市公司的无记名股份外,公司对其他股东均应备置股东名册。公司怠于履行该义务的,当事人可请求法院判令公司履行义务。

二、股东权

(一) 概述

股东权,是指股东因持有股权或股份而享有的剩余索取权和剩余控制权的总称。公司具有独立人格,公司机关负责经营管理,股东不得以股东身份插手。为确保股东实现剩余索取权,股东还享有把握公司发展方向、选择并监督管理层等剩余控制权。股东权乃是由剩余索取权和剩余控制权组成的权利束。它有别于财产所有权,就其性质而言,向来有所有权说、债权说和社员权说之争[③],莫衷一是。所有权说逻辑上不通,也与实际不相符;债权说则混淆了股权融资和债权融资的本质差异,不能成立;社员权说有其合理性,但股东权并非纯粹的社员权,对于公众投资者而言,甚至主要不在于社员身份,而在于投资回报。比较而言,现代企业理论上的剩余索取权和剩余控制权说更优,也更有说服力,本书以其界定股东权。

股东权的范围因各国法律制度和资本市场发达程度而异。资本市场越发达,股东权保护法律制度就越完善。股东权越受保护,股东越少依赖股权集中来

---

① 参见我国《证券法》第33条第2款、第160条,《上市公司章程指引》第30条,《关于股份有限公司境外募集股份及上市的特别规定》第16条第3款。
② 参见我国《公司法》第32条,英国《公司法》第113条,美国《示范公司法》第16.01条(c)、(d),日本《商法典》第223、263条,韩国《商法典》第396条,我国台湾地区"公司法"第103、169条。
③ 参见王利明:《论股份制企业所有权的二重结构》,载《中国法学》1989年第1期;孔祥俊:《论股权》,载《中国法学》1994年第1期。

实现公司控制。① 股利分配请求权和剩余财产分配请求权,均为纯粹的剩余索取权。股票或股单请求权、新股认购优先权以及股份或股权转让权,则兼而有之。在相对控股的情形下,新股认购权对于相对控股地位的股东就十分重要,此时它们侧重于控制权的考虑,而非剩余索取权。如股权十分分散,新股认购对于控制权结构不产生较大影响,则股东们看重的是剩余索取权,而非剩余控制权。

就股东行权的目的而言,可分为自益权与共益权。自益权,是指股东为实现自己利益而行使的权利。股利分配请求权、剩余财产分配请求权、新股认购优先权、股份或股权转让权以及股票交付请求权均为自益权。共益权,则是指股东通过控制和监督公司事务,从而间接为自己利益行使的权利。股东(大)会出席与表决权、股东(大)会召集与主持权、临时股东(大)会提议权、提案权、质询与建议权、知情权以及代表诉讼权等,均在共益权之列。依据股东权行使的条件,又可分为单独股东权和少数股东权。单独股东权,是指可以由股东一人单独行使的权利,比如股东(大)会出席与表决权、公司章程和股东名册查阅权、股东(大)会会议记录查阅权、股利分配请求权等。不管股东持股数额多少,只要持有一股普通股即可行使。少数股东权,则是指持有公司已发行股份一定比例以上的股东才能行使的权利。

(二)控制股东与控制权

公司实行集中管理,自有控制者。控制者可能基于控股而控制。一般说来,股东(大)会形成普通决议只需1/2以上表决权同意即可,持有50%以上表决权的大股东无疑属于控股股东。当然,这还取决于股东人数、股份类型等因素。如股东人数少,比如只有2个股东,控股就具有决定性意义。如公司发行多种股份,表决权因股份而异,即可减轻获得控制权的控股代价。一般而言,家族企业为了牢牢掌握控制权,有控股之偏好。而资本市场越发达,股权越分散,控制股东越较少依赖控股,实现控制的控股代价越小。

控股可以实现控制,但控制未必需要控股,甚至不需要过高的控股代价。资本市场越发达,法治越完善,剩余索取权和剩余控制权分离的工具越多,控制权强化工具越丰富多样。② 控制权强化工具主要有无表决权股份、一股夺权、股份保管、交叉持股、金字塔集团、董事长影响力等。这些工具的运行可能因公司类型、发展阶段、控制者个人偏好、法治环境等而异。正因为如此,在界定控股股东方面,我国虽保留了50%的持股要求,但已将所持股份或股权所享有的表决权足以对股东会或股东大会的决议产生重大影响的股东纳入控制股东之列。③

---

① 参见 La Porta, Lopezz-de-Silanes, Andrei Schleifer & Robert Vishny, Investor Protection: Origin, Consequence and Reform, NBER Working Paper, 1999, pp. 41—42.
② 参见朱羿锟:《公司控制权配置论》,经济管理出版社2001年版,第55页。
③ 参见我国《公司法》第216条,《上市公司章程指引》第192条第1款。

控制与公司如影随形，为兴利除弊，公司法自应规范控制股东的行为。约束控制股东的机制主要有：(1)控制股东的诚信义务。控制股东行使股东权，亦应遵守法律、行政法规和公司章程，不得凌驾于法律和章程之上，不得滥用股东权。否则，应承担由此而给其他股东或公司造成的损失。尤其是，控制股东不得利用关联交易损害公司利益。比如，公司向控制股东提供担保，不仅应提交股东会或股东大会审议决定，而且该控制股东不得参与该事项在股东会或股东大会的表决。(2)控制股东滥用公司法人人格和股东有限责任，逃避债务，严重损害债权人利益的，应适用公司法人人格否认制度，由控制股东对公司债务承担连带责任。

三、小股东的特殊保护

面对强势的控制股东，单个小股东往往进退维谷，在有限责任公司和未上市的股份有限公司里，其股权或股份转让尚无公开市场，退出渠道不畅，小股东的处境尤为尴尬。赋予小股东特殊保护，则是从另一个侧面约束控制股东。归结起来，主要有知情权、公司事务参与权以及救济权三个方面。下面重点论述小股东的三项救济机制。

（一）股东代表诉讼

股东代表诉讼（representative action），亦称股东派生诉讼（derivative action）或间接诉讼（indirect action），是指在公司合法权益受到侵害而公司怠于行使诉权时，股东代表公司旨在为公司利益而提起的诉讼。此乃各国普遍采用的事后救济措施，我国也确立了该制度。侵害无论是来自公司内部还是外部，均可适用。

对于有限责任公司，股东只要持有1股即可代表公司起诉，而股份有限公司则需要持股达到公司总股份的1%，且连续持股达到180日方可提起诉讼。既为代表诉讼，若公司愿意行使诉权，自然无须代表。尊重公司的先诉权就是这样的制度安排，体现了"穷尽公司内部救济"（exhaustion of internal remedies）的原则。被告为董事和高管的，应向监事会或不设监事会的有限责任公司的监事提出先诉请求；若被告为监事，则应向董事会或不设董事会的有限责任公司的执行董事提出；若被告为他人，没有明确规定向谁提出，应理解为向任何一个提出均可。公司收到先诉请求后，明确拒绝提起诉讼的，股东即可行使代表诉讼权。若公司不予理睬，则设有等待期，只要等待期届满，股东即可行使代表诉讼权。我国的等待期为自收到之日起30日。若情况紧急，不立即起诉就会给公司利益带来不可弥补的损害的情形下，股东无须等待期届满，亦可直接提起代表诉讼。

（二）异议股东股份回购请求权

异议股东股份回购请求权，亦称评估权（right to appraisal）或退出权，是指在公司作出对股东利益有重大影响的决议时，该决议的异议股东享有请求公司以公平价格回购其所持有的股份的权利。评估权既适用于有限责任公司,也适用于股份有限公司,不过适用于后者的事由显然少于前者。公司分立与合并是二者的共同事由,也是后者的唯一事由。适用于有限责任公司的其他事由包括公司连续 5 年营利且符合法定分配条件,公司却不分配股利的;公司转让主要财产的;公司章程规定的营业期限届满或章定的其他解散事由出现,而股东会做出公司继续存续决议的。对于异议股东如何行使评估权,我国只是规定,自股东会会议决议通过之日起 60 日内,股东与公司不能达成股权收购协议的,股东可以自股东会会议决议通过之日起 90 日内向法院提起诉讼。至于异议股东应在何时以何种方式提出请求,如何确定股份的价格以及公司何时应支付商定的价金,尚无明确规定。

(三) 公司解散请求权

公司解散请求权,是指在公司陷入困境或僵局时,股东享有请求解散公司的权利。相对于评估权,这无疑体现了真正的"离婚自由",属于打破公司僵局的激进手段,是在穷尽其他救济措施之后不得已而为之的。否则,股东会继续受财务困境或公司僵局之折磨,而公司财产非但不能增值,甚至可能因此而流失或蒸发。

在我国,只要是公司经营管理发生严重困难,继续存续会使股东利益受到重大损失,通过其他途径却不能解决的,即可适用该救济。如何界定经营管理发生严重困难?实践中,已经明确了四种情形[①]:(1) 公司持续 2 年以上无法召开股东会或者股东大会,公司经营管理发生严重困难的;(2) 股东表决时无法达到法定或者公司章程规定的比例,持续 2 年以上不能做出有效的股东会或者股东大会决议,公司经营管理发生严重困难的;(3) 公司董事长期冲突,且无法通过股东会或者股东大会解决,公司经营管理发生严重困难的;(4) 经营管理发生其他严重困难,公司继续存续会使股东利益受到重大损失的情形。

第四节 公司治理

一、股东(大)会

(一) 概述

股东(大)会,是指由全体股东组成,并行使公司重大事项决定权的意思机关。有限责任公司称为股东会,股份有限公司称为股东大会。作为公司的权力机构,它处于金字塔的塔顶(图3-1)。其职权为:(1) 决定公司的经营方针和投资计划;(2) 选举和更换非由职工代表担任的董事、监事,决定有关董事、监事的

---

① 参见最高人民法院《关于适用〈中华人民共和国公司法〉若干问题的规定(二)》第 1 条第 1 款。

报酬事项;(3)审议批准董事会的报告;(4)审议批准监事会或者监事的报告;(5)审议批准公司的年度财务预算方案、决算方案;(6)审议批准公司的利润分配方案和弥补亏损方案;(7)对公司增加或者减少注册资本作出决议;(8)对发行公司债券作出决议;(9)对公司合并、分立、解散、清算或者变更公司形式作出决议;(10)修改公司章程;(11)公司章程规定的其他职权。

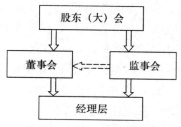

图 3-1　我国公司治理结构

股东(大)会的特征有三:(1)由全体股东组成。作为社团法人,所有股东均有权参与公司权力机构的决策,也是各国通例。这表明,无论股东性质如何、持股多少或持股时间长短,无论公司股东人数多少,股东均为股东(大)会的一员,有权自主决定是否参加或如何参加该会议。(2)公司的意思机关。在股东行使剩余控制权的范围内,股东(大)会成为股东形成公司意思的场所。作为合议体,它将单个股东的意志汇聚并转换为股东的集体意志。(3)一般为必设机构。一般有限责任公司和股份有限公司应分别设股东会和股东大会,一人有限责任公司、国有独资公司和外商投资的有限责任公司享有豁免,可不设股东会。一人有限责任公司和国有独资公司股东会的职责由股东行使,中外合资和中外合作有限责任公司股东会的职责则由董事会行使。

(二)会议种类

股东(大)会既为合议体,自然需要通过会议行使权力,主要有首次会议、定期会议和临时会议三种形式。

1. 首次会议

任何公司均需经历从无到有的过程,均有首次会议。有限责任公司的股东会首次会议由出资最多的股东召集和主持,而股份有限公司的创立大会则由发起人主持。有限责任公司的股东会首次会议行使的职权与股东会的职权完全一致,而股份有限公司的创立大会则有单独职权。

2. 定期会议

定期会议因公司类型而异。有限责任公司应依照公司章程的规定按时召开,会议频度可能因公司而异;而股份有限公司则为年会,每个年度均应召开;上市公司应在会计年度结束后6个月内召开。

3. 临时会议

临时会议是指在定期会议的间隔期间,因发生应由股东(大)会决定的特殊事由而召集的股东(大)会会议。召集的事由因公司类型而异。首先,持股或持有表决权达到10%的股东,可以请求召集股东(大)会。其次,董事会或董事可以召集。有限责任公司只要有1/3以上的董事提议即可,股份公司需要由董事会作出召集的决定。再次,监事会或监事可以提议召开。一般有限责任公司和股份有限公司均由监事会提议,不设监事会的有限责任公司则由监事提议。最后,对于股份有限公司,还有以下三种事由:(1)董事人数不足法定人数或者公司章程所定人数的2/3时;(2)公司未弥补的亏损达实收股本总额的1/3时;(3)公司章程规定的其他情形。有限责任公司出现临时会议事由后,法律未强行规定何时召集和召开,此乃公司自治的体现。股份有限公司在出现该事由后,则必须在2个月内召开临时会议。

(三) 召集与召开

1. 召集

股东(大)会会议应由召集人召集。召集人因会议类型而异,有限责任公司的首次股东会会议由出资最多的股东召集,而股份有限公司的创立大会则由发起人召集。至于定期会议和临时会议,召集人则有三个顺序(表3-7)。

表3-7 股东(大)会会议的召集人与主持人顺序

		1		2		3	
召集人顺序		有限公司	股份公司	有限公司	股份公司	有限公司	股份公司
		董事会/执行董事	董事会	监事会/监事	监事会	股东:表决权≥10%	股东:表决权≥10%,持股≥90日
主持人顺序	1	董事长/执行董事	董事长	主席/监事	主席	召集股东	
	2	副董事长		≥1/2 监事推荐的监事	副主席		
	3	≥1/2 董事推荐的董事			≥1/2 监事推荐的监事		

有限责任公司和发行记名股份的股份有限公司可自主确定其通知方式,专人送出、邮件送出、公告或公司章程规定的其他形式均可。发行无记名股份的股份有限公司则应采用公告方式,但对媒体的形式并无强行要求。然而,上市公司和到境外上市的公司则有特别要求。上市公司发布股东大会通知的媒体,需在证监会指定的报刊和网站范围内选择。到境外上市的公司,该通知则应向股东

以专人送出或者以邮资已付的邮件送出,受件人地址以股东名册登记的地址为准。至于其内资股股东,则可用公告方式予以通知。

至于通知期限,有限责任公司不同于股份有限公司,上市公司不同于一般股份有限公司,定期会议不同于临时会议。对于有限责任公司,需提前15日通知全体股东,但公司章程或全体股东另行约定的,从其约定,充分体现了公司自治。对于发行记名股份的股份有限公司,定期会议需提前20日通知各股东,临时会议只需提前15日即可。至于发行无记名股份的公司,则应提前30日公告。

至于通知内容,有限责任公司完全由公司自主决定,法律上无任何强行要求。对于股份有限公司,法律也只要求通知会议召开的时间、地点和审议事项。凡是未在通知中列明的事项,股东大会不得作出决议。至于对审议事项披露到何种程度则亦无强行要求。对于上市公司而言,该通知应充分、完整披露所有提案的具体内容,以及为使股东对拟讨论的事项作出合理判断所需的全部资料或解释。如拟讨论的事项需独立董事发表意见,应同时披露独立董事的意见及理由。凡是通知未列明的事项,股东大会不得进行表决并作出决议。

2. 召开

作为社团法人,公司意志的形成需要股东(大)会出席股东符合法定人数,即符合会议为有效地完成会议事项所需要具备的最少人数。无论是有限责任公司还是股份有限公司,我国均未规定其股东(大)会的法定人数,当然有限责任公司的章程可就此自行规定。股东可亲自出席,亦可委托他人出席。

我国股东(大)会的主持人与召集人挂钩(表3-7)。其职责是把握会议议程、维持会议秩序和营造集会氛围。表决则是会议形成公司意志的必经程序。我国原则上采用一股一票的规则,但是准予有限责任公司章程另行约定。这样,有利于满足汪洋大海般的中小企业的多样性和个性化的需求。无论是有限责任公司还是股份有限公司,均应就股东(大)会所议事项作成记录。前者应由出席股东签名,后者应由主持人和出席董事签名。股份有限公司的会议记录应与出席股东签名册和代理出席委托书一并保存。

(四) 会议决议

1. 类型

股东(大)会决议,亦称公司决议,是指经股东表决而形成的公司的意思表示。它以股东的意思表示为基础,依据多数决原则而形成。决议一经形成,即对公司机关、股东和公司产生拘束力。

我国股东(大)会决议有普通决议、特别决议和书面决议三种类型。(1) 普通决议,即股东(大)会就一般事项依据简单多数原则而形成的决议。我国股份有限公司的股东大会决议,要求超过出席股东所持表决权的1/2赞成,对于有限责任公司则完全由公司自主确定。(2) 特别决议,即股东(大)会就特别重大事项依据绝对多数同意所形成的决议。无论是有限责任公司还是股份有限公司,均是指修改公司章程、增加或者减少注册资本的决议,以及公司合并、分立、解散或者变更公司形式的决议。至于定足数,有限责任公司要求公司总表决权的2/3以上赞成,股份有限公司只要求出席会议的股东所持表决权的2/3以上赞成即可通过。(3) 书面决议,即无须召开会议而由全体股东签署同意所形成的决议。这样,更有利于满足不同公司的个性化需求,降低治理成本,提高效率。我国有限责任公司可以采用该形式。

2. 瑕疵决议的法律后果

决议一经形成,即可约束公司组织机构、股东和公司。但是,决议的内容和形成程序有瑕疵的,其效力不能得到法律认可,其法律地位视瑕疵类型而异。若决议内容违反法律或行政法规,则属于无效;若仅仅是会议召集程序、表决方式违反法律、行政法规或公司章程,或决议内容违反公司章程,则该瑕疵决议属于可撤销的决议。为了维护作为社团的公司的稳定性和交易安全,各国立法均为撤销请求权设置了时限,我国为自决议作出之日起60日内,日本为3个月内,德国为1个月。①

一旦瑕疵决议被宣告无效或被撤销,若公司依据该决议已经办理有关变更登记,公司即应向登记机关申请撤销变更登记。

二、董事会

(一) 概述

董事会是指由股东选举产生的,由领导和管理公司事务的董事组成的公司领导机构(governing body)。作为公司治理的枢纽,它是公司驾驭不确定性和追求卓越的根本保证,不仅一般有限责任公司和股份有限公司需要它,国有独资公司亦然(图3-1)。其职责为:(1) 召集股东会会议,并向股东会报告工作;(2) 执行股东会的决议;(3) 决定公司的经营计划和投资方案;(4) 制订公司的年度财务预算方案、决算方案;(5) 制订公司的利润分配方案和弥补亏损方案;(6) 制订公司增加或者减少注册资本以及发行公司债券的方案;(7) 制订公司合并、分立、解散或者变更公司形式的方案;(8) 决定公司内部管理机构的设置;(9) 决定聘任或者解聘公司经理及其报酬事项,并根据经理的提名决定聘任或者解聘公司副经理、财务负责人及其报酬事项;(10) 制定公司的基本管理制度;(11) 公司章程规定的其他职权。

它具有三个特征:(1) 一般为必设机构。我国的有限责任公司和股份有限公司均应设董事会,只是股东人数较少或者规模较小的有限责任公司,可不设董

---

① 参见德国《股份公司法》第246条,日本《商法典》第248条。

事会,只设1名执行董事。(2)公司的常设机构。董事会是公司的常设机构,不因董事的变化而变化。作为会议体和合议体,它以会议的形式形成公司意思表示,从而行使其职权。董事会会议虽有开会、休会、闭会之分,但这并不影响该机构的长期连续存续性,不能将董事会与董事会会议混为一谈。(3)公司事务的领导机构。董事会中心主义乃各国通例,董事会是公司的核心领导机构,唯其职能因各国董事会体制而异。

(二)产生与任期

1. 董事人数

董事会需由多少董事组成,大多数国家较少干预,一般只规定最少人数。我国不仅规定了最少人数,而且规定了最多人数,有限责任公司和股份有限公司的董事会人数分别为3—13人和5—19人。其中,两个以上的国有企业或者两个以上的其他国有投资主体投资设立的有限责任公司应设职工董事,具体比例由公司自主确定。

2. 产生方式

股东(大)会选举是董事产生的主要方式。唯设职工董事的公司,职工董事由公司职工通过职工代表大会、职工大会或其他民主形式选举产生。

3. 任职资格

董事是指在股东(大)会选举中当选或经任命而领导和管理公司事务的人。我国董事限于自然人,美国、加拿大、德国、瑞士和日本亦然。董事的品性、能力和素质是董事会领导能力的重要基础,与公司价值最大化息息相关,各国均设定了董事任职资格,主要表现为普通公司的消极资格以及上市公司和特殊公司对董事素质的要求。我国《公司法》规定了董事任职的五种消极资格,凡有消极资格情形之一的人当选或被委派为董事,该选举或委派无效;若董事在任职期间出现该情形,公司应当解除其职务。这五种情形分别为:(1)无民事行为能力或者限制民事行为能力;(2)因贪污、贿赂、侵占财产、挪用财产或者破坏社会主义市场经济秩序,被判处刑罚,执行期满未逾5年,或者因犯罪被剥夺政治权利,执行期满未逾5年;(3)担任破产清算的公司、企业的董事或者厂长、经理,对该公司、企业的破产负有个人责任的,自该公司、企业破产清算完结之日起未逾3年;(4)担任因违法被吊销营业执照、责令关闭的公司、企业的法定代表人,并负有个人责任的,自该公司、企业被吊销营业执照之日起未逾3年;(5)个人所负数额较大的债务到期未清偿。

4. 董事任期

我国所有董事的任期一样,每届董事同时产生,同时换届;而美国、加拿大、英国等国则准予采用交叉制董事会(staggered board),每年都更换一定比例的董事,比如1/3。各国董事任期为1—6年,我国以3年为限,但可连选连任,且无最长任期之限。不过,独立董事最长任期为6年。董事除因任期届满而正常更换外,还可辞职或被罢免。

(三)董事会会议

1. 会议种类

作为会议体,董事会需通过会议形成其意思表示,以行使职权。从法律上看,董事会会议有例会和临时会议两种类型。一是例会,亦称普通会议,是指依据公司章程的规定定期召开的董事会会议。有限责任公司的例会频度完全由公司章程自主确定,股份有限公司则至少每年召开2次例会。二是临时会议,亦称特别会议,是指针对特定事项而临时召集的董事会会议。在有限责任公司,谁有权提议召开该会议,亦由公司章程自治,而股份有限公司则只有代表10%以上表决权的股东、1/3以上的董事或监事会,方可提议召开。董事长自接到提议后10日内,应召集和主持临时会议。

2. 召集

董事长为董事会会议当然的第一顺序召集人。若其不能履行职务或者不履行职务,由副董事长作为第二顺序召集人履行职务。若副董事长不能履行职务或者不履行职务,则由半数以上董事共同推举1名董事为第三顺序的召集人履行职务。有限责任公司董事会例会的通知时间、方式和对象均由公司章程自治,而股份有限公司则应于会前10日通知全体董事和监事,临时会议的通知时间和通知方式可由公司另定,对通知内容均无要求。

3. 议事规则

董事有权力也有责任参加董事会会议。有限责任公司的董事如何出席及其法定人数均由公司章程自治。股份有限公司的董事应亲自出席会议,因故不能出席的,可书面委托其他董事代为出席,委托书应载明授权范围。只有出席人达到法定人数,会议才能行使董事会的权力。股份有限公司的法定人数为超过全体董事人数的1/2。无论是有限责任公司,还是股份有限公司,董事会会议的主持人均与召集人完全一致,即董事长、副董事长和半数以上董事共同推举1名董事分别为第一顺序至第三顺序主持人。监事可以列席董事会会议,并可对其决议事项提出质询或建议。经理也列席董事会会议,以便回答董事或监事的质询。

会议如何审议所议事项,当由公司章程自治,唯公司研究决定改制以及经营方面的重大问题、制定重要的规章制度时,应当听取公司工会的意见,并通过职工代表大会或者其他形式听取职工的意见和建议。即便如此,听取工会和职工意见的具体形式仍由公司自治。

4. 会议表决与决议

董事会表决实行一人一票,乃各国通例,我国有限责任公司和股份有限公司董事会表决权配置均是如此。至于表决方式,举手表决和投票表决均可。股份有限公司董事会会议决议的定足数为全体董事过半数同意,有限责任公司的定足数则由公司章程自治。至于书面决议,我国未作明确规定,实践中这种情形并不少见,应理解为准许书面决议。董事会应当对所议事项的决定作成会议记录,出席董事应当在会议记录上签名。该记录应作为公司重要档案妥善保存,是日后确定能否免责的重要依据。

至于董事会的瑕疵决议,其法律后果与股东大会瑕疵决议一样。凡是违反法律和行政法规的,这种决议属于无效;若只是会议召集程序和表决方式违反法律、行政法规或公司章程,或决议内容违反公司章程,该决议属于可撤销的决议,且股东应在决议作出之日起60日内请求法院撤销。应公司的请求,法院还可要求该股东提供相应的担保。

三、经理

(一) 概述

经理,亦称经理人,是指公司聘任的主持公司日常经营管理活动的负责人。经理通常由董事会聘任,我国亦然。

经理在公司治理中的地位因各国法律传统、董事会体制以及董事会运行模式而异。其一,仅我国将其定位为公司机构之一,股份有限公司还将其与董事会并列。英美将其纳入高管(officer),系公司雇员,而非公司机构。德国、日本、韩国和我国台湾地区将其作为公司的使用人,亦属公司雇员。其二,经理地位因董事会体制而异。在单层委员会以及日本和我国台湾地区的双委员会并行体制下,经营管理权完全授予董事会,经理作为高管,只是依据公司章程或董事会依据章程的规定授予的权力而行使部分经营管理权,权限大小则因授权范围而异。在法国双层委员会体制下,经理则享有所有经营管理权。我国则将经营管理权一分为二,部分授予董事会,部分授予经理,唯公司章程可另行规定。其三,经理地位因董事会运行模式而异。即使董事会体制协同,运行模式不同,经理地位亦有较大差异(图3-2)。若为看门型董事会,与其说是董事会中心主义,不如说是经理中心主义;若为经营型的董事会,经理就难有作为。

(二) 资格与任免

经理同样适用有关董事的积极任职资格限制。此外,特别法还对特殊公司的经理规定了素质和技能等积极条件。比如,证券公司经理不仅需要具有履行职务所需的经营管理能力,还要在任职前取得中国证监会核准的任职资格;任职后,如因违法而被取消该资格,则不能再担任该职位。保险公司的经理则要求具备任职的专业知识和业务工作经验。

经理的任免机关有董事会、监事会和股东会三种模式。绝大多数国家采用

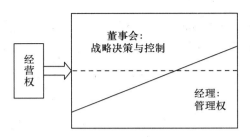

图 3-2　董事会与经理权力的边界

董事会任免的模式,我国也不例外。我国经理的提名和任免均由董事会决定,而副经理虽仍由董事会任免,但由经理提名。董事会可因故或无故解聘经理,若因此违反合同约定,则应承担违约责任。

(三) 职权

经理职权有两个来源。一是法定职权。依据《公司法》第49条和第113条,经理的职权为:(1) 主持公司的生产经营管理工作,组织实施董事会决议;(2) 组织实施公司年度经营计划和投资方案;(3) 拟订公司内部管理机构设置方案;(4) 拟订公司的基本管理制度;(5) 制定公司的具体规章;(6) 提请聘任或者解聘公司副经理、财务负责人;(7) 决定聘任或者解聘除应由董事会决定聘任或者解聘以外的负责管理人员;(8) 董事会授予的其他职权。因公司章程可以作出另行规定,故这些职权属于默示职权。此外,经理还可能因章程的指定而成为公司的法定代表人。如是,经理还享有对外代表权。二是意定职权。各国一般准予董事会调整经理的职权,我国亦然。既然如此,经理职权可能受到这样那样的限制。但是,这种限制不得对抗善意第三人。① 我国虽无明文规定,但依据《合同法》第50条这种限制应不能对抗善意第三人。

四、监事会

(一) 地位与职责

有权必有责,用权必受监督,公司董事和经理自不例外。监事会就是由全体监事组成的对公司业务活动进行监督和检查的机构。这是我国股份有限公司和一般有限责任公司的必设机构,唯股东人数较少或者规模较小的有限责任公司可不设监事会,只设1—2名监事。

依据我国《公司法》,监事会、不设监事会的公司的监事所行使的职权有:(1) 检查公司财务;(2) 对董事、高管执行公司职务的行为进行监督,对违反法

---

① 参见日本《公司法》第11条第3款,德国《商法典》第50条第1款,法国《商事公司法》第124条第3款,我国台湾地区"公司法"第36条。

律、行政法规、公司章程或者股东会决议的董事、高管提出罢免的建议;(3)当董事、高管的行为损害公司的利益时,要求董事、高管予以纠正;(4)提议召开临时股东会会议,在董事会不履行本法规定的召集和主持股东会会议职责时召集和主持股东会会议;(5)向股东会会议提出提案;(6)依法对董事、高管提起诉讼;(7)列席董事会会议,并对董事会决议事项提出质询或者建议;(8)在发现公司经营情况异常时,可以进行调查;必要时,可以聘请会计师事务所等协助其工作,费用由公司承担;(9)董事会或执行董事不履行或不能履行召集股东(大)会会议职责时,召集和主持股东(大)会;(10)公司章程规定的其他职权。其中,国有独资公司的监事会只能行使前3项以及国务院规定的其他职权。

(二)产生与任期

1. 人数

我国股份有限公司和一般有限责任公司需由3名以上监事组成监事会,国有独资公司则不得少于5人,唯股东人数较少或者规模较小的有限责任公司可只设1—2名监事,而无须组成监事会。

2. 产生方式

监事因其来源不同,产生方式也不同。股东监事由股东(大)会选举产生,职工监事由公司职工通过职工代表大会、职工大会或者其他民主形式选举产生。在我国,无论是有限责任公司还是股份有限公司,职工监事比例均不得少于1/3,具体比例由公司章程自治。

3. 任职资格

我国董事任职的消极资格亦适用于监事。同时,董事和高管均不得兼任监事,此乃监事独立性的保障,德国、意大利和日本均有此限制。[①]

4. 组成与任期

我国监事会均设主席1人,股份有限公司还可以设副主席。主席和副主席均由全体监事过半数选举产生,唯国有独资公司由国有资产监督管理机构从监事中指定。但是,未明确规定由股东代表还是职工代表任主席,应理解为两者均可。我国监事每届任期为3年,可连选连任。我国台湾地区有同样的规定。若监事任期届满未及时改选,或者监事在任期内辞职导致监事会成员低于法定人数的,在改选出的监事就任前,原监事仍应依照法律、行政法规和公司章程的规定,履行监事职务。

(三)监事会会议

作为集体决议机构,监事会亦需通过会议行使其职权。有限责任公司和股份有限公司分别有2个顺序和3个顺序的会议召集人和主持人(表3-7)。厘定

---

① 参见德国《股份公司法》第105条,意大利《民法典》第2399条,日本《公司法》第335条第2款。

该顺位,可预防因主席怠于行使职责而使监事会瘫痪。

监事会会议亦有例会与临时会议之分。有限责任公司的例会为每年1次,股份有限公司则为每年2次。临时会议则因监事的提议而随时召开。其会议方式和表决程序原则上由公司章程自治,唯决议的定足数有法定要求,即由半数以上监事通过。此外,还应就所议事项的决定作成会议记录,出席会议的监事均应在记录上签名。

五、董事、监事和高管的义务与责任

(一) 义务

1. 概述

有权必有责,董事、监事和高管均行使公司职权,即应承担相应的义务与责任。尽管英美法系和大陆法系对董事与公司之间的关系定性不一致,英美法系定性为信托关系,大陆法系定性为委任关系,但董事所担负的忠实义务(duty of loyalty)和勤勉义务(duty of diligence)两大义务,则大同小异。我国《公司法》第147条不仅明确了这两项义务,而且还适用于监事和高管(图3-3)。忠实义务旨在克服董事、监事和高管的贪婪和自私行为,勤勉义务在于防止其偷懒(shirking)和没有责任心。值得注意的是,部分忠实义务不以任期为限,比如禁止泄密可能延续到离任后的合理时期内。

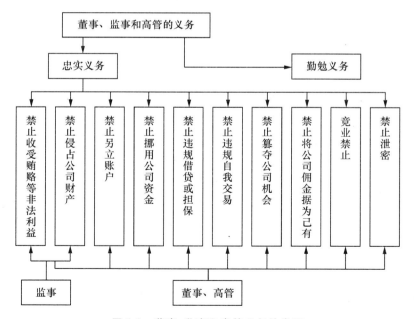

图3-3 董事、监事和高管义务的类型

2. 忠实义务

忠实义务相当于狭义的信义义务(fiduciary duty)①,是指董事、监事和高管受人之托,应忠人之事,不仅应为公司的最大利益行事,而且应在个人与公司利益相冲突时,以公司利益为重,服从公司利益。如果说勤勉义务是对能力的要求,该义务则为品行要求。

我国不仅对忠实义务有概括性要求,而且还进行了分类列举(图3-3)。其中,适用于监事的只有禁止利用职权收受贿赂或其他非法收入和禁止侵占公司财产两种。至于董事和高管,不仅适用这两种义务,还有以下八种:(1)禁止挪用公司资金;(2)禁止将公司资金以其个人名义或者以其他个人名义开立账户存储;(3)禁止违反公司章程的规定,未经股东会、股东大会或者董事会同意,将公司资金借贷给他人或者以公司财产为他人提供担保;(4)禁止违反公司章程的规定或者未经股东会、股东大会同意,与本公司订立合同或者进行交易;(5)未经股东会或者股东大会同意,不得利用职务便利为自己或者他人谋取属于公司的商业机会,自营或者为他人经营与所任职公司同类的业务;(6)禁止接受他人与公司交易的佣金归为己有;(7)不得擅自披露公司秘密;(8)禁止违反对公司忠实义务的其他行为。前述分类并无统一标准,互有交叉,故同一行为可能触犯多种义务。

3. 勤勉义务

作为对董事、监事和高管能力的要求,各国均为其设有勤勉义务,只是称谓有所不同。大陆法系国家多称其为善管注意义务或善管义务,英美法系虽有多种表述,如注意义务(duty of care),注意和技能义务(duty of care and skill),技能和注意义务(duty of skill and care),技能、注意和勤勉义务(duty of skill, care and diligence),但简称均为注意义务(duty of care)。② 我国偏好"勤勉"一词,《公司法》第147条将"勤勉义务"与忠实义务并列,实则就是注意义务。勤勉义务,是指董事、监事和高管需以合理的注意管理或控制公司事务。

我国仅有勤勉义务之概括性规定,至于如何衡量勤勉则没有明确规定。各国的经验为我国司法机关作出司法解释提供了有益借鉴。大陆法系国家一般要求董事、监事或高管需以善良家父(bonus parterfamilias)(理智人)应有的注意

---

① 部分学者将忠实义务与信义义务相等同,如 R. W. Hamilton, The Law of Corporations, 法律出版社 1999 年版,第 378 页和〔英〕丹尼斯·吉南:《公司法》,朱羿锟译,法律出版社 2005 年版,第 296—297页;而部分学者认为信义义务为上位概念,包括勤勉义务和忠实义务,参见 L. D. Solomon, A. R. Palmiter, Corporations, Aspen Law and Business Inc., 1999, p.195。鉴于多数人论述信义义务时,强调忠实义务,甚至仅指向忠实义务,故不妨将其作广义与狭义之分。

② 参见〔英〕丹尼斯·吉南:《公司法》,朱羿锟译,法律出版社 2005 年版,第 300 页;D. Campbell, Liability of Corporate Directors, Lloyd's of London Press, 1993, p.193; P. L. R. Mitchell, Director's Duties and Insider dealing, Butterworth, 1982, p.40.

行事,此乃客观标准,亦即日本学者所说"董事应以社会通常观念上处于董事地位之人通常被要求的注意遂行其职务"①,德国《股份公司法》第93条则要求应为正直的、有责任心的业务领导人。比较而言,英美法系无论是判例法还是制定法均对注意的标准规定更为详尽。英国要求董事具有与其所任职务相当的技能、勤勉和注意,若实际技能、勤勉和注意能力超过与其所任职务相当的水平,则从其实际水平,但非执行董事没有持续关注公司事务的义务。② 美国《示范公司法》第8.30条明确要求,董事应尽到处于相似地位的普通谨慎人在相似情况下所应尽到的注意。美国法学会的《公司治理原则》第4.01条要求,董事应以其合理相信符合公司最佳利益的方式行事,尽到承担同等职位的普通审慎的人士在同等情形下可以合理地期望的注意。

勤勉义务又是一把双刃剑。如要求过高,董事、监事或高管可能因过于谨慎而畏首畏尾,裹脚不前,甚至因职务风险大而不敢担任这些职务③,这就有悖于公司价值最大化的宗旨,不能为股东和利益相关者带来最大利益。源于判例积淀的商事判断规则(business judgment)在美国应运而生,以免除董事或高管合理的经营失误的责任。该判例法原理已反映到制定法中,日本已引入,德国等亦考虑将其引入。在我国,当下对董事勤勉标准的把握往往摇摆于宽大和严格两个极端之间,为推进现代企业制度建设,促进公司治理运行机制化,引入该规则颇为紧迫。④

(二) 责任

董事违反前述义务,自应承担相应的责任,包括民事责任、行政责任和刑事责任。就民事责任而言,违反忠实义务和勤勉义务均可导致损害赔偿责任。违反忠实义务还可能导致停止侵害请求权、归入权、返还财产以及撤销权。尽管《公司法》并未就违反忠实义务规定撤销权,但并不妨碍公司依据《合同法》请求撤销合同。对于违反忠实义务,只要有违反义务的行为,即产生相应的责任,无须证明董事、监事或高管主观上有过错。而追究违反注意义务的责任,则需要证明其主观上有过错。如引入商事判断规则,还需要考察是否有重大过失。⑤ 执行董事和高管往往与公司有合同关系,公司还可依据《合同法》追究其责任。

行政责任主要表现为罚款和取消担任董事、监事或高管的资格(disqualification)。构成犯罪的,还要依法追究其刑事责任。就取消董事、监事或高管的资

---

① 参见〔日〕前田庸:《会社入门》,日本有斐阁1991年版,第261页;另见我国台湾地区"公司法"第23条第1款。
② 参见〔英〕丹尼斯·吉南:《公司法》,朱羿锟译,法律出版社2005年版,第300—302页。
③ 参见朱羿锟:《论董事问责的诚信路径》,载《中国法学》2008年第3期。
④ 参见朱羿锟:《董事问责标准的重构》,北京大学出版社2011年版,第109页。
⑤ 参见朱羿锟:《董事会结构性偏见的心理学机理及问责路径》,载《法学研究》2010年第3期。

格而言,《公司法》第 146 条的消极资格无疑构成重要的制约。对于证券公司,《证券法》第 152 条授权中国证监会撤销违反勤勉义务的董事、监事或高管的任职资格。对金融机构的董事和高管亦有该处罚,中国人民银行对于有违法违规行为的银行、信用社、财务公司、信托公司、金融租赁公司等机构的董事和高管,有权撤销其永久或在一定期限内担任金融机构高管或与原职务相当职务的资格。① 至于上市公司,只要董事、监事、高管被中国证监会处以证券市场禁入措施,即不能在禁入期间担任任何上市公司的董事、监事或高管。比较而言,我国一般由行政机关处罚,而英国、美国和我国香港特别行政区则由法院处罚。②

至于刑事责任,董事、监事或高管违反其义务,构成犯罪的,还要依法追究其刑事责任。

第五节 公司变更与终止

一、公司变更

(一)公司章程变更

1. 概述

公司章程变更,是指公司成立后,由于某些情势的变化而依法对已生效的章程进行变更的行为。其特点在于:一是其根本目的是为了适应情势变化的需要;二是对已经生效的章程条款的变更;三是必须依法进行,以维护其严肃性和权威性。

章程以促进公司实现价值最大化为宗旨,变与不变,端在于此。公司章程并非"祖宗之法不可变",而是要与时俱进,顺应经营环境与公司成长和发展之需,事变则法移。在特定情形下,公司维护特定的价值,章程被固化,难以修改。

2. 变更的主体

股东是当然的变更主体。股东既然制定章程,自然可以变更章程。此乃各国通例,我国亦然。若章程变更涉及类别股东权益变化,其变更还应征得类别股东的同意。③ 此外,董事会和法院在有些国家亦可变更公司章程,我国尚无明确规定。董事会限于细微变更,美国就准予董事会在发行股份之前变更公司章程。只要公司章程没有相反规定,董事会无须股东大会批准,即可延长公司存续期

---

① 参见最高人民法院《关于审理企业破产案件若干问题的规定》第 103 条,《金融违法行为处罚办法》第 3 条第 3 款。

② 参见英国《取消董事资格法》第 1—6 条,美国《SOX 法案》第 305 条,我国香港《公司条例》第 168 条 D。

③ 参见我国《到境外上市公司章程必备条款》第 79—80 条,美国《示范公司法》第 10.04 条。另见〔英〕丹尼斯·吉南:《公司法》,朱羿锟译,法律出版社 2005 年版,第 83 页。

限,删除首任董事的姓名、住址、最初法定地址和因回购而消灭的类别股,进行公司名称的细微变更,应对减少授权资本带来的相应变化,在董事会权限内变更有关类别股条件。① 法院判令变更公司章程,则限于对小股东因遭遇大股东不公平侵害而提供救济②,或对破产和重组公司的章程进行必要的修改。此时,无须董事会决议,也无须股东大会批准。③

股东(大)会通过公司章程修正案,均要求作出特别决议。有限责任公司需经代表 2/3 以上表决权的股东同意,或由全体股东作出书面决议亦可,股份有限公司只需获得出席会议股东所持表决权 2/3 以上同意即可。

3. 变更的效力

公司章程中的登记事项有修改的,需依法向登记机关办理变更登记手续,否则该项修改不能对抗善意第三人。公司章程未涉及登记事项的,亦应将修改后的公司章程或公司章程修正案送公司登记机关备案。章程的修正案就像原本就在章程中一样,具有同等效力,对公司、股东、董事、监事和高管具有约束力。

公司章程修改后,并不影响其现有权利和义务。④ 比如,公司名称修改后,并不影响其以原名称起诉与应诉。公司也不得通过变更章程而规避违约责任,因变更章程而导致违约的,公司应承担违约责任。

(二) 公司资本变动

1. 概述

公司资本不可能一成不变。资本维持原则本身就意味着公司资本可经过法定程序而变动。事实上,公司资本需随公司业务发展的需要而不断进行调整。市场景气,行业大发展时期,公司需要扩张,就需要大幅度增加资本;在市场不景气,或者行业萎缩时期,公司资本可能过剩,需要减少资本;有些公司为了消除亏损,也需要减少资本。

增资和减资是公司资本变动的两种形态。增加资本,亦称增资,是指依法增加公司的注册资本。增资的方式有增加股份的面值、增加出资、发行新股、债转股和公积金转为资本五种方式。减少资本,亦称减资,是指公司依法减少注册资本。减资的方式主要有减少股份面值和减少出资(股份)数额两种形式。

2. 股东(大)会的特别决议

无论是增资还是减资,均需要股东(大)会作出特别决议,唯前者的特别决议需代表总表决权 2/3 以上的股东同意,后者只需出席会议股东所持表决权的

---

① 参见美国《示范公司法》第 10.02 条、第 10.05 条。
② 参见〔英〕丹尼斯·吉南:《公司法》,朱羿锟译,法律出版社 2005 年版,第 82 页。
③ 参见美国《示范公司法》第 10.08 条。
④ 参见美国《示范公司法》第 10.09 条。另见〔英〕丹尼斯·吉南:《公司法》,朱羿锟译,法律出版社 2005 年版,第 86—87 页。

2/3 以上同意。此外，股份有限公司以公开发行新股方式或者上市公司以非公开发行新股方式增加注册资本，还应取得中国证监会的核准文件。

3. 债权人行权

公司增资，增加了公司清偿能力，增强了对债权人的保障，不存在债权人行权问题。公司减资，意味着降低了对债权人的保障，则有债权人行权程序。为此，公司应当编制资产负债表和财产清单，并通知债权人。通知时限为公司作出减资决议之日起 10 日，并在 30 日内在公开发行的报纸上公告。债权人在接到通知之日起 30 日内，或未接到通知的从公告之日起 45 日内，有权要求公司清偿其债务或提供相应的担保。

4. 变更登记

注册资本系公司登记事项，增资和减资均应到登记机关办理变更登记。公司增资的，应自股东（大）会作出变更决议（决定）之日起 30 日内申请变更登记。公司减资的，应自公告之日起 45 日后申请变更登记，并应当提交公司在报纸上登载公司减少注册资本公告的有关证明和公司债务清偿或者债务担保情况的说明。

(三) 公司组织形式变更

1. 概述

公司组织形式变更，是指公司在不中断其法人资格的情形下，由一种公司形态转换为另一种公司形态的行为。无疑，这有助于满足公司成长和发展之需，增强应对经营环境复杂性的能力。公司组织形式变更，乃各国通例。其最大优势就在于，公司法人资格不中断，可继续维持其营业，无需清算程序即可从一种公司形式转换为另一种形式。[①] 在我国，有限责任公司和股份有限公司这两种形态，可以相互转换。

2. 股东（大）会特别决议

无论是有限责任公司转换为股份有限公司，还是股份有限公司转换为有限责任公司，均需要股东（大）会作出特别决议，唯前者需代表总表决权 2/3 以上的股东同意，后者只需出席会议股东所持表决权的 2/3 以上同意。

3. 登记

组织形态乃公司的登记事项，组织形式变更自应办理变更登记。英国称之为再注册程序（re-register），有别于设立登记。登记完成后，变更即告生效。变更后的公司概括继承原公司的股东、财产以及债权债务。欧盟各国公司转换

---

① 比如，《欧洲公司条例》第 66 条第 2 款就明确指出，欧洲公司转换为所在国公司并不导致公司的解散，或设立新的法人。

为欧洲公司的,亦然。①

(四) 公司合并与分立

1. 公司合并

公司合并,是指两个以上公司订立合并协议,依法合并为一个公司的行为。依据合并后的公司形式,可以分为吸收合并和新设合并两种形式。前者是指一个公司吸收他公司,而他公司解散,后者则是指两个以上的公司合并设立一个新公司,合并各方均解散。无论哪种形式,本质上均属于公司之间的合同行为,只能采用协议方式进行,该合同的成立及其效力,适用《合同法》,《公司法》则主要规范合并程序以及对债权人和小股东的保护。

公司合并需由股东大会决议,乃各国通例。我国无论是有限责任公司,还是股份有限公司,均应由股东(大)会对此作出特别决议,唯前者需代表总表决权2/3以上的股东同意,后者只需出席会议股东所持表决权的2/3以上同意。为确保债权人利益不因合并而受影响,准予债权人异议亦为各国通例。知情乃债权人行权的前提,故我国规定了公司的通知义务,即公司应自决议之日起10日内通知债权人,并在30日内在报纸上公告。此后,债权人便可在规定期限内行权,即获得通知的债权人在接到通知后30日内,未接到通知的债权人则自公告之日起45日内,可要求公司清偿债务或提供相应担保。

公司合并必然涉及公司登记事项的变更,公司应依法办理变更登记;因此而解散、新设的公司,则应分别办理注销登记和设立登记。公司应自公告之日起45日后申请登记,提交合并协议、合并决议以及公司在报纸上登载公司合并公告的有关证明和债务清偿或者债务担保情况的说明。法律、行政法规或者国务院决定规定公司合并必须报经批准的,还应当提交有关批准文件。

公司合并的后果体现为至少一个公司归于消灭,公司变更或新设,以及债权债务的概括继承。因合并而归于消灭的公司,无需清算程序即可经注销程序而消灭其人格,存续公司或新设公司取得其财产,其权利义务随之移转。这就意味着,合并各方的债权、债务随之而转由合并后存续的公司或新设的公司继承。

2. 公司分立

公司分立,是指一个公司依法分成两个以上公司的行为。公司的分立也包括两种情形,一是派生分立,从原公司分设出一家以上的新公司,分立后原公司和新公司并存。二是新设分立,将原公司分为两家以上的新公司,分立后,原公司解散,新公司作为独立法人存在。前者是公司将部分财产或营业依法分离出去,由一个或多个新公司接受,而后者则是公司将其全部财产或营业分解给两个以上的新公司。

---

① 参见《欧洲公司条例》第37条第9款。

与公司合并一样,有限责任公司和股份有限公司的股东(大)会需对公司分立作出特别决议,唯前者需代表总表决权 2/3 以上的股东同意,后者只需出席会议股东所持表决权的 2/3 以上同意。决议通过后,异议股东可以行使股份回购请求权。知情是债权人行使请求权的基础,公司有通知的义务。公司应自作出决议之日起 10 日内通知债权人,并在 30 日内在报纸上公告。与合并有所不同,此时并未赋予债权人要求公司清偿或提供担保的权利。公司分立势必涉及有关公司登记事项的变更,公司应依法办理变更登记;因此而解散、新设的公司,则应分别办理注销登记和设立登记。公司应自公告之日起 45 日后申请登记,提交分立决议以及公司在报纸上登载公司分立公告的有关证明。法律、行政法规或者国务院决定规定公司分立必须报经批准的,还应当提交有关批准文件。

　　公司分立的效果表现为公司消灭、变更或新设。因分立而解散原公司的,无需清算程序即可经注销程序而消灭其人格,存续公司或新设公司取得其财产,权利义务随之移转。公司分立前的债务由分立后的公司承担连带责任。但是,公司在分立前与债权人就债务清偿达成书面协议另有规定的,从其约定。这与《合同法》第 90 条完全一致。

二、公司终止

（一）公司解散

1. 概述

　　公司解散(dissolution),是指已成立的公司基于一定事由的发生,而停止其积极业务活动,并开始处理其未了结事务的法律行为。依据解散事由是否基于公司自愿,可以分为自愿解散和强制解散。前者系公司的自己意志的反映,而后者不是,它又分为法定解散、命令解散和司法解散三种情形。无论何种类型的解散,均以公司终止为目标。我国实行"先散后算"的体制,美国、日本和欧洲大陆国家亦然,解散虽不立即导致公司法人人格消灭,但是它立即启动清算程序。一旦完成清算,公司的法人人格即告消灭。

2. 自愿解散

　　自愿解散,是指基于公司自己的决定而解散公司的情形。与强制解散相比,它体现的是公司意志,系公司自愿行为,而非法律或他人的强制,故属于一种公司行为。

　　我国规定的自愿解散事由有三种:(1) 公司章程规定的营业期限届满或者公司章程规定的其他解散事由出现;(2) 股东(大)会决议解散;(3) 因公司合并或者分立需要解散。如属第一种情形,公司并非必须决定解散,可以通过修改公司章程而存续。第二种情形的股东(大)会决议和针对第一种情形所作的存续决议,均属特别决议,有限责任公司须经持有 2/3 以上表决权的股东通过,股份有限公司须经出席股东大会会议的股东所持表决权的2/3以上通过。

既然属于解散的一种,自愿解散即告公司进入清算程序,虽然公司尚存续,但不得从事积极的营业活动,只能从事有关的清算活动。

3. 强制解散

强制解散,是指非由公司自己的意志而解散公司的情形。依据强制解散的原因,可以分为法定解散、命令解散和司法解散三种情形。既然这种解散不是公司意志的体现,一旦进入解散状态,一般不可逆转。法定解散,是指基于法律规定的解散事由的出现而解散公司的情形。我国未规定法定解散的情形,股东人数和资本不足法定最低要求并不构成法定解散的事由。至于命令解散,则是指因公司违法而被主管机关撤销、吊销营业执照或责令关闭的情形。我国有权作出命令解散决定的主管机关除登记机关外,还有其他行政机关以及行使行政权力的事业单位,如中国证监会。作出该命令的依据除《公司法》外,还有其他法律和行政法规。至于司法解散,则有两种情形,一是破产宣告,二是法院基于利害关系人请求而判决解散公司。关于破产宣告,详见本书第九章,这里集中讨论后者。在公司僵局情形下,各国大都赋予小股东解散公司请求权。我国准予持有公司全部表决权10%以上的股东,在公司经营管理发生严重困难,继续存续会使股东利益受到重大损失,通过其他途径又不能解决的情形下,请求法院解散公司。

(二) 公司清算

1. 概述

公司清算,是指公司解散后,处分公司财产并了结各种法律关系,最终消灭公司法人人格的行为。除公司因合并、分立而解散外,其他解散均需要清算程序。在英国"先算后散"的体系下,清算则是解散公司的先决程序。在我国"先散后算"的体系下,只有清算完成后,公司法人人格才归于消灭。在清算过程中,公司虽继续存续,但不能从事积极营业活动,只能从事有关清算的活动。一旦进入清算程序,公司原领导机构即丧失其职权,由清算人代表清算中公司行使职权。

依据公司财产是否足以清偿债权人的债务,可以分为解散清算和破产清算。破产清算程序适用破产法规范,详见本书第九章。在解散清算过程中,一旦发现公司财产不足以清偿债权人的债务,即应转入破产清算程序,清算人即应将清算事务移交法院。就解散清算而言,又有自行清算与指定清算之分。

2. 清算人

清算人就是负责清算中公司清算事务的人。清算期间,公司虽存续,但董事会已丧失职权,由清算人取而代之,成为公司的清算机关。它是清算开始后成立的,并随清算程序终结而解散的临时机关,是负责清算中公司财产的管理、变价、分配等事务的专门机关,故往往由具有必要专业知识的人担任。其职权为:(1)清理公司财产,分别编制资产负债表和财产清单;(2)通知、公告债权人;(3)处理与清算有关的公司未了结的业务;(4)清缴所欠税款以及清算过程中产生的税款;(5)清理债权、债务;(6)处理公司清偿债务后的剩余财产;(7)代表公司参与民事诉讼活动。清算人可为此获得报酬,报酬数量自应由其选任者确定,且该报酬从公司财产中优先拨付。

清算人选任方式因公司和清算类型而异。无论通过何种方式选任,清算组应当自成立之日起10日内通知已知债权人,并于60日内在报纸上公告。在自行清算时,我国只是规定由股东组成清算组,而在指定清算时则由法院指定有关人员组成清算组。比较而言,股份有限公司选任自行清算的清算人时具有一定的灵活性,可由董事或股东大会确定的人员组成清算组;而在指定清算时,则由法院指定有关人员组成清算组。

清算人怠于行使其职责,或不适当行使职责,即构成解任事由。若因其故意或重大过失给公司或第三人造成损失,清算人应承担赔偿责任,各清算人负连带责任。

3. 清偿顺序和剩余财产分配

清算中公司财产清偿顺序为:(1)清算费用;(2)职工的工资、社会保险费用和法定补偿金;(3)所欠税款;(4)公司债务。在清偿公司债务之前,不得向股东分配财产。若公司财产不足以清偿债务,即应中止清算,向法院申请宣告破产,此时采用债务超过而非不能清偿到期债务作为衡量是否破产的标准。

公司清偿前述款项后仍有剩余财产的,即可分配给公司股东。有限责任公司按照股东的出资比例分配,股份有限公司按照股东持有的股份比例进行分配。与公司分配红利有所不同,此时不准许公司章程另行规定。

4. 清算终结

公司的普通清算结束后,清算组应制作清算报告,并报股东(大)会或者法院确认。清算组还应将股东(大)会或法院确认的清算报告报送公司登记机关,并申请公司的注销登记。完成注销登记后,进行公告,公司自此从法律上消失。

司法考试相关知识链接

例题1 2011年卷三　　单项选择题

25. 白阳有限公司分立为阳春有限公司与白雪有限公司时,在对原债权人甲的关系上,下列哪一说法是错误的?

A. 白阳公司应在作出分立决议之日起10日内通知甲

B. 甲在接到分立通知书后30日内,可要求白阳公司清偿债务或提供相应的担保

C. 甲可向分立后的阳春公司与白雪公司主张连带清偿责任

D. 白阳公司在分立前可与甲就债务偿还问题签订书面协议

答案 B

详解 公司的分立

选项A正确。《公司法》第175条第2款规定,公司分立,应当编制资产负债表及财产清单。公司应当自作出分立决议之日起10日内通知债权人,并于30日内在报纸上公告。

选项B错误。《公司法》第173、177条规定,公司在合并、减资的情况下,应当自作出合并、减资决议之日起10日内通知债权人,并于30日内在报纸上公告。债权人自接到通知书之日起30日内,未接到通知书的自公告之日起45日内,可以要求公司清偿债务或者提供相应的担保。值得注意的是,这里说的是公司"合并、减资"的情况,对于公司分立则没有这样的规定

选项C、D说法正确。《公司法》第176条规定,公司分立前的债务由分立后的公司承担连带责任。但是,公司在分立前与债权人就债务清偿达成的书面协议另有约定的除外。

例题2 2011年卷三 单项选择题

26. 某市房地产主管部门领导王大伟退休后,与其友张三、李四共同出资设立一家房地产中介公司。王大伟不想让自己的名字出现在公司股东名册上,在未告知其弟王小伟的情况下,直接持王小伟的身份证等证件,将王小伟登记为公司股东。下列哪一表述是正确的?

A. 公司股东应是王大伟

B. 公司股东应是王小伟

C. 王大伟和王小伟均为公司股东

D. 公司债权人有权请求王小伟对公司债务承担相应的责任

答案 A

详解 公司的设立

选项A正确,选项B、C、D错误。最高人民法院《关于适用〈公司法〉若干问题的规定(三)》第29条规定,冒用他人名义出资并将该他人作为股东在公司登记机关登记的,冒名登记行为人应当承担相应责任;公司、其他股东或者公司债权人以未履行出资义务为由,请求被冒名登记为股东的承担补足出资责任或者对公司债务不能清偿部分的赔偿责任的,人民法院不予支持。因此,公司的股东仍为王大伟,王小伟不是公司股东,对补足出资和公司债务不承担法律责任。

例题3 2011年卷三 单项选择题

27. 2009年,甲、乙、丙、丁共同设立A有限责任公司。丙以下列哪一理由提起解散公司的诉讼法院应予受理?

A. 以公司董事长甲严重侵害其股东知情权,其无法与甲合作为由

B. 以公司管理层严重侵害其利润分配请求权,其股东利益受重大损失为由

C. 以公司被吊销企业法人营业执照而未进行清算为由

D. 以公司经营管理发生严重困难,继续存续会使股东利益受到重大损失为由

答案 D

详解 公司的解散

选项A、B、C错误。最高人民法院《关于适用〈公司法〉若干问题的规定(二)》第1条第2款规定,股东以知情权、利润分配请求权等权益受到损害,或者公司亏损、财产不足以偿还全部债务,以及公司被吊销企业法人营业执照未进行清算等为由,提起解散公司诉讼的,人民法院不予受理。

选项D正确。《公司法》第182条规定,公司经营管理发生严重困难,继续存续会使股东利益受到重大损失,通过其他途径不能解决的,持有公司全部股东表决权10%以上的股东,可以请求人民法院解散公司。

例题4 2012年卷三　　单项选择题

26. 甲、乙、丙拟共同出资50万元设立一有限公司。公司成立后,在其设置的股东名册中记载了甲乙丙3人的姓名与出资额等事项,但在办理公司登记时遗漏了丙,使得公司登记的文件中股东只有甲乙2人。下列哪一说法是正确的?

A. 丙不能取得股东资格

B. 丙取得股东资格,但不能参与当年的分红

C. 丙取得股东资格,但不能对抗第三人

D. 丙不能取得股东资格,但可以参与当年的分红

答案 C

详解 股东名册记载事项的登记效力

选项A、D错误,C正确。《公司法》第32条第2款规定,记载于股东名册的股东,可以依股东名册主张行使股东权利。第3款规定,公司应当将股东姓名或者名称向公司登记机关登记;登记事项发生变更的,应当办理变更登记。未经登记或者变更登记的,不得对抗第三人。因此,股东资格认定的依据是公司内部的股东名册,登记机关的登记仅具对抗效力,没有登记不能否定丙的股东资格。

选项B错误。《公司法》第34条规定,股东按照实缴的出资比例分取红利;公司新增资本时,股东有权优先按照实缴的出资比例认缴出资。丙具备股东资格,可以依照实缴出资比例参与当年的分红。

例题5 2013年卷三　　单项选择题

25. 新余有限公司共有股东4人,股东刘某为公司执行董事。在公司章程无特别规定的情形下,刘某可以行使下列哪一职权?

A. 决定公司的投资计划
B. 否决其他股东对外转让股权行为的效力
C. 决定聘任公司经理
D. 决定公司的利润分配方案

答案 C

详解 执行董事的职权

选项 A 错误。根据《公司法》第 37 条第 1 款第（一）项的规定，决定公司的经营方针和投资计划属于股东会职权，而非执行董事的职权。

选项 B 错误。根据《公司法》第 71 条第 2 款的规定，股东向股东以外的人转让股权，应当经其他股东过半数同意。因此，执行董事不能否决其他股东对外转让股权行为的效力。

选项 C 正确。《公司法》第 46 条第（九）项规定，董事会（执行董事）负责决定聘任或者解聘公司经理及其报酬事项，并根据经理的提名决定聘任或者解聘公司副经理、财务负责人及其报酬事项。

选项 D 错误。《公司法》第 46 条第（五）项规定，董事会（执行董事）负责制订公司的利润分配方案。该法第 37 条第 1 款第（六）项规定，股东会负责审议批准公司的利润分配方案。因此，对于公司的利润分配方案，执行董事只有制订权，没有决定权。

例题 6　2013 年卷三　　单项选择题

26. 泰昌有限公司共有 6 个股东，公司成立两年后，决定增加注册资本 500 万元。下列哪一表述是正确的？

A. 股东会关于新增注册资本的决议，须经 2/3 以上股东同意
B. 股东认缴的新增出资额可分期缴纳
C. 股东有权要求按照认缴出资比例来认缴新增注册资本的出资
D. 一股东未履行其新增注册资本出资义务时，公司董事长须承担连带责任

答案 B

详解 新增注册资本

选项 A 错误。《公司法》第 43 条第 2 款规定，股东会会议作出修改公司章程、增加或者减少注册资本的决议，以及公司合并、分立、解散或者变更公司形式的决议，必须经代表 2/3 以上表决权的股东通过。因此，有限责任公司增资决议须经代表 2/3 以上表决权的股东通过，而不是经 2/3 以上股东同意，选项 A 颇具迷惑性。

选项 B 正确。《公司法》第 178 条第 1 款规定，有限责任公司增加注册资本时，股东认缴新增资本的出资，依照本法设立有限责任公司缴纳出资的有关规定执行。该法第 26 条第 1 款规定，有限责任公司的注册资本为在公司登记机关登

记的全体股东认缴的出资额。也就是说股东可以在公司设立时认缴出资额,在其后再分期实缴,《公司法》对此没有限制。

选项 C 错误。《公司法》第 34 条规定,股东按照实缴的出资比例分取红利;公司新增资本时,股东有权优先按照实缴的出资比例认缴出资。但是,全体股东约定不按照出资比例分取红利或者不按照出资比例优先认缴出资的除外。因此,有限责任公司增资时,除另有约定外,股东应按照实缴出资比例而不是认缴出资比例来认购新股。

选项 D 错误。最高人民法院《关于适用〈公司法〉若干问题的规定(三)》第 13 条第 4 款规定,股东在公司增资时未履行或者未全面履行出资义务,依照本条第 1 款或者第 2 款提起诉讼的原告,请求未尽《公司法》第 148 条第 1 款规定的义务而使出资未缴足的董事、高级管理人员承担相应责任的,人民法院应予支持;董事、高级管理人员承担责任后,可以向被告股东追偿。因此,公司董事长有过错的,才承担相应的责任。

例题 7　2013 年卷三　　单项选择题

27. 关于股东或合伙人知情权的表述,下列哪一选项是正确的?
A. 有限公司股东有权查阅并复制公司会计账簿
B. 股份公司股东有权查阅并复制董事会会议记录
C. 有限公司股东可以知情权受到侵害为由提起解散公司之诉
D. 普通合伙人有权查阅合伙企业会计账簿等财务资料

答案　D

详解　股东或合伙人的知情权

就股东行使权利的目的而言,可分为自益权与共益权。共益权是指股东通过控制和监督公司事务,从而间接为自己利益所行使的权利。知情权是共益权的一种。

选项 A 错误。《公司法》第 33 条第 2 款规定,股东可以要求查阅公司会计账簿。股东要求查阅公司会计账簿的,应当向公司提出书面请求,说明目的。公司有合理根据认为股东查阅会计账簿有不正当目的,可能损害公司合法利益的,可以拒绝提供查阅,并应当自股东提出书面请求之日起 15 日内书面答复股东并说明理由。公司拒绝提供查阅的,股东可以请求人民法院要求公司提供查阅。因此,有限公司股东仅有权查阅公司会计账簿,但无权复制。

选项 B 错误。《公司法》第 97 条规定,股东有权查阅公司章程、股东名册、公司债券存根、股东大会会议记录、董事会会议决议、监事会会议决议、财务会计报告,对公司的经营提出建议或者质询。因此,股份公司股东仅有权查阅董事会会议记录,但无权复制。

选项 C 错误。最高人民法院《关于适用〈公司法〉若干问题的规定(二)》第

1条第2款规定,股东以知情权、利润分配请求权等权益受到损害,或者公司亏损、财产不足以偿还全部债务,以及公司被吊销企业法人营业执照未进行清算等为由,提起解散公司诉讼的,人民法院不予受理。

选项D正确。《合伙企业法》第28条第2款规定,合伙人为了解合伙企业的经营状况和财务状况,有权查阅合伙企业会计账簿等财务资料。

例题8 2013年卷三 单项选择题

28. 香根餐饮有限公司有股东甲、乙、丙三人,分别持股51%、14%与35%。经营数年后,公司又开设一家分店,由丙任其负责人。后因公司业绩不佳,甲召集股东会,决议将公司的分店转让。对该决议,丙不同意。下列哪一表述是正确的?

　　A. 丙可以该决议程序违法为由,主张撤销
　　B. 丙可以该决议损害其利益为由,提起解散公司之诉
　　C. 丙可以要求公司按照合理的价格收购其股权
　　D. 公司可以丙不履行股东义务为由,以股东会决议解除其股东资格

答案 C

详解 异议股东的回购请求权

选项A错误。《公司法》第103条第2款规定,股东大会作出决议,必须经出席会议的股东所持表决权过半数通过。但是,股东大会作出修改公司章程,增加或者减少注册资本的决议,以及公司合并、分立、解散或者变更公司形式的决议,必须经出席会议的股东所持表决权的三分之二以上通过。本题中,本题中转让公司财产不属于股东会重大决议事项,仅须过半数通过即可,因此,该股东决议不存在程序违法的情况。

选项B错误。最高人民法院《关于适用〈公司法〉若干问题的规定(二)》第1条第1款规定,单独或者合计持有公司全部股东表决权10%以上的股东,以下列事由之一提起解散公司诉讼,并符合《公司法》第183条规定的,人民法院应予受理:(一)公司持续两年以上无法召开股东会或者股东大会,公司经营管理发生严重困难的;(二)股东表决时无法达到法定或者公司章程规定的比例,持续两年以上不能做出有效的股东会或者股东大会决议,公司经营管理发生严重困难的;(三)公司董事长期冲突,且无法通过股东会或者股东大会解决,公司经营管理发生严重困难的;(四)经营管理发生其他严重困难,公司继续存续会使股东利益受到重大损失的情形。本题中没有上述情况,丙的解散主张不成立。

选项C正确。《公司法》第74条第1款第(二)项规定,股东会作出转让公司主要财产的决议的,对股东会该项决议投反对票的股东可以请求公司按照合理的价格收购其股权。

选项D错误。题干中并未提到"丙不履行股东出资义务"的相关事实,故不

能以此为由解除其股东资格。

例题 9　2011 年卷三　　多项选择题

69. 甲、乙、丙、丁计划设立一家从事技术开发的天际有限责任公司,按照公司设立协议,甲以其持有的君则房地产开发有限公司 20% 的股权作为其出资。下列哪些情形会导致甲无法全面履行其出资义务?

A. 君则公司章程中对该公司股权是否可用作对其他公司的出资形式没有明确规定

B. 甲对君则公司尚未履行完毕其出资义务

C. 甲已将其股权出质给其债权人戊

D. 甲以其股权作为出资转让给天际公司时,君则公司的另一股东已主张行使优先购买权

答案　BCD

详解　股东出资、股权转让

选项 A 错误。若君则公司章程中对该公司股权是否可用作对其他公司的出资形式没有明确规定,则甲可以其持有的君则公司 20% 的股权作为其出资。

选项 B、C 正确。最高人民法院《关于适用〈公司法〉若干问题的规定(三)》第 11 条第 1 款规定,出资人以其他公司股权出资,符合下列条件的,人民法院应当认定出资人已履行出资义务:(一) 出资的股权由出资人合法持有并依法可以转让;(二) 出资的股权无权利瑕疵或者权利负担;(三) 出资人已履行关于股权转让的法定手续;(四) 出资的股权已依法进行了价值评估。选项 B 中,甲对君则公司的出资义务尚未履行完毕,因此甲无法全面履行其出资义务。选项 C 中,甲已将其股权出质给其债权人戊,属于在出资的股权上设定了权利负担的情形,会导致甲无法全面履行其出资义务。

选项 D 正确。甲以其股权作为出资转让给天际公司时,若君则公司的另一股东已主张行使优先购买权,甲就不能将股权转给天际公司,即无法全面履行其出资义务。

例题 10　2011 年卷三　　多项选择题

70. 张三、李四、王五成立天问投资咨询有限公司,张三、李四各以现金 50 万元出资,王五以价值 20 万元的办公设备出资。张三任公司董事长,李四任公司总经理。公司成立后,股东的下列哪些行为可构成股东抽逃出资的行为?

A. 张三与自己所代表的公司签订一份虚假购货合同,以支付货款的名义,由天问公司支付给自己 50 万元

B. 李四以公司总经理身份,与自己所控制的另一公司签订设备购置合同,将 15 万元的设备款虚报成 65 万元,并已由天问公司实际转账支付

C. 王五擅自将天问公司若干贵重设备拿回家

D. 三人决议制作虚假财务会计报表虚增利润,并进行分配

答案 ABD

详解 抽逃出资

最高人民法院《关于适用〈公司法〉若干问题的规定(三)》第12条规定,公司成立后,公司、股东或者公司债权人以相关股东的行为符合下列情形之一且损害公司权益为由,请求认定该股东抽逃出资的,人民法院应予支持:(一)将出资款项转入公司账户验资后又转出;(二)通过虚构债权债务关系将其出资转出;(三)制作虚假财务会计报表虚增利润进行分配;(四)利用关联交易将出资转出;(五)其他未经法定程序将出资抽回的行为。

选项A正确,属于虚构债权债务关系将其出资转出的情形。

选项B正确,属于利用关联交易将出资转出的情形。

选项C错误,选项C不属于抽逃出资的情形,而是对公司财产的非法侵占,不符合题意。

选项D正确,属于制作虚假财务会计报表虚增利润进行分配的情形。

例题11 2012年卷三　　多项选择题

68. 方圆公司与富春机械厂均为国有企业,合资设立富圆公司,出资比例为30%与70%。关于富圆公司董事会的组成,下列哪些说法是正确的?

A. 董事会成员中应当有公司职工代表

B. 董事张某任期内辞职,在新选出的董事就任前,张某仍应履行董事职责

C. 富圆公司董事长可由小股东方圆公司派人担任

D. 方圆公司和富春机械厂可通过公司章程约定不按出资比例分红

答案 ACD

详解 董事会的组成

选项A正确。《公司法》第44条第2款规定,两个以上的国有企业或者两个以上的其他国有投资主体投资设立的有限责任公司,其董事会成员中应当有公司职工代表;其他有限责任公司董事会成员中可以有公司职工代表。董事会中的职工代表由公司职工通过职工代表大会、职工大会或者其他形式民主选举产生。本题中,富圆公司是由两个国有企业合资设立的有限责任公司,其董事会成员中应当有公司职工代表。

选项B错误。《公司法》第45条第2款规定,董事任期届满未及时改选,或者董事在任期内辞职导致董事会成员低于法定人数的,在改选出的董事就任前,原董事仍应当依照法律、行政法规和公司章程的规定,履行董事职务。因此,董事在任期内辞职时,只有当其辞职导致董事会成员低于法定人数的情况下,原董事才应当继续履行其董事职责,选项B不符合该条件。

选项C正确。《公司法》第44条第3款规定,董事会设董事长一人,可以设

副董事长。董事长、副董事长的产生办法由公司章程规定。因此,小股东方圆公司依据公司章程的规定是能够派人担任富圆公司董事长的。

选项D正确。《公司法》第34条规定,股东按照实缴的出资比例分取红利;公司新增资本时,股东有权优先按照实缴的出资比例认缴出资。但是,全体股东约定不按照出资比例分取红利或者不按照出资比例优先认缴出资的除外。因此,方圆公司和富春机械厂可通过公司章程约定不按出资比例分红。

例题12　2012年卷三　多项选择题

69.下列有关一人公司的哪些表述是正确的?

A. 国有企业不能设立一人公司

B. 一人公司发生人格或财产混同时,股东应当对公司债务承担连带责任

C. 一人公司的注册资本必须一次足额缴纳

D. 一个法人只能设立一个一人公司

答案　B(原答案为BC,因2013年《公司法》修订,现答案为B)

详解　一人有限责任公司的相关规定

选项A错误。《公司法》第57条第2款规定,本法所称一人有限责任公司,是指只有一个自然人股东或者一个法人股东的有限责任公司。由此可知,法律并不禁止国有企业设立一人公司。

选项B正确。《公司法》第63条规定,一人有限责任公司的股东不能证明公司财产独立于股东自己的财产的,应当对公司债务承担连带责任。

选项C错误。2013年新修订的《公司法》删去了原来第59条关于一人公司的注册资本必须一次足额缴纳的规定。

选项D错误。《公司法》第58条规定,一个自然人只能投资设立一个一人有限责任公司。该一人有限责任公司不能投资设立新的一人有限责任公司。因此,一个自然人只能投资设立一个一人有限责任公司,但是法律并没有对法人做出该限制。

例题13　2013年卷三　多项选择题

68.甲、乙、丙设立一有限公司,制定了公司章程。下列哪些约定是合法的?

A. 甲、乙、丙不按照出资比例分配红利

B. 由董事会直接决定公司的对外投资事宜

C. 甲、乙、丙不按照出资比例行使表决权

D. 由董事会直接决定其他人经投资而成为公司股东

答案　ABC

详解　公司章程

选项A正确。《公司法》第34条规定,股东按照实缴的出资比例分取红利;公司新增资本时,股东有权优先按照实缴的出资比例认缴出资。但是,全体股东

约定不按照出资比例分取红利或者不按照出资比例优先认缴出资的除外。因此，公司章程是可以约定不按出资比例分配红利的。

选项 B 正确。《公司法》第 16 条第 1 款规定，公司向其他企业投资或者为他人提供担保，依照公司章程的规定，由董事会或者股东会、股东大会决议；公司章程对投资或者担保的总额及单项投资或者担保的数额有限额规定的，不得超过规定的限额。

选项 C 正确。《公司法》第 42 条规定，股东会会议由股东按照出资比例行使表决权；但是，公司章程另有规定的除外。

选项 D 错误。《公司法》第 43 条第 2 款规定，股东会会议作出修改公司章程、增加或者减少注册资本的决议，以及公司合并、分立、解散或者变更公司形式的决议，必须经代表 2/3 以上表决权的股东通过。因此，法律明确规定了公司通过增资来增添新股东的，需要股东会 2/3 以上表决权同意，公司章程不能约定由董事会直接决定。

例题 14　2013 年卷三　　多项选择题

69. 华昌有限公司有 8 个股东，麻某为董事长。2013 年 5 月，公司经股东会决议，决定变更为股份公司，由公司全体股东作为发起人，发起设立华昌股份公司。下列哪些选项是正确的？

A. 该股东会决议应由全体股东一致同意
B. 发起人所认购的股份，应在股份公司成立后两年内缴足
C. 变更后股份公司的董事长，当然由麻某担任
D. 变更后的股份公司在其企业名称中，可继续使用"华昌"字号

答案　D（原答案为 BD，因 2013 年《公司法》修订，答案为 D）

详解　公司形式的变更

选项 A 错误。《公司法》第 43 条第 2 款规定，股东会会议作出修改公司章程、增加或者减少注册资本的决议，以及公司合并、分立、解散或者变更公司形式的决议，必须经代表 2/3 以上表决权的股东通过。因此，有限公司变更为股份公司的，须经代表 2/3 以上表决权的股东通过，而非全体股东一致同意。

选项 B 错误。2013 年新修订的《公司法》第 80 条取消了实缴制及实缴比例与期限限制。

选项 C 错误。《公司法》第 109 条第 1 款规定，董事会设董事长一人，可以设副董事长。董事长和副董事长由董事会以全体董事的过半数选举产生，不当然由麻某担任。

选项 D 正确。变更后的股份公司可以继续使用原有限公司"华昌"的字号，对此，《公司法》并没有限制性或禁止性规定。

第三章 公司法

■ 实战演练

一、选择题

1. 甲、乙二公司与刘某、谢某欲共同设立一注册资本为 200 万元的有限责任公司,他们在拟订公司章程时约定各自以如下方式出资。下列哪些出资是不合法的?（　　）

　　A. 甲公司以其已经设定抵押的房产作价 80 万元出资

　　B. 乙公司以现金 60 万元出资

　　C. 刘某以保险金额为 20 万元的保险单出资

　　D. 谢某以成套设备作价 40 万元出资

2. 甲公司董事会作出一项决议,部分股东认为该决议违反公司章程,欲通过诉讼请求法院撤销董事会的决议。这些股东应当如何提起诉讼?（　　）

　　A. 以股东会名义起诉公司　　　　B. 以公司名义起诉董事会

　　C. 以股东名义起诉董事会　　　　D. 以股东名义起诉公司

3. 甲、乙、丙打算发起成立一家有限责任公司,三方经过协商一致,签署了公司章程,对有关事项作了约定,下列哪些约定的内容不符合《公司法》规定?（　　）

　　A. 公司不设董事会和监事会,甲任公司执行董事,乙任公司总经理兼法人代表,丙任公司监事

　　B. 公司定名为"广州锦华印业服务（集团）有限公司"

　　C. 甲、乙、丙在公司成立后三年内,平均分配公司的利润;三年后,按照出资比例分配公司利润

　　D. 丙作为公司监事,如发现公司经营情况异常,可以进行调查;必要时,可以聘请会计师事务所等协助其工作,但如果最终没有发现问题,费用由其本人承担

4. 刘某打算成立一个一人有限公司,在一次吃饭时,他向朋友谈起了自己对这个即将设立的公司的设想,其中哪些不符合《公司法》的规定?（　　）

　　A. 公司注册资本 8 万元,成立时首期出资 3 万元,第二年再出资余下的 5 万元

　　B. 公司由自己全权经营管理

　　C. 公司是自己的,一切事务自己决定即可,不制定公司章程

　　D. 为节省开支,不聘请专门的财会人员,公司财务交由自己的妻子同家庭财产一起管理

5. 共益权,是指股东通过控制和监督公司事务,从而间接为自己利益所行使的权利。下列权利中属于共益权的有（　　）。

　　A. 提案权　　　　　　　　　　B. 质询与建议权

C. 剩余财产分配请求权　　　　D. 知情权

6. 股东会是有限责任公司的最高权力机构,由公司全体股东组成,行使公司重大事项决定权。根据《公司法》的规定,股东会享有的职权包括(　　)。

A. 决定公司的经营方针和投资计划

B. 决定公司内部管理机构的设置

C. 审议批准公司的利润分配方案和弥补亏损方案

D. 对公司增加或者减少注册资本作出决议

二、判断题(正确的请在括号内划"✓",错误的则划"×")

1. 根据我国公司法的规定,有限责任公司既可以采用发起设立,亦可采用募集设立。(　　)

2. 我国《公司法》实行最低资本限额制度,必须达到规定的资本限额,才能够注册成立相应的有限责任公司和股份有限公司。(　　)

3. 在公司章程无明确规定的情况下,股东内部可以相互自由转让股权,可以转让其全部股权,也可转让其部分股权。(　　)

4. 在界定控股股东方面,我国虽保留了50%的持股要求,但也将所享有的表决权足以对股东会或股东大会的决议产生重大影响的股东纳入控制股东之列。(　　)

5. 经理职权包括法定职权和意定职权两种,一般国家都准予董事会调整经理的职权,但是此类职权调整不得对抗善意第三人。(　　)

第四章 合 同 法

第一节 合同的订立

一、合同概述

合同是平等主体的自然人、法人及其他组织之间设立、变更、终止民事权利义务关系的协议。这有三层含义:(1)合同的当事人是平等主体的自然人、法人及其他组织。不管大小强弱,不管是自然人、法人,还是其他组织,作为合同当事人,其法律地位一律平等。(2)合同是平等主体之间的协议。协议是主体之间就某事达成一致意见,即意思表示一致。合同就是主体之间的一致意思表示。(3)合同是平等主体之间设立、变更、终止民事权利义务关系的协议。合同是以民事权利义务的设立、变更、终止为内容的一致意思表示。

(一)特征

合同具有三个特征:(1)合同属于民事法律行为。民法上的行为有民事法律行为和事实行为之分。合同是民事主体设立、变更或终止民事权利义务的行为,是依行为人双方一致意思表示的内容发生法律效力的行为,以行为人的意思表示为要素,因而属于民事法律行为。(2)合同是双方或多方的民事法律行为。合同大多数是双方法律行为,双方当事人的意思表示达成一致,即形成合意,合同即告成立。也有一些合同是多方法律行为。(3)合同的内容是设立、变更、终止特定的民事权利义务关系。合同作为一种民事法律行为,其目的在于设立、变更、终止民事权利义务关系,而且是特定的权利义务关系。

(二)类型

1. 要式合同与不要式合同

根据合同是否要以法律规定或约定的形式作成,可以将其分为要式合同与不要式合同。要式合同是依法律规定或当事人约定,必须以某种特定形式作成,否则就不成立或不生效的合同。根据特定形式是属于法律规定还是当事人约定,又分为法定要式合同与约定要式合同。不要式合同是指对合同的形式无特别要求的合同,一般的合同属于不要式合同。这种区分的意义在于,两者成立或生效的条件不同。要式合同只有符合法律规定或当事人约定的特别形式或程序才能成立或生效。不要式合同则只要符合合同的一般成立或生效要件就能成立或生效。

2. 单务合同与双务合同

以合同当事人是否都负有义务为标准,可以将其分为双务合同与单务合同。单务合同是只有一方当事人有向对方履行的义务,而另一方则无履行义务的合同,如赠与合同、借用合同。双务合同是双方当事人均有向对方履行的义务的合同,如买卖合同、租赁合同、有偿保管合同等。这种区分的意义在于:双务合同有对待给付及同时履行抗辩等特殊规则,单务合同则无;双务合同一方履行不能时,他方可解除合同,单务合同则没有这种情形。

3. 有偿合同与无偿合同

以合同当事人是否给付对价,可以将其分为有偿合同与无偿合同。有偿合同是一方当事人从另一方取得合同权利,得向对方给付相应对价的合同,如买卖合同、租赁合同、保险合同等。无偿合同是一方当事人从另一方取得合同权利,无须向对方给付对价的合同,如赠与合同、借用合同。这种划分不能与前述双务合同与单务合同的划分混同。一般而言,双务合同都是有偿合同,但单务合同并非皆为无偿合同。

这种划分的意义在于,当事人的注意义务不同。法律对有偿合同中的债务人的注意义务,要求较高,而无偿合同中的债务人负担较轻的注意义务,仅对故意或重大过失负责。

4. 实践合同与诺成合同

以合同的生效是否要交付合同标的物,可以将其分为实践合同与诺成合同。实践合同是当事人意思表示一致后,尚需当事人交付标的物才生效的合同,如借用合同、保管合同。诺成合同是当事人意思表示一致即可生效的合同,如买卖合同、承揽合同、委托合同。大部分合同都是诺成合同。这种区分具有两方面的意义:一是它们的成立要件不同。诺成合同不以交付标的物或完成其他给付为成立要件,而实践合同的成立以交付标的物或完成其给付为成立要件。二是交付标的物的意义不同。在诺成合同中,交付标的物或完成其他给付系当事人的义务,即合同的履行行为,违反该义务便产生违约责任。在实践合同中,交付标的物或完成其他给付不是当事人的给付义务,而是合同的成立要件,违反它不产生违约责任,而是构成缔约过失责任。

5. 有名合同与无名合同

根据法律上是否对合同规定了一定的名称,可以将其分为有名合同与无名合同。有名合同,又称典型合同,是指法律上已为其确定了一定的名称及规则的合同。如我国《合同法》中规定的15种合同——买卖合同、赠与合同、租赁合同、融资租赁合同、承揽合同、建设工程合同、运输合同等。无名合同,又称非典型合同,是指法律未对其确定一定的名称与规则的合同。从合同法的发展趋势看,为规范合同关系,合同法在扩大有名合同的范围,但这并不意味着干预当事人的合同自由。这种区分的意义在于:对于有名合同,当事人可以参照法律有关规定订立,在合同发生争议时,法院或仲裁机关应按照法律的有关规定裁判;对于无名合同,法律未作具体规定,其成立、生效及纠纷解决,除适用有关民事法律行为和合同的一般规定外,可以参照与之类似的有名合同的法律规定。

6. 一时性合同与持续性合同

根据合同所确定的给付形态,可以将其分为一时性合同与持续性合同。一时性合同是指债务因一次给付即履行完毕的合同,如买卖、赠与、承揽等合同。持续性合同是指合同的内容非一次给付,而是须经持续的给付才能履行完毕的合同,如租赁合同、委托合同等。持续性合同的特征在于,时间因素在合同履行上居于重要地位,总给付的内容取决于应为给付时间的长短。这种区分的意义在于,债务不履行的后果不同,持续性合同之债务不履行,一般发生合同终止效果,且应向将来发生效力,一般不具有溯及既往的效力。一时性合同不履行,合同因违约而解除时具有溯及既往的效力。

持续性合同有别于分期给付合同,前者自始没有一个确定的总给付,在一定时间提出的给付,不是总给付的部分,而是履行当时所负的债务。后者自始有一个确定的总给付,只是分期履行而已,每期给付皆为总给付的一部分。

7. 主合同与从合同

根据两合同之间存在的主从关系,可以将其分为主合同与从合同。主合同是指两合同中不依赖另一合同而独立存在的合同。它能够独立存在,不以其他合同的存在为前提。主合同与从合同是相对而言的,没有从合同就没有主合同,没有主合同就没有从合同。从合同是指两合同中以另一合同的存在为前提的合同。一般情况下,从合同依赖于主合同的存在而存在,从合同自身不能独立存在。如抵押合同、质权合同、保证合同、定金合同等担保合同与其所担保的合同之间的关系,就是主从合同关系。其中,担保合同是从合同,被担保合同是主合同。这种区分的意义在于,明确主从合同间的制约关系,在通常情况下,从合同以主合同的存在为前提,主合同变更或消灭,从合同原则上也随之变更或消灭。

二、合同当事人

合同当事人是合同权利的享有者和义务的承担者。合同当事人应具有相应的民事权利能力和民事行为能力。民事权利能力是指法律赋予民事主体享有民事权利和承担民事义务的能力,也就是民事主体享有权利和承担义务的资格,是民事主体进行民事活动的前提条件。公民的权利能力始于出生,终于死亡。一般说来,公民的权利能力与年龄无关。

民事行为能力是指民事主体以自己的行为享有民事权利、承担民事义务的能力,也就是民事主体以自己的行为享有民事权利、承担民事义务的资格。民事行为能力以民事权利能力为前提,只有具备民事权利能力,才可能有民事行为能力。但有民事权利能力,不一定有民事行为能力。自然人的民事行为能力分为完全民事行为能力、无民事行为能力和限制民事行为能力三种情况。完全民事行为能力,指达到一定年龄(成年)的人,具有以自己的行为取得民事权利和承担民事义务的资格。在我国,18周岁以上的公民是成年人,具有完全民事行为能力,可以独立进行民事活动,是完全民事行为能力人。无民事行为能力,是指公民不具有以自己的行为参与民事法律关系,取得民事权利和承担民事义务的资格。不满10周岁的未成年人和不能辨认自己行为的精神病人就是无民事行为能力人,他们所需要进行的民事活动由其法定代理人代为进行。限制民事行为能力,又称不完全民事行为能力。10周岁以上的未成年人和不能完全辨认自己行为的精神病人属于限制民事行为能力人。

法人的民事权利能力和民事行为能力,取决于有关法律、法规的规定及有关部门对法人设立的批准。不同的法人,其权利能力和行为能力不完全相同,但同一法人的权利能力与行为能力不仅范围一致,而且同时产生,同时终止。

三、合同的形式与主要条款

(一) 合同的形式

合同的形式是指当事人订立合同所采取的形式。依据我国《合同法》第10条第1款,当事人订立合同,有书面形式、口头形式和其他形式。

1. 书面形式

根据我国《合同法》第11条规定,书面形式是指合同书、信件以及数据电文(包括电报、电传、传真、电子数据交换和电子邮件)等可以有形地表现所载内容的形式。书面形式包括两种,一是传统的书面形式,如合同书、书信(平信、邮政快件、挂号信以及特快专递)、电报、电传、传真等;二是电子数据交换和电子邮件。电子数据交换又称电子资料通联,是一种公司、企业之间通过传输订单、发票等商业文件进行贸易的电子化手段。电子邮件是一种新型的快速、经济的信息交换方式,是实现办公自动化的重要手段,不仅可用于个人间、办公室间的通讯,还可用于各种贸易活动。

2. 口头形式

口头形式是指当事人面对面地谈话,或者以通讯设备——如电话——交谈达成协议。以口头形式订立合同的特点是直接、简便、快速,数额较小或者现款交易通常采用口头形式,如在自由市场买菜、在商场买衣服等。口头合同是老百姓日常生活中广泛采用的合同形式,当然也可以适用于企业之间,但口头形式没有凭证,发生争议后难以取证。

3. 其他形式

根据当事人的行为或特定情形推定合同的成立,也可以称之为默示合同。这种合同是指当事人未用语言明确表示成立,而是根据当事人的行为推定成立的合同。如租赁房屋的合同,在租赁合同期满后,出租人未要求承租人退房,承租人也未表示退房而继续交房租,出租人仍继续接受租金,根据当事人之间的行为,可以推定租赁合同继续有效。

如法律、行政法规规定或者当事人约定合同采用书面形式,当事人应当采用书面形式订立合同。在未采用法律、行政法规规定的或当事人约定的书面形式之前,应当推定合同未成立。但形式不是最主要的,更重要的是当事人之间是否真正存在合同。如果合同虽然没有采用规定的书面形式,但是已经得到履行,合同仍然成立。依据我国《合同法》第36条规定,法律、行政法规规定或当事人约定采用书面形式订立合同,当事人未采用书面形式但一方已经履行主要义务,对方接受的,合同成立。

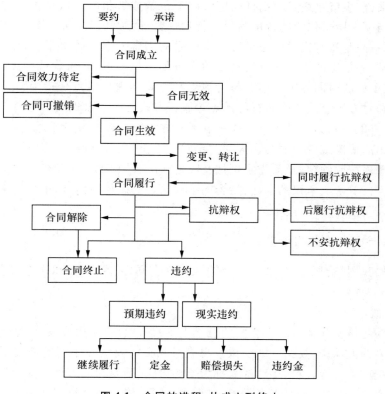

图4-1 合同的进程:从成立到终止

（二）合同的主要条款

合同条款，是合同中经双方当事人协商一致，规定双方当事人权利义务的具体款项。合同的条款就是合同的内容，合同的权利义务除法律规定的以外，主要由合同的条款确定。依据我国《合同法》第12条，合同的内容由当事人约定，一般包括9种条款，它们属于合同的主要条款。

合同的主要条款包括：(1)当事人的名称或者姓名和住所。这是每个合同必须具备的条款，当事人是合同的主体。(2)标的。这是合同当事人的权利义务指向的对象。标的是合同成立的必要条件，是合同的必备条款。没有标的，合同不能成立，合同关系无法建立。合同标的的种类很多，有有形财产、无形财产、劳务、工作成果等。(3)数量。在大多数的合同中，数量是必备条款，没有数量，合同是不能成立的。许多合同只要有了标的和数量，即使对其他内容没有规定，也不妨碍合同的成立与生效。因此，数量是合同的重要条款。(4)质量。对有形财产来说，质量是指其物理、化学、机械、生物等性质；对于无形财产、服务、工作成果来说，也就是质量的高低问题。(5)价款或者报酬。这是指一方当事人向对方当事人所付代价的货币支付。价款一般指对提供财产的当事人支付的货币；报酬一般是指对提供劳务或者工作成果的当事人支付的货币。(6)履行期限，指合同中规定的当事人履行自己的义务如交付标的物、价款或报酬、履行劳务、完成工作的时间界限。(7)履行地点和方式。履行地点是指当事人履行合同义务和对方当事人接受履行的地点。履行方式是指当事人履行合同义务的具体做法。(8)违约责任，指当事人一方或双方不履行合同或者不适当履行合同，依照法律的规定或者按照当事人的约定应当承担的法律责任。当事人为保证合同义务严格按照约定履行，为了更加及时地解决合同纠纷，一般在合同中约定违约责任。(9)解决争议的方法，指合同争议的解决途径、对合同条款发生争议时的解释以及法律适用等。

四、合同的要约与承诺

依据我国《合同法》第13条，当事人订立合同，采取要约、承诺方式。

（一）要约

1. 概述

要约是希望和他人订立合同的意思表示，该意思表示内容具体确定，而且表明经受要约人承诺，要约人即受该意思表示约束。要约在不同的情况下可称为报价、发盘、发价等，发出要约的人称为要约人，接受要约的人称为受要约人。从性质上说，要约是一种意思表示，是以设立、变更、终止民事权利义务关系为内容的意思表示，应适用法律关于意思表示的规定。

要约有别于要约邀请。要约邀请，亦称要约引诱，是指一方当事人邀请他人向自己发出要约的意思表示。其区别在于:(1)性质不同。要约邀请是当事人为使他人对其发出要约而作出的意思表示,本身不发生要约的法律效力,对行为人不具有拘束力。要约是订立合同的行为,对要约人具有拘束力。(2)对象不同。要约邀请一般是向不特定人发出的,而要约一般是向特定人发出的。(3)内容要求不同。要约邀请的内容不具备成立合同的全部必要条款,如普通的商业广告;要约的内容具体确定,具备成立合同的全部必要条款,并含有当事人表示愿意接受要约拘束的意思。要约邀请的形式主要有寄送价目表、拍卖公告、招标公告、招股说明书、商业广告等。

2. 要约的构成要件

要约是一种意思表示,但意思表示并非皆为要约,只有具备要约构成要件的意思表示才为要约。一项具有法律效力的要约,应具备四个条件:(1)要约是特定合同当事人的意思表示。发出要约的目的在于订立合同,要约人必须使接受要约的相对方能够明白是谁发出了要约,所以发出要约的人必须确定。(2)要约必须向要约人希望与之订立合同的相对人发出。合同因相对人对于要约的承诺而成立,要约不能对希望与其订立合同的相对人以外的第三人发出;要约一般应向特定人发出。相对人特定即意味着要约人对谁有资格作为承诺人、作为合同相对方作出了选择,这样对方一旦承诺,一个合同就成立了。如果相对人不特定,则作为合同的另一方当事人就是不确定的,合同难以成立。(3)要约必须具有订立合同的目的,并表明经承诺即受此意思表示拘束。一个意思表示能否构成一个要约取决于该意思表示是否表达了与被要约人订立合同的真实意愿。(4)要约的内容必须具备足以使合同成立的主要条款。要约的内容必须是确定和完整的。所谓"确定"是要求明确清楚,不能模棱两可、产生歧义。所谓"完整"是要求内容必须满足构成一个合同所必备的条件,并非事无巨细,面面俱到。

3. 要约的生效和效力

要约的法律效力,亦称要约的拘束力,其内容包括要约的生效、对要约人的效力和对受要约人的效力。就要约的生效时间而言,国际上有三种模式:一是发信主义,要约发生后即生效;二是到达主义,要约自到达受要约人时才生效;三是了解主义,要约自受要约人了解时才生效。许多国家及国际公约都持到达主义,我国也采用到达主义,依据《合同法》第16条,要约到达要约人时生效。要约因其形式不同,其生效的具体时间有所差别。对话形式的要约,自受要约人了解时发生效力。传统书面形式的要约,于到达受要约人时发生效力。采用数据电文形式订立合同,收件人指定特定系统接收数据电文的,该数据电文进入该特定系统的时间,视为到达时间;未指定特定系统的,该数据电文进入收件人的任何系统的首次时间,视为到达时间。

对于要约人而言,不得在要约存续期间变更或撤回要约,目的在于保护相对人的利益,维护交易安全。对于受要约人,一般认为,要约对受要约人不具有拘束力。要约的存续期间,就是要约受承诺拘束的期间,亦称承诺期间。要约在存续期间内受相对人承诺的拘束,非于此期限内承诺,对要约人无拘束力。要约于到达相对人时生效,其存续期间有约定期间和法定期间两种。前者依意思自治原则,其存续期间由要约人自定,要约在约定的期限内有效。后者是在要约人未定有存续期间时,依法律规定确定的期间。法定期间因要约发出的方式不同而不同,以对话方式进行的要约,相对人须即时承诺;以非对话方式进行的要约,应以可期待承诺到达的合理期间为其存续期间,该存续期间通常包括要约到达相对人的必要期间、相对人考虑承诺与否的必要期间,以及承诺到达要约人所需的必要期间。

4. 要约的撤回和撤销

要约的撤回是指要约人在要约发出以后,未达到受要约人之前,使该要约不发生法律效力而作出的意思表示。根据要约的形式拘束力,任何一项要约都是可以撤回的,只要撤回的通知先于或与要约同时到达受要约人,便能产生撤回的效力。由于撤回是在要约到达受要约人之前作出的,因此在撤回时要约并没有生效,撤回要约也不会影响受要约人的利益。依据我国《合同法》第17条,要约可以撤回。撤回要约的通知应当在要约到达受要约人之前或者与要约同时到达受要约人。

要约的撤销,是指要约人在要约生效之后,受要约人承诺之前,使该要约失去法律效力的意思表示。撤销有别于撤回,撤回发生在要约生效之前,而撤销发生在要约生效之后。撤回是使一个未发生法律效力的要约不发生法律效力,撤销是使一个已发生法律效力的要约失去法律效力。撤回的通知只要在要约到达之前或与要约同时到达就发生法律效力,而撤销的通知应在受要约人发出承诺通知之前到达受要约人,但并不一定发生撤销效力。依据我国《合同法》第18条,要约可以撤销。撤销要约的通知应当在受要约人发出承诺通知之前到达受约人。第19条规定了两种不得撤销的情形:一是要约人确定了承诺期限或者以其他形式明示要约不得撤销;二是受要约人有理由认为要约是不可撤销的,并已经为履行合同做了准备工作。

5. 要约的失效

要约的失效是指要约丧失了法律拘束力,不再对要约人和受要约人产生拘束。依据我国《合同法》第20条,要约失效有以下四种情形:(1) 拒绝要约的通知到达要约人;(2) 要约人依法撤销要约;(3) 承诺期限届满,受要约人未作出承诺;(4) 受要约人对要约的内容作出实质性的变更。

(二) 承诺

承诺,是指受要约人同意要约的意思表示,即受要约人同意接受要约的条件以缔结合同的意思表示。承诺的法律效力在于,一经承诺并送达于要约人,合同即告成立。

1. 承诺的构成要件

承诺应具备四项条件:(1)承诺必须由受要约人作出。要约是要约人向特定的受要约人发出的,受要约人是要约人选定的交易相对方,受要约人进行承诺的权利是要约人赋予的,只有受要约人才能取得承诺的能力,受要约人以外的第三人不享有承诺的权利。(2)承诺须向要约人作出。承诺是对要约的同意,受要约人与要约人订立合同,承诺当然要向要约人作出。如果承诺不是向要约人作出的,则作出的承诺不是承诺,达不到与要约人订立合同的目的。(3)承诺的内容须与要约保持一致。受要约人要与要约人签订合同,须在内容上与要约的内容保持一致,否则要约人就会拒绝受要约人而使合同不成立。如果受要约人在承诺中对要约的内容加以扩张、限制或变更,便不能构成承诺,这属于对要约的拒绝,实质上就是提出了一项新的要约,即反要约。(4)承诺必须在要约的有效期内作出。如果要约规定了承诺期限,则承诺应在规定的承诺期限内作出,如果要约没有规定承诺期限,则承诺应当在合理的期限内作出。如果承诺期限已过而受要约人还想订立合同,当然也可以发出承诺,但此承诺不是承诺,只能视为一项要约。

2. 承诺的生效

依据我国《合同法》第26条,承诺通知到达要约人时生效。承诺不需要通知的,根据交易习惯或者要约的要求作出承诺的行为时就生效。采用数据电文形式订立合同的,承诺到达时间适用《合同法》第16条第2款的规定。

承诺生效的时间即为合同成立的时间,当事人开始享有合同权利,承担合同义务。要约人约定承诺期限的,承诺在承诺期限内到达要约人时,承诺生效。要约人没有确定承诺期限的,如果要约以对话方式作出,受要约人即时承诺的,承诺即时生效。如果要约以非对话方式作出,承诺于合理期限内到达要约人时生效。约定以数据电文形式承诺的,在承诺期限内,该数据电文进入要约人所指定的特定系统时,承诺生效;要约人未指定特定系统的,该数据电文进入要约人的任何系统的首次时间,即为承诺的生效时间。承诺需要通知的,承诺于通知到达要约人时生效;承诺不需要通知的,根据交易惯例或要约的要求作出承诺行为时,承诺生效。采用信件、数据电文形式订立合同的场合,当事人约定采用确认书确认承诺的效力的,承诺自确认书签订时生效。

3. 承诺的迟到、迟延与撤回

承诺应在承诺期间内作出,才发生承诺的效力。承诺之意思表示超过承诺期间作出的,承诺没有效力。迟到的承诺,亦称逾期承诺,是指受要约人超过承诺期限所发出的承诺。逾期承诺是在承诺期限届满后发出的,要约已经失效,不应发生承诺的效力,合同不能成立。迟延的承诺,即未迟发而迟到的承诺,是指受要约人在承诺期间内发出承诺通知,按照通常情形能够及时到达要约人,但因传达原因而超过承诺期限到达要约人的承诺。依据我国《合同法》第29条,对于承诺迟延,要约人负有及时通知义务,怠于履行该通知义务的,承诺视为未迟延,该承诺有效。要约人及时通知受要约人不接受承诺的,承诺无效。

承诺的撤回是指受要约人在发出承诺通知以后,在承诺正式生效之前撤回其承诺。根据我国《合同法》第27条,承诺可以撤回。撤回承诺的通知应当在承诺通知到达要约人之前或者与承诺通知同时到达要约人。

4. 对要约内容的变更

承诺对要约内容的变更分为实质性的变更和非实质性的变更两种情形。有关合同标的、数量、质量、价款或者报酬、履行期限、履行地点和方式、违约责任和解决争议方法等的变更,是对要约内容的实质性变更,不能构成承诺,属于反要约。依据我国《合同法》第31条,承诺对要约的内容作出非实质性变更的,除要约人及时表示反对或者要约表明承诺不得对要约的内容作出任何变更的以外,该承诺有效,合同的内容以承诺的内容为准。

五、合同订立的特殊方式

通过要约和承诺,合同当事人反复协商,进而达成一致,形成合意,是订立合同的常态。无论是竞争方式订立合同,还是强制订立合同,均偏离了这一常态,当事人的合同自由受到不同程度的限制,属于特殊方式。

(一)竞争方式订立合同

竞争方式订立合同,是指当事人一方与相互竞争的多个相对人通过竞争者之间的相互竞争订立合同。其特点是,订立合同的一方当事人有数人,相互竞争,以获得订立合同的机会和资格。实践中,主要有招标投标和拍卖两种情形。

1. 招标投标

通过招标、投标和定标的竞争程序订立合同,与通常订立合同的方式不同。招标投标的当事人包括招标人、投标人、中标人。招标人是公开发布意思表示,邀请他人向自己发出要约的人。投标人是为响应招标人的要约邀请,向招标人发出要约的人。中标人是被招标人依法选定的并向其作出承诺的人。在招标投标过程中,分为招标、投标、定标和签订合同四个阶段。招标是招标人以招标公告的方式邀请不特定的或特定的人投标的意思表示,其法律性质为要约邀请。投标是投标人向招标人提交投标文件,发出愿意订立合同的意思表示,其法律性质为要约。定标是招标人对全部投标进行评比,向最优投标人承诺与其订立合同的意思表示,其法律性质为承诺。签订合同是招标人与中标人依法律及有关规定订立书面合同。

2. 拍卖

通过拍卖方式确定合同对方当事人而订立合同,亦与通常订立合同的方式不同。拍卖当事人包括拍卖人、委托人、竞买人和买受人。拍卖人是依法从事拍卖活动的企业法人。委托人是指委托拍卖人拍卖其特定的物品或财产权利的人。竞买人是指参加竞拍的人。买受人是指以最高应价买定的竞买人。拍卖的程序主要有拍卖公告、竞买和拍定。拍卖公告是拍卖人将拍卖标的物的信息向不特定的人公开,其法律性质为要约邀请。竞买是竞买人以应价的方式向拍卖人作应买的意思表示,其法律性质为要约,竞买一旦作出,不得撤销。拍定是拍卖人同意与最后报价的竞买人订立合同的意思表示,其法律性质为承诺。拍定时拍卖成交,买受人和拍卖人应签订成交确认书,合同订立程序完成。

(二)强制订立合同

强制订立合同,是指个人或企业负有应对方的请求与其订立合同的义务,一方当事人对要约人作出的要约无正当理由不得拒绝承诺。该合同的特点是,一方当事人负有必须承诺的义务。其目的在于保障公共利益,从而限制合同自由,适用范围主要在公共事业领域,如邮政、电信、电力、天然气、自来水、公共交通等。为此,负有缔约合同义务的人不得拒绝对方的请求,对相对方的请求不做表示的,通常认为默示承诺。负有强制订立合同义务的人在无正当理由的情况下拒绝订立合同,致使对方受损的,应负损害赔偿责任。

六、合同的成立时间与地点

(一)成立时间

合同的成立时间与合同何时对当事人产生法律约束力有关,是一个非常重要的法律问题。根据合同订立的形式不同,合同的成立时间也有所不同。对于一般形式订立的合同,依据我国《合同法》第25条,承诺生效时合同成立。易言之,在承诺生效时,合同即成立。以直接对话方式签订合同的,以相对人作出承诺的时间为合同成立时间。以非对话方式签订合同的,以承诺送达要约人的时间为合同成立时间。当事人采用合同书形式订立合同的,自双方当事人签字或者盖章时起合同成立。

至于以特殊形式订立的合同,成立时间各有不同。应当采用书面形式订立合同,当事人未采用书面形式,但当事人一方已经履行了合同的主要义务,对方接受的,合同成立,对方接受履行的时间为合同成立时间。如果采用确认书形式,当事人采用信件、数据电文等形式订立合同,在合同成立之前要求签订确认书的,以签订确认书的时间为合同成立时间。对于交叉要约形成的合同,非对话方式的交叉要约,以后到达相对人的要约的到达时间为合同的成立时间。

（二）成立地点

合同成立地点与法院管辖权的确定及法律选择适用密切相关。依据我国《合同法》第34条,承诺生效的地点为合同成立的地点,这是一般规则。作为特殊情形,一是采用数据电文形式订立的合同,收件人的主营业地为合同成立的地点。没有主营业地的,其经常居住地为合同成立的地点。当事人另有约定的,按照其约定。二是以合同书形式订立的合同。依据《合同法》第35条规定,当事人采用合同书形式订立合同的,双方当事人签字或者盖章的地点为合同成立的地点。

七、格式合同

格式合同,亦称标准合同、定式合同、定型化合同等,是采用格式条款订立的合同,即合同当事人为了重复使用而预先拟定条款,并在订立合同时未与对方协商的合同。其特点是:(1)要约对象的广泛性或持续性。要约向公众发出,任何人只要同意要约的规定就可以签订合同。(2)格式合同承诺内容的确定性。格式合同承诺的内容由一方事先提出,一般承诺方只能对内容表示同意或者不同意,没有其他选择的余地。(3)格式合同可反复使用。格式合同一般经过认真研究拟定,在相当长的时期内反复使用,并不会改变。(4)格式合同当事人双方经济地位的不平衡性。一般使用格式合同的当事人一方是经营者,处于优势地位,合同对方则处于弱势地位。

（一）提供方的义务

格式条款具有简捷、方便、降低交易成本等优点,但由于格式条款的提供方,往往利用自己优势地位,制定有利于自己而不利相对方的条款。为此,法律赋予提供方特别义务,以平衡双方的利益。

依据我国《合同法》第39条第1款,采用格式条款订立合同的,提供格式条款的一方应当遵循公平原则确定当事人之间的权利和义务,并采取合理的方式提请对方注意免除或者限制其责任的条款,按照对方的要求,对该条款予以说明。也就是说,提供方不仅应当遵循公平的原则确定双方的权利义务,不能利用自己的优势地位,以强凌弱,将不公平的条款强加给对方当事人,而且应当采取合理的方式提请对方注意免除或限制其责任的条款,并按照对方提出的要求,对该类条款予以说明。

（二）无效条款

为防范提供方以强凌弱,将不公平条款强加于人,我国《合同法》第40条予以补救,将以下三种格式条款规定为无效:一是具有一般合同无效的五种情形之一的,包括一方以欺诈、胁迫的手段订立合同,损害国家利益;恶意串通,损害国家、集体或者第三人利益;以合法形式掩盖非法目的;损害社会公共利益;违反法律、行政法规的强制性规定。二是具有一般合同中的无效免责条款的,包括造成对方人身伤害,或因故意或者重大过失造成对方财产损失,而在合同中予以免责的。三是免除提供方责任,加重对方责任,排除对方主要权利的。

(三) 解释规则

为平衡双方当事人利益,格式合同还具有特殊的解释规则。依据我国《合同法》第41条,对格式条款的理解发生争议的,应当按照通常的理解予以解释。对格式条款有两种以上解释的,应当作出不利于提供格式条款一方的解释;格式条款和非格式条款不一致的,应当采用非格式条款。这种制度安排无疑是合理的。

八、缔约过失责任

缔约过失责任,是指当事人在订立合同过程中,因违背诚实信用原则而给对方造成损失的赔偿责任。根据合同自由原则,当事人可以自由决定是否订立合同,与谁订立合同,订立什么样的合同。为订立合同与他人进行协商,协商不成的,一般不需要承担责任。但是,如果当事人在协商过程中,违反了诚实信用原则,最终合同未成立,而给对方造成了损失,则应当承担相应的赔偿责任,此即缔约过失责任。

根据我国《合同法》第42条,当事人在订立合同过程中有下列情形之一,给对方造成损失的,应当承担损害赔偿责任:一是假借订立合同,恶意进行磋商。如果根本没有与对方订立合同的目的,与对方进行谈判只是个借口,目的是损害对方或者他人利益,此即恶意地与对方进行合同谈判,由此给对方当事人造成损失的,应当承担损害赔偿责任。二是故意隐瞒与订立合同有关的重要事实或者提供虚假情况。三是有其他违背诚实信用原则的行为。如果当事人违背诚实信用原则,与对方当事人进行谈判,而后中止谈判,造成对方损失的,亦应承担损害赔偿的责任。

第二节 合同的效力

一、合同效力概述

合同的效力,是指已经成立的合同在当事人之间产生的法律拘束力,它表现为两个方面:一是对双方当事人的拘束力。一方面合同当事人依据法律与合同的规定所产生的权利,依法受到法律的保护,合同当事人有请求和接受债务人履行债务的权利,另一方面依据合同所产生的义务具有法律上的强制性,当事人必须履行,拒绝履行、不适当履行或擅自变更和解除合同都属于违法行为,当事人如果违反合同义务就应当依法承担违约责任。二是对第三人的法律效果。合同是当事人之间的合意,一般只在当事人之间具有法律效力,合同当事人只能向对方当事人行使权利和承担义务,不能请求第三人承担合同上的义务,第三人也不能依据合同向合同当事人主张权利和承担义务,但为第三人利益而订立的合同除外。

(一) 生效

合同的生效,是指已成立的合同在当事人之间产生法律拘束力。合同的成立,则是指订约当事人就合同的主要内容形成一致意思表示,即合意。生效与成立虽然有关联性,但二者又有不同。一是成立体现当事人的合意,是否成立取决于当事人是否就合同主要内容达成一致意思表示,而生效体现了国家对合同内容的评价,是否生效,取决于国家对当事人合同内容的评价态度。二是不成立往往只产生民事责任,如缔约过失责任,而不生效中的无效合同不仅会产生民事责任,而且还有可能产生行政责任,甚至刑事责任。

(二) 生效时间

依据我国《合同法》第 44 条,依法成立的合同,自成立时生效。法律、行政法规规定应当办理批准、登记等手续生效的,依照其规定。具体说来,有以下四种情形:(1) 合同成立时即生效。一般合同的生效与合同的成立一致,合同成立之时即合同生效之时。(2) 经批准、登记后生效。法律、行政法规规定应当办理批准、登记等手续生效的合同,合同的生效与合同的成立不一致,即使合同业已成立,还需经过批准、登记等手续,合同才生效。(3) 附条件的合同。附条件是指当事人以将来客观上不确定的事实,作为决定合同生效的附款。即所附条件必须是可能发生也可能不发生的一种法律事实,以其发生与否作为合同生效与否的条件。依据条件的控制功能,可分为延缓条件和解除条件。延缓条件,亦称积极条件,即以某种事实的发生作为合同的生效条件。附延缓条件的合同,自条件成就时生效。解除条件,亦称消极条件,是指以某种事实的不发生作为合同的生效条件。附条件的合同成立后、条件成就前,当事人对于所约定的条件成就与否,应听其自然,不能人为促使或阻碍条件成就,如当事人为了自己的利益不正当地阻止条件成就的,视为条件已成就;不正当地促成条件成就的,视为条件不成就。(4) 附期限的合同。期限是指当事人以将来客观确定到来的时间,作为决定合同效力的附款。期限依效力分为始期和终期两种。始期,亦称生效期限或延缓期限,附生效期限的合同自始期届至时,发生效力。终期,亦称终止期限或解除期限,附解除期限的合同自终期届满时,效力终止。

二、有效合同

有效合同,是指法律承认并赋予其拘束当事人效力的合同。为此,当事人负有全面、适当履行合同的义务。当事人依法律规定和合同约定产生的权利,受法律保护。当事人不得擅自变更、解除合同,不得擅自转让合同权利义务。违约方依法承担违约责任等。

合同必须符合法律规定的条件才具有法律效力,才属于有效合同。这些条件包括以下四个方面:(1)主体适格。作为有效合同的当事人,必须具有法律认为合格的民事主体资格,自然人必须具备相应的民事行为能力,法人或其他组织亦应具有相应的主体资格。(2)意思表示真实。有效合同应以当事人意思表示真实、自愿作为前提,不允许一方对另一方进行胁迫、欺诈,使另一方作出的意思表示非自愿、非真实。(3)内容合法。合同规定的权利义务应合法,即合同标的、价款或报酬、支付方式等内容必须符合法律、行政法规的规定。如走私物品不能成为合同的标的。否则,合同无效。(4)符合法定的形式和程序。法律、行政法规要求采用书面形式或经批准、登记后才生效的合同,必须依其规定,采取书面形式或办理批准、登记手续。

三、效力待定的合同

效力待定的合同,是指生效与否尚未确定,需要由第三人做出承认或者拒绝的意思表示才能确定自身效力的合同。双方当事人订立合同后,作为第三人的权利人对此承认,合同有效;对此拒绝,合同无效。在权利人承认或拒绝前,该合同的效力处于未定状态。根据《合同法》的规定,限制民事行为能力人未经法定代理人许可而与相对人订立的,与其年龄、智力或者精神状态不相适应的合同,无代理权人与相对人订立的合同,以及无处分权人订立的处分权利人财产的合同,均为效力待定的合同。

(一)限制民事行为能力人订立的合同

限制民事行为能力人订立的合同,因为当事人缺乏完全的缔约能力,在合同的主体资格上存在瑕疵,此类合同为效力待定的合同。这就意味着,如经追认,即为有效合同;如拒绝追认,即为无效合同。

限制民事行为能力人订立的合同,除纯获利益的合同以及与其年龄、智力、精神状态相适应的合同外,非经其法定代理人追认,不具有法律效力。如经其法定代理人追认,即为有效合同。所谓追认,是指法定代理人明确地表示同意限制民事行为能力人与他人签订的合同。但并非限制民事行为能力人订立的所有合同,都需要经其法定代理人追认才具有法律效力,依《合同法》规定,限制民事行为能力人订立的纯获利益的合同以及与其年龄、智力、精神健康状况相适应的合同,不必经法定代理人追认就具有法律效力。纯获利益的合同是指限制民事行为能力人只享有权利或者利益,不承担任何义务的合同,如限制民事行为能力人接受奖励、赠与、报酬等,对于这些合同,他人不得以限制行为能力为由,主张该合同为效力待定的合同。另外,限制民事行为能力人也可独立订立与其年龄、智力和精神健康状况相适应的合同,如购买课本、文具等,不必经法定代理人追认即具有法律效力。

至于相对人的权利,为了避免限制民事行为能力人签订的合同长期处于不确定的状态,维护相对人的利益,法律特设相对人催告权和撤销权。催告是指合同的相对人要求法定代理人在一定时间内明确答复是否追认限制行为能力人订立的合同,法定代理人逾期不作表示的,则视为拒绝追认。依据我国《合同法》第47条,合同的相对人可以催告限制民事行为能力人的法定代理人在一个月内予以追认。法定代理人未作表示的,视为拒绝追认。撤销权是指合同的相对人在法定代理人未追认限制民事行为能力人所签订的合同之前,撤销自己对限制民事行为能力人所作的意思表示。如果仅有法定代理人的追认权,而相对人没有撤销权,那么,在法定代理人作出追认前,相对人就失去了根据自己的利益进行选择的机会,只能被动地依赖法定代理人的追认或拒绝,这对相对人是不公平的。为此,法律赋予相对人撤销权。

(二) 无权代理的合同

无权代理的合同,是无代理权的人代理他人从事民事行为,而与相对人订立的合同。这种合同属于效力待定的合同。依据我国《合同法》第48条,行为人没有代理权、超越代理权或者代理权终止后以被代理人名义订立的合同,未经被代理人追认,对被代理人不发生效力,由行为人承担责任。

这有三种情形:一是根本没有代理权而签订的合同。签订合同的人根本没有经过被代理人授权,就以被代理人的名义签订的合同。二是超越代理权而签订的合同。代理人与被代理人之间有代理关系存在,但是代理人超越代理权与他人签订了合同。三是代理关系终止后签订的合同。行为人与被代理人之间原有代理关系,但是,由于代理期限届满,代理事务完成或者被代理人取消委托关系等原因,被代理人与代理人之间的代理关系已不复存在,但原代理人仍以被代理人的名义与他人签订了合同。这种合同未经被代理人追认,对被代理人不发生效力,而由行为人承担责任。为了保护相对人的合法权益,法律赋予其催告权和撤销权。依据我国《合同法》第48条,相对人可以催告被代理人在一个月内予以追认。被代理人未作表示的,视为拒绝追认。合同被追认前,善意相对人有撤销的权利,撤销应当以通知的方式作出。

(三) 无权处分的合同

无权处分的合同,是无处分权人处分他人财产,而与第三人订立的合同。依据我国《合同法》第51条,无处分权的人处分他人财产,经权利人追认或者无处分权的人订立合同后取得处分权的,该合同有效。它具有以下三个特点:(1) 无处分权人实施了处分他人财产的行为。无处分权人是对属于他人的财产没有进行处置的权利,或者虽然对财产拥有所有权,但由于该财产上负有义务而不能对其进行自由处分的人。无处分权人对他人财产进行处分,是对他人财产的侵害。(2)在权利人事后追认或取得财产的处分权之前,无权处分的合同处于效力待定状态。(3)经权利人事后追认或取得财产的处分权,该合同有效。

四、无效合同

无效合同,是指不具有法律约束力和不发生履行效力的合同。其特征为:(1)具有违法性。无效合同的内容一般都违反了法律和行政法规的强制性规定,损害了国家利益、社会公共利益,不为国家所承认和保护。(2)自始无效。因无效合同从本质上违反了法律规定,国家不承认该类合同的效力,该合同自成立时起,就没有法律约束力。

依据无效事由,可以区分为合同无效和免责条款无效两种情形。

(一)合同无效

依据我国《合同法》第52条,合同无效的事由包括以下五种情形:(1)一方以欺诈、胁迫的手段订立合同,损害国家利益。所谓欺诈,就是故意隐瞒真实情况或者故意告知对方虚假的情况,欺骗、诱使对方作出错误的意思表示而与之订立合同。胁迫,是指行为人以将要发生的损害或者以直接实施损害相威胁,使对方当事人产生恐惧而与之订立合同。以欺诈、胁迫手段订立的合同,损害国家利益的,被认定为无效合同。(2)恶意串通,损害国家、集体或者第三人利益的。这是指双方当事人非法勾结,为牟取私利而共同订立的,损害国家、集体或者第三人利益的合同。其特点为:一是双方当事人是出于故意;二是当事人之间相互串通;三是双方当事人恶意串通是为了获得非法利益。(3)以合法形式掩盖非法目的。究其实质,就是违反法律的合同,只不过是披上了一层合法的外衣,即以合法形式达到非法目的。(4)损害社会公共利益。这是指违反社会主义的公共道德,破坏了社会经济秩序和生活秩序的合同。(5)违反法律、行政法规的强行性规定。法律规定分强行性规定和任意性规定,其中任意性规定当事人可以约定排除,只有强行性规定排除了当事人的意思自由,当事人不得通过合意排除法律、行政法规的强行性规定。否则,这样的合同无效。

(二)免责条款无效

免责条款,是指合同中的双方当事人在合同中约定的,为免除或者限制一方或者双方当事人未来责任的条款。当事人经过充分协商确定的免责条款,只要建立在当事人自愿的基础上,不违反社会公共利益,法律即承认免责条款的效力。但是,对于严重违反诚实信用原则、损害社会公共利益的免责条款,法律不承认其效力。依据《合同法》,造成对方人身伤害,或者因故意或者重大过失给对方造成财产损失,而予以免责的,这种条款归于无效。

五、可撤销的合同

（一）概述

可撤销的合同，是指因意思表示不真实，通过撤销权人行使撤销权，使已经生效的意思表示归于无效的合同。其特点是：在未被撤销前，合同有效；这种合同一般是意思表示不真实的合同；其撤销要由撤销权人通过行使撤销权来实现。

可撤销的合同与无效合同都会因被撤销或被确认无效而使合同自始不具有效力，但两者具有四大差别：（1）可撤销的合同主要是意思表示不真实的合同，而无效合同主要是违反法律的强制性规定、损害社会公共利益的合同。（2）可撤销的合同在没有撤销之前有效，而无效合同自始都不具有效力。（3）可撤销的合同中的撤销权有时间限制，具有撤销权的当事人自合同成立时起一年内可撤销，而无效合同的无效没有时间限制。（4）可撤销的合同中的撤销权人有选择的权利，可以申请撤销，也可以让合同继续有效，也可申请变更合同，而无效合同是当然无效，当事人没有选择权。

（二）撤销事由

合同可撤销的事由为：（1）因重大误解订立的合同。重大误解是指误解者作出意思表示时，对合同重要事项存在认识上的显著缺陷，在这种情况下订立的合同即是因重大误解而订立的合同。这种合同的后果是使误解者的利益受到较大的损失，或者达不到误解者订立合同的目的。重大误解一般包括：对合同的性质发生误解，如误将买卖当做赠与；对对方当事人发生误解，如误将张三当做李三；对标的物种类的误解，如误将大豆当做大米；对标的物的质量的误解直接涉及当事人订约的目的或者重要利益的，如误将仿品当做真品。（2）订立时显失公平的合同。显失公平的合同，是指一方当事人在紧迫或缺乏经验的情况下订立的使当事人之间享有的权利和承担的义务严重不对等的合同。标的物的价值和价款过于悬殊、责任或风险承担显然不合理的合同，都属于显失公平的合同。其构成要件包括客观和主观两个方面，表现为客观上当事人之间的利益不平衡，主观上一方当事人故意利用其优势或者另一方当事人的草率、无经验等订立了合同。（3）因欺诈、胁迫或乘人之危订立的合同。一方以欺诈、胁迫的手段订立的合同，损害了国家利益的，属无效合同。如果未损害国家利益，属可撤销的合同。乘人之危，是指在订立合同过程中，一方利用他人的危难或者急迫需要，使对方在违背真实意思的情况下订立合同。其构成要件为，行为人行为必须是在对方处于危难情况时；行为人采取了逼迫对方的行为，提出了苛刻的条件；受害人必须是出于危难或者急迫而不得不与对方订立合同。

（三）处理方式

可撤销的合同在被撤销之前，具有法律效力，但当事人享有撤销权或变更权。该合同一经撤销，即与无效合同无异。当事人亦可申请变更，申请变更的，不得撤销。具有撤销权的当事人自知道或者应当知道撤销事由之日起一年内没有行使撤销权，或者具有撤销权的当事人知道撤销事由后明确表示或者以自己的行为放弃撤销权的，撤销权均归于消灭。

六、无效合同或可撤销合同的法律后果

无论是无效合同，还是可撤销合同，其确认机关均为法院或仲裁机构。需要注意的是，合同中有关双方当事人解决争议的条款，其效力独立于合同的效力。易言之，合同的有效与否不影响解决争议条款的效力。依据我国《合同法》第57条，合同无效、被撤销或者终止的，不影响合同中独立存在的有关解决争议方法的条款的效力。

就法律后果而言，合同无效或者被撤销后，将溯及既往，自合同成立之日起就无效，而不是从确认合同无效或被撤销之时起无效。一旦合同被确认无效或被撤销，合同关系不复存在，原合同对当事人不再具有任何拘束力，当事人也不得基于原合同而主张任何权利或享受任何利益。但是，当事人应就合同无效或被撤销承担相应的民事责任。(1)返还财产。合同当事人在合同被确认无效或被撤销后，对已交付给对方的财产享有返还请求权，而已接受该财产的当事人则有返还财产的义务。(2)折价补偿。在财产不能返还或没有必要返还的情况下，当事人应当折价补偿。(3)赔偿损失。凡是因合同的无效或者被撤销，给对方当事人造成损失的，有过错的一方应当赔偿另一方的损失。(4)收归国家，或返还集体或第三人。恶意串通的合同一般损害了国家、集体或第三人利益，系情节恶劣的违法行为。这种合同在被确认无效后，应由有关国家机关依法收缴双方所得的财产，收归国家所有或返还集体、第三人。

第三节 合同的履行

一、合同履行概述

合同的履行，是指合同债务人全面地、适当地履行合同约定或者法律规定的义务，使合同债权人的权利得到完全的实现。它需要遵循全面履行原则和诚信履行原则。全面履行原则，是指当事人应当按照合同约定全面履行自己的义务，要求合同当事人严格按照约定的标的履行，不能以其他标的代替；一方不履行合同时，他方可以要求其继续实际履行。诚信履行原则要求当事人应当依照诚信

原则行使债权、履行债务,要求合同当事人应严格履行合同,不得擅自变更或者解除合同,并履行依诚实信用原则派生的协助、告知、保密、防止损失扩大等附随义务。

二、合同履行规则

合同的标的、数量是合同的必备条款,需要由当事人明确约定。当事人没有约定,或者约定不明确,合同内容无法确定的,合同不成立。当事人约定了合同的标的、数量,欠缺其他条款的,不影响合同成立,但对质量、价款、履行地点、履行方式、履行期限、履行费用未做出约定,或者约定不明确,当事人可以协议补充确定。不能达成补充协议的,可以通过合同的有关条款或者交易习惯确定。既不能通过协商达成补充协议,又不能按照合同的有关条款或者交易习惯确定的,则适用下列默示规范:(1)质量要求不明确的,按国家标准、行业标准履行;没有国家标准、行业标准的,按照通常标准或者符合同目的的特定标准履行。(2)价款或者报酬不明确的,按照订立合同时履行地的市场价格履行;依法应当执行政府定价或政府指导价的,按照规定履行。(3)履行地点不明确的,如果给付货币,在接受给付一方的所在地履行。交付不动产的,在不动产所在地履行。其他标的在履行义务一方的所在地履行。(4)履行方式不明确的,按照有利于实现合同目的的方式履行。(5)履行期限不明确的,债务人可以随时向债权人履行义务,债权人也可以随时请求债务人履行义务。不能即时履行的,应当给对方必要的准备时间。(6)履行费用的负担不明确的,由履行义务一方负担履行费用。

三、合同履行中的抗辩权

合同履行中的抗辩权,是在符合法定条件时,当事人一方对抗对方当事人的履行请求权,暂时拒绝履行其债务的权利。它属于延期的抗辩权,只是暂时阻止对方当事人请求权的行使,而非永久的抗辩权。当抗辩权发生的事由消灭后,抗辩权消灭,当事人仍应履行自己的义务。它包括后履行抗辩权、同时履行抗辩权和不安抗辩权三种类型。

(一)后履行抗辩权

后履行抗辩权,是指双务合同中应当先履行的一方当事人未履行或者不适当履行,到履行期限的对方当事人享有不履行、部分不履行的权利。依据我国《合同法》第 67 条,当事人互负债务,有先后履行顺序,先履行一方未履行的,后履行一方有权拒绝其履行要求。先履行一方履行债务不符合约定的,后履行一方有权拒绝其相应的履行要求。

主张后履行抗辩权,需具备三项条件:(1)需基于同一双务合同。双方当事人因同一合同互负债务,在履行上存在关联性,形成对价关系。单务合同无对价关系,不发生后履行抗辩权。只有双务合同才发生后履行抗辩权。(2)一方当事人有先履行的义务。只有在有先后履行顺序的双务合同中,才有后履行抗辩权的发生。(3)应先履行义务的一方不履行或不当履行义务。

(二)同时履行抗辩权

同时履行抗辩权,是指双务合同中应当同时履行的一方当事人在对方当事人未履行或未按约定履行时,享有不履行或者部分不履行的权利。依据我国《合同法》第66条,当事人互负债务,没有先后履行顺序的,应当同时履行。一方在对方履行之前有权拒绝其履行要求。一方在对方履行债务不符合约定时,有权拒绝其相应的履行要求。

主张同时履行抗辩权,需具备三项条件:(1)需基于同一双务合同。(2)该合同需由双方当事人同时履行。所谓同时履行,是指双方当事人在同一时间同时相互为对待给付。双务合同的当事人之间可以直接约定双方同时履行合同,或不能确定谁先履行合同,双方当事人可以同时履行。(3)一方当事人未履行或未按约定履行。

(三)不安抗辩权

不安抗辩权,是指在双务合同中,应先履行的当事人有证据证明对方当事人不能履行义务,或有不能履行合同义务的可能时,在对方当事人没有履行或者没有提供担保之前,有权中止履行合同义务。在双务合同中,应当先履行的当事人虽没有后履行抗辩权,但可享有不安抗辩权,即在对方无力履行的情况下享有拒绝履行合同义务的权利。依据我国《合同法》第68条,应当先履行债务的当事人,有确切证据证明对方有以下四种情形之一的,可以中止履行:(1)经营状况严重恶化;(2)转移财产、抽逃资金,以逃避债务;(3)丧失商业信誉;(4)有丧失或者可能丧失履行债务能力的其他情形。

主张不安抗辩权,亦需具备三项条件:(1)需基于双务合同。(2)享有不安抗辩权的当事人有先履行的义务。(3)后履行的当事人发生了经营状况严重恶化或转移财产等法定情形。主张不安抗辩权的当事人负有举证责任,应当有证据证明对方当事人不能履行或有不能履行合同的可能。应先履行的当事人有另一方当事人不能履行或有不能履行可能的确切证据时,可以中止履行合同,并应及时通知对方当事人。先履行的当事人行使不安抗辩权,中止履行并通知对方当事人后,对方当事人既未提供担保,也不能证明其履行能力的,行使不安抗辩权的当事人有权解除合同。当事人没有确切证据中止履行合同,行使不安抗辩权错误的,则应当承担违约责任。

四、涉他合同

涉他合同,亦称涉及第三人的合同,指双方当事人约定由债务人向第三人履行债务或债务由第三人履行的合同。基于合同的相对性,通常仅在双方当事人之间发生合同效力,不能为他人订立合同,但为了适应复杂多样的社会关系,我国《合同法》第 64 条和第 65 条准许涉他合同,分别规定了向第三人履行的合同和由第三人履行的合同。

(一) 向第三人履行的合同

向第三人履行的合同,亦称利他合同、为第三人合同、约定使第三人取得债权的合同,指双方当事人约定,由债务人向第三人履行债务,第三人直接取得请求权的合同。合同中的第三人亦称受益人。依据《合同法》64 条,当事人约定由债务人向第三人履行债务的,债务人未向第三人履行债务或者履行不符合同规定,应当向债权人承担违约责任。如投保人与保险人订立保险合同,可约定保险人向作为第三人的被保险人、受益人履行,被保险人、受益人享有保险金请求权。

(二) 由第三人履行的合同

由第三人履行的合同,亦称第三人负担的合同,指双方当事人约定债务由第三人履行的合同。依据我国《合同法》第 65 条,当事人约定由第三人向债权人履行债务的,第三人不履行债务或履行债务不符合约定,债务人应当向债权人承担违约责任。它有别于向第三人履行的合同,由第三人履行的合同是以第三人的履行行为作为标的的,故双方签订由第三人履行的合同,债务人事先应征得第三人的同意。

由第三人履行的合同以债权人、债务人为合同双方当事人,第三人不是合同的当事人。第三人只负担向债权人履行,不承担合同责任。第三人不履行或不完全履行等,第三人不承担违约责任,其违约责任均由债务人承担。

五、债的保全

债的保全,是法律为保障债务人以其一般财产担保债的履行的制度。债是特定当事人之间的法律关系,原则上不能对第三人发生效力。按照债的法律效力,债务人须以其全部财产履行其债务。为防止债务人财产的不当减少,赋予债权人代位权及撤销权。债权人代位权及撤销权,属于债的一般担保措施,即债的保全。由于这两项权利是债权人对债务人以外的人所及的一种法律效力,又被称为债的对外效力。

(一) 债权人的代位权

债权人代位权,是指在债务人不行使自己的权利以致影响其对自己债务的清偿时,债权人得以自己的名义行使属于债务人权利的权利。债权人主张代位权,需具备三项条件:(1) 须出于债权人保全自己的债权之必要;(2) 须债务人迟延履行自己的债务;(3) 须债务人怠于行使自己的到期债权。但是,专属于债务人自身的债权不得作为代位权的标的。代位权的行使一般通过诉讼程序进行。

（二）债权人的撤销权

债权人撤销权,是指当债务人处分自己财产的行为给债权人造成损害时,债权人享有的得以撤销该行为的权利。债权人主张撤销权,需具备三项要件:(1)须有债务人的处分行为。债权人撤销权是要撤销债务人处分其财产行为的法律效力,须以存在债务人处分其财产的行为为前提。(2)债务人的行为使其财产减少。债务人的财产处分行为使其财产减少,如放弃到期债权,或无偿转让财产,或以明显不合理的低价转让财产等。(3)债务人的行为有害于债权人的债权。债务人处分其财产的行为损害了债权人的债权,让债权无法实现。

债权人通过诉讼方式行使撤销权。撤销权应自债权人知道或者应当知道撤销事由之日起一年内行使。自债务人的行为发生之日起五年内没有行使撤销权的,撤销权归于消灭。

第四节 合同的变更和转让

一、合同的变更

合同的变更,是指合同成立后,当事人在原合同的基础上对合同内容进行修改或者补充。合同一经成立,即具有相应的法律效力,对当事人有拘束力。合同成立后,当事人应当按照合同约定履行,任何一方未经对方同意,都不得改变合同的内容。但是,当事人在订立合同时,不可能对涉及合同的所有问题都作出明确的规定,当事人在合同履行前或者履行过程中也会出现一些新的情况,需要对双方的权利义务进行重新调整和约定。既然合同是当事人协商一致的产物,当事人亦可通过协商一致而变更合同。

合同变更需要当事人协商一致。但是,法律、行政法规规定变更合同事项应当办理批准、登记手续的,履行法定程序后才能变更。如中外合作经营企业合同作重大变更的,应当报审查批准机关批准;变更内容涉及法定工商登记项目、税务登记项目的,应向工商行政管理机关、税务机关办理变更登记手续。

合同变更的过程,是当事人协商一致的过程。合同中关于要约、承诺的规定也适用于合同变更。凡是当事人对合同变更的内容约定不明确的,推定为未变更。

二、合同的转让

合同的转让,是指不改变合同权利、义务的内容,将合同的债权或债务全部或部分转让给第三人。合同的转让包括合同债权的转让、合同债务的转移和合同的概括转让三种形式。

（一）合同债权的转让

合同债权的转让,是指不改变合同权利的内容,由债权人将债权转让给第三人。合同债权的转让既可以是合同债权的全部转让,也可以是合同债权的部分转让。转让债权的当事人为债权让与人,接受债权的当事人为债权受让人。债权人转让债权,无须债务人同意,只需通知债务人,通知到达债务人时转让行为生效,未经通知,债权转让行为对债务人不发生效力。但是,下列合同债权不得转让:(1)根据合同性质不得转让的债权;(2)按照当事人约定不得转让的债权;(3)依照法律规定不得转让的权利。在债权转让中,债务人享有两项权利:一是对受让人的抗辩权。债务人对让与人的抗辩权,可以向受让人主张。二是抵销权。债务人对让与人享有的到期债权,可以向受让人主张抵销。

（二）合同债务的转移

合同债务的转移,是指不改变合同义务的内容,在债权人的同意下,将合同债务交由第三人承担。合同债务的转移既可以是合同债务的全部转移,也可以是合同债务的部分转移。合同债务转移后的债务承担人为新债务人,转移前的合同债务人为原债务人。合同债务的转移,应当经债权人同意,否则该合同义务转移无效。在合同债务转移中,新债务人可以主张原债务人对债权人的抗辩。

（三）合同的概括转让

合同的概括转让,是指合同一方当事人将其债权与债务一并转移给第三人,由第三人承担合同的全部债权与债务。合同的概括转让必须征得对方当事人的同意,否则不得概括转让。合同债权转让的禁止性规定、债务人享有的权利和合同债务转移的有关规定,均适用于合同的概括转让。

第五节　合同的终止

合同的终止,是指合同因具备法定或当事人约定的情形,致使当事人之间的合同关系消灭。合同终止的事由包括债务已经按照约定履行、合同解除、债务抵销、债务人依法将标的物提存、债权人免除债务、债权债务同归一人,以及法律规定或者当事人约定终止的其他情形。合同因债务履行而终止,实现了合同的目标,是最理想的结局,上文已经论述,兹不赘述。下面重点论述合同的解除、债务抵销、提存、债权人免除债务和混同。

一、合同的解除

合同的解除,是指在合同有效成立以后,当解除的条件具备时,因当事人一方或双方的意思表示,使合同关系归于消灭的行为。合同的解除有三种类型:一是协议解除。当事人双方通过协商同意将合同解除的行为,这并不以解除权的存在为必要。二是法定解除。合同解除的条件由法律直接规定,这种解除就是法定解除。三是约定解除。当事人以合同形式,约定为一方或双方保留解除权。

合同解除的条件,因解除的类型而异。对于协议解除,只要当事人协商一致,即可解除原合同,基于原合同发生的债权债务归于消灭。对于约定解除,当事人需在合同中有约定的或在其后另订的合同中有约定的解除条件。只要不违反法律的强行性规定,当事人可以约定任何产生解除权的条件。至于法定解除,其条件是由法律直接规定的,这些条件包括以下四种:(1)因不可抗力致使不能实现合同目的;(2)在履行期限届满之前,当事人一方明确表示或者以自己的行为表明不履行主要债务;(3)当事人一方迟延履行债务或者有其他违约行为致使不能实现合同目的;(4)法律规定的其他情形。

解除合同亦需一定程序,最简单的就是协议解除,当事人达成协议即可。约定解除和法定解除,均需要行使解除权。所谓解除权,是指合同当事人可以解除合同的权利,它属于一种形成权。解除权按其性质来讲,不需要对方当事人的同意,只需解除权人单方的意思表示,即可解除合同。解除权人主张解除合同,应当通知对方。合同自通知到达对方时解除。对方有异议的,可以请求法院或者仲裁机构确认合同的效力。法律、行政法规规定解除合同应当办理批准、登记等手续的,从其规定。

至于合同解除的效力,合同解除是否有溯及力,我国法律尚无明确的规定。通说认为无溯及力。合同解除后,尚未履行的,终止履行。已经履行的,根据履行情况和合同性质,当事人可以要求恢复原状、采取其他补救措施,并有权要求赔偿损失。

二、债务抵销

债务抵销,是指当事人互负到期债务,又互享债权,以自己的债权充抵对方的债权,使自己的债务与对方的债务在等额内消灭。其条件为:(1)必须是当事人双方互负债务,互享债权。(2)当事人双方互负的债权债务,都合法。(3)双方互负的债权债务,不是法律禁止抵销的。

债务抵销分为法定抵销和约定抵销两种。法定抵销,是指具备法律规定的抵销条件时,依当事人一方的意思表示即发生的抵销。其条件是:当事人双方互负债权债务;双方债务均已到期;债务的标的物种类、品质相同。凡符合这三项条件的,任何一方均可以将自己的债务与对方的债务抵销,但依照法律规定不得抵销的以及按照合同的性质不得抵销的除外。至于约定抵销,则是指当事人协商一致所进行的抵销。当事人互负债务,标的物种类、品质不同,经双方协商一致,也可以抵销。这种抵销完全是根据双方当事人的意思表示进行的,是当事人意思自治的表现,不受法定抵销条件的约束。

三、提存

提存,是指由于债权人的原因,债务人无法向债权人履行合同义务时,债务人将该标的物交给提存部门而消灭债务的制度。其适用范围为以下四种情形:(1)债权人无正当理由拒绝受领。在合同约定的履行期间,债务人提出履行债务的请求,债权人能够接受履行,却无正当理由地不予受领时,债务人可以提存。(2)债权人下落不明。债权人离开自己的住所或变更了住所,在合同履行期内,债务人无法找到其下落,致使债务人无法给付,为消灭债权债务关系,债务人可以将标的物提存。(3)债权人死亡未确定继承人或者丧失民事行为能力未确定监护人。(4)法律规定的其他情形。

标的物提存后,不论债权人是否提取,都产生债权债务消灭的法律效果。标的物所有权自提存时起就视为由债务人转移至债权人。提存标的物毁损、灭失的风险,亦从债务人转移至债权人。提存期间,标的物的孳息归债权人所有,提存费用由债权人负担。

四、债权人免除债务

债权人免除债务,是指债权人放弃自己的债权,从而消灭合同关系及其他债权债务关系。其特征为:(1)免除是无因行为。债权人免除债务的效力,不受债权人免除债务的原因影响,亦不论其原因是否成立。(2)免除为无偿行为。免除债务表明债权人放弃债权,不再要求债务人履行义务,债权人免除债务不以对价作为条件。

债权人免除债务的法律效果为:(1)使债务消灭。债权人免除债务,部分免除,则部分消灭;全部免除,全部消灭。(2)使从权利消灭。债权人免除债务,即放弃了自己的债权,从属于债权的从权利,如担保权、利息、违约金请求权也随之消灭。

五、混同

混同,是指债权和债务同归于一人。在合同关系中,往往是一方当事人享有债权,另一方当事人承担债务,但由于某种原因,债权与债务归于一人,造成合同关系及其他债的关系消灭。它可因以下事由发生:(1)企业合并。合并前的两个企业之间的债权债务因同归于合并后的企业而消灭。(2)继承。债权人继承债务人的财产或债务人继承债权人的财产。(3)债务承担。如债权人承担债务人的债务。(4) 债权的受让。如债务人受让债权人的债权。

合同关系以二个或以上的当事人作为前提条件,当债权债务同归于一人时,合同失去其存在的基础,自然消灭。混同导致合同的债权债务消灭,合同关系终止。

第六节 违约责任

一、违约及其责任

违约,是指合同一方或双方当事人没有依据合同的约定履行义务或履行义务不符合合同要求的行为。违约包括实际违约和预期违约两种形态。前者指合同履行期已届满,当事人不履行合同义务或履行义务不符合同约定。后者是指在合同履行期未届满之前,当事人表示将不履行合同。

违约责任,亦称违反合同的民事责任,是指当事人因不履行合同义务或履行合同义务不符合约定而应承担的法律责任。其特征为:(1) 属于一种民事责任,而非行政责任,更不是刑事责任。(2) 是合同当事人不履行合同义务所产生的责任。违约责任的产生是以当事人的合同义务为前提,当事人不履行合同义务则是违约责任的直接原因。(3) 具有相对性。违约责任只限于特定的当事人之间,而不涉及合同以外的第三人。(4) 承担违约责任的方式可以由当事人在合法的前提下约定,如违约金、损害赔偿金。

二、违约形态

(一) 预期违约与现实违约

预期违约,亦称先期违约,是指合同当事人在履行期限届满前,没有正当理由而明确表示不履行合同,或者以其行为表明不可能履行合同。现实违约,是指在合同约定的履行期届至时,债务人明确表示或者以自己的行为表明不履行合同。预期违约的特点是履行期届至前不履行,现实违约的特点是履行期届至而不履行。

预期违约又可以区分为明示预期违约和默示预期违约两种形态。明示预期违约,是指一方当事人无正当理由,向另一方当事人明确表示其将在履行期限到来时不履行合同。其构成要件为:(1) 合同一方当事人向另一方明确表示将不履行合同。(2) 须当事人明确表示不履行合同的主要义务,从而使另一方不能实现订约目的,或严重损害对方的期待利益。(3) 须当事人不履行合同无正当理由。默示预期违约,是指在合同履行期限届满之前,一方当事人以自己的行为表明其将在履行期到来时不履行合同。其构成要件为:(1) 合同一方当事人以行为表明其将不履行合同。(2) 合同当事人须有证据证明对方的行为表明其将不履行合同。(3) 以其行为表明不履行合同的当事人不提供履行担保。

(二) 全部不履行和不适当履行

全部不履行,是指根本不履行债务的行为。依不履行的原因可分为拒绝履行和不能履行。拒绝履行,是指债务人在履行期限届满时,能够履行而不履行其债务。其构成要件为:(1) 合同有效;(2) 债务人有拒绝履行的表示;(3) 不履行的表示在履行期限届至时作出;(4) 当事人有履行的条件,而无不履行的正当理由。不能履行,则是指当事人一方由于某种原因不能履行其债务,亦称履行不能。

不适当履行,是指债务人虽然履行了债务,但履行的内容不符合法律规定或者当事人的约定,即不符合债务的宗旨。不适当履行包括迟延履行、不完全履行等。

(三) 双方违约

双方当事人均未履行合同义务或履行合同义务不适当,称为双方违约。依据我国《合同法》第 120 条,当事人双方都违反合同的,应当各自承担相应的责任。

三、违约责任形式

承担违约责任的形式主要有继续履行、采取补救措施、停止违约行为、赔偿损失、违约金及定金等。下面重点论述继续履行、赔偿损失、违约金和定金。

(一) 继续履行

继续履行,是指一方当事人在不履行合同或履行合同不当的情况下,对方当事人要求其继续履行合同义务的违约责任形式。其构成要件为:(1) 当事人违约。债务人不履行合同或履行合同不当。(2) 继续履行合同仍有意义,不违背订立合同的宗旨。(3) 非违约方要求继续履行。(4) 违约方能继续履行。

其适用范围为,当事人无正当理由不履行合同,或者当事人履行合同不当。但是,以下三种情形不能适用继续履行:(1) 法律上或者事实上不能履行。(2) 债务的标的不适于强制履行或者履行费用过高。(3) 债权人在合理期限内未要求履行。

(二) 赔偿损失

赔偿损失,是指一方当事人赔偿因其违反合同而给对方当事人造成的损失。其构成要件为:(1) 有违约行为。当事人有不履行或履行不当的行为。(2) 有损害。对非违约一方造成了财产等损害。(3) 损害与违约行为之间存在因果关系。非违约一方的财产损害是违约一方的违约行为造成的。

赔偿额应相当于因违约造成的损失,包括合同履行后可以获得的利益,但不得超过违反合同一方订立合同时预见到或者应当预见到的因违反合同可能造成的损失。赔偿损失的范围包括直接损失和间接损失。直接损失,是指非违约一方,因违约造成的财产上的直接减少。间接损失,是指非违约一方,因违约所失去的可以预期取得的利益。但是,间接损失只限于其订立合同时预见到或应当预见到的违约造成的损失,这就是可预见规则。该规则包括以下四个方面:(1)预见的主体是违约方,而非守约方。(2)预见的时间,以订立合同时为参照,而不是订立合同以后的违约发生之时。(3)预见的范围原则上仅包括预见的种类,而非损失的具体范围。(4)具有客观性。不仅是违约方实际已经预见的,还包括依据通情达理的人的标准,在不了解任何特殊情况的条件下,按照事务的自然进程在当时他本应预见到的因违约将导致的损害后果。

(三)违约金

违约金,是指按照当事人的约定,一方当事人违约时,应向另一方支付的金钱。因违约金是当事人约定的,由违约一方向非违约一方支付一定数额的金钱,不论非违约方是否有损失,只要有约定,违约一方就应当支付,对违约方具有一定的惩罚性。如果违约方造成了损失,违约金亦可抵作损失赔偿金。约定的违约金低于造成的损失,当事人可以请求法院或者仲裁机构予以增加。约定的违约金过分高于造成的损失的,当事人可以请求法院或者仲裁机构予以适当减少。可见,我国违约金更多体现为赔偿性。

当事人就迟延履行约定违约金的,违约方支付违约金后,仍应履行债务。当违约金不足以弥补违约造成的损失时,违约方除支付违约金外,还应赔偿不足部分。

(四)定金

定金,是当事人约定一方向对方给付的作为债权担保的一定数额的金钱,债权债务履行后,定金应当抵作价款或者收回。给付定金一方不履行约定的债务时,无权要求返还定金;收受定金的一方不履行约定的债务的,应当双倍返还定金。在合同中,当事人既约定违约金,又约定定金的,一方违约时,对方可以选择适用违约金条款或者定金条款,但不得同时适用。

四、违约责任的归责原则与免责事由

归责原则是确定行为人的民事责任的根据和准则,是贯穿于整个民事责任制度并对责任规范起着统帅作用的立法指导方针。在民事责任的归责原则中,有过错责任原则、无过错责任原则和公平原则。在过错责任原则下,责任主体有过错才承担责任,无过错不承担责任。在无过错责任原则下,责任主体即使没有过错,只要法律有规定,也要承担责任。

合同的违约责任,应属无过错责任,只要当事人有违约行为,不能履行合同义务,除不可抗力事由外,均应承担违约责任。这是因为,合同是当事人之间的

"法律"。既然有了这样的"法律",一方违约,就应承担相应的责任。

至于免责事由,亦称免责条件,是指法律明文规定的当事人对其不履行合同不承担违约责任的条件。《合同法》所规定的免责条件主要有以下四种:一是不可抗力,即不能预见、不能避免并不能克服的客观情况。不可抗力一般包括自然灾害、战争、社会异常事件、政府行为等。依据我国《合同法》第117条,因不可抗力不能履行合同的,根据不可抗力的影响,部分或者全部免除责任,但法律另有规定的除外。当事人迟延履行后发生不可抗力的,不能免除责任。二是货物本身的自然性质、货物的合理损耗。依据我国《合同法》第311条,承运人对运输过程中货物的毁损、灭失承担损害赔偿责任,但承运人证明货物的毁损、灭失是因不可抗力、货物本身的自然性质或者合理损耗以及托运人、收货人的过错造成的,不承担损害赔偿责任。三是受害人的过错。受害人对于违约行为或者违约损害后果的发生或扩大有过错的,可以成为违约方全部或者部分免除责任的依据。四是免责条款,即当事人以协议排除或限制其未来可能发生的违约责任的合同条款。只要有免责条款,即使当事人有违约行为,也不承担违约责任。但是,免除造成对方人身伤害、因故意或者重大过失造成对方财产损失的违约责任的条款无效。对于这种损失,违约方仍应承担违约责任。

五、违约责任与侵权责任的竞合

违约责任与侵权责任竞合,是指违约行为既符合违约要件,又符合侵权要件,导致违约责任与侵权责任一并产生,同时引发债权人两个请求权,形成请求权竞合。如要求债务人承担双重责任,会导致不公平,故债权人只能二者选其一。

这种竞合具有三个特点:(1)责任竞合是因某一违反义务的行为而引起的。一个违反义务的行为产生两个法律责任,是责任竞合的前提条件。(2)违约义务的行为符合两个或两个以上的责任构成要件。行为人虽然只实施了一种行为,但该行为同时违反了两个法律规定,并符合多个责任构成要件的法律规定。(3)两个责任之间相互冲突。一方面行为人要承担两个不同的法律责任,另一方面这两个责任既不能相互吸收,也不应同时并存,权利人只能选择让行为人承担其中一种责任。

行为人的两个责任不能同时并存,受害方的两个权利也不可能同时行使,只能二者择其一。为此,我国《合同法》第122条规定,因当事人一方的违约行为,侵害对方人身、财产权益的,受损害方有权选择依照《合同法》要求其承担违约责任,或者依照其他法律要求其承担侵权责任。

司法考试相关知识链接

例题1　2011年卷三　　单项选择题

12. 甲公司对乙公司享有10万元债权,乙公司对丙公司享有20万元债权。甲公司将其债权转让给丁公司并通知了乙公司,丙公司未经乙公司同意,将其债务转移给戊公司。如丁公司对戊公司提起代位权诉讼,戊公司下列哪一抗辩理由能够成立?

　　A. 甲公司转让债权未获乙公司同意
　　B. 丙公司转移债务未经乙公司同意
　　C. 乙公司已经要求戊公司偿还债务
　　D. 乙公司、丙公司之间的债务纠纷有仲裁条款约束

答案　B

详解　债权转让与债务承担

　　选项A错误。《合同法》第80条第1款规定,债权人转让权利的,应当通知债务人。未经通知,该转让对债务人不发生效力。因此,甲公司将其债权转让给丁公司,只要通知乙公司即可,无须得到乙公司的同意。

　　选项B正确。《合同法》第84条规定,债务人将合同的义务全部或者部分转移给第三人的,应当经债权人同意。本题中,债务人丙公司将自己对乙公司的全部债务转让给戊公司,需要得到乙公司的同意,否则该转让无效。若乙公司不同意债务转移,则戊公司不是乙公司的债务人,丁公司就不能直接向戊公司行使代位权。

　　选项C错误。依最高人民法院《关于适用〈合同法〉若干问题的解释(一)》第13条规定,《合同法》第73条规定的"债务人怠于行使其到期债权,对债权人造成损害的",是指债务人不履行其对债权人的到期债务,又不以诉讼方式或仲裁方式向其债务人主张其享有的具有金钱给付内容的到期债权,致使债权人的到期债权未能实现。选项C中乙公司并未采取诉讼或仲裁的方式来请求戊公司偿还债务,构成怠于行使债权,因此,抗辩不能成立。

　　选项D错误。乙、丙公司就债务处理达成的仲裁条款仅能约束乙、丙公司,即使丙公司将债务转移给戊公司,该条款并不能约束乙、戊公司。丁公司通过代位权诉讼的方式保护自己的权利时,戊公司不能以此来抗辩。

例题2　2011年卷三　　单项选择题

13. 甲公司与乙公司签订并购协议:"甲公司以1亿元收购乙公司在丙公司中51%的股权。若股权过户后,甲公司未支付收购款,则乙公司有权解除并购协议。"后乙公司依约履行,甲公司却分文未付。乙公司向甲公司发送一份经过公证的《通知》:"鉴于你公司严重违约,建议双方终止协议,贵方向我方支付违

约金;或者由贵方提出解决方案。"3日后,乙公司又向甲公司发送《通报》:"鉴于你公司严重违约,我方现终止协议,要求你方依约支付违约金。"下列哪一选项是正确的?

A. 《通知》送达后,并购协议解除
B. 《通报》送达后,并购协议解除
C. 甲公司对乙公司解除并购协议的权利不得提出异议
D. 乙公司不能既要求终止协议,又要求甲公司支付违约金

答案 B

详解 合同的解除、违约责任

选项A、C错误,选项B正确。《合同法》第93条第2款规定,当事人可以约定一方解除合同的条件。解除合同的条件成就时,解除权人可以解除合同。第96条第1款规定,当事人一方依照本法第93条第2款、第94条的规定主张解除合同的,应当通知对方。合同自通知到达对方时解除。对方有异议的,可以请求人民法院或者仲裁机构确认解除合同的效力。本题中,乙公司第一次发出的《通知》仅是建议双方终止协议,并没有直接表示要解除协议,而第二次发出的《通报》才真正地直接作出了解除协议的意思表示,因此,该《通报》到达甲公司时,并购协议才解除。选项A错误,选项B正确。若甲公司对乙公司解除并购协议的权利有异议的,可以请求人民法院或者仲裁机构确认解除协议的效力。因此,选项C错误。

选项D错误。违约金责任是指一方违约后适用的以支付违约金为内容的民事责任。双方有约定违约金条款的,解除合同不影响违约金条款的效力。

例题3 2012年卷三 单项选择题

12. 甲公司对乙公司负有交付葡萄酒的合同义务。丙公司和乙公司约定,由丙公司代甲公司履行,甲公司对此全不知情。下列哪一表述是正确的?

A. 虽然甲公司不知情,丙公司的履行仍然有法律效力
B. 因甲公司不知情,故丙公司代为履行后对甲公司不得追偿代为履行的必要费用
C. 虽然甲公司不知情,但如丙公司履行有瑕疵的,甲公司需就此对乙公司承担违约责任
D. 虽然甲公司不知情,但如丙公司履行有瑕疵从而承担违约责任的,丙公司可就该违约赔偿金向甲公司追偿

答案 A

详解 第三人代为履行

选项A正确。《合同法》第65条规定,当事人约定由第三人向债权人履行债务的,第三人不履行债务或者履行债务不符合约定,债务人应当向债权人承担

违约责任。本题属于债权人和第三人约定的情形。从法理上看,只要没有损害债务人的利益,第三人和债权人代为履行的约定无须经债务人同意。本题中,虽然甲公司不知情,第三人丙公司的履行仍然具有法律效力,只要乙公司接受丙公司的履行,债务同样因为清偿而消灭。

选项 B 错误。若丙公司代为履行成立,甲、丙公司之间便构成无因管理,丙公司为管理人,甲公司为被管理人,无因管理之债的一项基本内容就是必要费用求偿权,因此,丙公司可以对甲公司追偿代为履行的必要费用。

选项 C、D 错误。由于丙公司代为履行并未得到甲公司的同意,因此,若丙公司自身的履行存在瑕疵,应由丙公司自行承担赔偿责任,而不能向甲公司追偿。

例题 4　2013 年卷三　　单项选择题

14. 甲乙签订一份买卖合同,约定违约方应向对方支付 18 万元违约金。后甲违约,给乙造成损失 15 万元。下列哪一表述是正确的?

A. 甲应向乙支付违约金 18 万元,不再支付其他费用或者赔偿损失
B. 甲应向乙赔偿损失 15 万元,不再支付其他费用或者赔偿损失
C. 甲应向乙赔偿损失 15 万元并支付违约金 18 万元,共计 33 万元
D. 甲应向乙赔偿损失 15 万元及其利息

答案　A

详解　违约金与损害赔偿金

选项 A 正确,选项 B、D 错误。《合同法》第 114 条第 2 款规定,约定的违约金低于造成的损失的,当事人可以请求人民法院或者仲裁机构予以增加;约定的违约金过分高于造成的损失的,当事人可以请求人民法院或者仲裁机构予以适当减少。因此,合同当事人可以在合同中约定违约金,只要不存在低于或过分高于损失的情况,就应当按约定执行。本案中,双方约定的违约金为 18 万,甲违约给乙造成的损失是 15 万,违约金数额只超过损失数额的 20%,不应认定为"过分高于造成的损失",故应按约定执行违约金条款。

选项 C 错误。最高人民法院《关于适用〈合同法〉若干问题的解释(二)》第 28 条规定,当事人依照《合同法》第 114 条第 2 款的规定,请求人民法院增加违约金的,增加后的违约金数额以不超过实际损失额为限。增加违约金以后,当事人又请求对方赔偿损失的,人民法院不予支持。从该条所体现的立法精神可以看出,当违约金足以弥补损失时,如果再允许其主张损害赔偿金显然有失公平。

例题 5　2012 年卷三　　多项选择题

52. 下列哪些情形属于无效合同?

A. 甲医院以国产假肢冒充进口假肢,高价卖给乙
B. 甲乙双方为了在办理房屋过户登记时避税,将实际成交价为 100 万元的

房屋买卖合同价格写为 60 万元

C. 有妇之夫甲委托未婚女乙代孕,约定事成后甲补偿乙 50 万元

D. 甲父患癌症急需用钱,乙趁机以低价收购甲收藏的 1 幅名画,甲无奈与乙签订了买卖合同

答案 BC

详解 无效合同,可撤销、可变更合同

《合同法》第 52 条规定,有下列情形之一的,合同无效:(1) 一方以欺诈、胁迫的手段订立合同,损害国家利益;(2) 恶意串通,损害国家、集体或者第三人利益;(3) 以合法形式掩盖非法目的;(4) 损害社会公共利益;(5) 违反法律、行政法规的强制性规定。

《合同法》第 54 条规定,下列合同,当事人一方有权请求人民法院或者仲裁机构变更或者撤销:(1) 因重大误解订立的;(2) 在订立合同时显失公平的。一方以欺诈、胁迫的手段或者乘人之危,使对方在违背真实意思的情况下订立的合同,受损害方有权请求人民法院或者仲裁机构变更或者撤销。当事人请求变更的,人民法院或者仲裁机构不得撤销。

选项 A 错误。甲医院以国产假肢冒充进口假肢,高价卖给乙,构成欺诈,但是不存在第 52 条规定的损害国家利益的情形,根据《合同法》第 54 条规定,属于可撤销、可变更合同,而非无效合同。

选项 B 正确。甲乙双方为了在办理房屋过户登记时避税,将实际成交价为 100 万元的房屋买卖合同价格写为 60 万元,属于双方恶意串通,损害国家利益,根据《合同法》第 52 条,其 60 万元的合同无效。

选项 C 正确。有妇之夫甲委托未婚女乙代孕,约定事成后甲补偿乙 50 万元,违背公序良俗和社会公共利益,根据《合同法》第 52 条应当认定为无效。

选项 D 错误。甲父患癌症急需用钱,乙趁机以低价收购甲收藏的 1 幅名画,甲无奈与乙签订了买卖合同,属于乘人之危,根据《合同法》第 54 条应当为可撤销、可变更合同,而非无效合同。

例题 6 2012 年卷三 多项选择题

59. 甲公司对乙公司享有 5 万元债权,乙公司对丙公司享有 10 万元债权。如甲公司对丙公司提起代位权诉讼,则针对甲公司,丙公司的下列哪些主张具有法律依据?

A. 有权主张乙公司对甲公司的抗辩

B. 有权主张丙公司对乙公司的抗辩

C. 有权主张代位权行使中对甲公司的抗辩

D. 有权要求法院追加乙公司为共同被告

答案 ABC

详解 债权人代位权

选项 A、B 正确。最高人民法院《关于适用〈合同法〉若干问题的解释（一）》第 18 条规定，"在代位权诉讼中，次债务人对债务人的抗辩，可以向债权人主张。债务人在代位权诉讼中对债权人的债权提出异议，经审查异议成立的，人民法院应当裁定驳回债权人的起诉"。所以，次债务人有权主张次债务人对债务人的抗辩，同时有权主张债务人对债权人的抗辩。

选项 C 正确、选项 D 错误。最高人民法院《关于适用〈合同法〉若干问题的解释（一）》第 16 条规定，"债权人以次债务人为被告向人民法院提起代位权诉讼，未将债务人列为第三人的，人民法院可以追加债务人为第三人"。可知代位权诉讼中的原、被告分别为债权人和次债务人，作为被告的丙公司自然能行使对原告甲公司的抗辩，选项 C 正确。从以上规定可知，丙公司作为次债务人不能主张追加乙公司为共同被告，而是追加为第三人，因此，选项 D 错误。

■ 实战演练

一、选择题

1. 甲、乙签订货物买卖合同，约定由甲方送货给乙方。甲遂与丙签订运输合同，合同中载明乙为收货人。运输途中，因丙的驾驶员丁的重大过失发生交通事故，致货物受损，无法向乙按约交货。下列哪种说法是正确的？（　　）
   A. 乙有权请求甲承担违约责任　　B. 乙应当向丙要求赔偿损失
   C. 乙尚未取得货物所有权　　　　D. 丁应对甲承担责任

2. 甲打算卖房，问乙是否愿买，乙一向迷信，就跟甲说："如果明天早上 7 点你家屋顶上来了喜鹊，我就出 10 万块钱买你的房子。"甲同意。乙回家后非常后悔。第二天早上 7 点差几分时，恰有一群喜鹊停在甲家的屋顶上，乙正要将喜鹊赶走，甲不知情的儿子拿起弹弓把喜鹊打跑了，至 7 点再无喜鹊飞来。关于甲乙之间的房屋买卖合同，下列哪一选项是正确的？（　　）
   A. 合同尚未成立　　　　　　　　B. 合同无效
   C. 乙有权拒绝履行该合同　　　　D. 乙应当履行该合同

3. 育才中学委托利达服装厂加工 500 套校服，约定材料由服装厂采购，学校提供样品，取货时付款。为赶时间，利达服装厂私自委托恒发服装厂加工 100 套。育才中学按时前来取货，发现恒发服装厂加工的 100 套校服不符合样品要求，遂拒绝付款。利达服装厂则拒绝交货。下列哪些说法是正确的？（　　）
   A. 育才中学可以利达服装厂擅自外包为由解除合同
   B. 如育才中学不支付酬金，利达服装厂可拒绝交付校服
   C. 如育才中学不支付酬金，利达服装厂可对样品行使留置权

D. 育才中学有权要求恒发服装厂承担违约责任

4. 甲根据乙的选择,向丙购买了1台大型设备,出租给乙使用。乙在该设备安装完毕后,发现不能正常运行。下列哪些判断是正确的?(　　)

A. 乙可以基于设备质量瑕疵而直接向丙索赔

B. 甲不对乙承担违约责任

C. 乙应当按照约定支付租金

D. 租赁期满后由乙取得该设备的所有权

5. 可撤销的合同是通过撤销权人行使撤销权,能使已经生效的意思表示归于无效的合同。根据我国《合同法》的规定,下列属于可撤销合同的有(　　)。

A. 因重大误解订立的合同

B. 订立时显失公平的合同

C. 因欺诈、胁迫或者乘人之危订立的合同

D. 恶意串通、损害国家、集体或第三者利益的合同

二、案例分析

某国外A公司于2008年3月5日接到广州某老客户B公司的电话,要求A公司在2008年3月30日前向B公司供应某规格的工业原材料300吨,总价为150万美元。A公司于2008年3月10日即向B公司交付了150吨上述原材料,B公司于同日接受了该货。2008年3月11日,A公司向B公司发传真,要求B公司即付已交货款,B公司回电称,3月20日前会付清所有货款。A公司很快得知,B公司对外欠债数亿元人民币,目前根本无力偿还任何欠款。为此,A公司决定在收到货款前,不再向B公司交付另外150吨原材料。至3月20日,A公司仍未收到B公司的任何货款,却收到B公司要求交付150吨原材料的传真。A公司未继续向B公司供货,并于2009年10月9日,向法院提起诉讼,要求法院判决:(1)解除A、B公司之间合同关系;(2)要求B公司支付货款75万美元及其利息。B公司辩称:(1)无书面合同书,A、B之间不存在合同关系;(2)A公司存在违约行为,未向B公司交付另150吨货。

请问:A公司的诉讼请求合理吗?为什么?试述理由。

第五章 证券法

第一节 证券概述

一、证券的概念

(一) 广义证券

广义证券,是指证明或设定权利的书面凭证。它是权利的证券化,权利化为证券,证券与权利已是一而二,二而一的关系,两者相依为命,有券斯有权,权为券上权,券不离权,权不离券。证券本身即足以证明权利之存在。行权须提示证券,移转权利必须交付证券,权利范围与及行权要件,一律以证券上所载之文字为准。依据其结合紧密程度,可以分为完全证券和不完全证券。证券权利的发生、移转和行使均以证券的占有为必要者,为完全证券,亦称绝对证券,如汇票、本票和支票。只有证券权利的移转或行使以占有证券为必要,而其发生不以作成证券为必要者,为不完全证券,亦称相对证券,比如股票、公司债券、提单、仓单等。

证券包括免责证券、金券和有价证券三种类型(图5-1)。免责证券,亦称资格证券,是指持有人具有行使一定权利的资格,而义务人向其履行义务即告免责的证券,比如银行存单、存车牌、存物证等。它虽具有权利推定和资格证明的效力,但其本身并非财产权。金券本身就具有一定价值,票面记载一定的金额,只能为一定目的而使用。比如,邮票、印花、纸币等。券与权不可分离,属于完全证券。有价证券则是代表一定财产权的证券。虽能为持有人带来一定经济利益,但有别于本身就具有一定价值的金券。依据所表示的权利内容,可以分为物品证券和价值证券。物品证券是表明持有人对特定物品享有一定请求权的有价证券,比如提单、仓单等。价值证券则是以货币额表示的证券,包括货币证券和资本证券。本章所说证券为资本证券,下一章票据法将论述货币证券。

(二) 证券法上的证券

证券法以资本证券为调整对象。作为与货币证券相对应的一种价值证券,资本证券是证明持有人对其投资享有收益分配请求权的有价证券。无论是发行人,还是持有人,均有投资的目的,即发行人为了投资而借此筹措资金,持有人则是为了分享投资收益而投入资金。这是资本证券和货币证券的分水岭。为适应

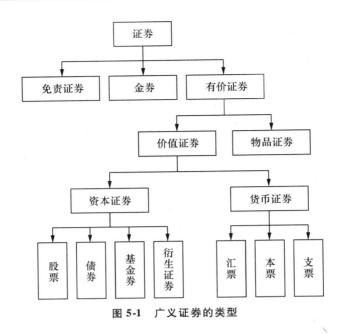

图 5-1　广义证券的类型

日新月异的资本市场发展变化,以列举方式界定资本证券,乃是通例。[①] 证券品种丰富多样,资本市场越发达,法治越完善,证券品种越多,各种衍生产品令人眼花缭乱。在美国,任何票据、股票、库存股票、证券期货、担保债券、无担保债券、债务凭证、权益凭证或参与任何利润分享计划的证书、担保信托证书、发起协议或股份认购书、可转让股份、投资合同、表决权信托凭证、证券存托凭证、石油或煤气或其他矿产开发权中未分割部分的权利,均为证券。证券的买入期权、卖出期权、买空卖空、期权或优先权,存款凭证或证券组合和指数(包括其所产生的任何利息或价值),或者在全国性证券交易所对外汇或任何通常被视为"证券"的权益或工具的卖出期权、买入期权、买空卖空、期权或优先权,或者认购、或购买前述任何类型的临时或中介性的收据、担保、保证等各种收益凭证,亦然。

二、证券的法律特征与功能

(一) 法律特征

证券的特征为:第一,投资收益权凭证。持有人为了分享投资收益才出资,发行人需有营利能力方能筹资。营利能力愈强,其证券愈有市场。比如,持有股票的股东在公司盈利时享有股利分配请求权,债券持有人则享有返还本息的请

[①] 参见我国《证券法》第 2 条,美国《证券法》第 2 条、《证券交易法》第 3 条,日本《证券交易法》第 2 条,德国《有价证券交易法》第 2 条,我国香港《证券条例》第 2 条,我国台湾地区"证券交易法"第 6 条。

求权。这不仅使其有别于物品证券,而且有别于货币证券。第二,占有凭证。证券权利的实现与证券持有直接相关。其中,记名证券的持有人只有其本人才能行使证券上的权利,其权利转让还需要持有人背书。否则,将影响证券权利的实现。比如,无记名证券持有人因丧失证券而丧失其权利。对于记名证券而言,若证券被盗、遗失或灭失,需经过法定程序,比如公示催告程序宣告其失效,方可申请补发证券,行使证券权利。[①] 第三,具有流通性的权利凭证。证券权利可以依法转让。上市证券转让手续十分便捷。流通性就是证券的生命力。第四,具有风险性。既为投资,任何投资均有一定风险性。股票有风险自不待言,债券虽有本息返还的保障,似无风险。其实,若发行人破产倒闭,持有人的债权只能部分实现;若债务人财产不足以支付破产费用,债权清偿率即为零,债券持有人与股东均会颗粒无收。证券上市后,持有人还面临证券市场的风险。

(二) 功能

以法律视角观之,证券主要有四项功能:其一,证明证券权利。作为证权证券,证券可证明持有人所享有的投资收益权。比如,持有股票的股东可以证明其股利请求权,而债券持有人可以证明其本息返还请求权。其二,行使证券权利。作为一种占有凭证,行使证券上的权利一般以持有证券为前提。无记名证券则因丧失证券而丧失证券权利。唯记名证券,如遇其被盗、遗失或灭失,还可经公示催告等法定程序宣告其失效,申请补发证券,从而行使证券权利。其三,转让证券权利。作为流通性的反映,证券持有人可以转让其证券。无记名证券的转让,只要将证券交付受让人即发生转让效力,而记名证券的转让不仅需要交付证券,而且还要有持有人的背书。[②] 其四,保护证券权利。持有人行使权利、转让权利遇到不法侵害时,可以请求司法救济,强制实现其权利或获得赔偿。

三、证券的种类

证券品种繁多,依据不同标准可以将其归为各种类型。依据证券是否上市,可以分为上市证券和非上市证券。前者亦称挂牌证券,是指在证券交易所内进行公开买卖的证券。后者亦称非挂牌证券、场外证券,是指未在证券交易所挂牌交易,并允许在场外转让的证券。依据其功能,又可分为股票、债券、证券投资基金券和衍生证券。

(一) 股票

股票,是指股份有限公司发行的证明股东所持股份的有价证券。作为一种证权证券,股东基于股票的持有不仅享有直接反映经济利益的剩余索取权,还享

---

① 参见我国《公司法》第143条。
② 参见我国《公司法》第139—140、160条。

有保障该权利实现的剩余控制权。股票所证明的股东权为综合性权利,剩余控制权并非直接的财产权,而是实现财产权的必要保障。作为要式证券,股票应记载一定的事项,内容应全面真实。依据《公司法》第128条第2—3款,其必要记载事项为:(1)公司名称;(2)公司成立日期;(3)股票种类、票面金额及其代表的股份数;(4)股票的编号。发起人的股票还应标明发起人股票字样。股票上应有公司法定代表人的签名和公司印章(图5-2)。

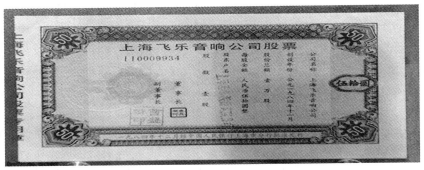

图5-2 我国首只股票:飞乐音响

其特征为:(1)收益性。股票可为持有人带来收益。(2)风险性。持有股票要承担一定的风险。若公司破产倒闭,非但没有收益,出资额也会血本无归。(3)流通性。可自由转让。(4)参与性。持有人有权参与公司重大事项的决策。

至于类型,依据持有人的身份特征,可以分为国家股、法人股、公众股和外资股四种类型。依据股份所代表权利的差别,可以分为普通股和优先股。

(二)债券

债券是发行人依法发行的,约定在一定期限内还本付息的有价证券。相对于股票,其特征有三个方面:(1)偿还性和收益性。债券有规定的偿还期限,债务人需按期向持有人返还本息。股票则只有收益性,没有偿还性。(2)流通性。持有人可按自己的需要和市场状况转让债券。(3)相对安全性。持有人的收益相对固定,一般不随发行人收益的变动而变动,并且可按期收回本金。

依据计息方式,可以分为单利债券、复利债券、贴现债券和累进利率债券。依据利率是否固定,可以将其区分为固定利率债券和浮动利率债券。依据债券的形态,又可以分为实物债券、凭证式债券和记账式债券。依据发行人的身份,可以将其区分为公司债券、金融债券和政府债券。发行金融债券,是银行资金的重要来源。这种债券的利率通常低于公司债券,但高于政府债券和银行利率。政府债券则是由中央或地方政府为筹措财政资金或其他特定目的而发行的债券,又称为公债。由中央政府发行的债券为国家债券,简称国债,地方政府发行的债券即为地方债券。政府债券的发行适用其他法律规定,其上市交易才适用证券法,且其他法律、行政法规另有规定的,优先适用其规定。[①]

(三) 证券投资基金券

证券投资基金券,是指基金投资人持有的基金份额的凭证。这是一种利益共享、风险共担的集合证券投资方式。基金管理人需为基金管理公司,而基金托管人则需为取得基金托管资格的商业银行。其特征有四:(1) 专家理财。股票和债券持有人自行判断资金的投向,自负决策风险,而证券投资基金券持有人将资金投入基金后,由专家进行管理,其资金投向由理财专家作出判断。(2) 分享规模经济的利益。股票和债券持有人往往势单力薄,难以驾驭证券市场的风险,而证券投资基金所筹措的资金动辄数十亿元,可以有效地进行组合投资,其收益不至于因个股的剧烈波动而变化。易言之,只要证券市场整体有增长,基金券持有人即有利益可分享。(3) 间接投资。股票和债券发行人一般通过发行股票和债券,直接筹措生产经营所需资金,而证券投资基金券所募集的资金则有所不同,要通过专家理财,基金管理人运用该资金后,如购买股票或债券,商主体才能利用它从事生产经营活动。(4) 其收益可能高于债券,但投资风险可能小于股票。

依据证券投资基金份额是否可以增加或赎回,可以分为封闭式基金券和开放式基金券。依据投资风险和收益情况,可以区分为成长型投资基金券、收入型投资基金券和平衡型投资基金券。依据投资对象,可以分为股票基金券、债券基金券、货币基金券、期权基金券、指数基金券、权证基金券和混合基金券。依据基金的组织形态,则可分为公司型投资基金券和契约型投资基金券。

(四) 衍生证券

衍生证券,是指从原生证券中派生出来的证券。它产生于 20 世纪 70 年代末期,源于美国,现已成为国际金融市场的主要角色。它既是避险工具,也是投资工具,其主要类型有权证(warrant)、金融期货、金融互换、转券等。衍生证券往往采用保证金交易,只需支付一定比例的保证金即可进行全额交易,在合同期满需要以实物交割方式履行合同时,才需要买方足额付款。基于保证金交易的杠杆效应,其风险非常大,保证金要求愈低,杠杆效应愈大,风险也就愈大。

权证就是一种衍生证券,是指标的证券发行人或其以外的第三人发行的,约定持有人在规定期间内或特定到期日,有权按约定价格向发行人购买或出售标的证券,或以现金结算方式收取结算差价的有价证券。它具有以小博大的效应,既可以避险,也可以投资理财。权证的标的物可以是股票、债券,也可以是其他可流通物,如黄金、外汇等,但以股票为主。作为投资工具,股票和权证均有筹资

[①] 参见我国《证券法》第 2 条第 2 款。

功能。没有股票,也就没有权证。但是,在发行主体、持有人身份、权利性质、风险以及期限方面,它与股票和可转换公司债券均有区别(表5-1)。

表5-1　权证与股票、可转换公司债券之比较

		权证	股票	可转换公司债券
权利性质		认股权	股东权	债权
发行人	公司本人	✓	✓	✓
	第三人	✓		
持有人身份			股东	债权人
风险		小	大	小
期限		有期限	无限期	有期限

第二节　证券发行与承销

一、证券发行概述

(一) 概念与特征

证券发行,是指发行人为筹集资金而依法定条件和程序向投资者销售证券的一系列行为的总称。证券的发行是证券第一次在公开市场与公众见面,故证券发行市场又称为一级市场。相应地,已发行的证券在证券市场继续交易和流通,证券交易和流通市场则称为二级市场。证券发行是证券市场的基础环节,是证券交易的前提,没有证券的发行,就没有可供二级市场交易和流通的证券,证券市场就成为无本之木,无源之水。

证券发行具有四个特征:(1) 直接融资方式。作为公司的融资工具之一,发行证券属于直接融资方式,有别于从银行借贷的间接融资方式。在这种融资方式下,发行人和投资者均以营利为目的,投资者购买证券具有一定风险,购买股票尤其如此。(2) 证券初次面世。证券因发行而初次面世,形成发行市场,为证券交易市场的发展奠定了基础。(3) 表现为证券销售行为。这种销售行为包括证券的募集和证券发行。前者是指发行人与投资者之间订立证券销售合同,表现为投资者认购并缴纳出资的行为;而发行是指发行人向投资者交付出资凭证,即狭义的证券发行。(4) 合规性。鉴于证券发行的社会性与风险性,各国无不为其发行规定相应的条件和程序,比如股票和公司债券发行的条件及审核程序。

(二) 类型

1. 公开发行与非公开发行

依据证券发行目标对象的范围,可以分为公开发行和非公开发行。前者是

指发行人面向社会公众,即不特定的投资者,而公开发售证券的方式。后者是指向少数特定的投资人进行的证券发行。公开发行,一是要符合法定条件,二是需要取得法定机关的核准。未经核准,任何单位和个人均不得公开发行证券。对于非公开发行而言,则不得采用广告、公开劝诱和变相公开方式。否则,会导致相应的行政处罚和刑事责任。① 至于公开发行与非公开发行的认定,《证券法》第 10 条第 2 款规定,只要具备以下情形之一,即为公开发行:(1) 向不特定对象发行证券的;(2) 向特定对象发行证券累计超过 200 人的;(3) 法律、行政法规规定的其他发行行为。

2. 设立发行与增资发行

依据证券发行时发行人设立与否,可以分为设立发行和增资发行。股份有限公司发行股票,既可以采用设立发行,也可以在设立后增资发行。公司债券则只能采用增资发行,即在公司设立以后,发行债券以筹集生产经营所需资本。

3. 直接发行与间接发行

依据证券的发行是否借助承销机构(中介),则可以分为直接发行和间接发行。直接发行,亦称自办发行,是指证券发行人不通过证券承销商,直接向投资者出售证券,自行承担证券发行的风险与责任。它具有筹资成本低的优势。间接发行,是指证券发行人委托证券承销商发行证券,而证券承销商赚取差价收益或手续费。是否采用该方式,不完全由当事人意思自治。对于公开发行而言,凡是法律、行政法规要求采用间接发行方式的,发行人必须委托证券公司承销。当然,对于选择谁作承销商,全由发行人自主确定。②

4. 平价发行、溢价发行与折价发行

依据证券发行价格与票面金额之间的关系,可以分为平价发行、溢价发行和折价发行。平价发行,亦称面值发行或等价发行,是指发行价格与证券面值相同的发行方式。溢价发行是指发行价格高于票面金额的发行方式。折价发行是指发行价格低于票面金额的发行方式。对于股票而言,我国准予平价发行和溢价发行,但不允许折价发行。③

二、证券发行审核制度

(一) 两种审核模式

为维护证券市场秩序,防范证券欺诈行为,证券发行审核势在必行,主要有注册制和核准制两种模式。比较而言,注册制重效率,而核准制则重交易安全。

---

① 参见我国《证券法》第 10、188 条。
② 参见我国《证券法》第 28—29 条。
③ 参见我国《公司法》第 127 条。

1. 注册制

注册制,亦称申报制、登记制、公开主义或形式主义,是指发行人在发行证券时,仅需依法将应当公开的、与所发行证券有关的一切信息和资料,全面、准确地向证券监管机关申报,并将其合理地制作成法律文件向社会公众公开的制度。美国为其典型代表,巴西、德国、法国、意大利、荷兰、英国、加拿大等亦采用该制度。其基本假定为,投资者绝对理性,并承担其投资决策后果。证券监管机关并不对发行人所申报的资料进行实质审查,而只作形式审查。发行人申报有关资料和信息后,只要未受到监管机关的异议和阻止,即可发行证券。

2. 核准制

核准制,亦称实质审查制,是指发行人不仅要依法全面、准确地将投资者决策所需重要信息和资料,予以完全充分的披露,而且需经证券监管机关核准之后,方可发行证券的制度。在这种体制下,证券监管机关不仅要审查发行人公开的信息和资料的真实性、准确性和完整性,而且需对其进行实质审查。不符合法定条件的证券发行申请就会被否决,将不符合发行条件、低质量的发行人拒之于证券发行市场之外。

(二)我国证券发行审核制度

我国证券发行制度改革的目标就是实施注册制,目前仍是核准制向注册制的过渡时期。为推进注册制改革,我国已经引入保荐制度。依靠市场力量约束证券发行行为,促使证券公司及其从业人员树立责任意识和诚信意识,对发行人进行尽职推荐、持续督导时,真正做到勤勉尽责、诚实守信。凡是发行依法应采取承销方式的股票和可转换为股票的公司债券,或法律、行政法规规定实行保荐制度的其他证券,均需聘请具有保荐资格的机构担任保荐人,为证券发行出具保荐书。[①]

目前,公开发行证券仍实行核准制,上市公司非公开发行新股亦然。企业直接或者间接到境外发行证券或者将其证券在境外上市交易,则实行审批制。[②] 核准机关则因证券类型而异(表5-2)。股票和基金券发行由中国证监会核准,权证发行由证券交易所核准,而公司债券发行则由国务院授权的部门或证监会核准。国务院授权的部门包括中国人民银行和国家发展与改革委员会。[③] 核准之后,如发现核准决定错误,纠正措施则视证券是否发行而定。[④] 如尚未发行,撤销核准决定,停止发行。如已经发行而未上市,同样撤销核准决定,由发行人

---

① 依据我国《上市公司证券发行管理办法》第45条第1款,保荐制适用于公开发行证券和非公开发行新股。
② 参见我国《证券法》第238条。
③ 参见我国《证券法》第10、14、17、22条,《企业债券管理条例》第11条。
④ 参见我国《证券法》第26条。

依照发行价加上同期银行存款利息返还给持有人。对于保荐人,除能够证明自己无过错外,应与发行人承担连带责任。发行人的控股股东、实际控制人有过错的,亦与发行人承担连带责任。

表 5-2 我国各种证券发行的核准机关

	证监会	国务院授权部门	交易所
股票	✓		
公司债券	✓	✓	
基金券	✓		
权证			✓

就股票而言,目前是由中国证监会发行审核委员会("发审委")负责发行审核。发审委包括主板市场发行审核委员会("主板发审委")、创业板市场发行审核委员会("创业板发审委")和上市公司并购重组审核委员会("并购重组委")三个委员会。发审委以会议形式履行职责,每次会议由 7 名发审委员出席,以投票表决方式形成决议,需同意票达到 5 票方为通过。

三、证券发行的条件

(一)公开发行证券的一般条件

只要上市公司公开发行证券,无论是发行股票,还是发行债券或可转换公司债券,均应有健全且运行良好的组织机构、可持续的盈利能力、良好的财务状况,募集资金数额和用途合规,无重大违法行为,而且不得具有规定的消极资格。

1. 健全且运行良好的组织机构

这包括以下五个方面:(1)公司章程合法有效,股东大会、董事会、监事会和独立董事制度健全,能够依法有效履行职责;(2)内部控制制度健全,能够有效保证其运行效率、合法合规性和财务报告的可靠性;内部控制制度的完整性、合理性、有效性不存在重大缺陷;(3)现任董事、监事和高管具备任职资格,能够忠实和勤勉地履行职务,且最近 36 个月内未受到过中国证监会的行政处罚、最近 12 个月内未受到过证券交易所的公开谴责;(4)其与控股股东或实际控制人的人员、资产、财务分开,机构、业务独立,能够自主经营管理;(5)最近 12 个月内不存在违规对外提供担保的行为。

2. 可持续的盈利能力

这主要是指以下七个方面:(1)最近 3 个会计年度连续盈利;扣除非经常性损益后的净利润与扣除前的净利润相比,以低者作为计算依据;(2)业务和盈利来源相对稳定,不存在严重依赖控股股东、实际控制人的情形;(3)现有主营业务或投资方向能够可持续发展,经营模式和投资计划稳健,主要产品或服务的市场前景良好,行业经营环境和市场需求不存在现实或可预见的重大不利变化;(4)高管和核心技术人员稳定,最近12个月内未发生重大不利变化;(5)其重要资产、核心技术或其他重大权益的取得合法,能够持续使用,不存在现实或可预见的重大不利变化;(6)不存在可能严重影响公司持续经营的担保、诉讼、仲裁或其他重大事项;(7)最近24个月内曾公开发行证券的,不存在发行当年营业利润比上年下降1/2以上的情形。

3. 良好的财务状况

这体现为以下五个方面:(1)会计基础工作规范,严格遵循国家统一会计制度的规定;(2)最近3年及一期财务报表未被注册会计师出具保留意见、否定意见或无法表示意见的审计报告;被注册会计师出具带强调事项段的无保留意见审计报告的,所涉及的事项对发行人无重大不利影响或者在发行前重大不利影响已经消除;(3)资产质量良好,不良资产不足以对公司财务状况造成重大不利影响;(4)经营成果真实,现金流量正常;营业收入和成本费用的确认严格遵循国家有关企业会计准则的规定,最近3年资产减值准备计提充分合理,不存在操纵经营业绩的情形;(5)最近3年以现金或股票方式累计分配的利润不少于最近3年实现的年均可分配利润的1/5。

4. 无重大违法行为

这是指不存在四方面的违法行为:(1)最近36个月内财务会计文件无虚假记载;(2)违反证券法律、行政法规或规章,受到中国证监会的行政处罚,或者受到刑事处罚;(3)违反工商、税收、土地、环保、海关方面的法律、行政法规或规章,受到行政处罚且情节严重,或者受到刑事处罚;(4)违反国家其他法律、行政法规且情节严重的行为。

5. 募集资金的数额和用途合规

这种合规性主要包括五个方面:(1)募集资金数额不超过项目需要量;(2)募集资金用途符合国家产业政策和有关环境保护、土地管理等法律和行政法规的规定;(3)除金融类企业外,本次募集资金使用项目不得为持有交易性金融资产和可供出售金融资产、借予他人、委托理财等财务性投资,不得直接或间接投资于以买卖有价证券为主要业务的公司;(4)投资项目实施后,不会与控股股东或实际控制人产生同业竞争或影响公司生产经营的独立性;(5)建立募集资金专项存储制度,募集资金必须存放于公司董事会决定的专项账户。

6. 不得具有规定的消极资格

凡是具有以下任何消极资格,即不得公开发行证券:(1)本次发行申请文件有虚假记载、误导性陈述或重大遗漏;(2)擅自改变前次公开发行证券募集资金的用途而未作纠正;(3)最近12个月内受到过证券交易所的公开谴责;(4)其自身及其控股股东或实际控制人最近12个月内存在未履行向投资者作出的公开承诺的行为;(5)公司或其现任董事、高管因涉嫌犯罪被司法机关立案侦查或涉嫌违法违规被中国证监会立案调查;(6)严重损害投资者的合法权益和社会公共利益的其他情形。

(二)股票发行的条件

1. 设立发行

只有股份有限公司才能发行股票。对于设立发行,只要符合公司法规定的条件和国务院批准的证监会规定的其他条件即可。①

2. 新股发行

公开发行与非公开发行区别对待。上市公司非公开发行新股的条件,由证监会制定,并报国务院批准。公开发行新股的法定条件为:(1)具备健全且运行良好的组织机构;(2)具有持续盈利能力,财务状况良好;(3)最近3年财务会计文件无虚假记载,无其他重大违法行为;(4)经国务院批准的证监会规定的其他条件。若公司擅自改变公开发行股票募集资金的用途,而未作纠正,或未经股东大会认可,亦不得公开发行新股。②

依据《上市公司证券发行管理办法》第13条,中国证监会对上市公司的持续盈利能力、财务状况以及发行价格,作出以下明确要求:(1)最近3个会计年度加权平均净资产收益率平均不低于6%;扣除非经常性损益后的净利润与扣除前的净利润相比,以低者作为加权平均净资产收益率的计算依据;(2)除金融类企业外,最近一期末不存在持有金额较大的交易性金融资产和可供出售的金融资产、借予他人款项、委托理财等财务性投资的情形;(3)发行价格应不低于公告招股意向书前20个交易日公司股票均价或前一个交易日的均价。

3. 配股发行

上市公司向原股东配股,则需符合三项条件③:(1)拟配售股份数量不超过本次配售股份前股本总额的30%;(2)控股股东应在股东大会召开前公开承诺认配股份的数量;(3)需采用代销方式发行。

(三)公司债券发行的条件

1. 首次发行

公司首次公开发行公司债券需符合六项条件:(1)股份有限公司的净资产不低于3000万元,有限责任公司的净资产不低于6000万元;(2)累计债券余额不超过公司净资产的40%;(3)最近3年平均可分配利润足以支付公司债券一年的利息;(4)筹集的资金投向符合国家产业政策;(5)债券的利率不超过国务

---

① 参见我国《证券法》第12条,《公司法》第75、130条。
② 参见我国《证券法》第13、15条。
③ 参见我国《上市公司证券发行管理办法》第12条。

院限定的利率水平;(6)国务院规定的其他条件。上市公司发行可转换为股票的公司债券,除应符合这些条件外,还应符合公开发行股票的条件。①

2. 再次发行

公司再次公开发行公司债券,必须符合首次发行债券的六项条件。同时,还不得具有以下消极要件:(1)前一次公开发行的公司债券尚未募足;(2)对已公开发行的公司债券或者其他债务有违约或者延迟支付本息的事实,仍处于继续状态;(3)违法改变公开发行公司债券所募资金的用途。②

(四)可转换公司债券发行的条件

上市公司可以发行可转换公司债券和分离交易的可转换公司债券。后者是指认股权与债券分离交易的可转换公司债券。这两种债券的最短期限为1年,但前者最长不得超过6年。其发行应达到前述公开发行证券的一般条件,并符合以下要件。③

对于可转换公司债券而言,需符合三项条件:(1)最近3个会计年度加权平均净资产收益率平均不低于6%;扣除非经常性损益后的净利润与扣除前的净利润相比,以低者作为加权平均净资产收益率的计算依据;(2)本次发行后累计公司债券余额不超过最近一期末净资产额的40%;(3)最近3个会计年度实现的年均可分配利润不少于公司债券一年的利息。

对于分离交易的可转换公司债券而言,应达到四项条件:(1)公司最近一期末经审计的净资产不低于15亿元;(2)最近3个会计年度实现的年均可分配利润不少于公司债券一年的利息;(3)最近3个会计年度经营活动产生的现金流量净额平均不少于公司债券一年的利息,但最近3个会计年度加权平均净资产收益率平均达到6%的除外;(4)本次发行后累计公司债券余额不超过最近一期末净资产额的40%,预计所附认股权全部行权后募集的资金总量不超过拟发行公司债券金额。

(五)非公开发行股票的条件

对于上市公司而言,非公开发行股票需达到三项条件④:一是特定对象需合规,即符合上市公司股东大会决议所规定的要求,且不超过10人。二是上市公司非公开发行股票符合四个要件,即(1)发行价格不低于定价基准日前20个交易日公司股票均价的90%;(2)本次发行的股份自发行结束之日起,12个月内不得转让;控股股东、实际控制人及其控制的企业认购的股份,36个月内不得转让;(3)募集资金使用符合规定;(4)本次发行将导致上市公司控制权发生变化

---

① 参见我国《证券法》第16条第1、3款。
② 参见我国《证券法》第18条。
③ 参见我国《上市公司证券发行管理办法》第14、27条。
④ 参见我国《上市公司证券发行管理办法》第37—39条。

的,还应当符合中国证监会的其他规定。三是上市公司本身不存在规定的消极情形,否则,该公司不得非公开发行股份。这些消极情形为:(1)本次发行申请文件有虚假记载、误导性陈述或重大遗漏;(2)其权益被控股股东或实际控制人严重损害且尚未消除;(3)其本身及其附属公司违规对外提供担保且尚未解除;(4)现任董事、高管最近36个月内受到过中国证监会的行政处罚,或者最近12个月内受到过证券交易所公开谴责;(5)公司或其现任董事、高管因涉嫌犯罪正被司法机关立案侦查或涉嫌违法违规正被中国证监会立案调查;(6)最近一年及一期财务报表被注册会计师出具保留意见、否定意见或无法表示意见的审计报告;保留意见、否定意见或无法表示意见所涉及事项的重大影响已经消除或者本次发行涉及重大重组的除外;(7)严重损害投资者合法权益和社会公共利益的其他情形。

四、证券承销

(一)概述

证券承销,亦称间接发行,是指证券发行人委托证券公司,向证券市场上不特定投资者公开销售证券的行为。与直接发行相比,证券承销的发行事宜由证券公司承办,而非发行人自己。其适用范围为法律、行政法规所规定的公开发行。凡是属于应采用证券承销方式的公开发行,发行人必须与证券公司签订承销协议,但发行人对于证券公司具有选择权。比如,公开发行股票必须采用承销方式。通过这种方式,借助于证券公司的证券推销经验和广泛的销售网点,发行人可以在较短时间内募集尽量多的资金。同时,也有助于分摊证券发行的市场风险。对于股票发行,一旦代销、包销期限届满,发行人即应在规定的期限内将发行情况报证监会备案。①

(二)承销方式

证券承销有代销和包销两种基本形式。承销团承销只不过增加了承销商的数量而已,承销方式仍然是二者必居其一。

1. 代销

代销,亦称尽力承销,是指证券承销人代发行人发售证券,在承销期限届满后将未售出的证券全部退还给发行人的承销方式。发行人与承销人为委托代理关系,作为代理人的承销人仅负责办理委托事项,即发售证券,其行为的后果当然地归于发行人。因此,承销人仅为发行人的证券推销者,不垫付资金,对不能售出的证券也不承担责任,证券发行风险由发行人自行承担。与包销相比,承销人所收取的费用较少。一般说来,发行人知名度高,信用等级高,且市场较为完

---

① 参见我国《证券法》第36条。

善,信息较为充分,可采用该承销方式。

包销不存在发行失败问题,而代销则有发行失败问题。对于股票代销而言,一旦代销期限届满,向投资者销售股票的数量未达到拟公开发行股票总额的70%,即为发行失败。发行人应按照发行价加上银行同期存款利息返还给股票认购人。①

2. 包销

证券包销,是指证券承销人将发行人的证券按照协议全部购入或者在承销期结束时将售后剩余证券全部自行购入的承销方式。它又可分为定额包销和余额包销。定额包销,又称为确定的承销、助销(stand-by underwriting)、信用支持,是指证券承销人依约将发行人的证券全部购入的承销方式。此时,证券承销人与发行人属于证券买卖关系,证券承销人因支付证券的对价,而取得证券的所有权。余额包销,则是指证券承销人依约在证券承销期届满后,将尚未售出的证券全部购入的承销方式。实质上,它是代销与定额包销相结合的混血儿。无论是定额包销,还是余额包销,证券发行风险均由证券承销人承担,故包销的费用高于代销。

3. 承销团承销

承销团承销,亦称联合承销、承销银团,是指两个以上证券公司组成一个联合体,共同承销一只证券的承销方式。通过这种形式,大大增强了承销人的实力,单个证券承销人难以与其匹敌。为确保证券发行的顺利进行,我国要求公开发行证券的面额总值在5000万元以上的,必须采用该方式。

承销团由主承销人和分承销人组成。主承销人由发行人依据公平竞争的原则,通过竞标或协商确定。主承销人为承销团的发起人,起组织协同作用,承担主要风险。承销团承销协议由主承销人与发行人签订,分销协议由主承销人与分承销人分别签订。

第三节 证 券 交 易

一、证券上市

(一) 条件

证券上市,是指已依法发行的证券,依法定条件和程序,在证券交易所或其他法定交易市场公开挂牌交易的法律行为。作为连接证券发行与证券交易之桥梁,一经上市,该证券即成为上市证券,其发行人成为上市公司。与证券发行一

---

① 参见我国《证券法》第35条,《上市公司证券发行管理办法》第12条第2款。

样,证券上市亦需符合一定条件。不符合条件的,不得上市交易。比如,非依法发行的证券,不得上市交易。①

1. 股票上市的条件

股票上市的条件有法定条件和证券交易所制定条件之分。前者为最低条件,证券交易所还可以制定更高的条件。法定条件有四:(1)股票经中国证监会核准已公开发行;(2)公司股本总额不少于3000万元;(3)公开发行的股份达到公司股份总数的25%以上;公司股本总额超过4亿元的,公开发行股份的比例为达到10%即可;(4)公司最近3年无重大违法行为,财务会计报告无虚假记载。此外,对于符合国家产业政策的公司,只要符合前述条件,其股票上市属于鼓励之列。②

2. 公司债券上市的条件

公司债券上市需符合三个条件③:(1)公司债券的期限为1年以上;(2)公司债券实际发行额不少于5000万元;(3)公司申请债券上市时仍符合法定的公司债券发行条件。与公司股票上市条件相比,证券交易所不得提高债券上市条件。

3. 权证上市的条件

权证上市需符合三项条件④:(1)权证的标的证券需符合一定条件。其标的证券为股票的,该股票在申请上市之日需具备以下四项条件:① 最近20个交易日流通股份市值不低于30亿元(A股);② 最近60个交易日股票交易累计换手率在25%以上(换手率以总股本计算);③ 流通股股本不低于3亿股;④ 证券交易所规定的其他条件。(2)权证本身需符合六项条件:① 约定权证类别、行权价格、存续期间、行权日期、行权结算方式、行权比例等要素;② 申请上市的权证不低于5000万份;③ 持有1000份以上权证的投资者不得少于100人;④ 自上市之日起存续时间为6个月以上24个月以下;⑤ 发行人提供了规定的履约担保;⑥ 证券交易所规定的其他条件。(3)对于标的证券发行人之外的第三人所发行的权证,发行人需提供履约担保,包括通过专用账户提供并维持足够数量的标的证券或现金作为履约担保,以及提供交易所认可的机构作为履约的不可撤销的连带责任保证人。用于履约担保的标的证券或现金不得有质押、司法冻结或其他权利瑕疵。

(二)核准

证券上市有授权上市和申报上市两种审核体制。授权上市是由证券监管机

---

① 参见我国《证券法》第37条。
② 参见我国《证券法》第50—51条。
③ 参见我国《证券法》第57条。
④ 参见《上海证券交易所权证管理暂行办法》第9—11条,《深圳证券交易所权证管理暂行办法》第9—11条。

关核准上市申请,申报上市是由证券交易所决定是否上市。日本、韩国和我国台湾地区等采用授权上市制,实质性审查一般由证券交易所完成,证券监管机关最后批准。美国实行申报上市制,上市申请由证券交易所的上市委员会或管理委员会直接审核决定,然后报证券主管机关备案。

我国对证券上市实行核准制,核准机关因证券类型而异(表5-3)。对于股票、公司债券和权证上市,由证券交易所负责核准。政府债券上市则由国务院授权部门决定,证券交易所没有核准权。只要国务院授权部门决定,证券交易所即应安排其上市事宜。基金份额上市交易,则由证券交易所审核。①

表5-3 我国证券上市的核准机关

		证监会	交易所
股票			✓
公司债券			✓
基金	封闭式基金	✓	
	基金		✓(授权审核)
权证			✓

(三) 挂牌交易

证券上市经核准后,在上市前,发行人应在规定期限内公告股票上市文件、债券上市文件以及有关文件,并将其申请文件备置于指定场所供公众查阅。②上市信息公开之后,发行人即可按照证券交易所安排的时间将其证券在证券交易所公开挂牌交易。公开挂牌交易的首日,证券交易所一般为发行人的证券上市举行一定仪式。比如,深圳证券交易所会敲开市宝钟(图5-3)。

(四) 上市暂停与终止

一经上市,证券即可在证券交易所持续进行交易。但是,证券上市并非一上市就定终生,一劳永逸。若发行人出现特定情形,证券上市可能被暂停或终止。在终止情形下,不能再恢复上市。上市暂停与终止均由证券交易所决定,并应及时公告,报中国证监会备案。对其决定不服的,可以向证券交易所的复核机构申请复核。③

上市暂停,是指证券交易所依法对上市证券作出暂时停止上市交易的措施。既为暂停,在特定事由消除后,该证券交易仍可恢复。广义的上市暂停包括申请暂停、自动暂停和法定暂停。申请暂停是指证券交易所依据上市公司停牌申请

---

① 参见我国《证券投资基金法》第62条。
② 参见我国《证券法》第53、59条。
③ 参见我国《证券法》第62、72条。

图 5-3 敲开市宝钟

而决定的暂停。比如,公司计划重组或派发红利。自动暂停则是上市证券因具备法定原因而自动暂停的情形,比如在实行股价涨跌停牌制度时,一旦股价涨跌超出规定幅度即应自动暂停。通常所说的上市暂停是指法定暂停,即因上市公司出现法定事由,而经证券交易所决定暂停其证券上市交易。

上市终止,亦称摘牌,是指上市证券丧失其在证券交易所继续挂牌交易的资格。与暂停不同,一旦终止即永久失去上市交易资格,不能恢复。它包括两类:一是自动终止,比如债券上市因债券到期而终止。二是法定终止,即因上市公司不符合法定条件而终止。通常所说的上市终止是指后一种情形。

二、证券交易的一般规则

（一）概述

证券交易,是指当事人在法定交易场所买卖已依法发行的证券的行为。与一般商品买卖相比,其买卖对象限于已依法发行的证券,非依法发行之证券,不得买卖。[①] 与证券转让相比,它属于转让方式之一,证券赠与、继承等亦属转让,而非证券交易。证券交易有多种类型。证券市场愈发达,交易场所、交易方式愈丰富,证券交易的类型也愈多。依据证券交易的场所,可以将其分为场内交易与场外交易;依据交易价格的形成方式,可以将其分为竞价交易与议价交易;依据交割期限与投资方式,又可以将其分为现货交易、信用交易、期货交易、期权交易和回购。

（二）主体

证券交易的主体就是证券的投资者,可以是个人投资者,也可以是机构,可

---

① 参见我国《证券法》第 37 条。

以是中国投资者,也可以是外国投资者。证券交易的投资者十分广泛,有民事行为能力的自然人和法人可参与交易,没有民事行为能力或仅有限制行为能力的自然人亦可参与交易,只不过需要由其监护人代理。作为"三公"原则的重要体现,为确保证券交易的公平性,部分人在特定情形下不得参与证券交易。这有两种情形,一是因其身份而不得参与证券交易①,二是因其身份而不得出卖其所持有的股份。②

(三) 场所

证券交易有两种场所,即证券交易所和柜台。相应地,其交易也就分为场内交易和场外交易。证券交易所系证券交易的主渠道,与各国一样,我国不仅有该主渠道,《证券法》第 39 条还为认可柜台交易提供了充分的空间,即只要国务院批准即可。

场内交易,亦称挂牌交易,以公开竞价方式进行;而柜台交易则主要是在证券公司的营业柜台、地方证券交易中心、证券报价系统等场所进行,交易价格系买卖双方面对面协商确定,即实行议价制。

(四) 方式

与证券交易的场所相对应,证券交易方式也有两种形式,即集中竞价交易和非集中竞价交易。场内交易应当采用公开集中竞价交易方式,亦可采用经中国证监会批准的其他方式,包括各种非集中竞价交易方式。③ 场外交易一般都采用非集中竞价交易方式。

集中竞价交易方式具有过程公开、时间连续、价格合理以及反应快速等优势,系各国证券交易所公认的主流交易方式。存在多个买主卖主时由出价最低的卖主与出价最高的买主达成交易。

非集中竞价交易是场外交易所采取的交易方式,即通过相对买卖、拍卖、标购等方式确定交易价格及其成交当事人。相对买卖,是指一个买主对一个卖主,协议成交,或买卖各方依自己的标准,选择对方当事人,从而达成交易。拍卖,是指一个卖主对多个买主,卖主与出价最高的买主达成交易。标购,是指一个买主对多个卖主,买主与出价最低的卖主达成交易。该方式通常为非上市证券的交易形式。

(五) 结算与交割

证券交易的登记结算由证券登记结算机构负责。结算与交割遵循两个原则,一是净额结算原则,二是货银两清原则,证券交易参与人应足额交付证券或资金。若证券交易参与人不履行交收义务,证券登记结算机构有权依照义务规

---

① 参见我国《证券法》第 43、45 条。
② 参见我国《公司法》第 141 条,《证券法》第 47 条。
③ 参见我国《证券法》第 40 条。

则处理用于交收的资金、证券和担保物。①

三、持续信息公开

（一）概述

信息公开，亦称信息披露，是指证券发行人或上市公司依法将其财务、经营等情况向证券监管机构报告，并以公告方式告知投资者的行为。鉴于在证券发行、上市以及交易期间，信息公开的义务人需一直进行信息披露，故称为持续信息公开或继续信息公开。这是证券法上"三公"原则的基本要求，凡未按照法定要求进行信息披露，或信息披露有虚假陈述的，证券发行人、上市公司及其董事、监事、高管和其他直接责任人即应承担相应的民事、行政和刑事责任。同时，证券监管机构、证券交易所、保荐人、承销的证券公司及有关人员，对于公司依法公开的信息具有保密义务，在公告前不得泄露。② 否则，有违公平原则。

（二）类型

持续信息公开有四种类型：证券发行的信息公开、证券上市的信息公开、定期报告和临时报告（图5-4）。这里着重阐述证券上市交易后的持续信息公开：定期报告和临时报告。

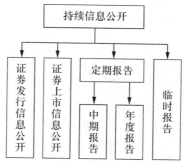

图5-4 持续信息公开的类型

1. 定期报告

这主要是中期报告和年度报告。中期报告是上市公司和公司债券上市交易的公司依法编制的反映每个会计年度前6个月生产经营情况等事项的法律文件。其必要内容为③：(1) 公司财务会计报告和经营情况；(2) 涉及公司的重大诉讼事项；(3) 已发行的股票、公司债券变动情况；(4) 提交股东大会审议的重要事项；(5) 国务院证券监督管理机构规定的其他事项。

---

① 参见我国《证券法》第167条。
② 参见我国《证券法》第71条第2款。
③ 参见我国《证券法》第65条。

年度报告是上市公司和公司债券上市交易的公司依法编制的反映其整个会计年度生产经营情况等事项的法律文件。其必要记载事项为[①]：(1) 公司概况；(2) 公司财务会计报告和经营情况；(3) 董事、监事、高管简介及其持股情况；(4) 已发行的股票、公司债券情况,包括持有公司股份最多的前10名股东的名单和持股数额；(5) 公司的实际控制人；(6) 国务院证券监督管理机构规定的其他事项。

2. 临时报告

临时报告是上市公司依法编制的反映其重大事件的法律文件。所谓重大事件,是指上市公司发生的可能对其股票交易价格产生较大影响而投资者尚未得知的事件。依据《证券法》第67条第2款,范围包括12种情形：(1) 公司的经营方针和经营范围的重大变化；(2) 公司的重大投资行为和重大的购置财产的决定；(3) 公司订立重要合同,可能对公司的资产、负债、权益和经营成果产生重要影响；(4) 公司发生重大债务和未能清偿到期重大债务的违约情况；(5) 公司发生重大亏损或者重大损失；(6) 公司生产经营的外部条件发生的重大变化；(7) 公司的董事、1/3以上监事或者经理发生变动；(8) 持有公司5%以上股份的股东或者实际控制人,其持有股份或者控制公司的情况发生较大变化；(9) 公司减资、合并、分立、解散及申请破产的决定；(10) 涉及公司的重大诉讼,股东大会、董事会决议被依法撤销或者宣告无效；(11) 公司涉嫌犯罪被司法机关立案调查,公司董事、监事、高管涉嫌犯罪被司法机关采取强制措施；(12) 中国证监会规定的其他事项。

（三）披露规则

就定期报告而言,上市公司和公司债券上市交易的公司均为披露义务人,而只有上市公司才有临时报告义务,公司债券上市交易的公司不在此列（表5-4）。披露方式主要有两种形式,一是向中国证监会和证券交易所提交报告,二是公告。公告需在中国证监会指定的媒体发布。此外,披露义务人还应将所披露的信息备置于公司住所和证券交易所,以便社会公众查阅。

表5-4 定期报告与临时报告的披露规则

			定期报告		临时报告
			中期报告	年度报告	
义务主体		上市公司	✓	✓	✓
		公司债券上市交易的公司	✓	✓	×
	披露时限		2个月内	4个月内	立即
披露方式	报告	中国证监会	✓		
		证券交易所	✓		
	公告		✓		

---

① 参见我国《证券法》第66条。

定期报告应在规定时限内进行披露。中期报告应在会计年度的上半年结束后 2 个月完成,而年度报告则应在会计年度结束后 4 个月内完成。临时报告则应立即报告和公告。该报告和公告应说明事件的起因、目前的状态和可能产生的法律后果。

四、禁止的交易行为

禁止的交易行为,是指证券市场的参与者和监管者在证券交易过程中,依法不得实施的行为。设定禁止性规定,其目的在于保护社会公众投资者的利益,确保证券市场的"三公"。禁止的交易行为主要有内幕交易、市场操纵、欺诈客户、虚假陈述、账外交易、挪用股款买卖股票、国有企业和国有资产控股的企业违规买卖上市交易的股票以及违规资金入市。凡是违反禁止的交易行为,即会产生相应的法律责任,包括民事责任、行政责任和刑事责任(表 5-5)。

表 5-5 四种禁止的交易行为的法律责任比较

	责任类型		虚假陈述	内幕交易	市场操纵	欺诈客户
	民事责任		✓	✓	✓	✓
行政责任	违法人(含单位)	责令改正	✓			✓
		警告	✓			
		没收非法所得		✓	✓	✓
		罚款	30—60万元	1—5倍/3—60万元	1—5倍/30—300万元	1—5倍/10—60万元
		责令关闭、撤销业务许可				✓
	责任人	警告	✓	✓	✓	✓
		撤销任职资格、从业许可				✓
		罚款		3—30万元	10—60万元	3—30万元
刑事责任	单位	罚金		✓	✓	✓
	责任人	罚金	2—20万元	1—5倍		1—10万元
		有期徒刑	<3年	<5年/5—10年	<5年	<5年
		拘役	✓			

(一)内幕交易

内幕交易,亦称内线交易、内部交易或知情交易,是指知情人员或以不正当手段获取内幕信息的其他人员,违法买卖所持有的该公司的证券,或将该内幕信息泄漏,或建议他人买卖证券的行为。这是确保公平原则的必然要求。自 20 世纪 30 年代以来,禁止内幕交易已成为通例。[①]

---

① 参见我国《证券法》第 73、76 条,美国《证券交易法》第 10 条。

1. 构成要件

构成内幕交易,有三个要件:一是知情人;二是内幕信息;三是内幕交易行为。知情人,亦称内幕人员、内部人,是指由于其地位或雇佣关系而可以接触内幕信息的人。依据其来源,可以将其分为公司内幕人员、市场内幕人员和政府内幕人员。依据《证券法》第74条,它包括七种人:(1)发行人的董事、监事、高管;(2)持有公司5%以上股份的股东及其董事、监事、高管,公司的实际控制人及其董事、监事、高管;(3)发行人控股的公司及其董事、监事、高管;(4)由于所任公司职务可以获取公司有关内幕信息的人员;(5)证券监督管理机构的工作人员以及由于法定职责对证券的发行、交易进行管理的其他人员;(6)保荐人、承销的证券公司、证券交易所、证券登记结算机构、证券服务机构的有关人员;(7)国务院证券监督管理机构规定的其他人。

内幕信息,是指证券交易活动中,有关公司的经营、财务或者对该公司证券的市场价格有重大影响的尚未公开的信息。依据《证券法》第75条第2款,它包括以下八种情形:(1)前述临时报告范围内的重大事件;(2)公司分配股利或者增资的计划;(3)公司股权结构的重大变化;(4)公司债务担保的重大变更;(5)公司营业用主要资产的抵押、出售或者报废一次超过该资产的30%;(6)公司的董事、监事、高管的行为可能依法承担重大损害赔偿责任;(7)上市公司收购的有关方案;(8)中国证监会认定的对证券交易价格有显著影响的其他重要信息。

内幕交易的行为主体不限于知情人,非法获取内幕信息的人亦在此之列。持有或者通过协议、其他安排与他人共同持有公司5%以上股份的自然人、法人、其他组织收购上市公司的股份,有关上市公司收购的法律另有规定的,从其规定。内幕交易的时间需为内幕信息公开之前,具体形式有3种:一是利用内幕信息买卖该公司的证券;二是向他人泄露内幕信息,使他人利用该信息进行内幕交易;三是依据内幕信息,建议他人买卖证券。

2. 法律责任

内幕交易的行为人因其信息优势大获其利,但因其损害交易公平,也可能给其他投资者造成严重损失。对此,行为人应依法承担赔偿责任。[①] 同时,视违法的情节,还可能承担行政责任,甚至刑事责任(表5-5)。

(二)操纵市场

操纵市场,亦称操纵行情,是指利用资金优势、信息优势或滥用职权,影响证券市场,人为地制造证券行情,诱使投资者买卖证券的行为。这实际上是一种欺骗行为,旨在通过人为地影响证券市场的价格,欺骗广大投资者,自己从中渔利。

---

① 参见我国《证券法》第76条第3款。

行为人通过虚构供求关系,误导资金流向,使股票价格与上市公司的经营状况脱离,损害广大投资者的利益,破坏市场竞争机制,危害很大。各国无不为之设置禁令,我国自不例外。①

依据我国《证券法》第77条第1款,操纵证券市场的行为有四种:(1)单独或者通过合谋,集中资金优势、持股优势或者利用信息优势联合或者连续买卖,操纵证券交易价格或者证券交易量;(2)与他人串通,以事先约定的时间、价格和方式相互进行证券交易,影响证券交易价格或者证券交易量;(3)在自己实际控制的账户之间进行证券交易,影响证券交易价格或者证券交易量;(4)以其他手段操纵证券市场。

市场操纵会严重损害广大投资者的利益,市场操纵者自应承担赔偿责任②,包括民事责任、行政责任。构成犯罪的,还应追究刑事责任(表5-5)。

(三)欺诈客户

欺诈客户,是指证券公司及其从业人员在证券发行、交易及相关活动中,诱骗投资者买卖证券,以及其他违背客户真实意思,损害客户利益的行为。它不仅扰乱证券市场的正常秩序,严重侵害作为客户的投资者的利益,而且违反了证券公司及其从业人员的法定义务,故为各国所禁止,我国《证券法》第79条也旗帜鲜明地为其设置了禁令。

依据我国《证券法》第79条,以下七种情形均属于欺诈客户的行为:(1)违背客户的委托为其买卖证券;(2)不在规定时间内向客户提供交易的书面确认文件;(3)挪用客户所委托买卖的证券或者客户账户上的资金;(4)未经客户的委托,擅自为客户买卖证券,或者假借客户的名义买卖证券;(5)为牟取佣金收入,诱使客户进行不必要的证券买卖;(6)利用传播媒介或者通过其他方式提供、传播虚假或者误导投资者的信息;(7)其他违背客户真实意思表示,损害客户利益的行为。

作为一种欺诈行为,即使依据民法原理,行为人即应对客户的损失承担赔偿责任,何况《证券法》第79条第2款对此还有明确规定,行为人应依法赔偿客户的损失,自不待言。对于违背客户的委托买卖证券、办理交易事项,或违背客户真实意思表示,办理交易以外的其他事项,证券公司挪用客户的资金或证券,或者未经客户的委托,擅自为客户买卖证券的,行为人还需要承担行政责任。构成犯罪的,则应追究刑事责任(表5-5)。

(四)虚假陈述

虚假陈述,是指证券市场参与者、监管者以及相关机构和人员,作出违背事

---

① 参见我国《证券法》第77条。
② 参见我国《证券法》第77条第2款。

实真相的陈述、记载,或信息披露不当或有重大遗漏。它不仅包括积极行为,即违背事实真相的虚假记载、误导性陈述,而且包括消极行为,即信息披露不当或有重大遗漏。① 它不仅损害投资者利益,而且严重危害证券市场的运行,故为各国所禁止,我国亦然。

1. 行为人

行为人有三种类型:一是前述信息公开的义务人;二是国家工作人员和传播媒介从业人员;三是证券交易所、证券公司、证券登记结算机构、证券服务机构及其从业人员,证券业协会、证券监督管理机构及其工作人员。

2. 类型

虚假陈述包括虚假记载、误导性陈述、信息披露不当和重大遗漏这四种情形。② 虚假记载,是指信息披露义务人在披露信息时,将不存在的事实在信息披露文件中予以记载的行为。误导性陈述,是指虚假陈述行为人在信息披露文件中,或者通过媒体,作出使投资人对其投资行为发生错误判断并产生重大影响的陈述。重大遗漏,是指信息披露义务人在信息披露文件中,未将应当记载的事项完全或者部分予以记载。不正当披露,是指信息披露义务人未在适当期限内,或者未以法定方式公开披露应当披露的信息。只要构成其中任何一种情形,即属于虚假陈述。

3. 法律责任

虚假陈述同样导致民事责任、行政责任和刑事责任(表5-5)。既然发行人和上市公司为信息披露义务人,自应由其承担赔偿责任。董事、监事、高管和其他直接责任人以及保荐人、承销的证券公司,应承担连带赔偿责任。只有能够证明其没有过错,方可免于连带责任。这表明,对其适用的是过错推定责任。对于其控股股东和实际控制人,亦适用连带责任,但适用的是过错责任,而非董事、监事、高管和其他直接责任人以及保荐人、承销的证券公司的过错推定责任。

第四节 上市公司收购

一、上市公司收购概述

(一) 概念与特征

上市公司收购,是指收购人通过在证券交易所的股份交易持有一个上市公

---

① 参见我国《证券法》第69、78条,最高人民法院《关于审理证券市场因虚假陈述引发民事赔偿案件的若干规定》第17条。

② 参见最高人民法院《关于审理证券市场因虚假陈述引发民事赔偿案件的若干规定》第17条第1、3—6款。

司的股份达到一定比例,或通过其他合法途径控制一个上市公司的股份达到一定程度,从而获得或者可能获得对其实际控制权的行为。作为公司进行外部扩张式发展的重要方式之一,收购受到企业家的格外青睐。比较而言,公司合并至少有一个公司归于消灭,参与新设合并的原公司均因合并完成而消灭,而收购则以获取目标公司实际控制权为目的。

收购的特征为:(1)目标公司的特定性。顾名思义,目标公司以上市公司为限。当然,收购的客体系上市公司的股份,而非上市公司本身。收购法律关系的主体系收购人与上市公司股东,即收购人从股东手中收购股份,而非从上市公司手中收购。(2)收购人的广泛性。收购人可以是任何具有权利能力和行为能力的投资者,可以是自然人,也可以是法人,但通常为法人。收购人可一人单独收购,亦可数人共同进行收购。"一致行动人"亦属共同收购的形式,它是指通过协议、其他安排,与其他投资者共同扩大其所能够支配的某一上市公司股份表决权数量的投资者。有一致行动的投资者,互为一致行动人。(3)收购方式的多样性。收购人可以通过证券市场进行要约收购,也可以在证券市场之外进行一对一的协议收购。此外,还可以采用其他形式进行收购。比如,在证券交易所通过集中竞价的方式进行收购。当然,通过协议收购或其他合法方式进行收购,所持有的目标公司股份达到30%时,除经豁免外,即应采用要约收购方式。(4)以获取实际控制权为目的。获取实际控制权乃是收购的目的之所在。一般而言,持有上市公司股份达到50%以上,即构成控股。虽然持股不足50%,但所持有的股份所享有的表决权已足以对股东大会的决议产生重大影响,亦构成控股。鉴于上市公司股权较为分散,控股一般不需要这么多的股份。除控股之外,非股东亦可通过投资关系、协议或其他安排,实际支配公司的行为,构成实际控制人。[①]

(二)类型

综观各国,上市公司收购主要有三种类型:要约收购、协议收购和集中竞价交易收购。我国《证券法》第85条明确规定了要约收购和协议收购,对集中竞价交易收购等方式虽无明确规定,但可涵盖于"其他合法方式"之中,国家可相机认可该收购方式(图5-5)。作为特殊形态,我国已对间接收购和管理层收购作出明确规定。间接收购是指实际控制人控制上市公司的情形,即收购人并不成为上市公司的股东,但通过投资关系、协议或者其他安排,取得实际控制权。管理层收购的特殊性在于收购人身份的特殊性,即为上市公司董事、监事、高管、员工或其所投资或委托的法人或其他组织。

---

① 参见我国《公司法》第216条第2—3项,《上市公司收购管理办法》第5条。

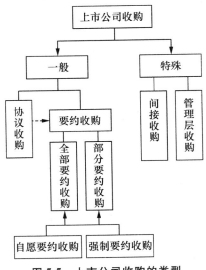

图 5-5 上市公司收购的类型

（三）收购当事人与财务顾问

上市公司收购较为复杂，涉及多方当事人，如收购人、目标公司、目标公司股东、目标公司董事会等。其中，收购人和目标公司股东处于主要地位，系收购法律关系的主体。财务顾问则是收购所必需的辅助人，对收购人进行事前把关、事中跟踪和事后督导。

（四）支付形式

既然为收购，无论是要约收购，还是协议收购，收购人均需向目标公司股东支付购买股份的对价。对价的形式，可以是现金，也可以是依法可以转让的证券。至于其他支付方式，只要法律、行政法规有规定即可。实践中，可由收购人发行包括股票在内的证券予以支付，大大增强了收购人的收购能力。

对于要约收购而言，支付方式还因要约方式而异。部分要约可以采用现金、证券以及法律允许的其他支付方式。但是，以退市为目的的全面要约和中国证监会强制收购人发出的全面要约，则必须向被收购公司的股东提供现金选择。①

二、要约收购

（一）概述

1. 概念与特征

要约收购，亦称公开收购，是指要约人通过向目标公司所有股东，发出在要

---

① 参见我国《上市公司收购管理办法》第 27 条。

约期内,以一定价格购买其持有股份的意思表示所进行的收购。作为上市公司收购的主流方式,其目的自然是获取目标公司的实际控制权。

与协议收购相比,要约收购的显著特点为向目标公司的全体股东发出收购要约。它具有公开性、公平性、期限性和排他性等特征。

2. 类型

依据不同标准,可以将要约收购分为不同类型。依据收购人是否自愿发出收购要约,可以将其分为强制要约收购和自愿要约收购。依据收购要约的标的是否为目标公司其他股东持有的全部股份,可以将其分为全部要约收购和部分要约收购(图5-5)。依据收购人支付对价的形式,可以将其分为现金收购和易券收购。无论何种形式,收购人预定收购的股份比例不得低于上市公司已发行股份的5%。①

(二) 触发条件

自愿要约收购无所谓触发条件,只要其预定收购的股份为上市公司已发行股份的5%以上即可。对于强制要约收购而言,则有触发收购义务的条件。各国均以投资者持有目标公司股份达到一定比例为触发条件,英国为30%,我国香港为35%。我国《证券法》也规定为30%。② 这就意味着,投资者或一致行动人通过证券交易所的证券交易,持有一个上市公司已发行的股份达到30%时,继续进行收购的,即需启动强制要约收购程序。如通过协议收购或类似安排,拟收购上市公司股份超过30%,亦需改用强制要约收购。③

(三) 收购报告书

收购人在发出收购要约前,需向中国证监会报送上市公司收购报告书,同时提交证券交易所,并通知目标公司。这是证券市场监管的重要手段,该报告书基本上属于备案性质。中国证监会需在收到该报告后15日内进行审查。如发现不符合法律、行政法规的情形,应及时告知收购人,收购人便不得公告收购要约。在此期限内,中国证监会未提出异议的,即意味着收购人可以依法公告收购要约。收购人在发出收购要约前,尚可申请取消收购计划,并予以公告,但自公告之日起12个月内,该收购人不得再次对同一目标公司进行收购。④

为确保该报告书内容的真实性、准确性和完整性,收购人应聘请律师对其进行审核,并出具法律意见书。至于收购人履约能力的评判等事项,则应由收购人所聘请的财务顾问进行评估,出具专业意见。法律意见和专业意见应与该报告书一并公告。

---

① 参见我国《上市公司收购管理办法》第25条。
② 参见英国《城市守则》第9条,我国香港《收购与合并守则》第26条,我国《证券法》第88条。
③ 参见我国《证券法》第96条,《上市公司收购管理办法》第30条。
④ 参见我国《上市公司收购管理办法》第28、31条。

（四）收购要约

收购要约的公告，需在中国证监会审查的期限届满后，未提出异议时方可刊登。若在期限内，中国证监会提出异议，即不得予以公告。作为收购要约的必备内容之一，收购价格的确定方式因目标公司股份是否流通而异。① 如已经全部流通，同种类股票的价格以不低于下列价格中较高者为准：(1) 在提示性公告日前6个月内，收购人买入该种股票所支付的最高价格；(2) 在提示性公告日前30个交易日内，该种股票的每日加权平均价格的算术平均值。如目标公司股份并未全部流通，上市交易部分按照前述方法确定其价格，而未上市交易部分的要约收购价格以不低于下列价格中较高者为准：(1) 在提示性公告日前6个月内，收购人取得被收购公司未上市交易股份所支付的最高价格；(2) 被收购公司最近一期经审计的每股净资产值。如遇特殊情况，需对前述价格进行调整，需事先征得中国证监会同意。若收购人提出的收购价格显失公平，中国证监会可要求其做出调整。

收购要约的有效期不得少于30日，但不得超过60日。要约的撤销，是指要约人在要约生效后，将该要约取消，从而消灭要约的效力。依据我国《证券法》第91条，收购要约一经生效，即不得撤销。在要约有效期内，如要约收购报告书所披露的基本事实发生重大变化，收购人应在该变化发生之日起2个工作日内，报告中国证监会，抄报证监局，抄送证券交易所，通知目标公司，并予以公告。如欲变更收购要约的条件，则需事先报告中国证监会和证券交易所，获得中国证监会批准后，方可进行变更，并予以公告。但是，在收购要约期满前15日内，不得变更收购要约的条件。此时，若遇竞争要约，初始要约人虽可变更要约条件，但该变更距收购要约期满不足15日的，应延长要约有效期。延长后的有效期不得少于15日，也不得超过最后一个竞争要约的期满日，并按比例追加履约保证金。

（五）目标公司董事会的行为

尽管目标公司董事会并非收购法律关系的主体，但作为其忠实义务和勤勉义务的体现，其亦应在收购时就收购人的主体资格、诚信记录、收购条件的公允性以及是否接受收购要约向股东提供建议，以便股东理性选择。同时，不得作出损害公司和股东合法权益的行为。②

（六）预受

预受是指受要约人同意接受要约的初步意思表示。在要约期内，不可撤回之前，预受不构成承诺。究其原因，要约收购的结果需在收购要约有效期届满后

---

① 参见我国《上市公司收购管理办法》第35条。
② 参见我国《上市公司收购管理办法》第32—33条。

才能计算出来,预受股东在该期限内的预受尚不构成法律上的承诺。但是,预受股东一经预受,并将其股票交由证券登记结算机构临时保管,则在要约有效期内不得再进行任何形式的转让。当然,预受股东有权在要约不可撤回之前,即要约期限届满3个交易日前撤回预受要约。为此,证券登记结算机构即可解除对预受要约股票的临时保管。在要约期内,收购人应当每日在证券交易所网站上公告已预受收购要约的股份数量。如遇竞争要约,接受初始要约的预受股东撤回全部或部分预受的股份,并将其售予竞争要约人的,应由证券公司办理撤回预受初始要约的手续和预受竞争要约的相关手续。[①]

(七) 竞争要约

在收购要约有效期内,可能出现多个收购人的竞争要约。发出竞争要约的收购人最迟不得晚于初始要约期限届满前5个交易日发出要约收购的提示性公告。竞争要约的收购人也是收购人,自应履行收购人的收购报告义务。中国证监会收到要约收购报告书后15日内未提出异议的,收购人即可公告其收购要约。此时,目标公司董事会亦应公平对待所有要约收购人。

(八) 收购要约的履行

收购人需依约定的期限、价格支付收购股票的对价,受要约人需向要约人交付股票。收购人支付对价的形式可以是现金,或依法可以转让的证券。对于以退市为目的的全面要约和中国证监会强制收购人发出的全面要约,则必须向被收购公司股东提供现金选择。为确保收购要约的履行,收购人需在发布提示性公告时,向证券登记结算机构交付一定的履约保证金或证券。以现金为对价的,向证券登记结算机构指定的银行账户交付的履约保证金不少于收购总金额的20%,并依法办理限制提取手续。如以可转让的证券为对价,则应将用于支付的全部证券交由证券登记结算机构保管;但是,根据证券登记结算机构的业务规则,不在保管范围内的除外。如遇收购人取消收购计划,可以申请解除对履约保证金的冻结或对相关证券的保管。[②]

一旦要约收购期满,对于部分要约收购而言,收购人应依收购要约约定的条件购买目标公司股东预受的股份。如预受要约股份的数量超过预定收购数量,收购人应按同等比例收购预受要约的股份。对于以终止目标公司上市地位为目的的收购,收购人应依收购要约约定的条件,购买目标公司股东预受的全部股份,未取得中国证监会豁免而发出全面要约的收购人亦然。要约期届满后3个交易日内,受委托的证券公司应向证券登记结算机构申请办理股份转让结算、过户登记手续,解除对超过预定收购比例的股票的临时保管。收购人则应公告本

---

① 参见我国《上市公司收购管理办法》第42条。
② 参见我国《上市公司收购管理办法》第36条。

次要约收购的结果。①

（九）要约收购的豁免

要约收购的豁免仅适用于通过协议收购而触发要约收购义务的情形。对于收购人或一致行动人通过证券交易所的证券交易收购流通股，进而触发要约收购义务的情形，证监会无豁免权。② 豁免事项有两种③：（1）免于以要约收购方式增持股份；（2）收购人存在主体资格、股份种类限制或者法律、行政法规、中国证监会规定的特殊情形的，免于向被收购公司的所有股东发出收购要约。只要未取得豁免，收购人即需在得到中国证监会通知之日起30日内，将其直接控制的股东所持有的该公司股份减持到30%以下。如欲以要约以外的方式继续增持股份，即应采用全面要约收购。

豁免因豁免事由和证监会适用的程序的差异，可以分为核准制豁免、备案制豁免和自动豁免三种类型。④ 适用核准制豁免的，收购人可向证监会申请豁免。证监会在受理后20个工作日内作出是否准予豁免的决定。取得豁免的，方可完成本次增持行为。适用备案制豁免的，相关当事人均可申请豁免。证监会在收到申请文件之日起10个工作日内，没有异议的，即告取得豁免。相关投资者可以向证券交易所和证券登记结算机构申请办理股份转让和过户登记手续。顾名思义，适用自动豁免的，相关投资者自动取得豁免，可直接向证券交易所和证券登记结算机构申请办理股份转让和过户登记手续，并在权益变动行为完成后3日内就股份增持情况做出公告，律师应就相关投资者权益变动行为发表符合规定的专项核查意见并由上市公司予以披露。

三、协议收购

（一）概述

协议收购是指收购人在证券交易所之外，通过与目标公司股东协商一致达成协议，受让其持有的股份所进行的上市公司收购。在股权分置改革前，它曾是非流通股的国有股流转的重要出路。股权分置改革完成之后，尽管所有股份均属流通股，对于大额股权转让而言，它仍有用武之地。

与要约收购相比，协议收购具有以下特征：无最大触发条件、收购的主体特定、书面收购协议、非公开性、非公平性、非期限性、非排他性（表5-6）。

---

① 参见我国《上市公司收购管理办法》第43条。
② 参见我国《证券法》第88、96条。
③ 参见我国《上市公司收购管理办法》第61条。
④ 参见我国《上市公司收购管理办法》第62—63条。

第五章 证 券 法

表 5-6 协议收购与要约收购之比较

		要约收购	协议收购
触发条件	持股>30%	✓	×
	报告时间	要约前	协议之后
	收购期限	30—60 日	无
	公开性	✓	×
	公平性	✓	×
	排他性	✓	×

（二）收购协议

收购人应依法与目标公司的股东达成收购协议。尽管协议收购不具有公开性，但是收购报告书应公开披露该协议的有关内容，以便其他股东和社会公众知情。双方当事人达成收购协议后，收购人应在 3 日内报告中国证监会和证券交易所，并予以公告。在公告之前，不得履行收购协议。

（三）权益变动报告书与收购报告书

收购报告书的内容因所收购的股份的数量而异。如收购人因协议收购所拥有的股份不超过目标公司已发行股份的 30%，披露权益变动报告书即可，所取得的权益占目标公司已发行股份的 5—20%，实行简要披露；如为 20—30%，则进行详细披露。

一旦收购人所获股份超过目标公司已发行股份的 30%，且依法获得要约收购之豁免，收购人即应自与目标公司股东达成收购协议之日起 3 日内，编制收购报告书，其内容应包括要约收购报告书的相关内容，并载明协议生效条件和付款安排。该报告书由收购人委托财务顾问向中国证监会、证券交易所提交，同时抄报证监局，通知被收购公司，并对收购报告书摘要做出提示性公告。证监局自收到该报告书之日起 5 日内，向目标公司所在地的市级和省级政府就目标公司控制权可能发生变化的情况征求意见。中国证监会对该报告书实行备案制。

（四）过渡期

过渡期是指自收购协议签订到相关股份完成过户的期间。在此期间，目标公司不得改选董事，不得公开发行股份募集资金，不得进行重大购买、出售资产及重大投资行为，不得为收购人及其关联方提供担保或与其进行其他关联交易。但是，收购人为挽救陷入危机或面临严重财务困难的上市公司的，不在此限。

（五）股份过户登记

相关当事人申请办理协议转让的股份过户登记需符合两项条件，一是当事人已履行报告与公告义务，并经证券交易所确认；二是有转让款项的全额支付凭证或支付保障，并经相关当事人认可。凡是不符合这两项条件的，均不得办理股份过户登记手续。办理过户登记虽无期限限制，但收购报告书公告之后，30 日内仍不能完成股份过户登记的,应予立即公告。只要未完成过户登记,此后每隔 30 日均应公告相关股份过户办理的进展情况。①

四、上市公司收购的完成

(一) 报告与公告

一旦完成收购,收购人即应在 15 日内,向中国证监会和证券交易所报告收购情况,并予以公告。对于国家授权投资的机构持有的上市公司的股份而言,其收购需依据国务院的规定,经有关主管部门批准,方可生效。② 收购人违反该义务,则应承担相应的行政责任;其直接负责的主管人员和其他直接责任人员,亦然。

(二) 法律效果

1. 终止上市和公司形式变更

在完成收购后,目标公司股权结构发生巨大变化。如其股权因为收购而高度集中,从而不再符合上市条件或股份有限公司的条件,目标公司股票即应在证券交易所终止上市,或变更公司形式。如遇终止上市的情形,其余仍持有目标公司股票的股东,有权向收购人以收购要约的同等条件出售其股票,收购人应当收购,以确保股东平等的退出机会。③

2. 被解散公司股票的更换

若收购人通过收购而合并目标公司,则目标公司因收购完成而归于消灭。对于目标公司的原有股票,收购人应依法予以更换。④

3. 收购股票转让的锁定期

为抑制收购人的投机行为,收购人所持有的目标公司的股份,在收购完成后 12 个月内属于锁定期。在此期限内,收购人不得转让该股票。如其所拥有的权益在同一实际控制人控制的不同主体之间进行转让,不受此限。⑤

第五节 证券投资基金

一、证券投资基金概述

(一) 概念

作为资本证券的一种,证券投资基金是指基金投资人持有的基金份额的凭证(图 5-1)。它属于利益共享、风险共担的集合证券投资方式,系通过发行基金

---

① 参见我国《上市公司收购管理办法》第 55 条。
② 参见我国《证券法》第 100—101 条。
③ 参见我国《证券法》第 97 条,《上市公司收购管理办法》第 44 条。
④ 参见我国《证券法》第 99 条。
⑤ 参见我国《证券法》第 98 条,《上市公司收购管理办法》第 74 条第 2 款。

份额,集中投资者的资金,由基金托管人托管,基金管理人管理和运用,从事股票、债券等金融工具投资,并将投资收益按基金份额持有人所持份额进行分配的新型投资工具。它具有专家理财、规模经济、组合投资、间接投资以及风险较小等特征。一旦选择基金,投资者即成为基金的受益人,与其形成信托关系,而采用股票、债券投资形式,则分别成为公司的股东和债权人。

(二) 类型

1. 契约型基金和公司型基金

根据基金的组织形式,可以分为契约型基金和公司型基金。契约型基金,亦称信托制基金,是指依据基金合同设立,基金份额持有人、基金管理人和基金托管人等当事人的权利、义务依法由基金合同约定的基金。其特点是必须有人履行受托职责,对基金投资者负责。有的国家由基金托管人担任受托人,有的由基金管理人担任,有的则在基金管理人、基金托管人外单独设立受托人,有的由基金管理人、基金托管人共同履行。在我国,公募基金的受托职责由基金管理人和基金托管人共同履行(图5-6)。①

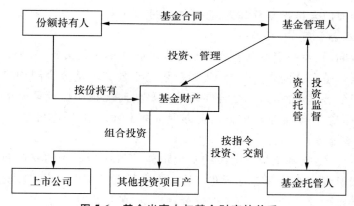

图 5-6 基金当事人与基金财产的关系

公司型基金,是指依据基金章程设立,基金持有人、基金董事会的权利、义务依法由基金章程规定的基金。基金董事会代表基金持有人委任基金管理人和基金托管人,并依法由委托合同确定各方权利、义务。该基金的董事会,相当于契约型基金中履行受托职能的人,对基金投资者负责,并负责监督基金管理人和基金托管人。这是基金业较发达的国家采用的主要组织形式,我国也认可这种组织形式。②

---

① 参见我国《证券投资基金法》第3、51条。
② 参见我国《证券投资基金法》第154条。

2. 封闭式基金和开放式基金

根据基金的运作方式,可以分为封闭式基金、开放式基金和其他运作方式的基金。封闭式基金,是指经核准的基金份额总额在基金合同期限内固定不变,基金份额可以在依法设立的证券交易场所交易,但基金份额持有人不得申请赎回的基金。其份额持有人在基金存续期内,只能在规定的场所转让其所持基金份额,但不得请求基金管理人赎回。开放式基金,是指基金份额总额不固定,基金份额可以在基金合同约定的时间和场所申购或者赎回的基金。其份额持有人可依据基金份额的资产净值,在规定的时间和场所赎回其所持基金份额。交易型开放式指数基金亦可上市交易。[①] 对于其他运作方式,我国《证券投资基金法》第46条授权证监会对基金份额发售、交易、申购、赎回的办法另行规定。

3. 公募基金和私募基金

根据基金的募集方式,还可以分为公募基金和私募基金。公募基金可以向社会公众公开发布信息并募集资金,而私募基金则只能在有限范围内向特定对象募集资金。在我国,证券投资基金可采用公募方式,亦可采用私募方式,唯私募基金只能面向合格投资者募集,且不能超过200人。

(三) 基金合同

基金合同,是指约定本基金合同当事人之间基本权利义务、基金运作方式等事项的协议。基金合同之于基金,犹如章程之于公司。基金合同均应具备必备事项。对于公募基金而言,基金合同系基金募集时上报中国证监会的必备文件之一,基金募集完毕,需依法向证监会办理备案手续,该合同方可生效。

(四) 基金财产

基金财产,是指基金投资者缴纳基金份额的款项所形成的财产及其增值部分。这是投资者利益的基础之所在。管理人和托管人的固有财产则是由其股东出资形成的财产及其增值。为维护投资者权益,在基金财产与托管人、管理人的固有财产之间构筑防火墙,乃各国通例,我国自不例外。

基金财产具有独立性,目的就在于确保其安全和独立运作,保护投资者的合法利益。其独立性主要表现为[②]:(1) 基金财产虽由基金管理人管理,但基金财产在基金托管人手中,基金管理人并未实际掌握基金财产,也没有权利从基金托管人手中取走基金财产。而基金托管人虽然掌握基金财产,但并不能进行具体投资运用。(2) 基金财产独立于基金管理人和基金托管人的固有财产,不得归入其固有财产。其管理、运用或者其他情形而取得的财产和收益,亦应归入基金财产。基金管理人、基金托管人因依法解散、被依法撤销或者被依法宣告破产等

---

① 参见《上海证券交易所证券投资基金上市规则》第2条。
② 参见我国《证券投资基金法》第5—7、20、37条。

原因而终止的,基金财产不属于其清算财产。(3)基金财产的债权,不得与不属于基金财产的债务相互抵销,不得与基金管理人、基金托管人固有财产的债务相互抵销,不同基金的债权债务也不得相互抵销。(4)非因基金财产本身承担的债务,债权人不得对基金财产强制执行。(5)基金托管人对其托管的不同基金应分别设置账户,确保每只基金的完整性与独立性。

二、证券投资基金的当事人

(一)基金管理人

基金管理人,是指具体对基金财产进行投资运作的机构,可以是公司,也可以是合伙企业。公募基金的管理人由基金管理公司或证监会核准的其他机构担任。至于私募基金管理人,具体规范办法由证监会另行制定。依据《证券投资基金法》第94条,私募基金管理人可以采用有限合伙企业形态。专门从事私募基金管理的基金管理人,只要其股东、高级管理人员、经营期限、管理的基金资产规模等合规,经证监会核准,亦可从事公募基金管理。

公募基金管理人履行12项职责[①]:依法募集资金,办理基金份额的发售和登记事宜;办理基金备案手续;对所管理的不同基金财产分别管理、分别记账,进行证券投资;按照基金合同的约定确定基金收益分配方案,及时向基金份额持有人分配收益;进行基金会计核算并编制基金财务会计报告;编制中期和年度基金报告;计算并公告基金资产净值,确定基金份额申购、赎回价格;办理与基金财产管理业务活动有关的信息披露事项;按照规定召集基金份额持有人大会;保存基金财产管理业务活动的记录、账册、报表和其他相关资料;以基金管理人名义,代表基金份额持有人利益行使诉讼权利或者实施其他法律行为;证监会规定的其他职责。

基金管理公司占据基金管理人的主流地位。基金管理公司的设立实行行政许可,经证监会批准,方可设立。证监会自受理基金管理公司设立申请之日起6个月内,依据法定条件和审慎监管原则进行审查,作出批准或者不予批准的决定,并通知申请人;不予批准的,应当说明理由。相应地,基金管理公司变更持有5%以上股权的股东,变更公司的实际控制人,或者变更其他重大事项,亦应经证监会批准。证监会审批的时限为60日,自受理申请之日起计算。如予批准,应通知申请人;不予批准的,则应说明理由。作为一种特殊公司,公募基金管理公司的治理结构需符合特殊要求。[②] 风险控制乃重中之重,公募基金尤其如此。[③]

---

① 参见我国《证券投资基金法》第20条。
② 参见我国《证券投资基金法》第15—19条。
③ 参见我国《证券投资基金法》第23—27、30条。

（二）基金托管人

基金托管人，是指依法保管基金财产的机构，包括商业银行和其他金融机构。基金托管人与基金管理人不得为同一机构，不得相互出资或者持有股份。公募基金必须由托管人托管，私募基金除基金合同另有约定外，亦应由托管人托管。

商业银行担任基金托管人的，由证监会会同银监会核准。其他金融机构担任基金托管人的，由证监会核准。担任托管人的条件为[①]：（1）净资产和风险控制指标符合有关规定；（2）设有专门的基金托管部门；（3）取得基金从业资格的专职人员达到法定人数；（4）有安全保管基金财产的条件；（5）有安全高效的清算、交割系统；（6）有符合要求的营业场所、安全防范设施和与基金托管业务有关的其他设施；（7）有完善的内部稽核监控制度和风险控制制度；（8）法律、行政法规规定的和经国务院批准的证监会、银监会规定的其他条件。未经核准，任何单位和个人均不得从事基金托管业务。同时，该资格亦非一劳永逸。如托管人连续三年没有开展基金托管业务，或有违法行为，情节严重的，或有法律、行政法规规定的其他情形，证监会、银监会可取消其托管资格。

基金托管人履行以下职责[②]：（1）安全保管基金财产；（2）按照规定开设基金财产的资金账户和证券账户；（3）对所托管的不同基金财产分别设置账户，确保基金财产的完整与独立；（4）保存基金托管业务活动的记录、账册、报表和其他相关资料；（5）按照基金合同的约定，根据基金管理人的投资指令，及时办理清算、交割事宜；（6）办理与基金托管业务活动有关的信息披露事项；（7）对基金财务会计报告、中期和年度基金报告出具意见；（8）复核、审查基金管理人计算的基金资产净值和基金份额申购、赎回价格；（9）按照规定召集基金份额持有人大会；（10）按照规定监督基金管理人的投资运作；（11）证监会规定的其他职责。托管人应恪尽职守，履行诚实信用、谨慎勤勉的义务。一旦发现基金管理人的投资指令违反法律、行政法规和其他有关规定，或者违反基金合同约定，即应拒绝执行，立即通知基金管理人，并及时向证监会报告。如发现基金管理人依据交易程序已经生效的投资指令违反法律、行政法规和其他有关规定，或违反基金合同约定，则应立即通知基金管理人，并及时向证监会报告。

基金托管人职责终止的事由有[③]：（1）被依法取消基金托管资格；（2）被基金份额持有人大会解任；（3）依法解散、被依法撤销，或被依法宣告破产；（4）基金合同约定的其他情形。一旦终止，基金份额持有人大会应在6个月内选任新

---

① 参见我国《证券投资基金法》第34条。
② 参见我国《证券投资基金法》第37条。
③ 参见我国《证券投资基金法》第42条。

基金托管人。新基金托管人产生前,由证监会指定临时基金托管人。基金托管人应依法聘请会计师事务所对基金财产进行审计,审计结果应予公告,并报证监会备案。基金托管人应妥善保管基金托管业务资料,及时办理基金托管业务的移交手续,新基金托管人或者临时基金托管人则应及时接收。

（三）基金份额持有人

基金的投资者就是基金份额持有人。投资者购买基金份额,便成为基金份额持有人。作为投资者,其义务主要是在申购基金份额时足额支付认购款项。其权利有八项[①]:(1)分享基金财产收益;(2)参与分配清算后的剩余基金财产;(3)依法转让或者申请赎回其持有的基金份额;(4)按照规定要求召开基金份额持有人大会,或召集基金份额持有人大会;(5)对基金份额持有人大会审议事项行使表决权;(6)对基金管理人、基金托管人、基金服务机构损害其合法权益的行为依法提起诉讼;(7)有知情权;对于公募基金,他们有权查阅或者复制公开披露的基金信息资料;至于私募基金,他们则有权查阅基金的财务会计账簿等财务资料;(8)基金合同约定的其他权利。

基金份额持有人大会由基金份额持有人组成,对基金的重大事项作出决定。基金份额持有人大会可以设立日常机构。是否设立,依基金合同约定。其组成人员由基金份额持有人大会选举产生,其议事规则由基金合同约定。无论是基金份额持有人大会,还是日常机构,均不得直接参与或者干涉基金的投资管理活动。

三、证券投资基金的募集

（一）概述

证券投资基金的募集,是指基金管理人为筹集资金而依法定条件和程序向投资者销售基金份额的一系列行为的总称。公募基金实行注册制,适用于向不特定对象募集资金,向特定对象募集资金累计超过200人,以及法律、行政法规规定的其他情形。公募基金均应向证监会注册。未经注册,不得公开或者变相公开募集基金。

私募基金仅适用于合格投资者,且投资者累计不能超过200人。所谓合格投资者,是指达到规定资产规模或者收入水平,并且具备相应的风险识别能力和风险承担能力,其基金份额认购金额不低于规定限额的单位和个人。具体标准,由证监会规定。正因为如此,私募基金采用的是事后备案制,完全由市场调节。私募完成后,只需向基金行业协会备案即可。对募集的资金总额或者基金份额持有人的人数达到规定标准的基金,基金行业协会应向证监会报告。

---

① 参见我国《证券投资基金法》第47条。

（二）公募基金募集的注册

基金管理人应向证监会提交以下申请材料：(1) 申请报告；(2) 基金合同草案；(3) 基金托管协议草案；(4) 招募说明书草案；(5) 律师事务所出具的法律意见书；(6) 证监会规定提交的其他文件。基金合同和招募说明书而言均应具备必备事项。[①] 证监会依据法定条件和审慎监管原则，对募集注册申请进行审查，并作出是否注册的决定。其时限为受理募集申请之日起 6 个月。一旦作出决定，即应通知申请人。如不予核准，还应说明理由。

（三）募集

基金发售由基金管理人负责，亦可由其委托的基金销售机构办理。一经注册，管理人即可启动基金发售。在发售的 3 日前，基金管理人应公布招募说明书、基金合同和其他有关文件，并确保其真实性、准确性、完整性。基金管理人可依法开展宣传推介，不得有不当行为。[②] 基金管理人应将募集资金存入专门账户。在基金募集行为结束前，任何人均不得动用。

募集期限由证监会在注册文件中确定，自基金份额发售之日起计算。基金管理人必须在该期限内募集，不得进行超期募集。募集应自收到证监会核准文件之日起 6 个月内进行。如超过 6 个月才进行，只要原注册的事项未发生实质性变化，报证监会备案即可；如发生实质性变化，则应重新向证监会提出申请，另行注册。

一旦基金募集期限届满，基金募集是否成功，取决于所募集基金份额的数量和持有人人数。[③] 对于封闭式基金募集，基金份额总额需达到核准规模的 80% 以上。对于开放式基金募集，基金份额总额应超过注册的最低募集份额总额，且基金份额持有人人数符合证监会的要求。一旦募集成功，基金管理人即应自募集期限届满之日起 10 日内聘请法定验资机构验资，自收到验资报告之日起 10 日内向证监会提交验资报告，办理基金备案手续，并予以公告，基金合同即告生效。如所募集的基金份额和基金份额持有人未达到前述要求，即为募集失败。对此，基金管理人需承担两项责任[④]：一是以其固有财产承担因募集行为而产生的债务和费用；二是在基金募集期限届满后 30 日内，返还投资人已缴纳的款项，并加计银行同期存款利息。

四、证券投资基金的交易、申购与赎回

（一）公募基金上市交易

公募基金，无论是封闭式基金，还是开放式基金，均可上市交易。基金上市

---

① 参见我国《证券投资基金法》第 53—54 条。
② 参见我国《证券投资基金法》第 57、78 条。
③ 参见我国《证券投资基金法》第 59 条。
④ 参见我国《证券投资基金法》第 61 条。

由交易所审核,基金管理人应向交易所提出申请,交易所审核同意的,双方签订上市协议。至于上市条件,有以下五个方面:(1)基金的募集合法;(2)基金合同期限为5年以上;(3)基金募集金额不低于2亿元;(4)基金份额持有人不少于1000人;(5)基金份额上市交易规则规定的其他条件。符合该条件的,经审核同意即可上市交易。

基金上市终止亦由证券交易所决定,报证监会备案即可。终止上市的事由为[①]:(1)不再具备上市交易条件;(2)基金合同期限届满;(3)基金份额持有人大会决定提前终止上市交易;(4)基金合同约定的或基金份额上市交易规则规定的终止上市交易的其他情形。

(二)公募基金的申购与赎回

对于开放式基金,基金份额的申购、赎回、登记,由基金管理人或者其委托的基金服务机构办理。除基金合同另有约定外,基金管理人应在每个工作日办理基金份额的申购、赎回业务。投资人交付申购款项,申购即告成立;基金份额登记机构确认基金份额时,申购生效。基金份额持有人递交赎回申请,赎回成立;基金份额登记机构确认赎回时,赎回生效。除因不可抗力导致基金管理人不能支付赎回款项,或证券交易场所依法决定临时停市,导致基金管理人无法计算当日基金资产净值,或具有基金合同约定的其他特殊情形外,基金管理人均应按时支付赎回款项。发生这些情形的,管理人应于当日向证监会备案。一旦该情形消失,管理人就应及时支付赎回款项。

为确保持有人的赎回自由,开放式基金应保持足够的现金或者政府债券,以备支付基金份额持有人的赎回款项。其具体比例,由证监会规定。如基金份额净值计价出现错误,管理人应立即纠正,并采取合理的措施防止损失进一步扩大。如计价错误达到基金份额净值的0.5%,管理人应公告,并报证监会备案。基金份额持有人因此遭受损失的,有权要求基金管理人、基金托管人赔偿。

五、证券投资基金的持续信息披露

信息披露义务人包括基金管理人、基金托管人和其他基金信息披露义务人。信息披露义务人应依法披露基金信息,保证所披露信息的真实性、准确性和完整性。一是要及时。应按照证监会规定的时间披露信息。二是要有效。确保投资人能够按照基金合同约定的时间和方式查阅或者复制公开披露的信息资料。无论披露何种信息,均不得有虚假记载、误导性陈述或者重大遗漏,不得对证券投资业绩进行预测,违规承诺收益或者承担损失,诋毁其他基金管理

---

① 参见我国《证券投资基金法》第65条。

人、基金托管人或者基金销售机构,或有法律、行政法规和证监会规定禁止的其他行为。

信息披露义务人不依法进行基金信息披露,或披露的信息有虚假记载、误导性陈述或者重大遗漏的,则应承担相应的民事、行政和刑事责任。①

司法考试相关知识链接

例题1 2011年卷三　　单项选择题

33. 股票和债券是我国《证券法》规定的主要证券类型。关于股票与债券的比较,下列哪一表述是正确的?

A. 有限责任公司和股份有限公司都可以成为股票和债券的发行主体

B. 股票和债券具有相同的风险性

C. 债券的流通性强于股票的流通性

D. 股票代表股权,债券代表债权

答案 D

详解 股票与债券的区别

选项A错误。债券的发行主体并没有限定,无论是国家、地方、公共团体,还是企业,都可以发行债券,而股票则只有股份制企业才可以发行。

选项B错误。股票的风险性大于债券的风险性。债券只是一般的投资对象,其交易转让的周转率比股票低。股票是金融市场上的主要投资对象,其交易转让的周转率高,市场价格变动幅度大,可能暴涨暴跌,安全性低,风险大。

选项C错误。股票的流通性大于债券的流通性。

选项D正确。债券和股票实质上是两种性质不同的有价证券,二者反映着不同的经济利益关系。债券是一种债权证书,而股票是一种所有权证书,代表的是股东享有的对发行股票的公司的股权。因此,债券的持有者无权过问公司的经营管理,而股票的持有者,则有权直接或间接地参与公司的经营管理。

例题2 2012年卷三　　单项选择题

34. 为扩大生产规模,筹集公司发展所需资金,鄂神股份有限公司拟发行总值为1亿元的股票。下列哪一说法符合《证券法》的规定?

A. 根据需要可向特定对象公开发行股票

B. 董事会决定后即可径自发行

C. 可采取溢价发行方式

D. 不必将股票发行情况上报证券监管机构备案

---

① 参见我国《证券投资基金法》第132、146、150条。

答案 C

详解 股票的公开发行

选项A错误。根据《证券法》第10条第2款规定,有下列情形之一的,为公开发行:(1)向不特定对象发行证券的;(2)向特定对象发行证券累计超过200人的;(3)法律、行政法规规定的其他发行行为。因此,公开发行股票应向不特定对象进行,而不能向特定对象进行。

选项B错误。根据《证券法》第14条的规定,公司公开发行新股,应当向国务院证券监督管理机构报送募股申请和下列文件:……(3)股东大会决议;(4)招股说明书……。因此,发行股票须通过股东大会决议,并向国务院证券监督管理机构申请。

选项C正确。《证券法》第34条规定,股票发行采取溢价发行的,其发行价格由发行人与承销的证券公司协商确定。因此,鄂神股份有限公司可以采取溢价发行方式发行股票。

选项D错误。《证券法》第36条规定,公开发行股票,代销、包销期限届满,发行人应当在规定的期限内将股票发行情况报国务院证券监督管理机构备案。

例题3 2012年卷三　　多项选择题

73. 华新基金管理公司是信泰证券投资基金(信泰基金)的基金管理人。华新公司的下列哪些行为是不符合法律规定的?

A. 从事证券投资时,将信泰基金的财产独立于自己固有的财产
B. 以信泰基金的财产为公司大股东鑫鑫公司提供担保
C. 就其管理的信泰基金与其他基金的财产,规定不同的基金收益条款
D. 向信泰基金份额持有人承诺年收益率不低于12%

答案 BCD

详解 基金管理人的职责

选项A符合法律规定。《证券投资基金法》第5条第2款规定,基金财产独立于基金管理人、基金托管人的固有财产。基金管理人、基金托管人不得将基金财产归入其固有财产。

选项B不符合法律规定。《证券投资基金法》第74条第1款第(二)项规定,基金财产不得用于违反规定向他人贷款或者提供担保。

选项C不符合法律规定。《证券投资基金法》第21条第(二)项规定,基金管理人不得不公平地对待其管理的不同基金财产。

选项D不符合法律规定。《证券投资基金法》第21条第(四)项规定,基金管理人不得向基金份额持有人违规承诺收益或者承担损失。

例题4 2013年卷三　　多项选择题

76. 黄某为上市公司天开股份公司的股东,持股6%。黄某在2006年1月2

日买入万股该公司股票,因价格上涨,黄某将该股票在2006年5月10日卖出。对于黄某的该项交易哪些表述是正确的?

A. 黄某行为违反禁止短线交易的规定为无效

B. 黄某行为有效,但应将所得收益归天开公司

C. 如果黄某资金不足,证券公司可以为其提供融资服务

D. 黄某所得收益应由天开公司董事会收归公司,如果董事会未按规定履行义务则该公司其他股东有权以董事会为被告提起诉讼

答案 BC

详解 证券交易

《证券法》第47条规定,上市公司董事、监事、高级管理人员、持有上市公司股份5%以上的股东,将其持有的该公司的股票在买入后6个月内卖出,或者在卖出后6个月内又买入,由此所得收益归该公司所有,公司董事会应当收回其所得收益。但是,证券公司因包销购入售后剩余股票而持有5%以上股份的,卖出该股票不受6个月时间限制。公司董事会不按照上述规定执行的,股东有权要求董事会在30日内执行。公司董事会未在上述期限内执行的,股东有权为了公司的利益以自己的名义直接向人民法院提起诉讼。公司董事会不按照上述规定执行的,负有责任的董事依法承担连带责任。

由此可知,选项B正确,选项A、D错误。

选项C正确,《证券法》第142条规定,证券公司为客户买卖证券提供融资融券服务,应当按照国务院的规定并经国务院证券监督管理机构批准。

例题5 2013年卷三 多项选择题

81. 根据《证券法》的规定,证券登记结算机构应履行下列哪些职能?

A. 受发行人的委托派发证券权益

B. 证券的托管和过户

C. 证券交易所上市证券交易的清算和交收

D. 证券持有人名册登记

答案 ABCD

详解 证券登记结算机构职能

《证券法》第157条规定,证券登记结算机构履行下列职能:(一)证券账户、结算账户的设立;(二)证券的存管和过户;(三)证券持有人名册登记;(四)证券交易所上市证券交易的清算和交收;(五)受发行人的委托派发证券权益;(六)办理与上述业务有关的查询;(七)国务院证券监督管理机构批准的其他业务。

由此可知,ABCD四项均正确。

实战演练

一、选择题

1. 根据我国相关法律的规定,在股票的发行价格上,要求的条件是(　　)。
   A. 允许平价发行和折价发行,不允许溢价发行
   B. 允许平价发行,但是不允许溢价发行和折价发行
   C. 溢价发行、平价发行、折价发行都允许
   D. 允许溢价发行和平价发行,但是不允许折价发行

2. 根据我国《证券法》的相关规定,股票上市的条件主要包括(　　)。
   A. 股票经中国证监会核准已公开发行
   B. 公司股本总额不少于3000万元
   C. 公开发行的股份达到公司股份总数的25%以上;公司股本总额超过4亿元的,公开发行股份的比例只需达到10%
   D. 公司最近3年无重大违法行为,财务会计报告无虚假记载

3. 内幕交易是证券法禁止的交易行为,下列可能成为内幕交易知情人的主体有(　　)。
   A. 发行人的董事、监事和高管
   B. 持有公司股份3%以上的股东及其董事、监事、高管
   C. 发行人控股的公司及其董事、监事、高管
   D. 保荐人、承销的证券公司、证券交易所、证券登记结算机构、证券服务机构的有关人员

4. 关于上市公司收购的说法,下列哪些选项是正确的?(　　)
   A. 收购期限届满,被收购公司股权分布不符合上市条件的,依法终止上市交易
   B. 收购人持有的被收购的上市公司的股票,在收购行为完成满12个月以后可以转让
   C. 收购期限届满,其余仍持有被收购公司股票的股东,有权向收购人以收购要约的同等条件出售其股票,收购人应当收购
   D. 收购行为完成后,收购人与被收购公司合并,并将该公司解散的,被解散公司的原有股票由收购人依法更换

5. 证券投资基金财产具有独立性,该独立性主要体现在(　　)。
   A. 基金财产由基金管理人管理,但基金管理人并未实际掌握基金财产
   B. 基金财产独立于基金管理人和基金托管人的固有财产
   C. 基金财产的债权,不得与不属于基金财产的债务相互抵销
   D. 非因基金财产本身承担的债务,债权人不得对基金财产强制执行

第六章 票 据 法

第一节 票据的基本制度

一、票据概述

(一)概念与特征

票据是出票人依票据法签发的,约定由自己或自己委托的人于到期日无条件支付一定金额给持票人的有价证券。作为证券的一种,票据属于货币证券,系以支付金钱为目的的有价证券。与以投资性为目的的资本证券相比,票据的主要功能就是支付。在传统支付方式中,它是替代现金的支付方式,大大提高了支付的便捷性、安全性和效率。即使是在现代网络支付方式中,票据仍有用武之地。同时,票据还具有汇兑、信用、流通和融资等功能。

票据的特征为:(1)设权性。票据所证明的权利因作成票据而创设,该权利在票据形成前并不存在。没有票据,也就没有票据上的权利。作为资本证券所证明的权利,比如,股票、公司债券所证明的股东权、债权,则在证券形成前就已经存在。尽管票据的签发需基于一定的债权债务关系,但由此所产生并证明的权利并非该债权债务关系中的权利。只要转移权利凭证便能发生票据权利转让之效力,基础关系中的债权转让并非票据权利移转的前提。票据基础关系中的权利义务的消灭,并不当然影响票据权利,也不消灭票据权利义务关系。(2)要式性。要式性是指票据的作成需依票据法规定的格式进行。这是交易定型化原则的具体体现。如不按照规定的格式进行,就会影响票据的效力,甚至造成票据无效。其主要表现为[①]:一是票据的格式应当统一,且由中国人民银行规定;二是票据行为亦需依照法定程序与方式进行。(3)绝对性。票据不仅表现为权利的证券化,而且证券与权利已是一而二,二而一的关系,两者相依为命,有券斯有权,权为券上权,券不离权,权不离券。与股票、公司债券等不完全证券相比,票据属于完全证券,亦称绝对证券,其绝对性、完全性表现为权券一体化,票据本身即足以证明权利之存在。行使权利必须提示证券,转移权利必须交付证券,权利

---

① 参见我国《票据法》第8、108条。

之范围以及行使权利之要件,一律以证券上所载文字为准。① 另一方面,持有人一旦丧失票据,除非享有失票之救济措施,即丧失权利。(4)无因性。这是指票据权利仅依票据法的规定而产生、变更或消灭,无须考虑其发生的原因或基础。这是因为票据系信用工具,其效力只能依外观予以确认,而不问其取得是否有因、基于何因,也不问引起票据签发、背书、保证、承兑行为的原因关系是否有效,或是否被撤销。即使票据的取得无任何原因、票据基础关系无效或被撤销,票据的效力亦不应受到影响。诚然,无因性是相对的。(5)文义性。票据是一种按票载文义确定效力的证券,即使所做记载事项与实际情况不一致,仍应按票载文义确定其效力,而不得以当事人的意思或其他有关事项来确定票据上的权利义务。(6)流通性。流通性系票据的基本功能之一。一般说来,记名票据经背书交付即可转让,而无记名票据只要交付即可转让。

(二) 类型

鉴于票据的要式性,各国无不采用票据类型法定主义。我国确认了汇票、本票和支票三种法定类型,本票仅限于银行本票。②

汇票、本票和支票的差异主要有四个方面:(1)从支付的属性看,汇票和支票均属于委托付款,而本票则是自己付款的承诺。为此,汇票和本票至少有3个参与人,即出票人、付款人和收款人,而支票的出票人就是付款人,仅有2个参与人。(2)汇票和本票对支付人资格并无特殊要求,而支票的支付人必须是银行或其他金融机构。(3)从票据的到期日来看,汇票可以是见票即付,也可以指定到期日,而本票和支票均只能是见票即付。(4)除见票即付的汇票外,汇票需经付款人承兑,而本票和支票均无须承兑。

二、票据法律关系

票据法律关系包括票据关系与非票据关系。票据关系为票据所固有的法律关系,而非票据关系则是非票据所固有,但与票据密切相关的法律关系。

(一) 票据关系

票据关系是指由票据法调整的,以票据权利义务为内容的社会关系。出票人与持票人之间、付款人与收款人之间、背书人与被背书人之间即形成票据关系(图6-1、图6-2)。其特征是:(1)基于票据行为而发生。比如,出票、背书、承兑、保证等。(2)以金钱给付为内容。付款请求权为票据债权人第一顺序的权利,也是票据债务人第一顺序的义务。(3)权利义务具有多重性。

---

① 参见我国《票据法》第4条第2款、第27条第3款、第55条。
② 参见我国《票据法》第2条第2款、第73条第2款。

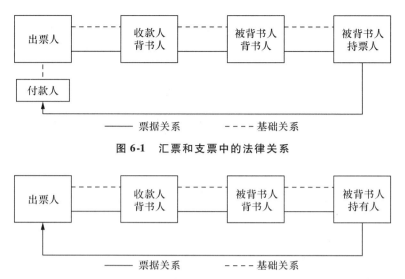

图 6-1 汇票和支票中的法律关系

图 6-2 本票中的法律关系

1. 当事人

出票人、付款人和收款人是票据的基本当事人,唯本票的付款人与出票人系同一人。最初票据债权人为收款人,但经过背书转让后,最后持票人才是债权人。相对于前手而言,后手为前手的债权人。就票据债务人而言,则有第一债务人和第二债务人。第一债务人,亦称主债务人,持票人通常向其主张票据权利。一般而言,付款人就是主债务人。汇票的付款人一经承兑,即成为承兑人。对于支票而言,银行或其他金融机构作为付款人,虽有付款义务,但不属于票据债务人,支票原则上无主债务人。本票的主债务人就是出票人自己。至于第二债务人,亦称偿还债务人,是指持票人不能获得付款或承兑时,可以向其行使追索权以请求偿还的人,包括出票人和背书人。一般说来,出票人应先向主债务人行使付款请求权,在遭遇拒绝时方可向第二债务人进行追索,请求偿还。

2. 种类

根据票据行为的不同,可以将票据关系区分为票据发行关系、票据背书关系、票据承兑关系、票据保证关系、票据参加关系以及票据履行关系。票据发行关系是基于票据的签发而形成的票据关系。票据背书关系是基于收款人或持票人的背书行为而产生的票据关系。票据承兑关系是基于汇票付款人的承兑行为而发生的票据关系。票据参加关系是基于参加人的参加行为而发生的票据关系,包括参加承兑与参加付款。票据履行关系是基于履行票据债务而形成的票据关系。若付款人或承兑人履行票据债务,票据关系即告消灭。其他票据债务人履行票据债务的,只导致票据关系变动。

(二) 非票据关系

非票据关系,是指存在于当事人之间的票据关系以外的,与票据行为密切相关的权利义务关系,包括票据法上的非票据关系和民法上的非票据关系。民法上的非票据关系就是通常所谓的票据基础关系。

1. 票据法上的非票据关系

票据法上的非票据关系,是由票据法调整的非票据关系,虽无票据权利和义务,但仍以一定的权利义务为内容。它与票据行为相牵连,但不与其直接效果挂钩。这主要包括六种:(1)汇票回单签发关系;(2)票据返还关系;(3)票据复本的签发与返还关系;(4)誊本持票人与原本接受人之间的票据原本返还关系;(5)利益偿还关系;(6)损害赔偿关系。非票据关系虽由票据法调整,但采用的是民法调整方法。比如,票据权利人基于票据时效超过或票据记载事项欠缺而丧失票据权利的,仍可享有民事权利,可以请求出票人或承兑人返还与其未支付的票据金额相当的利益。[1]

2. 民法上的非票据关系

民法上的非票据关系,亦称票据的实质关系,是指导致票据关系产生的基础关系。作为基础关系的民法上的非票据关系,主要包括票据原因关系、票据预约关系和票据资金关系。票据原因系当事人之间授受票据的缘由,比如货物买卖合同价金的支付、定金的交付、租金的交付、票据本身的买卖、委托取款等。票据预约则是指以授受票据为目的而成立的契约,比如出票人与收款人就票据类型、金额、到期日等事项达成合意。票据资金关系,是指票据付款人与出票人或其他资金义务人之间所发生的补偿关系。付款人之所以承诺为出票人的委托而为之付款,乃是基于特定缘由,比如出票人已存放资金,付款人对出票人负有债务,或出票人与付款人之间具有信用关系。汇票和支票均需资金关系;作为自付票据的本票,本无需资金关系,但我国本票均为银行本票,本票出票人仍应具有支付本票金额的可靠资金来源。[2] 可见,现行三种票据均需资金关系。

(三) 票据的无因性与基础关系

无因性乃票据的显著特征。票据关系一旦成立,即脱离基础关系。即使基础关系无效,亦不影响票据权利人行使票据权利。这也是票据作为流通工具的基本要求。否则,票据已经多次背书转让,因基础关系无效而影响其效力,不仅不利于保护善意第三人的合法权益,使票据的流通性失去意义,也不利于稳定社会经济关系。我国票据法一方面认可了票据的无因性,另一方面为了确保金融安全,防范票据欺诈,又对其设有限制。这表明,我国票据仍与基础关系有较大

---

[1] 参见我国《票据法》第18条。
[2] 参见我国《票据法》第21、74、82条。

的关联性。

这种关联性体现在两个方面:一是票据关系与对价。(1)取得票据以给付对价为基础。这不仅要求票据的签发、取得和转让,需有真实的交易关系和债务关系,而且要求给付对价。持票人无对价而取得票据,不得享有票据权利。(2)基于税收、继承、赠与关系而取得票据的,虽不受对价之限,但持票人享有的票据权利不得优于其前手的权利。[1] (3)非法取得票据不享有票据权利。二是票据关系与资金关系。无论是汇票、支票,还是本票,均以资金关系为基础。[2] 汇票出票人须与付款人具有真实的委托付款关系,具有支付汇票金额的可靠资金来源。对于支票而言,申请人作为出票人,须先开立支票存款账户,并存入一定的资金。

三、票据行为

(一)概述

票据行为,亦称票据法律行为,是指产生、变更、消灭票据关系的行为。这是票据法的核心概念之一,没有票据行为,票据上的权利义务无从产生,也无从变更或消灭。它具有要式性、文义性、无因性、独立性和连带性。所谓独立性,是指票据行为彼此独立。前一项票据行为无效,不影响后一项票据行为的效力。连带性,是指凡是在票据上签章的人即为票据债务人,他们对票据债权人承担连带责任。这主要表现为,持票人行使追索权时,可以向在票据上签章的任何人进行追索。易言之,持票人可不依票据上签章的先后顺序,选择任何前手进行追索。[3]

从法律上看,票据行为主要有出票、背书、承兑、参加承兑、保证和保付等六种,我国则只规定了出票、背书、承兑和保证四种类型。就学理而言,依据票据行为是否创设票据权利,可以将其区分为基本票据行为和附属票据行为。基本票据行为,亦称主票据行为,是指创设票据权利的行为,比如出票。附属票据行为,亦称从票据行为,是指在已签发的票据上所为的票据行为,背书、承兑、参加承兑、保证和保付均为附属票据行为。

(二)有效条件

作为一种特殊民事法律行为,票据行为生效需具备实质要件和形式要件。实质要件是指票据行为的成立,须行为人具有民事权利能力和行为能力、意思表示真实、标的合法、行为内容不违反法律和社会公共利益等。对此,民法上已有

---

[1] 参见我国《票据法》第11条。
[2] 参见我国《票据法》第21条、第74条、第82条第2款。
[3] 参见我国《票据法》第61、80、93条。

充分的论述,兹不赘述。形式要件则是票据行为要式性的体现,包括书面形式、签章、记载事项和交付四个方面。

1. 书面形式

任何票据行为均需书面形式。口头形式的票据行为一律无效。作为书面形式的体现,汇票、本票和支票的格式全国统一,其票证格式和印制管理办法均适用中国人民银行的规定。特定记载事项记载于票据正面或其背面、粘单,均离不开书面形式。

2. 签章

签章为各种票据行为的共同要求。凡是在票据上签章的,即应承担票据责任。从签章的形式来看,可以是签名或盖章,也可以是签名加盖章。票据上的签名需为当事人的本名。对于法人和其他使用票据的单位而言,签章为该法人或单位的盖章加上其法定代表人或其授权的代理人的签章。签章不符合法定要求的,不具有票据法上的效力。

3. 记载事项

作为票据文义性的体现,票据通过记载事项反映当事人的意思表示,当事人的权利义务完全以票载内容为准。依据其效力,可以将其区分为必要记载事项、任意记载事项、记载有益事项和不得记载事项。必要记载事项是依据票据法规定而应予记载的事项,包括绝对必要记载事项和相对必要记载事项。若票据欠缺任何绝对必要记载事项,票据无效。票据的绝对必要记载事项为[①]:(1)"汇票""本票"或"支票"字样;(2)无条件支付的委托或承诺;(3)确定金额;(4)付款人名称(本票除外);(5)收款人名称(支票除外);(6)出票日期;(7)出票人签章。其中,票据金额应以中文大写和数码同时记载,两者必须一致。如不一致,票据无效。相对必要记载事项虽属法定记载事项,但如未记载,法律另定有补救措施,票据并不因此而无效。比如,汇票的付款日期、付款地、出票地等事项,本票的付款地、出票地等事项,支票的收款人名称、付款地、出票地等事项。[②] 任意记载事项,是否记载则由当事人自主决定。一经记载,即产生票据法上的效力。记载有益事项,则虽不发生票据法上的效力,但不妨碍发生民法上的效力。而不得记载事项是票据法禁止当事人在票据上记载的事项。

4. 交付

交付就是票据行为人将票据交付相对人持有。票据行为不同,接受交付的相对人也就不同。比如,出票人将票据交付收款人,背书人将票据交付被背书人,承兑人、参加承兑人和保证人则将其交付持票人。交付是否是票据行为的有

---

① 参见我国《票据法》第8、22、75、84条。
② 参见我国《票据法》第23、76、86条。

效要件,《票据法》虽未作出概括性规定,但对汇票出票进行界定时,就明确要求将票据交付收款人。①

(三) 票据代理

作为一种民事法律行为,票据行为亦可代理。票据代理,是指代理人基于被代理人的授权,在票据上明示被代理人的名义及为其代理的意思,并在票据上签章的行为。其成立要件为:(1)被代理人授权。(2)明示被代理人的名义。(3)明示为被代理人代理的意思。(4)代理人在票据上签章。

(四) 票据更改

票据的更改,是指有更改票据记载事项权的人变更票据记载事项的行为。票据行为成立后,如发现记载错误或客观情况发生变化,需要对已经生效的票据进行变更的,票据法准予有更改权的人,对其进行更改。其有效要件为②:(1)只有原记载人方可更改。(2)只能更改票据法准予更改的事项。除票据金额、日期、收款人名称外,票据上的其他记载事项均可更改。(3)更改时,原记载人需在票据上签章证明。

四、票据权利

(一) 概述

票据权利,是指持票人向票据债务人请求支付票据金额的权利。这是票据关系的核心内容,与其相对应的就是票据义务。这里仅阐述票据权利,只是从权利视角立论而已。其特征有三:一是以取得票据金额为目的;二是与票据密不可分;三是具有双重性。票据权利人享有付款请求权和追索权双重权利。付款请求权为票据权利人的第一顺序权利,追索权则为第二顺序权利。③ 票据权利人需首先请求付款人付款,如付款请求遭到拒绝,票据权利人可以向第二债务人行使追索权。

就学理而言,依据权利行使的顺序,可以将其分为先序权利和后序权利。付款请求权为先序权利,追索权为后序权利。持票人不得在未行使先序权利的情况下,径直行使后序权利。依据其行为基础,又可分为原本权利和辅助权利,基于票据的签发、背书、保证、承兑行为而产生的权利为原本权利,亦称固有权利,而基于参加行为而产生的权利即为辅助权利。

(二) 票据权利的取得

作为完全证券,有券才有权。取得票据权利,需要占有票据。票据权利有原

---

① 参见我国《票据法》第20条。
② 参见我国《票据法》第9条第2、3款,最高人民法院《关于审理票据纠纷案件若干问题的规定》第44条。
③ 参见我国《票据法》第4条第3款,最高人民法院《关于审理票据纠纷案件若干问题的规定》第5条。

始取得和继受取得两种方式。作为流通性证券,通过转让而继受取得票据权利乃常见方式。

原始取得,是指持票人不经任何其他前手权利人而最初取得权利,包括出票取得与善意取得。出票取得,就是权利人依出票人的出票行为而取得票据,这是原始取得的主要事由。善意取得,是票据受让人依票据法规定的转让方式,善意地从无处分权人手中取得票据,从而享有票据权利。所谓善意指的是无恶意或重大过失,判断受让人是否善意应以其取得票据时的情况为标准,且受让人的注意义务仅限于对其直接前手。

继受取得,则是指受让人从有处分权的前手权利人处取得票据权利。通过背书转让、保证、付款等票据法规定的转让方式取得票据权利,为票据法上的继受取得。通过质押、贴现、继承、赠与、公司合并或分立、清算等方式取得票据权利,为非票据法上的继受取得,它只能得到一般法律的保护,不能主张票据法上的抗辩和善意取得。

(三) 票据权利的行使和保全

票据权利的行使,是指票据权利人请求票据债务人履行票据债务的行为。比如,请求付款,行使追索权。票据权利的保全,是指阻止票据权利丧失的行为。比如,按期提示、作成拒绝证书以保全追索权,中断时效以保全付款请求权和追索权。两者联系密切,票据权利的行使往往也是票据权利的保全方法,故行使与保全紧密相连。

行使票据权利的方法就是依法提示票据,并在票据上签章,而保全票据权利的方法则是按期提示和作成拒绝证书。按期提示是指票据权利人应按期向票据债务人出示票据,请求其履行债务。作成拒绝证书是为了证明票据权利人已依法行使权利而被拒绝,或无法行使票据权利,这是保全后序权利的方法。

无论是票据权利的行使,还是保全,均在票据当事人的营业场所进行。如无营业场所,则应在其住所进行。① 时间则是票据法规定的行为期内的营业时间。如行为期最后一日为非营业日,则以非营业日之后的第一个营业日为最后一日。

(四) 票据抗辩

票据抗辩,是指票据债务人根据票据法的规定对票据债权人拒绝履行义务的行为。这是票据债务人的一项权利,故称为抗辩权,票据债务人所提出的合法事由即为抗辩事由或抗辩原因。依据抗辩事由是否对抗一切票据债权人,可以将抗辩事由区分为绝对抗辩和相对抗辩。相对抗辩,亦称主观抗辩、人的抗辩,是指基于票据债务人与特定债权人之间的关系而产生的抗辩。这种抗辩只能对

---

① 参见我国《票据法》第 16 条。

抗特定债权人。依据抗辩事由的性质,可以将其分为票据权利不存在的抗辩和拒绝履行票据义务的抗辩。票据权利不存在的抗辩事由为[①]:(1)票据欠缺绝对必要记载事项;(2)票据记载事项不符合法定要求;(3)更改禁止更改的记载事项;(4)票据能力欠缺;(5)票据的签章被伪造;(6)票据到期日未届至;(7)票据权利因时效而消灭;(8)票据权利因法院的除权判决而消灭;(9)票据权利因保全手续的欠缺而消灭;(10)因恶意或重大过失取得票据。其中,前9项为绝对抗辩,最后1项为相对抗辩。拒绝履行票据义务的抗辩事由为[②]:(1)票据债务人基于与自己有直接票据关系的持票人之间的债权债务关系而进行的抗辩;(2)无对价抗辩;(3)明知票据债务人与出票人或与持票人的前手之间存在抗辩而受让票据的;(4)其他有关拒绝履行票据义务的抗辩。

为确保票据的流通性,维护持票人的合法权益,各国均对票据抗辩设有限制。依据我国《票据法》第13条,我国对相对抗辩有两项限制:(1)票据债务人不得以自己与出票人之间的抗辩事由对抗持票人;(2)票据债务人不得以自己与持票人前手之间的抗辩事由对抗持票人。但是,如持票人有恶意,即明知存在抗辩事由而取得票据的,票据债务人则可以其与出票人或持票人的前手之间的抗辩对抗持票人。

(五)票据权利的消灭与利益偿还请求权

票据权利的消灭有绝对消灭和相对消灭之分。绝对消灭,是指持票人获得票据金额,且整个票据关系因此归于消灭。其事由为:(1)付款人或承兑人为票据付款;(2)时效期间届满;(3)票据被除权;(4)不得变动之记载事项的更改、变造;(5)涂销。相对消灭,则是指票据债务人为数人时,一债务人因被追索而清偿债务,或保证人、参加人履行票据义务,持票人的票据权利因而归于消灭,但整个票据关系并未消灭。其事由包括清偿、抵销、免除、丧失追索权等。

利益偿还请求权,是指票据权利因票据时效或者保全手续的欠缺而丧失的,持票人对于出票人或承兑人享有的返还其与未支付的票据金额相当利益的权利。这不是票据权利,而是民事权利,系为了平衡当事人之间的利益,依据民法方法而规定于票据法的非票据权利。利益返还请求权的行使需符合五项条件:(1)请求权人限于正当持票人。(2)票据权利曾经有效存在。(3)利益偿还义务主体以出票人或承兑人为限。(4)票据权利丧失的原因限于时效超过和保全手续欠缺。(5)出票人或承兑人需因此受益。

---

① 参见我国《票据法》第9、17、18、22、31条,最高人民法院《关于审理票据纠纷案件若干问题的规定》第16条。

② 参见我国《票据法》第10、12、13条,最高人民法院《关于审理票据纠纷案件若干问题的规定》第15条。

五、票据的伪造、变造与丧失

(一) 票据的伪造

票据的伪造,是指假冒他人名义而实施的票据行为。假冒出票人名义出票,假冒他人名义背书、承兑、保证等,均属票据的伪造。其构成要件为:(1)需伪为票据的签章;(2)假冒他人的名义;(3)以行使票据权利为目的。

其法律后果体现为四个方面:(1)对被伪造人的效力。签章系票据行为成立的要件之一,被伪造人并无签章,无须承担票据责任。这是绝对抗辩。(2)对伪造人的效力。伪造人虽不承担票据责任,但应承担民事赔偿责任、行政责任和刑事责任。(3)对真实签章人的效力。作为票据行为的独立性的体现,票据上有伪造签章的,并不影响其他真实签章的效力。其他票据债务人仍应承担票据责任。(4)对持票人的效力。善意持票人仍可取得票据权利,可以行使票据付款请求权和追索权。如其在取得票据过程中,有恶意或重大过失,即不能享有票据权利。(5)对付款人的效力。如付款人未尽注意义务,因重大过失而未能识别伪造票据,便支付票据金额的,应自己承担付款的责任。给持票人造成损失的,应依法承担赔偿责任。付款人在承担责任后可以向伪造者追偿。[①] 如已尽注意义务,仍不能识别伪造票据,付款人的付款行为有效,其损失可以依据民法请求伪造人赔偿。

(二) 票据的变造

票据的变造,是指无更改权的人在票据上变更签章以外的其他记载事项的行为。其构成要件为:(1)变更已经生效的票据上除签章以外的记载事项。通常表现为更改票据金额。(2)需为无更改权的人进行变造。如属有更改权的人所为,则是合法票据行为。(3)需以行使票据权利为目的。

其法律后果有以下三个方面:(1)签章人的责任。变造的票据,仍然有效。签章人的票据责任则视其在变造之前后而异。[②] 在变造之前签章的人,对原记载事项负责;在变造之后签章的人,对变造之后的记载事项负责;不能辨别是在票据被变造之前或者之后签章的,视同在变造之前签章,以防止持票人欺骗。(2)变造人的责任。与票据伪造人一样,变造人不是票据上的签章人,无须承担票据责任,但应承担民事赔偿责任、行政责任和刑事责任。[③] (3)对付款人的效力。如付款人未尽注意义务,因重大过失而未能识别变造的票据,便支付票据金额的,应自己承担付款的责任。给持票人造成损失的,应依法承担赔偿责任。付

---

① 参见最高人民法院《关于审理票据纠纷案件若干问题的规定》第69条。
② 参见我国《票据法》第14条第3款。
③ 参见我国《票据法》第14条第1款、第102条,最高人民法院《关于审理票据纠纷案件若干问题的规定》第67条。

款人在承担责任后可以向变造者追偿。如已尽注意义务,仍不能识别变造的票据,付款人的付款行为有效,其损失可依据民法请求变造人赔偿。

(三) 票据的丧失

票据的丧失,是指持票人非出于自己的本意而丧失票据占有的客观状态。易言之,持票人并无放弃的意思,票据却脱离其占有。这分为两种情形:一是绝对丧失,即票据在物质形态上毁灭,比如撕毁、烧毁等;二是相对丧失,即因遗失、被盗等原因,票据脱离持票人占有。

鉴于票据为完全证券,有券即有权,失券即失权。但是,票据丧失并非出于持票人的本意,故票据法为其提供了救济措施。依据我国《票据法》第15条,主要有挂失止付、公示催告和普通民事诉讼三项救济措施。

挂失止付是指失票人将丧失票据的情况通知付款人,并使其停止付款的行为。这是一项临时性救济,目的在于防止票据金额被他人冒领,但并不能使失票人的票据权利得到恢复。

公示催告,是指法院应失票人的申请,以公示的方法,催告票据利害关系人在一定期限内向法院申报权利,如不申报即产生失权效果的程序。这是一种使票据权利与票据本身相分离的法律程序,是有别于普通民事诉讼程序的独立程序。与挂失止付相比,它可以产生除权判决,使权券分离,进而恢复票据权利。

适用普通民事诉讼程序之救济有两种情形:一是因利害关系人的权利申报与申请人发生权利争议,从而转入该程序;二是失票人在丧失票据后,直接提起普通民事诉讼程序。其目的是请求法院判令票据债务人向其支付票据金额,或补发票据,或返还票据,从而实现其票据权利。被告为与失票人具有票据债权债务关系的出票人、拒绝付款的票据付款人或者承兑人。若要求返还票据,被告则为非法持有票据的人。失票人提起普通民事诉讼,需要提供担保。担保金额为相当于票据金额的数额。[①]

第二节 汇　　票

一、汇票概述

汇票,亦称信用证券或委托证券,是出票人签发的,委托付款人在见票时或在指定日期无条件支付确定的金额给收款人或者持票人的票据(图6-3)。其特征为:(1)委托他人付款。(2)在指定的到期日或见票时支付。汇票可以见票即付,也可以指定一定的付款期,即到期日。这种到期日可以是定日付款、出票

---

① 参见最高人民法院《关于审理票据纠纷案件若干问题的规定》第35—38条。

后定期付款，也可以是见票后定期付款。（3）确定的金额。作为金钱证券，汇票以支付一定金额为目的，票据金额为绝对必要记载事项。如汇票欠缺确定的金额，该汇票归于无效。（4）无条件支付。付款人只有两个选择，要么无条件付款，要么拒绝支付，二者必居其一。

××银行

付款期限 壹个月　　**银行汇票**　　2　地名　汇票号码 第　号

出票日期（大写）　年　月　日	代理付款行：			行号：							
收款人：											
出票金额 人民币（大写）											
实际结算金额 人民币（大写）		千	百	十	万	千	百	十	元	角	分

申请人：________　　账号或住址：________

出票行：____行号：____

备　注：________

凭票付款

出票行签章

										科目（借）____
多余金额										对方科目（贷）____
千	百	十	万	千	百	十	元	角	分	兑付日期：　年　月　日
										复核　　记账

图 6-3　银行汇票的样式

（一）当事人

作为汇票关系权利义务的承受者，汇票当事人因票据行为而异。就出票而言，就有出票人、收款人和付款人三方当事人。如遇背书转让，便有背书人和被背书人，被背书人取得汇票后仍可继续背书转让，直至最后持票人提示付款。如遇保证行为，有时会涉及保证人和被保证人。保证人为汇票债务人以外的他人，被保证人则为特定的汇票债务人。

（二）类型

1. 银行汇票和商业汇票

依据汇票出票人的身份，可以将其区分为银行汇票和商业汇票。银行汇票是银行签发的，委托异地银行或其他金融机构向持票人支付确定金额的票据。银行汇票的出票人是银行，付款人是出票银行委托的异地银行或其他金融机构，收款人可以是汇款人，也可以是汇款人指定的人。商业汇票，是指企业和其他组织签发的，并委托他人依票据记载向收款人或持票人无条件支付确定金额的汇票。

2. 即期汇票与远期汇票

根据汇票的付款日期,可以将其区分为即期汇票和远期汇票。即期汇票是指以见票日为付款日的汇票,即见票即付的汇票。远期汇票,则是以将来某一时间届至为到期日的汇票,包括定日汇票、计期汇票和注期汇票。

3. 记名汇票、指示汇票和无记名汇票

依据汇票上记载权利人的方式,可以将其区分为记名汇票、指示汇票和无记名汇票。记名汇票就是出票人明确记载收款人姓名或名称的汇票。指示汇票,是指出票人在票据上记载收款人姓名或名称,并附加"或其指定人"字样的汇票。无记名汇票,则是不记载收款人姓名或名称,或仅记载向"来人"支付字样的汇票。这种汇票只要交付即可发生转让效力。

二、汇票的出票

汇票的出票,亦称汇票的发票、汇票的签发、汇票的发行,是出票人签发票据,将其交付给收款人的票据行为。它属于票据创设行为,系最基本最主要的票据行为。没有出票,就谈不上背书、承兑、保证等附属票据行为。其特征为:(1)是基本票据行为;(2)是具有出票人资格的人所为;(3)是出票人作成票据的行为;(4)是出票人发行票据的行为。

(一)记载事项

作为文义证券和要式证券,汇票不仅要记载一定事项,而且需依法定格式进行记载。依据记载事项对汇票效力的影响,可以将其分为必要记载事项、任意记载事项、不得记载事项和记载有益事项。必要记载事项又分为绝对必要记载事项和相对必要记载事项。绝对必要记载事项包括表明"汇票"的字样、无条件支付的委托、确定的金额、付款人名称、收款人名称、出票日期和出票人签章。汇票上未记载绝对必要记载事项之一的,汇票无效。付款日期、付款地、出票地等属于相对必要记载事项。作为当事人意思自治的体现,如有这种记载,即以记载为准;如无记载,则以默示规范为准。如汇票上未记载付款日期,视为见票即付。不得记载事项,根据违法后果,又分为记载无益事项和记载有害事项。前者只导致该记载本身无效,票据法上视为未做记载,但不影响票据的效力。后者不仅使该项记载本身无效,而且使整个汇票也无效,比如附条件委托付款。记载有益事项虽不发生票据法上的效力,但不妨碍发生民法上的效力。比如,我国《票据法》第24条准予汇票记载法定事项之外的其他出票事项,但该记载不具有汇票上的效力。除必要记载事项、不得记载事项和记载有益事项外,其他均属任意记载事项,比如代理付款人、预备付款人、利息与利率、禁止背书等。我国《票据法》第27条第2款仅就禁止背书作出明确许可,即准予出票人在汇票上记载"不得转让"字样。

（二）效力

作为基本票据行为，出票一经完成，即对出票人、收款人和付款人产生相应的效力。对于出票人，依据我国《票据法》第 26 条，出票人一经出票，即应承担保证该汇票承兑和付款的责任。如遇汇票不能承兑或付款，出票人应向持票人承担偿还责任。对付款人而言，付款人毕竟只是因受委托而付款，是否付款取决于其是否承兑。只有承兑后，才产生付款人的付款责任。对于收款人和持票人，即取得票据权利，享有付款请求权和追索权。这是一种期待权，该权利只有经付款人承兑，方才转换为现实的权利。

三、汇票的背书

背书，是指在票据背面或者粘单上记载有关事项，并签章的票据行为。虽为附属票据行为，但鉴于票据的流通性，背书在票据法中举足轻重。其特征为：(1) 附属性；(2) 以转让汇票权利或将一定汇票权利授予他人为目的；(3) 系持票人的行为；(4) 要式性(图 6-4)。

银行汇票第二联背面：

被背书人	被背书人
背书人签单 年 月 日	背书人签单 年 月 日

持票人向银行 提示付款签章：	身份证件名称：	发证机关：
	号码：	

图 6-4 汇票背书的样式

作为票据要式性的体现，背书亦需有必要记载事项，包括背书人签章、被背书人的名称以及背书日期。其中，背书人签章和被背书人的名称系绝对必要记载事项；背书日期为相对必要记载事项，如背书未记载该事项，推定为在汇票到期日前背书。背书人也可记载任意记载事项。该事项一经记载，便具有票据法上的效力。“不得转让”“不得背书”等字样通常为任意记载事项。附条件、转让汇票金额的部分、将汇票金额分别转让给 2 人以上，则属于不得记载事项。附条件属于记载无益事项；转让汇票金额的部分、将汇票金额分别转让给 2 人以上则属于记载有害事项。

(一) 转让背书

转让背书,是指以转让汇票权利为目的的背书。通常所说的背书就是指转让背书。该背书需具有连续性,持票人以背书的连续性证明其汇票权利。后手应对其直接前手的背书的真实性负责。此外,转让背书所转让的汇票金额需为全部金额,而非部分金额;将汇票金额分别转让给2人以上,亦在禁止之列。①

依据是否存在特殊情形,转让背书可以分为一般转让背书和特殊转让背书。依据一般转让背书的记载方式,可以将其分为完全背书和空白背书。完全背书,亦称正式背书、记名背书,是指背书人需在背书处载明背书的意图、被背书人名称,并由背书人签章的背书。诚然,除必要记载事项外,该背书还可记载任意记载事项。空白背书,亦称不完全背书、无记名背书,是指背书人为背书时,不记载被背书人名称,而仅由背书人签章的背书。我国《票据法》第30条将被背书人名称作为背书的绝对必要记载事项,故不承认空白背书。但是,最高法院通过司法解释,实际上认可了空白背书的存在。②

特殊转让背书包括期后背书和回头背书。期后背书是指在汇票到期日届满后所为的背书。我国不承认期后背书。③ 回头背书,亦称还原背书,是指以汇票上的债务人为被背书人所为的背书。这就导致民法上的混同。但是,票据关系并不因此而消灭,为促进票据的流通性,回头背书仍可背书转让。只是在行使追索权时,持票人为出票人的,对其前手无追索权;持票人为背书人的,对其后手无追索权。④

(二) 非转让背书

与转让背书相比,非转让背书仅以授予被背书人一定汇票权利为目的,而非以转让汇票为目的。易言之,其目的不是转让汇票权利。非转让背书包括委任背书和设质背书两种类型。

委任背书,亦称委托取款背书,是指持票人为行使汇票权利而授予被背书人代为取款权利的背书。这种背书需在汇票上载明"委托收款"字样。该背书一经成立,被背书人即不得再以背书转让汇票权利。⑤ 设质背书,亦称质押背书,是指持票人以在汇票上设定质权为目的所为的背书。基于票据的要式性和文义性,设质背书需在汇票上明确记载"质押"字样。即使出质人另有质押合同、质押条款,但汇票上无"质押"字样的,该质押不能成立。

(三) 效力

背书具有三大效力:权利转移效力、权利担保效力和权利证明效力。其中,

---

① 参见我国《票据法》第31—33条。
② 参见最高人民法院《关于审理票据纠纷案件若干问题的规定》第49条。
③ 参见我国《票据法》第36条,最高人民法院《关于审理票据纠纷案件若干问题的规定》第58条。
④ 参见我国《票据法》第69条。
⑤ 参见我国《票据法》第35条第1款。

权利转移效力系其主要效力。就权利转移效力而言,背书一经成立,汇票上的权利便依背书由背书人转移于被背书人,被背书人也依背书而受让汇票上的一切权利,包括付款请求权和追索权。至于权利担保效力,则限于转让背书和设质背书,委任背书并不具有该效力。转让背书和设质背书一经成立,背书人即应对其后手所持汇票承担承兑和付款的担保责任。如汇票未能得到承兑或付款,背书人应向持票人承担偿还责任。至于权利证明效力,转让背书只要汇票上的背书具有连续性,即可推定持票人为正当持票人,享有汇票的一切权利。而委任背书和设质背书,虽然也具有权利证明效力,但并非证明票据权利,而是分别证明代理权和质权。

四、汇票的承兑

承兑,是指汇票付款人承诺在汇票到期日支付汇票金额的票据行为。虽是附属票据行为,承兑对汇票上权利义务关系的确定仍具有十分重要的意义。其特征为:(1) 附属性;(2) 为汇票所特有;(3) 承诺在汇票到期日支付汇票金额的行为;(4) 要式行为。

(一) 承兑提示与承兑

承兑提示,这是承兑的前提,是指持票人向付款人出示汇票,请求付款人承诺付款的行为。民法上的请求与其相当,但民法上的请求可以书面形式,也可以口头形式,票据上的提示则需现实地向付款人出示票据。凡是需要提示的汇票,均需在法定期限内提示,未在此期限内提示承兑的,持票人便丧失对前手的追索权。

付款人承兑亦有期限限制,即应自收到提示承兑的汇票之日起 3 日内承兑或者拒绝承兑。同时,在收到持票人提示承兑的汇票时,应向持票人签发收到汇票的回单,该回单应记明汇票提示承兑日期并签章。付款人承兑汇票的,其承兑的意思表示需记载于汇票。必要记载事项包括"承兑"字样、承兑日期和付款人签章。对于见票后定期付款的汇票而言,还应记载付款日期。"承兑"字样和付款人签章为绝对必要记载事项,承兑日期为相对必要记载事项。当然,承兑不得附条件,凡是附条件的,视为拒绝承兑。

(二) 效力

承兑的效力体现为三个方面:对于付款人而言,付款人一经承兑,即应在汇票到期时依票载文义支付汇票金额,成为汇票第一债务人;对于持票人而言,汇票一经承兑,持票人的期待权变为现实的权利;对于出票人和背书人而言,付款人一旦承兑,他们即可免于期前追索。

五、汇票的保证

汇票的保证,是指票据债务人以外的第三人以担保票据债务履行为目的的附属票据行为。这是对汇票债务的担保,具有附属性和要式性。依据保证记载事项的法定要求,可以将其区分为正式保证与略式保证。正式保证,是指保证人在汇票上签章,并记载"保证"字样的保证,而略式保证则仅有保证人的签章即可。我国仅承认正式保证。① 依据保证人人数是否多于1人,可以将其分为单独保证和共同保证。依据保证金额,又可以分为全部保证和部分保证。依据保证是否附条件,还可以分为单纯保证和不单纯保证。单纯保证是指不附任何条件的保证,而不单纯保证则是附有限制性条件的保证。我国不承认不单纯保证。②

(一)记载事项

作为要式票据行为,我国《票据法》第46条为保证规定了五项必要记载事项:(1)表明"保证"的字样;(2)保证人名称和住所;(3)被保证人的名称;(4)保证日期;(5)保证人签章。这些必要记载事项需记载于汇票或其粘单。其中,第1、2、5项为绝对必要记载事项,若不记载,保证无效。第3项和第4项属于相对必要记载事项。若无该项记载,则以默示规则为准。附条件属于保证的不得记载事项,即其中的记载无益事项。

(二)效力

对于保证人,其效力体现为责任和权利两个方面。就责任而言,保证一经成立,保证人即应对合法取得汇票的持有人承担保证责任。保证人与被保证人负同一责任,保证人独立承担责任,共同保证人承担连带责任。就权利而言,保证人因履行保证义务而取得汇票出票人的地位,享有对被保证人及其前手的追索权。

对于持票人,一旦汇票到期,持票人既可请求承兑人或其前手付款,或对其进行追索,亦可直接向保证人行使付款请求权或追索权。对于被保证人,若被保证人为承兑人,票据关系因保证人的履行而归于消灭,保证人可依据民法方法对承兑人进行追索;如被保证人系票据关系的偿还义务人,保证人承担保证义务后,既可向被保证人追索,也可向被保证人的前手追索,被保证人的后手的责任得以免除。

六、汇票的付款

汇票的付款,是指汇票的付款人或其代理付款人向持票人支付汇票金额,从

---

① 参见我国《票据法》第46条第1款第1、2、5项,最高人民法院《关于审理票据纠纷案件若干问题的规定》第62条。
② 参见我国《票据法》第48条。

而消灭票据关系的行为。作为准票据行为,其目的在于消灭票据关系,是汇票的终点,系完成汇票使命的最后一站。

（一）付款提示

付款提示,是指持票人向付款人或代理付款人出示汇票,并请求按票载金额付款的行为。鉴于票据的流通性,付款提示系付款的必经程序。如未提示付款,票据义务人无主动付款的义务。持票人为提示人,被提示人为付款人、代理付款人、收款银行、付款银行或票据交换系统。① 付款人包括已为承兑的付款人和未承兑的付款人。如遇付款人破产,则应向破产管理人提示;如付款人丧失民事行为能力,则向其法定代理人提示;如付款人死亡,则向其继承人提示。

提示需在法定期限内进行。汇票提示期限因汇票类型而异。见票即付的汇票应自出票日起1个月内向付款人提示付款;定日付款、出票后定期付款或者见票后定期付款的汇票,自到期日起10日内向承兑人提示付款。持票人在该期限内委托收款人或票据交换系统向付款人提示的,与其本人提示具有同等效力。若持票人未按期提示,只需说明情况,承兑人或者付款人仍应继续对持票人承担付款责任。② 到期日亦因汇票类型而异。见票即付的汇票的提示付款的日期即为到期日;定日付款的汇票以汇票所确定的日期为到期日;出票后定期付款和见票后定期付款的汇票,分别以出票日或见票日为起算时间,经历票据上记载的期限后,以该期限之最后一日作为到期日。

至于提示方式,需为向付款人或代理付款人现实地出示汇票。现实地出示包括当面向付款人、代理付款人出示,也可以通过邮寄方式出示。持票人委托收款人或票据交换系统向付款人提示,亦可。付款提示的地点应为汇票的付款地,即票据债务人的营业场所;如无营业场所,则应向其住所为提示。③

（二）付款

持票人一经提示付款,付款人即应在当日足额付款,不允许拖延支付。对于未按期提示的汇票,只要未超过票据时效,经持票人说明情况,一经提示,承兑人或付款人仍应即时付款。至于定日付款、出票后定期付款或者见票后定期付款的汇票,如付款人在到期日前付款,则由其自行承担所产生的责任。④

付款人需支付汇票金额的全额,不准许部分支付。至于汇票金额支付的币种,当事人有约定的,从其约定;如无约定,则应以人民币支付。如汇票金额为外币,则以付款日的市场汇价,以人民币支付。⑤

---

① 参见我国《票据法》第53条。
② 参见我国《票据法》第53条第2款。
③ 参见我国《票据法》第16条。
④ 参见我国《票据法》第58条。
⑤ 参见我国《票据法》第59条。

对于付款银行而言，其责任限于按照汇票记载事项从付款人的账户支付汇票金额。收款人收款时应签收，并将汇票交回付款人。如收款人委托收款银行的，收款银行将代收的汇票金额转账存入收款人的账户，便视同收款人已签收。收款银行的责任限于按照汇票记载事项将汇票金额转账存入收款人的账户。

付款人全额支付汇票金额，汇票权利人的权利得以实现，全体汇票债务人的责任即告解除，汇票圆满地实现其使命，票据关系因此而消灭。

七、追索权

追索权，亦称偿还请求权，是指汇票持票人在汇票到期不获付款，或期前不获承兑，或者发生其他法定原因时，可以请求其前手偿还票据金额、利息及有关费用的权利。作为偿还请求权，它属于后序权利，即第二次请求权。最后持票人系初始追索权人；已为清偿的被追索人享有再追索权，系再追索权人。保证人清偿票据债务后，亦可向被保证人或其前手追索。为避免循环追索，持票人为出票人的，对其前手无追索权；持票人为背书人的，对其后手无追索权。①

（一）追索权的行使

行使追索权需有追索事由，该事由因期前追索和到期追索而异。② 到期追索只有拒绝付款这一个事由，而期前追索则有三项事由：(1) 汇票被拒绝承兑的；(2) 承兑人或者付款人死亡、逃匿的；(3) 承兑人或者付款人被依法宣告破产的或者因违法被责令终止业务活动的。

追索权人行使追索权，原则上需向付款人提示汇票，请求承兑或付款。这是追索权后序权性质的体现。如遇付款人死亡、逃匿、受破产宣告或其他原因而无法为承兑提示或付款提示的，追索权人无须为提示，但是，须提供和出示被拒绝承兑或被拒绝付款的有关证明。对于提示承兑、提示付款而被拒绝的情形，承兑人或付款人有义务出具拒绝证明，或出具退票理由书。对于因承兑人或付款人死亡、逃匿或者其他原因而行使追索权的，持票人应取得并提供其他有关证明，比如，法院出具的宣告承兑人、付款人失踪或者死亡的证明、法律文书；公安机关出具的承兑人、付款人逃匿或者下落不明的证明；医院或者有关单位出具的承兑人、付款人死亡的证明。③ 如持票人不能出示拒绝证明、退票理由书或者未按期提供其他合法证明，则丧失对其前手的追索权。但是，承兑人或者付款人仍应对持票人承担责任。④

---

① 参见我国《票据法》第69条。
② 参见我国《票据法》第61条。
③ 参见我国《票据法》第62—64条，最高人民法院《关于审理票据纠纷案件若干问题的规定》第71条。
④ 参见我国《票据法》第65条。

如汇票遭遇拒绝承兑或拒绝付款,持票人有义务通知其前手,前手有义务通知其再前手,以此类推,直至出票人。当然,持票人也可以同时通知各个汇票债务人。就通知时间而言,持票人应自收到被拒绝承兑或者被拒绝付款的有关证明之日起3日内,将拒绝事由通知其前手。其前手应自收到该通知之日起3日内,通知其再前手。对怠于履行通知义务的责任,我国采取不丧失主义,即持票人仍可行使追索权。但是,若该延期通知给其前手或出票人造成损失,怠于履行通知义务的汇票当事人应承担损害赔偿责任,赔偿范围以汇票金额为限。[①]

(二) 追索的效力

它包括对人的效力和对物的效力两个方面。就对人的效力而言,因出票人、背书人、承兑人和保证人对持票人承担连带责任,最后持票人行使追索权时,可选择其中任何一人、数人或全体进行追索。已经对其中一人或数人追索的,对其他汇票债务人仍可追索。被追索人一旦履行清偿义务,即取得持票人的地位,从而取得对其前手的再追索权。为避免循环追索,持票人为出票人的,对其前手无追索权;持票人为背书人的,对其后手无追索权。

至于对物的效力,则有初始追索权的对物效力和再追索权的对物效力两个方面。就初始追索权的对物效力而言,依据我国《票据法》第70条,持票人向汇票债务人行使追索权,请求支付的金额包括汇票金额、法定利息和追索费用三部分。就再追索权的对物效力而言,依据我国《票据法》第71条,被追索人对其他汇票债务人行使再追索权,可请求支付已经清偿的全部金额、法定利息和追索费用三部分。被追索人清偿债务时,持票人应交出汇票和有关拒绝证明,并出具所收到的利息和费用的收据,被追索人的责任因此而解除。

(三) 追索权的丧失

追索权可因法定事由而丧失。丧失的法定事由为:(1) 因未在规定期限行使或保全票据权利而丧失;(2) 因时效超过而丧失;(3) 因未在法定期间内提示承兑而丧失。[②]

第三节 本票和支票

一、本票

本票是指出票人签发的,承诺自己在指定日期或见票时无条件支付确定的金额给收款人或者持票人的票据。作为票据的一种,它同样具有票据的支付功能、流通功能、信用功能、结算功能和融资功能,只不过更倾向于信用功能。在采

[①] 参见我国《票据法》第66条第2款。
[②] 参见我国《票据法》第40条第1—2款。

用票据法和支票法立法体例的国家,本票与汇票适用同一部法律;我国则采用统一票据法,本票与汇票、支票适用同一部法律。

鉴于本票与汇票的共性,除汇票的承兑等少数规范外,大多数规范相同,除需针对本票设定特别规则外,一般可准用汇票的有关规范。我国《票据法》第 80 条明确规定,本票的背书、保证、付款行为和追索权的行使,除有特殊规定外,均适用有关汇票的规定,而汇票出票的记载有益事项,也适用于本票出票行为。

(一) 种类

依据本票记载权利人的方式,可以将其区分为记名本票、指示本票和无记名本票。

依据本票的付款日期,可以将其区分为即期本票和远期本票。即期本票是指见票即付的本票;而远期本票则是由票面指定付款日期的本票,包括定日付款本票、出票后定期付款本票和见票后定期付款本票,付款日期均由出票人指定。

依据本票出票人的身份,可以分为商业本票和银行本票。银行签发的本票即为银行本票,而企业和其他组织签发的本票则属于商业本票。我国仅承认银行本票,签发银行本票的银行需为经中国人民银行批准办理银行本票业务的银行(图 6-5)。[①]

× ×银行

付款期限 × 个 月　　　　本　票　　　2　　　地名　本票号码

出票日期(大写)　　年　月　日

收款人:		申请人:
凭票即付 人民币(大写)		
转账 | 现金		
备注:	出票行签单	出纳　　复核　　记账

此联出票行结清本票时作借方凭证

(使用清分机的,此区域供打印磁性字码)

规格:8 × 17 cm(专用水印纸蓝油墨)

图 6-5　银行本票的样式

① 参见我国《票据法》第 73 条第 2 款。

（二）出票

本票的出票，是指出票人作成票据，并将其交付收款人的票据行为。在形式上与汇票出票无异，但内容有别，汇票的出票系出票人委托付款人支付确定金额的票据行为，而本票的出票则是出票人承诺自己支付票据金额的票据行为。

本票出票的绝对必要记载事项有：表明"本票"的字样；无条件支付的承诺；确定的金额；收款人名称；出票日期；出票人签章。既为绝对必要记载事项，欠缺其中任何一项，本票即归于无效。付款地和出票地则为相对必要记载事项。本票应对其做清楚、明确的记载。若未记载，也不至于导致本票无效，而是适用默示规范。具体说来，未记载付款地的，以出票人的营业场所为付款地；未记载出票地的，以出票人的营业场所为出票地。

本票出票的效力体现为对出票人和持票人两个方面。对于出票人，一经出票，即应承担票据责任。这是主债务人的责任，具有无条件性、绝对性和终极性。一旦出票人履行付款义务，持票人的票据权利得以实现，票据关系即归于消灭。对于持票人而言，一是享有付款请求权；二是享有追索权。

（三）见票

见票，是指本票出票人，为确定见票后定期付款的本票到期日的起算点，在持票人提示见票时，在本票上记载"见票"字样并签章的行为。见票提示，是指持票人或代理收款人向出票人或代理付款人现实地出示本票，以行使和保全本票的行为。提示本身不是票据行为，只是见票的前提条件。提示应在规定时间和地点进行。就提示时间而言，应在出票后的合理时间内提示。至于见票地点，应以本票记载的见票地为准。如无记载，则应在出票人或代理付款人的营业场所进行。

出票人或代理付款人收到持票人提示见票的本票时，应向持票人签发收到本票的回单，该回单应记明本票的提示见票日期并签章。出票人接受见票的，应在本票上记载"见票"字样和见票日期，并签章；此外，还应在见票时记载付款日期。如未记载见票日期，则以出票人或代理付款人收到本票的第3日为见票日。出票人或代理付款人在本票上记载是否见票后，应将其退还给持票人，见票程序即告完成。

见票的效力分为两种情形：一是按期提示见票的效力；二是未按期提示或未作成拒绝证书的效力。对于按期提示见票而言，有两方面的法律效果：(1) 出票人或代理付款人接受见票的，持票人有权在到期日届至时请求出票人或代理付款人付款。(2) 出票人或代理付款人拒绝见票的，持票人应在法定期限内请求其作成拒绝见票证书，从而向前手行使追索权。持票人可以行使期前追索权，无须再为付款提示，更无须再作成拒绝付款证书。对于未按期提示，或虽按期提示，但在被拒绝时未依法作成拒绝证书的，持票人丧失对出票人以外的所有前手的追索权。

（四）付款

本票的付款行为适用汇票的规范。本票的付款期限则有特别规定,自出票之日起,付款期限最长不得超过2个月。①

二、支票

支票,是指出票人签发的,委托办理支票存款业务的银行或者其他金融机构在见票时无条件支付确定的金额给收款人或者持票人的票据。支票虽与汇票一样,同样具有出票人、收款人和付款人三方当事人,但付款人并不构成票据债务人。作为委付证券的支票,自然有别于作为自付证券的本票。与汇票和本票相比,支票出现最晚,但运用最为广泛。

支票的特点有三:(1)委托银行或其他金融机构付款的票据;(2)出票人与付款人在签发支票前需先有资金关系;(3)见票即付的支付证券。

凡是与汇票规范相同的规则,即可准用汇票的规范,无须另作规定。具体说来,有关支票的背书、付款、追索权的行使,除适用支票的特殊规则外,均准用汇票的有关规范。在出票方面,汇票的记载有益事项以及出票人的偿还责任,亦准用于支票。②

（一）种类

依据支票的用途,可以将其分为普通支票、现金支票和转账支票。普通支票可用于支取现金,也可用于转账结算。现金支票则是专门用于支取现金的支票,转账支票就是专门用于转账结算的支票。转账支票不得用于支取现金,现金支票不得用于转账。③ 从外观来看,支票上印有"现金"字样即为现金支票,支票上印有"转账"即为转账支票,支票上未印有"现金"或"转账"字样即为普通支票,其左上角划两条斜线即为划线支票,划线支票只能用于转账(图6-6)。

以支票的出票日与实际发票日是否一致,可以将其分为即期支票和远期支票。依据支票上记载权利人的方式,可以将其分为记名支票、指示支票和无记名支票。

依据支票的付款有无特殊保障,可以将其分为普通支票和特殊支票。特殊支票系付款享有特殊保障的支票,包括保付支票和划线支票。保付支票,是指付款人在支票上记载"保付"字样,承担绝对付款责任的支票。划线支票是指出票人、背书人或持票人在支票正面划两道平行线或横线的支票。其付款人只能向

---

① 参见我国《票据法》第78条。
② 参见我国《票据法》第93条。
③ 参见我国《票据法》第83条。

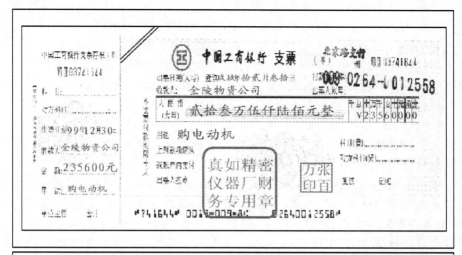

2000年12月30日,真如精密仪器厂为支付购买电动机的费用,给金陵物资公司开出转账支票一张。(左上角加划两斜线表示这是张转账支票)

图6-6 银行支票的样式

持有该支票的另一银行或其他金融机构或自己的客户付款,持票人只能委托与其有往来的银行代为收款,其目的在于维护支票交易安全。

依据支票当事人是否有兼任情形,可以将其分为一般支票和变式支票。变式支票又包括对己支票、指己支票和受付支票。依据我国《票据法》第86条第4款,我国承认变式支票。对己支票,是指出票人以自己为付款人而发行的支票。指己支票,是指出票人以自己为收款人而发行的支票。受付支票,是指出票人以付款人为收款人而签发的支票。

(二)支票的资金关系与空头支票

作为支付证券,支票对资金关系的要求最高。作为支票付款人的银行或其他金融机构,并非票据债务人,若出票人没有足够的资金,持票人便不可能得到足额支付,从而妨碍支票支付功能的实现。

支票对资金关系的高要求主要表现为三方面:(1)出票人需具有可靠的资信,存入一定的资金,方可开立支票存款账户和领用支票。申请人开立支票存款账户,需使用其本名,并提交证明其身份的合法证件,还需预留其本名的签名式样和印鉴。(2)出票人签发支票的金额仅以其在付款人处的实有存款为限。否则,即为空头支票。签发空头支票,情节轻微,会受到行政处罚;情节严重,构成犯罪的,依法追究刑事责任。(3)出票人不得签发与其预留签名式样或印鉴不符的支票。否则，便构成违法犯罪，视其情节轻重，分别受到行政处罚和刑事处罚。① 无论是签发空头支票，还是签发与其预留签名式样或印鉴不符的支票，给他人造成损失的，出票人和背书人应承担相应的民事责任。②

不过，资金关系并不影响支票的效力。即使没有资金关系，出票人签发的支票仍然有效。在付款人退票后，出票人仍可行使追索权，出票人仍需承担偿还责任。

（三）出票

支票的出票，是指出票人作成票据，并将其交付收款人的行为。出票人需先开立支票存款账户，方可出票。

依据票据的要式性和文义性的要求，支票亦需记载必要事项，包括绝对必要记载事项和相对必要记载事项。其绝对必要记载事项有六项：表明"支票"的字样；无条件支付的委托；确定的金额；付款人名称；出票日期；出票人签章。既为绝对必要记载事项，其中任何一项欠缺，均导致支票无效。支票的金额实际上为相对必要记载事项，而非绝对必要记载事项。收款人名称、付款地和出票地也是相对必要记载事项。如支票欠缺该事项，并不导致支票无效，而是以默示规范为准。支票另行记载付款日期的，则属于记载无益事项。

支票出票的效力体现为出票人、持票人和付款人三个方面。支票一经签发，出票人即应承担保证向该支票的持票人付款的责任；持票人即享有向付款人请求付款的权利；付款人则因接受委托而承担付款的责任，并不因出票人的出票而当然付款。付款人是否付款，取决于出票人是否具有足额的资金。如出票人在付款人处的存款足以支付支票金额，付款人即应当日付款。否则，付款人可以退票，拒绝付款。

（四）付款

支票收款人或持票人应在法定期限内向付款人现实地出示支票，请求支付票载金额。至于提示期限，一般为出票日起10日，异地使用的支票的提示期限，从中国人民银行的另行规定。至于逾期提示的，付款人可不予付款，但出票人仍承担票据责任。③

至于付款时间，对于见票即付的票据，只要持票人提示付款，且出票人在付款人处有足额资金，付款人即应在当日足额付款。④ 出票人的存款不足的，则可退票，拒绝付款。付款人一旦付款完毕，其责任即予以免除，不再对出票人承担受委托付款的责任，对持票人也不再承担付款的责任。但是，付款人以恶意或者

---

① 参见我国《票据法》第88条、第102条第3项、第103条。
② 参见最高人民法院《关于审理票据纠纷案件若干问题的规定》第73条。
③ 参见我国《票据法》第91条。
④ 参见我国《票据法》第90条。

重大过失付款的除外。① 比如,付款人明知持票人并非真正权利人而为付款的,付款人需对这种错误付款承担责任。

司法考试相关知识链接

例题1 2011年卷三　　单项选择题

32. 甲公司开具一张金额50万元的汇票,收款人为乙公司,付款人为丙银行。乙公司收到后将该汇票背书转让给丁公司。下列哪一说法是正确的?

A. 乙公司将票据背书转让给丁公司后即退出票据关系

B. 丁公司的票据债务人包括乙公司和丙银行,但不包括甲公司

C. 乙公司背书转让时不得附加任何条件

D. 如甲公司在出票时于汇票上记载有"不得转让"字样,则乙公司的背书转让行为依然有效,但持票人不得向甲行使追索权

答案　C

详解　票据上的法律关系、票据行为

选项A错误。票据关系是指票据当事人基于票据行为而发生的债权债务关系。其中,票据的持有人享有票据权利,对在票据上签章的人可以主张行使票据法规定的一切权利;在票据上签章的票据债务人承担票据义务,即依自己在票据上的签章,按照票据上记载的文义,承担相应的义务。乙公司并没有退出票据关系,而是由先前的票据权利人转变为票据义务人。

选项B错误。《票据法》第4条规定,票据出票人制作票据,应当按照法定条件在票据上签章,并按照所记载的事项承担票据责任。……其他票据债务人在票据上签章的,按照票据所记载的事项承担票据责任。因此,丁公司的票据债务人不仅包括乙公司和丙公司,也包括出票人甲公司。

选项C正确。《票据法》第33条第1款规定,背书不得附有条件。背书时附有条件的,所附条件不具有汇票上的效力。因此,乙公司在背书转让时不得附有任何条件;若附有条件,所附条件也不具有汇票上的效力。

选项D错误。《票据法》第27条第2款规定,出票人在汇票上记载"不得转让"字样的,汇票不得转让。因此,若出票人甲公司出票时在汇票上记载了"不得转让"字样,则乙公司不能再背书转让;若乙公司背书转让了,该转让无效。

例题2 2012年卷三　　单项选择题

32. 关于票据丧失时的法律救济方式,下列哪一说法是错误的?

---

① 参见我国《票据法》第92条,最高人民法院《关于审理票据纠纷案件若干问题的规定》第70条。

A. 通知票据付款人挂失止付
B. 申请法院公示催告
C. 向法院提起诉讼
D. 不经挂失止付不能申请公示催告或者提起诉讼

答案 D

详解 票据丧失时的法律救济方式。

选项A、B、C正确,选项D错误。《票据法》第15条规定,票据丧失,失票人可以及时通知票据的付款人挂失止付,但是,未记载付款人或者无法确定付款人及其代理付款人的票据除外。收到挂失止付通知的付款人,应当暂停支付。失票人应当在通知挂失止付后三日内,也可以在票据丧失后,依法向人民法院申请公示催告,或者向人民法院提起诉讼。因此,挂失止付不是申请公示催告或提起诉讼的必经程序。

例题3 2013年卷三　　单项选择题

31. 甲未经乙同意而以乙的名义签发一张商业汇票,汇票上记载的付款人为丙银行。丁取得该汇票后将其背书转让给戊。下列哪一说法是正确的?
A. 乙可以无权代理为由拒绝承担该汇票上的责任
B. 丙银行可以该汇票是无权代理为由而拒绝付款
C. 丁对甲的无权代理行为不知情时,丁对戊不承担责任
D. 甲未在该汇票上签章,故甲不承担责任

答案 A

详解 票据的无权代理、票据的无因性

《票据法》第14条规定,票据上的记载事项应当真实,不得伪造、变造。……票据上有伪造、变造的签章的,不影响票据上其他真实签章的效力。

选项A正确。在甲无权代理的情况下,乙可以非本人所为进行抗辩,拒绝承担票据责任。

选项B、C错误。由《票据法》第14条规定可知,票据签章具有独立性,票据流转具有无因性,丙银行、丁一旦在票据上进行了真实签章,就要对票据债权人承担票据责任。

选项D错误。甲未在票据上签章,甲不承担票据责任,但应当承担相应的民事责任、行政责任或刑事责任。

例题4 2011年卷三　　多项选择题

74. 潇湘公司为支付货款向楚天公司开具一张金额为20万元的银行承兑汇票,付款银行为甲银行。潇湘公司收到楚天公司货物后发现有质量问题,立即通知甲银行停止付款。另外,楚天公司尚欠甲银行贷款30万元未清偿。下列哪些说法是错误的?

A. 该汇票须经甲银行承兑后才发生付款效力

B. 根据票据的无因性原理,甲银行不得以楚天公司尚欠其贷款未还为由拒绝付款

C. 如甲银行在接到潇湘公司通知后仍向楚天公司付款,由此造成的损失甲银行应承担责任

D. 潇湘公司有权以货物质量瑕疵为由请求甲银行停止付款

答案　BCD

详解　票据的无因性、票据行为

选项A正确。《票据法》第38条规定,承兑是指汇票付款人承诺在汇票到期日支付汇票金额的票据行为。汇票的出票人在出票时,是委托他人代替其支付票据金额的,付款人并非债务人,无当然的支付义务,须付款人承兑才发生付款效力。本题中,潇湘公司签发的是银行承兑汇票,因此只有经甲银行承兑后才发生付款的效力。

选项B错误。《票据法》第13条第2款规定,票据债务人可以对不履行约定义务的与自己有直接债权债务关系的持票人,进行抗辩。本题中,甲银行与楚天公司有直接债权债务关系,楚天公司尚欠甲银行贷款30万元未清偿,甲银行可以以此为由进行抗辩。

选项C错误。根据票据的无因性,即使票据原因关系无效或有瑕疵,均不影响票据的效力。另外,付款人在进行付款时,只需对所提示的票据进行形式审查,并无实质审查义务。付款人在履行法定审查义务后进行付款,即使发生错付,亦可善意免责。

选项D错误。票据是无因证券,权利人享有票据权利仅以持有符合票据法规定的有效票据为必要,至于票据赖以发生的原因则在所不问。即使原因关系无效或有瑕疵,也不影响票据的效力。因此,在本题中,即便楚天公司交付的货物存在质量瑕疵,潇湘公司也无权以此为由请求甲银行停止付款。

例题5　2012年卷三　　多项选择题

74. 甲公司签发一张汇票给乙,票面记载金额为10万元,乙取得汇票后背书转让给丙,丙取得该汇票后又背书转让给丁,但将汇票的记载金额由10万元变更为20万元。之后,丁又将汇票最终背书转让给戊。其中,乙的背书签章已不能辨别是在记载金额变更之前,还是在变更之后。下列哪些选项是正确的?

A. 甲应对戊承担10万元的票据责任

B. 乙应对戊承担20万元的票据责任

C. 丙应对戊承担20万元的票据责任

D. 丁应对戊承担10万元的票据责任

答案　AC

详解 票据的变造

《票据法》第14条第3款规定,票据上其他记载事项被变造的,在变造之前签章的人,对原记载事项负责;在变造之后签章的人,对变造之后的记载事项负责;不能辨别是在票据被变造之前或者之后签章的,视同在变造之前签章。

选项A正确。出票人甲是在票据被变造之前签章,对戊承担10万元的票据责任。

选项B错误。乙的背书签章已不能辨别是在记载金额变更之前,还是在变更之后,推定为在变造之前签章,其应对戊承担10万元的票据责任,而非20万元的票据责任。

选项C正确。丙将汇票上的10万元金额变造为20万元,并在变造后背书给丁,属于在变造后签章的人,对戊承担20万元的票据责任。

选项D错误。背书人丁是在票据被变造之后签章的人,对戊承担20万元的票据责任。

例题6 2013年卷三　　多项选择题

75. 关于汇票的表述,下列哪些选项是正确的?
A. 汇票可以质押,当持票人将汇票交付给债权人时质押生效
B. 如汇票上记载的付款人在承兑之前即已破产,出票人仍须承担付款责任
C. 汇票的出票人既可以是银行、公司,也可以是自然人
D. 如汇票上未记载出票日期,该汇票无效

答案 BCD

详解 汇票的质押、汇票上的记载事项、汇票的无效

选项A错误。《票据法》第35条第2款规定,汇票可以设定质押;质押时应当以背书记载"质押"字样。被背书人依法实现其质权时,可以行使汇票权利。因此,汇票可以质押,但是质权并非自汇票交付给债权人时生效。

选项B正确。根据《票据法》第61条第2款第(三)项的规定,承兑人或者付款人被依法宣告破产的或者因违法被责令终止业务活动的,持票人也可以对背书人、出票人以及汇票的其他债务人行使追索权。

选项C正确。汇票的出票人可以是银行、公司和自然人,《票据法》并没有作出限定。

选项D正确。《票据法》第22条规定,汇票必须记载下列事项:(一)表明"汇票"的字样;(二)无条件支付的委托;(三)确定的金额;(四)付款人名称;(五)收款人名称;(六)出票日期;(七)出票人签章。汇票上未记载上述规定事项之一的,汇票无效。

实战演练

一、选择题

1. 根据我国《票据法》，下列事项可以成为票据债务人绝对抗辩事由的有（　　）。

   A. 票据欠缺法定必要记载事项
   B. 票据尚未到期
   C. 持票人以偷盗、胁迫等非法手段取得票据
   D. 票据背书不连续

2. 张某为支付货款向李某开具了一张票面金额为10万元的支票。李某担心张某的信用，于是张某让其朋友陈某在该支票上写上了"保证"字样，并签上了陈某的名字。李某接收该支票后，背书转让给了安某。下列哪些选项是正确的？（　　）

   A. 如果张某的出票行为无效，则陈某的保证行为亦无效
   B. 如果张某的出票行为无效，并不必然导致保证行为无效
   C. 如果安某到银行要求付款被拒绝，其可以向李某、陈某、张某行使追索权
   D. 如果陈某在签署保证时附加了承担保证责任的条件，则当该条件未成就时陈某不承担责任

3. 2008年8月，出票人甲向乙签发一张汇票，乙不慎将其遗失。丙拾得该汇票，在伪造乙的签章后背书转让给丁。下列哪一选项是正确的？（　　）

   A. 乙应当先办理挂失止付，再在3日内向法院申请公示催告
   B. 若甲得知票据遗失的事实，其有权向法院申请公示催告
   C. 无论是否已经启动公示催告程序，若丁不知丙伪造签章的事实而受让该汇票，其构成善意取得
   D. 丙的行为构成民法上的欺诈，乙可以主张撤销

4. 甲公司于2006年3月2日签发同城使用的支票1张给乙公司，金额为10万元，付款人为丁银行。次日，乙公司将支票背书转让给丙公司。2006年3月17日，丙公司请求丁银行付款时遭拒绝。丁银行拒绝付款的正当理由有哪些？（　　）

   A. 丁银行不是该支票的债务人
   B. 甲公司在丁银行账户上的存款仅有2万元人民币
   C. 该支票的债务人应该是甲公司和乙公司
   D. 丙公司未按期提示付款

5. 关于票据权利的期限，下列说法正确的有（　　）。

   A. 持票人对票据的出票人和承兑人的权利，自票据到期日起2年

B. 持票人对支票出票人的权利,自出票日起6个月

C. 持票人对前手的追索权,自被拒绝承兑或者被拒绝付款之日起6个月

D. 持票人对前手的再追索权,自清偿日或者被提起诉讼之日起3个月

二、案例分析

甲公司与乙公司签订货物买卖合同,买方甲公司申请工商银行某分行签发一承兑汇票,收款人为乙公司,付款人为甲公司,票面金额为100万元,期限为2个月,承兑人为该银行。后乙公司将该汇票背书给了丙公司。甲公司在收到货后,发现该批货物存在质量问题,于是通知上述银行,要求停止付款。丙公司在请求上述银行承兑付款时,银行以甲公司的理由为依据,拒绝付款。

请问:该银行拒绝对丙公司付款的理由正当吗?为什么?

第七章 信 托 法

第一节 信托的设立

设立信托(trust),是指通过特定方式在当事人之间创设信托关系的行为。信托是一种法律制度,信托设立会在当事人之间产生特定的权利义务关系,法律要求设立信托必须符合一定的条件,具备特定的形式和内容,才能发生当事人期望的法律效力。

一、信托概述

信托源于英美法系,后被大陆法系国家所采用。在英美法系,信托被界定为"一种信任关系,其中,持有财产权的人负有为他人利益管理或处分该财产的衡平法上义务",或者是"关于特定财产的一种信任关系。受托人为了他人利益而享有该特定财产的法律上的所有权,该他人作为受益人则享有该特定财产的衡平法上所有权"。[1] 在大陆法系,最早引入信托制度的日本,其界定比较具有代表性,认为信托是办理财产权的转移或其他处理,使他人遵从一定的目的,对其财产加以管理或处理。我国《信托法》博采众长,将其界定为,委托人基于对受托人的信任,将其财产权委托给受托人,由受托人按委托人的意愿,以自己的名义,为受益人的利益或者特定目的,进行管理或者处分的行为。

(一) 信托的特征

信托具有四个法律特征:

第一,信托是一种以财产为中心的法律关系。信托是委托人将自己的特定财产作为信托财产交付受托人,受托人以实现特定信托目的或受益人利益为目的,管理和处分信托财产并向受益人交付信托利益的法律关系。其设立与运作都以特定的财产为基础,直接目的也体现为实现特定的财产利益。可以说,无财产,就无信托。

第二,信托是一种涉及三方主体的法律关系。一般,信托关系总是存在委托人、受托人与受益人三方主体,信托关系是围绕这三方主体存在的一种法律关

---

[1] 周小明:《信托制度比较研究》,法律出版社1996年版,第2页。

系。虽然部分信托关系中委托人可能同时为受益人或者受托人,信托关系的实际主体只有两方,但即使在这种情况下,从法律关系上看,委托人与受益人的法律地位仍然是各自独立存在的。易言之,虽然事实上可能只有两方主体,但在法律上,信托仍为三方主体间的法律关系(图 7-1)。

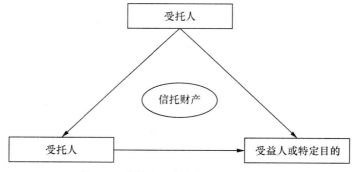

图 7-1　信托当事人与信托财产的关系

第三,信托是一种以信赖关系为基础的法律关系。信托的基础是信赖,离开了信赖,委托人不可能将其财产交与受托人。实际上,信托可以简单地理解为"基于信赖而产生的财产托付",没有信赖就没有托付,也不可能存在信托。

第四,信托是一种存在财产所有权分割的法律关系。一般所有权主体享有包括占有、使用、收益和处分在内的所有权全部权能,但信托关系中则不然,受托人对信托财产享有形式上的所有权,可以管理和处分信托财产,但并不享有信托财产的收益权,该收益权归属于信托关系中的另一方当事人——受益人。这与一般财产所有权主体拥有相应财产的全部权能明显不同。

(二) 信托的功能

信托具有财产管理、保全、投资增值和公益四项功能。

1. 财产管理

信托本身就是一种代他人管理财产的制度设计。在委托人由于各种原因不愿、不能管理财产的情况下,可以通过信托的设立和运作,既实现请他人代管财产的目的,也实现信托本身的目的。相对于一般民事代理等替代管理制度,信托这种财产管理形式具有独立性、连续性,从而尽可能地发挥了其财产管理功能。

2. 保全

信托制度在现实中的一种重要运用,就是委托人通过将特定财产设立信托,在使信托财产本身保值增值的前提下,持续地为受益人提供经济利益,这样既能保障受益人的生活供给,也避免了将财产直接给受益人可能出现的挥霍浪费、坐吃山空等情况。这就充分体现了信托制度的保全功能。

3. 投资增值

基于信托制度的特殊设计,信托可以为那些具有投资能力但缺乏经营能力或机会的人提供一种有效的投资渠道,委托人可以将财产委托给专门的信托机构经营管理,并以自己为受益人获取收益,从而使信托成为一种有效的投资手段。在现代商业社会中,信托的这种投资功能越来越得到充分的展示和运用,逐渐成为其最主要的社会功能。

4. 公益

信托是为他人利益而进行财产管理和处分的一种活动,具有天然的利他性。公益信托的产生和发展,更使信托的这种利他属性发挥到极致。通过公益信托,可以广泛地支持慈善、公共救济救助及教育、科技、文化、卫生、体育、环保等,信托制度得以最大限度地为社会公共利益服务。

(三) 信托的种类

根据不同的标准,可以将信托分为不同的类型,下面重点论述五种主要的分类。

1. 民事信托与商事信托

依据受托人从事信托业务的性质,可以将其分为民事信托和商事信托。民事信托,亦称非营业信托,是指受托人不以营业为目的而承办的信托。这种信托大多承办与个人财产有关的各种事务,如管理财产、执行遗嘱等。商事信托,亦称营业信托,是指以从事商业经营为目的而承办的信托,其受托人主要是专门以营利为目的而从事信托业务的机构。商事信托大多用于公司、企业等经济组织的各种经营业务活动,如公司债券信托、投资信托等。其区分的关键在于,受托人从事信托事务是否为营利性活动。如果是,就属于商事信托;否则,即为民事信托。

2. 自益信托与他益信托

依据信托上的利益是否归属于委托人本身,可以将其分为自益信托和他益信托。凡是委托人为自身利益,以自己为受益人而设立的信托,即为自益信托。反之,委托人为了他人的利益而以第三人为受益人设立的信托则为他益信托。一般信托关系当事人有三方主体——委托人、受托人、受益人,而在自益信托中,委托人是为自己的利益设立的信托,即自益信托中的委托人同时也是受益人,实际上只有两方当事人。

3. 私益信托与公益信托

依据信托目的的性质,可以将其分为私益信托和公益信托。凡是为了私主体的私人利益而设立的信托即为私益信托,如私人为了自己孩子的教育、生活保障等而设立的信托即为私益信托。反之,以具有公共利益性质的社会慈善、教育、环保等为目的而设立的信托,则称为公益信托。公益信托在多方面区别于私益信托,其发展一般受到国家的鼓励,在税收等方面享有诸多优惠措施。设立公益信托及确定公益信托的受托人,一般还应当经有关公益事业的管理机构审查批准,未经批准的,不得以公益信托的名义进行活动。在我国,公益信托应当设置信托监察人,监察人有权以自己的名义,为维护受益人的利益,提起诉讼或者实施其他法律行为等。需要注意的是,私益信托有别于自益信托,其内涵和表现形式均不同,不能混为一谈。

4. 契约信托与遗嘱信托

依据信托设立方式,可以将其分为契约信托和遗嘱信托。凡是委托人和受托人之间通过订立契约而设立的信托,统称为契约信托,也称合同信托。委托人通过订立遗嘱或签署遗嘱性文件而设立的信托,则为遗嘱信托。契约信托和遗嘱信托在法律适用方面有特殊要求,契约信托要符合合同法的规定,遗嘱信托则要符合有关遗嘱、继承方面的规定。

5. 任意信托与法定信托

依据信托成立的原因,可以将其分为任意信托和法定信托。凡是依当事人的意思表示为依据而成立的信托,即为任意信托,亦称意定信托。反之,非以当事人的意思表示为依据,而是以法律的直接规定为依据所成立的信托,则为法定信托。任意信托是最为常见的信托形式,可以是自益信托或他益信托、公益信托或私益信托、民事信托或商事信托,也可以是契约信托或遗嘱信托等。法定信托则只有在符合法律的明确规定的情况下,才可作为信托存在,属于信托的特殊存在形式。

二、信托的设立条件

设立信托需符合一定的条件。英美法系将其概括为委托人意图的确定性、信托标的物的确定性和受益对象的确定性。大陆法系的具体表述虽然有所不同,但基本上都是围绕这"三个确定性"进行的。在我国,信托的设立条件可以概括为以下四个方面:

(一) 有委托人设立信托的意思表示

除极少数情况下存在的法定信托外,一般信托都是由委托人发起的一种法律关系,委托人必须通过一定形式将其设立信托的内在意思表达出来,信托关系才可能成立。可见,委托人设立信托的意思表示是信托成立的首要条件。至于意思表示的形式,可以是口头的、书面的,甚至可以是通过委托人的某种行为或者表述推定出来的。由于我国信托制度相对不发达,为保证信托各方当事人的合法权益,避免不必要的纠纷产生,信托法要求信托的设立必须采取书面形式,即必须通过书面形式表达其设立信托的意思。

(二) 有确定且合法的信托财产

信托财产是受托人基于信托关系而从委托人处获得、管理和处分的财产。信托是一种财产关系,其本质就是"受人之托、代人理财"。没有信托财产,委托人便无以委托,受托人也无财可理,受益人更无从受益,信托关系便无从成立。信托财产被称为信托关系的"物质基础",其重要性可见一斑。

委托人不但要有财产可以作为信托财产,而且这些财产还必须具有确定性及合法性。所谓确定性是说委托人用于信托的财产必须是确定的,比如特定的财产标的物、特定的金钱数目、特定的债券种类和数额等,只有具备确定性,才可以移转给受托人管理和处分,信托赖以存在的物质基础才能够成为现实,否则信托同样无从成立。所谓合法性是指委托人用于信托的财产必须是其合法拥有的财产,是法律允许作为信托财产的财产。反之,信托关系同样不能成立。

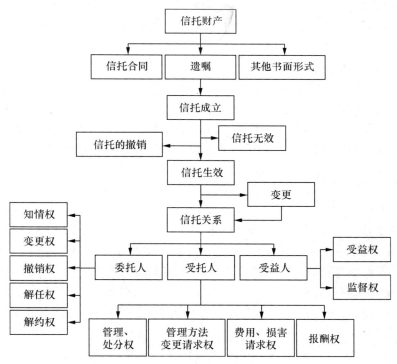

图 7-2　信托成立、生效及当事人的权利

(三) 有明确的信托当事人

信托当事人主要指信托关系的委托人、受托人和受益人三方主体。信托一般是由委托人和受托人直接设立的,委托人和受托人较易明确,但只有委托人和受托人是不够的,因为委托人设立信托、受托人管理和处分信托财产的根本目的,在于为受益人利益服务。如果没有明确的受益人,信托便失去存在的意义。

为此,除了委托人和受托人外,还需具有明确的受益人,信托关系才能够真正确立。

公益信托由于是为公共利益服务的,其受益人往往是不确定的社会公众,虽然公益信托的受益人最终可能是特定的,但在设立时只能确定为不特定的公众,不能是特定的个人或者组织,否则,便成了为特定对象服务的信托,失去了为社会公共利益服务的初衷。为此,信托法上受益人确定的要件,并不适用于公益信托。

(四) 有合法的信托目的

信托目的是委托人通过设立信托所要达到的目标。信托目的具有多样性,由此决定了信托适用范围的广泛性。信托目的对于信托具有重要意义,关系到信托财产的多寡,影响到信托财产的管理和处分方法,决定着信托关系的存续。如果一项信托的信托目的已经实现或者无法实现,则该信托便失去继续存在的意义。正是基于此,我国《信托法》第6条明确要求,设立信托,必须有合法的信托目的。

该目的需具有确定性和合法性。所谓确定性,是指委托人设立信托的目的必须明确具体,便于受托人了解和执行。受托人应当按照委托人确定的信托目的,全面、勤勉地负责实施信托事务。所谓合法性,是指信托目的必须是符合法律要求的,至少应当是法律不予禁止的。合法的信托目的是信托关系得以正式确立的前提,如果信托目的不合法,则不发生受法律保护的信托效力。

三、信托的设立形式

(一) 概述

信托的设立形式,不要式属于原则,要式为例外。易言之,一般不要求设立信托必须具备特定形式,书面、口头等任何形式都可以,只是对一些特殊类型的信托,要求必须具备特定的形式,如一般都要求以信托公司等信托经营机构为受托人而设立的商业信托,应当采取书面形式等。依据我国《信托法》第8条,设立信托需采取书面形式,包括信托合同、遗嘱或者法律、行政法规规定的其他书面文件等。

作为要式法律行为,设立信托不仅要具备书面形式,而且信托文件记载的内容也必须符合法律规定。依据我国《信托法》,除法定信托外,无论是通过信托合同、遗嘱抑或是法律、行政法规规定的其他形式设立的信托,书面文件均应记载五个事项:信托目的;委托人、受托人的姓名或者名称、住所;受益人或者受益人范围;信托财产的范围、种类及状况;受益人取得信托利益的形式、方法。这是信托文件的必要记载事项,如有任何一项没有记载或者记载不明,信托文件都不发生法律效力。至于信托期限、信托财产的管理方法、受托人的报酬、新受托人的选任方式、信托终止事由等事项,则属于任意记载事项。信托文件可以记载,也可以不记载。信托文件有记载的,按照其规定发生法律效力;没做记载的,并不影响信托文件的效力。

(二)三种书面形式

1. 合同信托

合同就是双方当事人的合意,信托合同是委托人和受托人就设立信托而达成的合意。如果委托人和受托人就为特定目的或者特定受益人的利益而设立信托达成了合意,信托关系即告成立,从而成立合同形式的信托。合同有口头和书面之分,如果双方当事人就信托的设立口头达成了一致,并且符合合同法和信托法的相关规定,同样视为以合同形式设立的信托。在我国,虽然《合同法》承认口头合同,但《信托法》要求采取书面形式,故只能以书面合同的形式设立信托。

2. 遗嘱信托

遗嘱是自然人生前按照法律规定处分自己的财产及安排与此有关的事务并于其死亡后发生法律效力的单方法律行为。委托人以遗嘱形式设立信托,就属于遗嘱信托。遗嘱信托需遵守有关遗嘱的法律规定,如遗嘱行为是单方法律行为,依立遗嘱人单方意思表示即可成立;遗嘱行为是死因行为,遗嘱必须等到立遗嘱人死亡才发生法律效力等。遗嘱同样可以是口头的,也可以是书面的,实际上存在以口头遗嘱形式设立的信托。依据我国《信托法》,同样只有书面遗嘱才能设立信托。

3. 法律、行政法规规定的其他书面形式

除了合同信托和遗嘱信托外,还有其他书面形式设立的信托。依据我国《信托法》第62条,公益信托的设立和确定其受托人,应当经有关公益事业的管理机构批准。公益信托的设立需取得有关公益事业管理机构的批准文件,该批准文件就属于其他书面形式。

四、信托的成立与生效

(一)成立

信托的成立,是指当事人之间信托关系的依法确立。只要当事人按照信托的设立条件设立信托,设立行为完成,信托即告成立。

至于信托成立的具体时间,主要分为两种情况:一是以信托合同形式设立信托的,信托合同签订时,信托成立;二是以其他书面形式设立信托的,受托人承诺信托时,信托成立。其他书面形式包括了遗嘱和法律、行政法规规定的其他书面形式,这些书面文件并不能直接导致信托的成立,其成立要以受托人的承诺为前提,即受托人表示愿意接受信托并作为该信托的受托人。不过,有些国家规定受托人承诺与否,不影响信托的成立。通过遗嘱设立信托的,遗嘱成立,信托即告成立。遗嘱指定的受托人不接受信托的,可依遗嘱或者法律规定指定其他人担任受托人。这种规定似乎更合理,更符合信托的实质。

(二)生效

信托的生效,是指当事人设立的信托产生法律上的约束力。信托的生效有别于信托的成立。前者体现了法律对信托效力的认可,后者仅体现为当事人设立信托的内在意思通过特定形式得以表示。当然,信托的成立是信托生效的前提,不成立的信托不可能产生法律效力,但信托成立并不必然导致信托生效,已经成立的信托并不必然具备法律上的约束力。已经成立的信托要发生法律效力,还需符合信托生效的条件。

信托成立后是否生效,分为以下情况:根据《合同法》的规定,依法成立的信托合同,自信托合同成立时该信托生效。附生效条件、生效期限的信托合同,自所附条件成就时、所附期限届至时信托生效。采取遗嘱信托或者法律、行政法规规定的其他书面形式的,在受托人承诺信托时,该信托成立。除信托文件另有规定外,如果受托人的承诺是在立遗嘱人死亡前作出的,则该信托在遗嘱人死亡时生效;如果受托人的承诺是在遗嘱人死亡后作出的,则该信托在受托人承诺时成立并生效。但是,对于信托财产,有关法律、行政法规规定应当办理信托登记手续的,只有在依法办理登记手续后,信托才生效。

五、信托的无效与撤销

(一)无效

信托无效,是指欠缺有效要件或违反法定的强行性规定而使信托不发生效力。无效的信托自始不发生效力。依据我国《信托法》,信托无效主要包括信托目的违法或损害社会公共利益、信托财产不能确定、以非法或法律禁止的财产设立信托三种情形。此外,专以诉讼或者讨债为目的设立的信托、受益人或者受益人范围不能确定的信托以及法律、行政法规明确规定属于无效的信托,同样不发生法律效力。

1. 信托目的违法或损害社会公共利益

信托目的是信托生效的核心要件。如果委托人设立信托的目的违反法律、行政法规或者损害社会公共利益,不但不符合民事活动必须遵守法律、不得损害社会公共利益等要求,也与信托法的明文规定相抵触,自然不发生法律效力。

2. 信托财产不能确定

委托人有没有合法、确定的财产用于设立信托,是信托能否成立的基本要件。信托财产不确定,信托财产没有办法移交给受托人,受托人也无从管理信托财产,受益人的受益权更是无法实现。因此,这种以不确定的财产设立的信托,是无法运作的,不能有效成立。

3. 以非法或法律禁止的财产设立信托

非法财产,主要是指委托人非法获得的财产,此类财产不属于委托人的自有财产,委托人对其没有处分权,因而无权以该财产设立信托。不得设立信托的财产,主要是指法律、行政法规禁止流通或者限制流通的财产,法律、行政法规禁止流通的财产不得作为信托财产;法律、行政法规限制流通的财产,需经批准才能作为信托财产。以法律、行政法规禁止流通的财产设立的信托,或者未经批准以法律、行政法规限制流通的财产设立的信托,自然属于无效信托。

(二) 撤销

信托的撤销,是指因设立的信托侵犯了其他权利人的合法权利而被依法撤销的情形。依据我国《信托法》第12条,委托人设立信托损害其债权人利益的,债权人有权申请法院撤销该信托。究其原因,委托人可能因为设立信托而使自己的财产减少,可能无法清偿或者无法全部清偿其对债权人所负债务,结果会损害债权人的利益。因此,为防止委托人利用信托转移财产,逃避债务,保护其债权人的合法权益,信托法一般都会赋予委托人的债权人以撤销权。但是,债权人享有的撤销权并不是无条件的,该撤销权的行使必须符合四项条件:(1)委托人设立信托前,其债权人的债权已经存在。(2)委托人设立信托后,因为用自有财产设立信托导致无法清偿全部债务,损害了其债权人的利益。(3)债权人向法院提出了撤销申请。(4)债权人的撤销申请必须在其知道或者应当知道撤销原因之日起1年内提出。不过,信托因债权人行使撤销权而被法院依法撤销的,不影响善意受益人已经取得的信托利益。

第二节 信托财产

一、信托财产及其范围

信托财产,是指受托人基于信托而取得、管理和处分的所有财产。它是信托成立的物质基础,信托关系本质上是信托当事人之间围绕信托财产的转移、管理、处分、利益输送等展开的一系列商事法律关系的总和,故信托财产是信托关系的中心环节。就其范围而言,既包括信托设立时委托人交由受托人管理和处分的财产,也包括了信托实施过程中基于信托行为本身而可能取得的相关财产。依据我国《信托法》第14条,受托人因承诺信托而取得的财产是信托财产;受托人因信托财产的管理运用、处分或者其他情形而取得的财产,也归入信托财产。

(一) 一般范围

信托财产的一般范围非常广泛。就其具体形态而言,主要包括以下五种形式:(1)金钱。这是物质的货币形态,一般是指货币资金,即法人和自然人拥有的具有货币形态的资金。(2)有价证券。它是指具有一定票面金额、代表财产所有权或债权的凭证。它包括三种类型:一是实物证券,比如提单、仓库栈单等;二是货币证券,如支票、汇票、本票、储蓄存单等;三是资本证券,如股票、债券等。其中,只有资本证券具有较好的流通性,是商业信托中常见的信托财产。(3)动产,指可以移动的财产,如船舶、车辆、机器设备等。(4)不动产,指不能移动的财产,如房屋、土地等。(5)资金债权。这是指由于以前的贷款或赊欠的货款尚未收回等原因,能够从他人那里收取货币的权利。以资金债权设立信托,也就是用象征金钱债权的借据、票据、保险证书等作为信托财产委托信托机构催收、管理和运用其债权。

(二) 禁止流通物和限制流通物

禁止流通物,是指法律或行政法规明令禁止流通的物,如国家专有的物资、土地、矿藏水流、淫秽书画等。由于禁止流通物不得流通,无法在信托中利用其财产价值,故不得对禁止流通物设立信托。易言之,禁止流通物不能成为信托财产。

至于限制流通物,则是指法律和行政法规对其流通的范围和程序有一定限制,但并不完全禁止的物。我国的限制流通物主要有六种:(1)按照指令性计划购销的物资,必须按计划流通。(2)外币,只能在特定的商店或部门使用,公民之间不得炒买炒卖。(3)公民收藏的文物,个人之间不能买卖,出售要由国家规定的文物部门购售。(4)麻醉药品、毒品、运动枪支,只能由国家允许的单位购售,个人不能随意购售。(5)国有企业法人闲置的固定资产或因其他需要转让给其他单位的资产,在转让时应取得有关部门的同意。(6)法律、行政法规规定的其他限制流通物等。对于限制流通物,可以对其设定信托,但须经有关部门批准后,该财产方可成为信托财产。

二、信托财产的特征

信托财产是一种重要的商事财产,基于信托财产而形成的信托财产权也是一种重要产权。相对于其他一般民商事财产及财产权,信托财产在权能表现、自然存在和实际运作等方面体现出自己的明显特征,主要表现为所有权的分割性、独立性和同一性三个方面。

(一) 所有权的分割性

一般财产所有权是一种完全的所有权,包括占有、使用、收益和处分等全部权能。信托财产所有权则不然,根据信托的一般原理,在信托中受托人享有信托财产的占有、使用和处分权,而受益人享有信托财产的收益权,即信托财产所有权不是单独由受托人或者受益人享有的,无论是受托人还是受益人在信托关系中都不享有信托财产的全部权能。受托人享有的占有、使用和处分权虽然是所有权的重要组成部分,但至多是一种形式上的所有权,因为所有权中最核心的收益权由受益人享有,而受益人也仅享有收益权,当然也不能说信托财产所有权归受益人。可见,信托财产所有权不同于一般所有权,其权能的存在和行使具有明显的分割性,是由受托人和受益人共享的一种特殊所有权。

(二) 独立性

信托关系一经成立,信托财产即独立于委托人和受托人的财产而存在,不得与有关当事人的其他财产混淆,信托财产的存在具有明显的独立性。

其独立性表现为三个方面:(1) 信托财产与委托人的其他财产相分离。信托关系成立后,委托人即应移转财产的占有,丧失对信托财产的任何权利,使其完全独立于委托人的其他财产而存在。设立信托后,委托人死亡或者依法解散、被依法撤销、被宣告破产时,委托人是唯一受益人的,信托终止,信托财产作为其遗产或者清算财产;委托人不是唯一受益人的,信托存续,信托财产不作为其遗产或者清算财产。但作为共同受益人的委托人死亡或者依法解散、被依法撤销、被宣告破产时,其信托受益权作为其遗产或者清算财产。(2) 信托财产与受托人的其他财产相分离。信托财产在信托关系成立后从委托人转移给受托人起,就与属于受托人所有的财产(固有财产)相区别,不得归入受托人的固有财产或者成为固有财产的一部分。受托人死亡或者依法解散、被依法撤销、被宣告破产而终止时,信托财产不属于其遗产或者清算财产。受托人管理、运用和处分信托财产所产生的债权,不得与其固有财产产生的债务相抵销。(3) 信托财产与受托人管理的其他信托财产相分离。受托人可能同时处理多个独立的信托关系,信托法要求受托人在处理这些信托关系时,必须保证各个信托所自有的信托财产相互独立,必须分开管理、分别记账。受托人管理、运用和处分不同委托人的信托财产所产生的债权债务,不得相互抵销。

为了保证信托财产的独立性,我国《信托法》还对信托财产的强制执行作了严格限定。依据我国《信托法》第17条,除因下列情形之一外,对信托财产不得强制执行:(1) 设立信托前债权人已对该信托财产享有优先受偿的权利,并依法行使该权利的;(2) 受托人处理信托事务所产生的债务,债权人要求清偿该债务的;(3) 信托财产本身应担负的税款。(4) 法律规定的其他情形。对于违反前述规定而强制执行信托财产,委托人、受托人或者受益人有权向法院提出异议。

(三) 同一性

信托财产的范围并不限于委托人当初交付给受托人的初始财产,凡信托管理中取得的一切财产,均构成信托财产。这就是信托财产的物上代位性,亦称信托财产的同一性。比如,当一个委托人将一处房地产作为初始信托财产交付受托人成立信托后,受托人在信托实施期间可以根据信托目的和受益人利益最大化的要求,根据市场表现将房地产变卖获取现金,然后再用现金购买股票和债券,再将股票和债券等适时抛出购买文物、国债、企业债券等。这样,无论初始房地产的财产形态如何变化,都不影响其作为该信托的信托财产的性质,其实际形态变化(如现金、股票、债券、文物等)只不过是信托实施过程中初始信托财产的不同的物的表现形式而已。

同一性与独立性密切相关。正是基于信托财产的同一性,不管信托实施过程中发生怎样的变化,都能够保证同一信托的信托财产独立存在,也即保证信托财产的独立性。反之,正是由于法律要求信托财产的独立性,不管信托财产在实际运作中的表现形态如何变化,其法律性质上都属于同一信托的信托财产,只不过是该信托财产在信托实施过程的不同阶段所体现出来的物的表现形态不同而已,这正是信托财产的同一性的基本含义和要求。

三、信托财产的移转与归属

(一) 移转

信托财产的移转,主要是指委托人根据信托文件的规定将初始信托财产交付受托人,从而转移信托财产所有权的行为。这是一般信托关系中信托实施的前提,只有将初始信托财产由委托人交付受托人,实质上的信托财产管理和处分行为才可能发生。

1. 移转方式

信托财产有效移转的方式因信托财产的形态而异。以动产为信托财产的,有效移转方式是交付,即委托人将信托财产交给受托人。以不动产为信托财产的,其有效移转方式是到不动产登记机关进行信托登记,同时将不动产实际交付受托人管理。以证券为信托财产的,其法定移转方式为背书、交付,即在设立信托的证券上背书,表明拟成立信托关系的意思,再将该证券交付给受托人。以普通债权为信托财产的,将在该债权上设立信托的事实及时通知债务人,即视为移转信托财产。以股份为信托财产的,移转信托财产的方式是在股权登记簿上登记并将股权凭证交付受托人。以商标权、专利权等作为信托财产的,其有效移转方式是到法定登记机关进行信托登记,并将设立信托的事实予以公告。

2. 未移转信托财产的法律效果

信托关系往往在信托合同生效时成立,在信托财产有效移转后实施。如果委托人与受托人签订了信托合同,却未有效移转信托财产,会对该信托产生什么影响呢?我国《信托法》并没有对信托财产移转的效果作出明确的法律规定,对《信托法》第8条和第10条中涉及的相关内容,学界的认识也并不一致。我们认为,第8条虽然规定采取信托合同形式设立信托的,信托合同签订时,信托成立,采取其他书面形式设立信托的,受托人承诺信托时,信托成立,但第10条还

规定,对于信托财产,有关法律、行政法规规定应当办理登记手续的,应当依法办理信托登记,未依照规定办理信托登记的,应当补办登记手续,不补办的,该信托不产生效力。可见,即使信托合同成立,如果需要登记移转的信托财产没有依法登记移转,信托并不产生效力。这表明,我国《信托法》明显倾向于信托合同属于要物合同的主张,即要求信托的完全生效以信托财产的依法移转为前提。

（二）归属

信托财产的归属,也就是信托财产所有权的所属主体问题。它包括信托期间信托财产的归属和信托终止后信托财产的归属两个方面。

至于信托期间信托财产的归属,我国《信托法》并没有明确规定。有学者认为,受托人享有形式所有权,在形式上信托财产属于受托人所有,受托人享有在信托实施过程中对信托财产的管理和处分权,这就是信托财产形式所有权的明证。委托人享有信托财产的实质所有权,因为信托财产本来就属于委托人的财产,是委托人将属于自己的财产作为信托财产交由受托人管理和处分的,并且其信托利益的归属也是由委托人决定的,所以实质上委托人享有信托财产所有权的实质性权能。收益权归受益人享有,该收益权的来源是基于信托财产实质所有权人,即委托人的指定。也有学者认为,信托关系一经成立,委托人便失去对信托财产的全部权利,委托人既不能占有、使用及处分信托财产,也不享有信托财产的收益权,委托人在信托财产交付后已经完全失去了对信托财产所有权的全部权能。无论是信托财产的形式所有权,还是实质所有权,都应归受托人享有。我们认为,信托财产在信托期间的所有权不同于一般意义上的完全所有权,是一种带有分割性的所有权。这四个权能分别被受托人和受益人享有,受托人和受益人共同享有信托财产的所有权。委托人在信托成立时即已丧失有关信托财产的所有权,这种见解最符合信托财产所有权的实际情况。

至于信托终止后财产的归属问题,我国《信托法》明确规定,信托终止的,信托财产属于信托文件规定的人。信托文件未规定的,按下列顺序确定归属：一是受益人或者其继承人；二是委托人或者其继承人。

第三节 信托当事人

信托当事人有狭义和广义之分。狭义的信托当事人是指信托关系的直接利害关系人,包括委托人、受托人与受益人三方,我国采用狭义的信托当事人的概念。[①] 广义的信托当事人除了信托关系的直接利害关系人外,还包括依法对信

---

① 我国《信托法》第 3 条规定："委托人、受托人、受益人（以下统称信托当事人）在中华人民共和国境内进行民事、营业、公益信托活动,适用本法。"可见我国《信托法》是在狭义上使用信托当事人一词。

托享有其他特定权利或者承担相应义务的人,如公益信托的监察人。本书主要论述狭义的信托当事人。

一、委托人

委托人是为受益人的利益或者特定目的,将特定财产权交由受托人管理和处分,从而设立信托关系的人。简言之,委托人就是对特定财产权进行委托,从而设立信托的人。为区别于一般民事委托代理关系中的委托人,有些国家将信托法上的委托人称为信托人。

(一)范围

委托人应当是具有完全民事行为能力的自然人、法人或者依法成立的其他组织。就自然人而言,应具有完全民事行为能力。具有完全民事行为能力的自然人,要同时具有两个条件:一是已经成为成年人;二是精神健康,不是精神病人。不能同时达到这两个条件的,是无民事行为能力人或者限制民事行为能力人,他们不能成为信托关系中的委托人。就法人而言,法人是具有民事权利能力和民事行为能力,依法独立享有民事权利和承担民事义务的组织。企业法人、机关法人、事业单位法人和社会团体法人,均可设立信托,成为信托关系的发起人。至于依法成立的其他组织,通常理解是指合法成立、有一定的组织机构和财产,但又不具备法人资格的组织,一般包括依法登记领取营业执照的私营独资企业、合伙企业,依法成立领取营业执照的合伙型联营企业,依法成立领取我国营业执照的中外合作经营企业、外资企业,经民政部门核准登记领取社会团体登记证的社会团体等。

(二)权利

委托人是信托关系中的重要当事人,在信托关系中具有重要地位,也享有许多确保其信托地位的重要权利。

1. 知情权

知情权,是指委托人在信托关系存续期间有及时了解和掌握信托财产运行状况的权利。在信托关系存续过程中,委托人有权了解其信托财产的管理、运用、处分及收支情况,并有权要求受托人作出说明。委托人也有权查阅、抄录或者复制与其信托财产有关的信托账目以及信托事务的其他文件。究其原因,信托基于信任而存在,如果受托人滥用委托人信任,损害受益人的利益或者危及信托目的的实现,赋予委托人相应的知情权,就是对受托人这种滥用行为的有效制约。当然,委托人的知情权也有一定限度或者范围,毕竟受托人在信托财产的管理和处分上有自己的业务优势及法律地位上的相对独立性。对于委托人行使知情权,有些国家有一些限制。如受托人处理信托事务的一些具体步骤和措施,如开会的时间、地点,甚至会议记录,特别是受托人行使自由裁量权的具体情况,可以拒绝委托人查阅。

2. 管理方法变更权

信托财产的管理方法，信托文件中可以规定，也可以不作规定。若信托文件确定了信托财产的管理方法，而在信托的实施过程中，又出现了设立信托时未能预见的特别事由，即信托当事人在设立信托时没有预见到的事由，如信托设立时确立的信托财产的管理方法在新的情况下受到了法律限制，不利于信托目的或者受益人利益的实现，或者设立信托时法律不允许从事某项投资，但在信托存续期间，国家修改了法律，信托财产有了新的更好的投资渠道，当原先确立的管理方法明显限制了信托目的或者受益人利益的实现，或者新的投资渠道能够更好地实现信托目的或者受益人利益，囿于信托设立时的法律限制，当时确定的信托财产的管理方法又不包括这种新的投资渠道时，委托人可以要求受托人调整信托财产的管理方法。为此，信托法规定因设立信托时未能预见的特别事由，致使信托财产的管理方法不利于实现信托目的或者不符合受益人的利益时，委托人有权要求受托人调整信托财产的管理方法。

3. 违反信托目的处分的撤销权

信托目的是委托人设立信托的根据，受托人应围绕信托目的管理和处分信托财产。受托人违反信托目的处分财产，会使委托人设立的信托失去意义。为此，受托人违反信托目的处分信托财产的，委托人有权申请法院撤销该处分行为，并有权要求受托人恢复信托财产的原状或者予以赔偿。该信托财产的受让人明知违反信托目的而接受该财产的，应当予以返还或者予以赔偿。但委托人的申请权，自其知道或者应当知道撤销原因之日起1年内不行使的，归于消灭。受托人因违背管理职责、处理信托事务不当致使信托财产受到损失的，委托人同样有权申请法院撤销该处分行为，并要求受托人恢复信托财产的原状或者予以赔偿。

4. 解任权

受托人是基于委托人的信任而获委任，取得对信托财产的管理和处分权。在信托实施过程中，如果受托人违反信托目的处分信托财产，或者管理、运用和处分信托财产有重大过失，有负委托人信任的，委托人有权依照信托文件的规定解任受托人，或者申请法院解任受托人，这就是委托人在信托存续期间所享有的对受托人的解任权。解任权是确保信托目的和受益人利益得以实现的一种重要权利。

根据我国《信托法》，委托人解任受托人有两种途径：一是依照信托文件的规定解任受托人；二是信托文件未规定的，可以申请法院解任受托人。委托人依照信托文件解任受托人时，如果委托人、受托人存在争议，则需要申请法院作出裁定。

5. 新受托人的选任权

受托人职责终止时,依照信托文件的规定选任新受托人。信托文件未规定的,由委托人选任。委托人不指定或者无能力指定的,由受益人选任。受益人为无民事行为能力人或者限制民事行为能力人的,依法由其监护人代行选任。可见,当受托人的职责终止,而信托文件又没有明确规定新受托人或者新受托人的选任办法的,委托人有权选任新的受托人。

6. 特定情形下的信托解除权

信托是委托人基于受益人的利益,而将自己的财产交付他人管理和处分的行为。如果受益人有负委托人这种利益转移初衷,或者有其他不当情形及法定情形,委托人可以解除信托,取消对受益人的这种利益转移,这就是委托人的信托解除权。我国《信托法》也明确规定,设立信托后,有下列情形之一的,委托人可以解除信托:一是受益人对委托人有重大侵权行为;二是受益人对其他共同受益人有重大侵权行为;三是经受益人同意;四是信托文件规定的其他情形。

(三) 义务

权利与义务如影随形,有权利就有相应的义务,反之亦然。尽管我国《信托法》对委托人的义务没有明确规定,但从信托关系的一般原理出发,委托人一般应承担及时转移信托财产、支付报酬和补偿费用等义务。

及时转移信托财产,是指委托人一旦设立信托,就应及时将约定的信托财产权转移给受托人。受托人只有接受了信托财产,信托关系才能运转。当然,信托财产权的转移方式可能因为信托财产的形态而异。至于向受托人支付报酬,是指委托人负有按照法律规定或者信托的约定向受托人支付报酬的义务,但这种义务以法律规定或者信托关系明确约定为限。补偿费用,则是指受托人因为处理信托事务而使自己垫付费用或遭受损失等,委托人应当予以补偿。

(四) 地位

委托人在信托关系中具有重要地位,体现为四个方面:(1) 委托人是信托关系的发起者。委托人设立信托的意愿促成信托关系的产生。(2) 委托人是信托财产的提供者。信托关系是围绕特定财产成立并运作的一种特殊法律关系,特定财产的提供者是委托人,没有委托人提供的财产,信托关系同样无从成立。(3) 委托人是受托人选与受益人选的决定者。委托人可以根据自己的意愿,选择自己信得过的人作为受托人,并自主决定受益人,因此委托人在信托当事人的三方主体中具有最基础的地位和作用,没有委托人,也无从产生受托人和受益人。(4) 委托人是信托目的的确立者。信托总是基于特定的信托目的而设立的,没有信托目的,信托便毫无意义,信托关系同样无从成立。特定的信托关系究竟要实现或者追求什么样的信托目的,完全由委托人决定。

二、受托人

受托人,是指在信托关系中接受委托,为他人的利益管理或处分财产的人。这是信托关系的实际运转者,是最重要的信托关系当事人。

(一) 范围

依据我国《信托法》,受托人应当是具有完全民事行为能力的自然人、法人。法律、行政法规对受托人的条件另有规定的,从其规定。受托人只有自然人和法人两种类型。就自然人而言,应具有完全民事行为能力。自然人作为受托人较为普遍,特别是在民事信托中,大都以自然人为受托人。法人则在商业信托和公益信托中最为普遍。在商业信托中,一般由具有法人资格并从事信托经营的机构担任受托人。在公益信托中,受托人除可以是具有法人资格的信托经营机构外,还可以是具有法人资格的基金会或者其他类型的非商业性组织。非法人组织不能担任受托人。

同一信托的受托人有两个以上的,属于共同受托人。相对于共同受托人而言,如果一个信托关系中只有一个受托人,则可称其为单独受托人。共同受托人可以是两个以上的法人,也可以是两个以上具有完全民事行为能力的自然人,还可以是两个以上的法人和具有完全民事行为能力的自然人的联合。

(二) 权利

为保证信托的顺利实施,实现信托目的,受托人一般享有信托事务管理权和信托财产处分权、财产管理方法变更请求权、费用及损害请求权以及报酬权。

1. 信托事务管理权和信托财产处分权

受托人是信托财产法律上的所有人,对其享有管理权和处分权,这是信托能够得以顺利实施的前提,是受托人最基本和最核心的权利,也是受托人其他权利的根源。当然,如果信托文件对信托事务管理和信托财产处分有特别规定,受托人应当遵守规定。在规定范围之外或者在没有明确规定的情况下,受托人基于信托目的的实现或者受益人利益最大化,完全可以自主、随机地决定具体的管理和处分的方法、时机等事项。

2. 财产管理方法变更请求权

如果信托文件等对信托财产的管理方法有明确规定,一般应当遵照规定执行,不得随意变更。如果在信托实施过程中发生情势变更,原先确定的管理方法不利于实现信托目的或者不能确保受益人利益的最大化,受托人虽然基于信托文件等的明文规定不能擅自变更信托财产的管理方法,但可以请求法院变更信托财产的管理方法,法院应视具体情况依法裁定。

3. 费用和损害请求权

受托人因处理信托事务所支出的费用、对第三人所负债务,以信托财产承担。受托人以其固有财产先行支付的,对信托财产享有优先受偿的权利。但是,受托人因违背管理职责或者处理信托事务不当而对第三人所负的债务或者其自己受到的损失,应以其固有财产承担,不得通过信托财产或者信托收益弥补损失。

4. 报酬权

受托人有权依照信托文件的约定取得报酬。信托文件未作事先约定的,经信托当事人协商同意,可以作出补充约定。未做事先约定和补充约定的,不得收取报酬。约定的报酬经信托当事人协商同意,其数额可以增减。如果受托人违反信托目的处分信托财产或者因违背管理职责、处理信托事务不当致使信托财产受到损失的,在未恢复信托财产的原状或者未予赔偿前,不得请求报酬给付。

(三) 义务

受托人在信托中处于关键地位,不仅持有和管理信托财产,而且以自己的名义处理信托事务。根据信托的性质,受托人对信托事务的处理必须为信托目的或受益人的利益服务,不能从中擅取私利。为确保受托人有效地履行职责,一般应承担以下义务:

1. 按照信托文件的规定处理信托事务的义务

信托关系是委托人和受托人根据信托文件创设的。信托一经成立,信托文件就是信托关系存在和运作的基本依据。信托文件规定了信托的目的、信托财产和事务管理的方法等,体现了委托人的意志,是实现信托目的的重要保证。信托文件有合同和遗嘱等形式,信托文件以合同形式存在的,作为合同的一方当事人,受托人自应履行合同义务,执行信托文件的规定。信托文件以遗嘱形式存在的,受托人一旦承诺接受信托,遗嘱产生法律约束力,受托人必须执行其内容。

2. 善良管理人义务

依据我国《信托法》第 25 条,受托人应当遵守信托文件的规定,为受益人的最大利益处理信托事务;受托人管理信托财产,必须恪尽职守,履行诚实、信用、谨慎、有效管理的义务。这就是受托人的善良管理人义务。这是因为,委托人将其财产交由受托人管理和处分,是基于委托人对受托人人格和能力的信任;受托人应当尽最大努力,回报委托人的信任,其努力的程度,甚至应当高于其对自己的财产管理和处分的要求,达到受托人所从事的职业或阶层应该普遍要求注意的程度,以高度的专业态度处理信托事务。

3. 忠实义务

信托的基础是信赖,受托人忠于委托人自不待言。不谋私利,完全为信托目的或受益人的利益处理信托事务,这是基本的要求。依据我国《信托法》,受托人的忠实义务主要包括以下三项:(1) 受托人不得利用信托财产为自己谋取利益。受托人除依照《信托法》规定取得报酬外,不得利用信托财产为自己谋取利益;受托人违反规定,利用信托财产为自己谋取利益的,所得利益归入信托财产。(2)受托人不得将信托财产转为自己的财产。受托人不得将信托财产转为其固有财产。受托人将信托财产转为其固有财产的,必须恢复该信托财产的原状;造成信托财产损失的,应当承担赔偿责任。(3)受托人不得利用信托财产进行自我交易或者不公平的相互交易。受托人不得将其固有财产与信托财产进行交易或者将不同委托人的信托财产进行相互交易,但信托文件另有规定或者经委托人或者受益人同意,并以公平的市场价格进行交易的除外。受托人违反该规定,造成信托财产损失的,应当承担赔偿责任。

当然,忠实义务远不止法律明文禁止的三项内容。其核心在于忠于信托、不谋私利。实际上,凡是违反该要求的财产管理或者处分行为,均有违忠实义务,受托人应当尽力避免这种情形。

4. 分别管理信托财产的义务

为了保证信托财产的独立性和同一性,受托人必须将信托财产与其固有财产分别管理,分别记账,并将不同委托人的信托财产分别管理,分别记账。这就是受托人对信托财产承担的分别管理义务。其目的在于,避免信托财产与受托人的个人财产或者其他信托财产相混同,以便委托人监督受托人实施信托事务。具体说来,一是受托人要将信托财产与自己的固有财产分别管理;二是受托人要将不同信托的信托财产分别管理;三是属于金钱信托,不必分别管理的,要分别记账;四是受托人如果违反该义务而获利,受益人有权请求将其利益归于信托财产。如果因此使信托财产受损的,受托人还应承担赔偿责任,除非受托人能够证明即使实行了分别管理,相应损失也难以避免。

5. 自为管理的义务

委托人将信托财产交由特定的受托人,是基于对受托人人格、能力、信誉等的信赖,受托人自应亲自管理信托事务,处分信托财产,分配信托利益。否则,即是对委托人信赖的背弃,有违委托人设立信托的初衷,难以保证信托目的的实现。我国《信托法》第30条也规定,受托人应当自己处理信托事务,只有在信托文件另有规定或者有不得已事由的情况下,才可以委托他人代为处理。如果受托人依法将信托事务委托他人代理,还应当对他人处理信托事务的行为承担责任。

6. 记录、报告和保密义务

受托人必须保存处理信托事务的完整记录,以便接受委托人等对于信托事务的监督。受托人应每年定期将信托财产的管理、运用、处分及收支情况,报告委托人和受益人,以保障委托人、受益人等知情权的实现。同时,受托人对委托人、受益人以及处理信托事务的情况和资料负有依法保密的义务,非为信托事务需要,不得非法泄露其因信托事务而掌握的当事人的相关信息资料。

7. 支付信托利益的义务

信托财产的利益不归受托人所有,而应当归受益人。受托人有义务向受益人支付信托利益,以实现信托委托人的意愿,对此我国《信托法》第34条也有明确规定。

(四) 职责终止

1. 终止事由

如果受托人有以下六种情形之一,其职责应终止:(1)死亡或者被依法宣告死亡。(2)被依法宣告为无民事行为能力人或者限制民事行为能力人。(3)被依法撤销或者被宣告破产。(4)依法解散或者法定资格丧失。这里的法定资格,一般是指从事营业信托活动的受托人,要取得的政府有关部门的经营许可,比如,现有信托投资公司必须向中国人民银行领取信托机构法人许可证等。这些法人受托人如果存在违法经营或者未能履行职责等情形,颁发经营许可的部门依法吊销其经营许可证或者取消其经营资格的,该法人受托人即丧失受托人资格。(5)辞任或者被解任。(6)法律、行政法规规定的其他情形。

2. 新受托人的选任和信托职责的承继

受托人职责终止的,应当按照以下顺序选任新受托人:一是信托文件对选任新受托人有规定的,应当依照信托文件的规定选任新受托人。二是信托文件没有对此作出规定的,由委托人选任。三是委托人不指定或者无能力指定的,如委托人已经去世或者丧失行为能力,由受益人选任。四是受益人为无民事行为人或者限制行为能力人的,如受益人是未成年人或者精神病人,依法由受益人的监护人代行选任。在公益信托中,受托人职责终止的,由公益事业管理机构选任新受托人。依照该顺序选出新受托人后,原受托人处理信托事务的权利和义务,由新受托人承继。新受托人应与原受托人就处理信托事务的情况进行交接,继续执行信托事务。

问题是,受托人职责终止后,在新受托人产生前,可能产生信托财产无人管理或处分的真空期。为保证信托财产不受损失,保护受益人的权益,在此期间必须有人对信托财产进行妥善保管。为此,受托人职责终止时,其继承人或者遗产管理人、监护人、清算人应当妥善保管信托财产,协助新受托人接管信托事务。

(五) 地位

受托人是信托关系的重要当事人,在信托关系中居于核心地位。一是受托人是信托财产的管理和处分主体,是信托关系的实际运作者。信托实质上是一种围绕特定财产的管理和处分而展开的一系列法律关系,对这些特定财产的管理和处分,实际上是由受托人完成的,没有受托人,特定财产无以委托,信托关系便无以运转。二是受托人是委托人和受益人之间的联结者,是信托当事人之间的桥梁和纽带。受托人接受委托人的委托而管理和处分信托财产,又根据委托人的意愿将信托利益交付特定的受益人,没有受托人,委托人和受益人之间的信托关系便无以连接。

三、受益人

受益人,是指依法享有受托人管理和处分信托财产所产生的全部或者部分利益的人。受益人享有的这种利益就是信托受益权。受益人依据信托享有受益权,是委托人设立信托的目的,缺少了受益人,信托便失去了存在的必要。

(一) 范围

受益人可以是自然人、法人或者依法成立的其他组织。法律对受益人的要求最为宽松,不仅没有受托人中有关非法人组织的排除,也没有委托人中对自然人民事行为能力的要求。这是合理的,因为受益人只是信托利益的承受者,在信托过程中不需要受益人有特别的自主行为,对其行为能力无须特别限定。

在同一信托中,委托人可以同时成为受益人。如果委托人是唯一的受益人,则其设立信托是为了自己的利益,属于自益信托。委托人可以是受益人之一,也可以是唯一的受益人。同委托人相比,受托人虽然也可以作为受益人,但只能是同一信托的共同受益人之一,而不能成为同一信托的唯一受益人。究其原因,信托财产的管理和处分权与信托的受益权要分离,不能一体化。如果受托人是唯一的受益人,二者归为一体,信托就失去了存在的意义。

(二) 受益权

受益权,就是受益人在信托中享有的权利。受益权有广义和狭义之分,狭义的受益权主要是指受益人基于信托关系的存在,而在经济上获得利益的权利。广义的受益权除了经济上获得利益的权利外,还包括受益人在信托实施过程中对受托人的监督权等内容。本书采用狭义的受益权。

受益权的产生视信托文件的规定而定。信托文件对产生时间有明确规定的,受益权在该规定时间发生效力。如果没有规定,则自信托生效时起产生。既然是权利,受益人自然可以放弃。如果受益人为一人,该人放弃了受益权,则信托终止。如果受益人为多人,全体受益人均放弃受益权,信托同样终止;如只有部分受益人放弃受益权,信托仍然存在,被放弃的信托受益权有三个顺位的归属,一是信托文件规定的人;二是其他受益人;三是委托人或者其继承人。

受益权作为一种财产权,一般情况下是可以转让和继承的。如果委托人没有相反的规定,受益人完全可以根据自己的意思对受益权进行处置,委托人不能加以禁止或干涉。但是,如果委托人在信托文件中对受益权的转让和继承作出了限制,当然应当遵照委托人的意思,限制受益人的转让权和继承权。

(三) 监督权

为保障受益人权利的实现,受益人还享有一定的监督权。受益人与委托人对于信托事务的管理和执行享有同等的知情权、管理方法变更权、违反信托目的处分的撤销权、解任权等。如遇受益人行使此类权利与委托人的意见不一致,可以请求法院裁定。

(四) 地位

受益人同样是信托关系的重要当事人。如果说委托人是信托的设立者或者发动者,受托人是信托的执行者或者运作者,受益人则是信托的利益归属者。整个信托实际上是围绕受益人利益的实现而设立和运作的。具体而言,一方面,受益人的存在及其享有的信托受益权是信托得以设立和运作的根据。如非为受益人取得受益权的目的,信托关系便无须设立。另一方面,委托人和受托人都是为受益人的利益服务的。受益人是委托人设立信托的目标人,是受托人管理和处分信托财产所获利益的归属所在。

第四节　信托的变更和终止

信托是一种法律行为,信托关系一经成立,即具有法律效力,当事人不得随意变更或者解除这种法律关系。但是,如遇情势变更,需要变更或者解除这种关系,就会产生信托变更或者信托终止。

一、信托变更

信托变更,是指法定或者约定的事由出现时,对依法设立的信托予以改变的行为。信托变更有狭义和广义之分,狭义的信托变更仅指信托成立后对信托内容如信托期限、信托财产管理方法等所作的修改或者补充。广义的信托变更除了包括狭义的信托变更外,还包括信托当事人的变更等。本书采用广义变更说。

(一) 信托当事人变更

当事人变更包括委托人变更、受托人变更和受益人变更三种情形。委托人变更主要是指委托人地位的继受。委托人的地位可以因继承而发生变更。至于委托人地位是否可以转让,要考虑相关权利和地位是否具有人身专属性。如果具有人身专属性则不可转让,如果没有人身专属性则可以转让。

就受托人变更而言,主要包括受托人不愿履行职责和不能履行职责两种情形。我国《信托法》第39条的六种终止事由涵盖了这两种情形:(1) 死亡或者被依法宣告死亡;(2) 被依法宣告为无民事行为能力人或者限制民事行为能力人;(3) 被依法撤销或者被宣告破产;(4) 依法解散或者法定资格丧失;(5) 辞任或者被解任;(6) 法律、行政法规规定的其他情形。受托人职责终止时,其继承人或者遗产管理人、监护人、清算人应当妥善保管信托财产,协助新受托人接管信托事务。受托人职责终止的,依照信托文件规定选任新受托人。信托文件未规定的,由委托人选任。委托人不指定或者无能力指定的,由受益人选任。受益人为无民事行为能力人或者限制民事行为能力人的,依法由其监护人代行选任。一旦产生新受托人,即由其承受原受托人处理信托事务的权利和义务。

受益人既然为委托人所指定,自然是可以变更的。发生这种变更的事由包括以下四种:(1)受益人对委托人有重大侵权行为;(2)受益人对其他共同受益人有重大侵权行为;(3)经受益人同意;(4)信托文件规定的其他情形。此外,受益权作为一种财产性权利,除信托文件有明确限制外,可以依法转让和继承。如果由此发生转让或者继承,也会引起实际受益人的变更。

(二)信托内容的变更

信托内容的变更,是指信托成立后,信托当事人根据客观情况,依法定或约定的方式和程序对信托的期限、信托财产管理方法等内容进行修改或者补充的行为。信托内容的变更必须是在保证信托同一性的前提下进行的变更,变更前后的信托关系要有连贯性。如果当事人对信托关系的改变完全形成一项新的信托,而原信托关系已不复存在,则应视为原信托关系的终止,新信托关系的产生,而非原信托关系的变更。

信托内容变更最常见的是信托财产管理方法的变更。对于信托财产的管理方法,我国《信托法》并没有将其规定为信托文件的必备事项,信托文件可以规定,也可以不规定。如果信托文件没有规定信托财产的管理方法,也就谈不上变更。依据我国《信托法》第21条,因设立信托时未能预见的特别事由,致使信托财产的管理方法不利于实现信托目的或者不符合受益人的利益时,委托人有权要求受托人调整该信托财产的管理方法。也就是说,原信托文件规定了信托财产的管理方法,而该方法在新的形势下已经不利于实现信托目的或者受益人利益,委托人有权要求受托人变更之,同时受益人也可以根据我国《信托法》第49条享有该权利。

至于信托财产管理方法的变更程序,日本、韩国等国家的信托法均规定委托人、受益人等权利主体要通过法院申请变更,我国法律并没有此限定,只要委托人与受托人同意变更即可。委托人和受托人对于信托财产管理方法的变更,不需要征得受益人同意。而受益人行使信托财产管理方法变更权时,需要取得委托人和受托人的同意;两者意见不一致时,需请求法院裁定。

二、信托终止

信托终止,亦称信托消灭,是指信托关系因法定或者约定事由的出现而归于消灭的情形。信托终止后,原有的信托关系不复存在。

(一)终止事由

信托终止包括以下七种情形:

1. 信托文件规定的终止事由发生

信托由委托人设立,信托的设立采取意思自治原则,自应尊重委托人的意愿。如果委托人在信托文件中明确规定了信托的终止事由,例如委托人明确规定了在什么情况下信托应当终止,则一旦发生了相应情况,信托应按照委托人的愿望自动终止。

一般来说,委托人规定的终止事由有以下三种类型:(1)特定的受托人不能履行职责。委托人可能特别信赖某个人或某些人,从而指定其为受托人,相信他们有能力管理好信托事务。委托人担心,万一这些受托人去世或者由于种种原因丧失行为能力,其他人可能无法管理好信托事务,因而规定一旦指定的受托人去世或无法继续担任受托人,信托即终止。(2)特定的受益人不再需要信托。委托人设立信托的目的可能是为了特定受益人的利益,一旦受益人不再需要信托利益,信托存续的意义不大。(3)违背委托人意愿的事件发生。委托人可能希望信托的受益人做或者不做某些事情。例如,希望受益人在一定年龄之前取得律师资格,或者受益人不与具有某种宗教信仰的人结婚等,而受益人在年龄届满仍未取得律师资格,或者与具有某种宗教信仰的人结婚,信托即终止。

2. 期限届满

委托人可以规定信托期限,英美法系信托法明确要求私益信托的委托人必须为信托规定期限,甚至有些国家的法律直接为某类信托规定明确的信托期限,如日本 1982 年的《银行法》就规定以银行为受托人的一种动产信托的存续期限为 5 年。为此,有明确期限的信托,在信托期限届满时,即告终止。

3. 信托的存续违反信托目的

信托目的决定着信托财产的管理和运用,信托围绕着信托目的进行,是为了实现信托目的而设立和运作的。如果信托的存续违反了信托目的,该信托应当终止。

4. 信托目的已经实现或者不能实现

委托人设立信托必然有一定的信托目的,受托人的职责就是管理和运用信托财产,以实现信托目的。如果信托目的已经完全实现,信托的任务就完成了,信托关系自然就没有继续存在的必要。如果基于各种原因,在信托实施的某个阶段,可能会发现信托目的在客观上已经无法实现,信托的继续存在同样没有意义,自应终止。

5. 信托当事人协商同意

信托是在委托人、受托人、受益人之间存在的一种法律关系,信托所生的权利和义务,只对这些当事人具有法律效力。如果他们经协商达成一致,自然可以终止信托关系。

6. 信托被撤销

信托的撤销是指通过撤销权人行使撤销权,使既存的信托关系归于消灭。委托人设立信托损害其债权人利益的,债权人有权申请法院撤销信托。信托被法院撤销的,信托关系自然终止。

7. 信托被解除

信托的解除,是指在信托关系存续期间,信托当事人基于法律或信托文件的规定,行使解除权而使信托关系归于消灭。根据我国《信托法》第50条和第51条,除信托文件另有规定外,自益信托的委托人或者其继承人可以解除信托。他益信托的委托人在出现法律规定的情形时也可以解除信托。解除信托的,信托关系随之消灭。

(二) 法律后果

信托关系一旦终止,就产生以下五个方面的后果:

1. 已有信托关系归于消灭

信托终止使原有信托关系由存在变为不存在,信托当事人享有的权利和承担的义务,包括信托文件规定和法律确定的权利义务,均归于消灭。但信托终止不同于信托无效,信托终止只对将来产生法律效力,不具有溯及既往的效力。

2. 重新确定信托财产的权利归属人

信托关系存续期间,信托财产的归属是明确的,由受托人占有、使用和处分,由受益人收益。信托一旦终止,原有的信托关系不复存在,受托人即失去继续占有、使用和处分的权利,受益人的受益权也同时消失,这就产生重新确定信托财产权的归属问题,确定信托终止后原信托财产的权利归属人。为此,信托财产归属于信托文件规定的人。信托文件未规定的,按以下顺序确定其归属:一是受益人或者其继承人;二是委托人或者其继承人。如果信托终止后,委托人、受益人均已去世且没有继承人,或者他们及继承人均表示放弃接受剩余信托财产,信托财产就成为无主财产,应当收归国家所有。

3. 强制执行

信托终止后,如果法院依据法律规定需要对原信托财产进行强制执行,由于原信托财产已经转移给新的权利归属人,应当以新的权利归属人为执行对象,对其继受的原信托财产进行强制执行。

4. 受托人取酬权及费用和损失补偿请求权

受托人因管理和处分信托事务而享有的报酬权,根据信托文件的规定或者与委托人的约定行使,因信托事务而支出的费用及造成的损失可以直接在信托财产中行使。如果该权利在信托终止前没有来得及行使,并不自然消失,而仍继续存在。依据我国《信托法》第57条,信托终止后,受托人依法行使请求给付报酬、从信托财产中获得补偿的权利时,可以留置信托财产或者对信托财产的权利归属人提出请求。

5. 信托事务的最后清算

信托终止后,受托人应当作出处理信托事务的清算报告。受益人或者信托财产的权利归属人对清算报告无异议的,受托人就清算报告所列事项解除责任,但受托人有不正当行为的除外。

实战演练

一、选择题

1. 一般情况下,信托是委托人、受托人、受益人之间的一种三方关系,三方主体独立存在,但在特殊情况下,三方主体也存在重合的可能性,这种可能的重合关系有(　　)。

A. 委托人同时是同一信托的受益人,而且能够成为唯一受益人

B. 受托人同时是同一信托的受益人,而且能够成为唯一受益人

C. 委托人同时是同一信托的受托人,而且能够成为唯一受托人

D. 委托人、受托人、受益人可以同时是一个人

2. 张某为保障父母未来的养老支出,专门拿出50万元,以李某为受托人为其父母设立了养老信托,在信托关系存续期间,张某发现李某违背信托目的处分信托财产,根据我国《信托法》,张某可以采取的措施有(　　)。

A. 申请人民法院撤销该处分行为

B. 要求受托人恢复信托财产的原状或者予以赔偿

C. 在信托财产的受让人明知是违反信托目的而接受该财产的情况下,要求其返还或者予以赔偿

D. 依照信托文件的规定解任李某的受托人身份,或者申请人民法院解任

3. 关于信托财产,下列说法正确的有(　　)。

A. 信托财产包括受托人因承诺信托而取得的财产,也包括受托人因信托财产的管理、运用、处分或者其他情形而取得的财产

B. 禁止流通物和限制流通物经有关部门批准可以作为信托财产

C. 受托人对信托财产享有的所有权是一种完全的所有权

D. 特定的信托财产应当与委托人和受托人的其他财产相分离,也应当与受托人管理的其他信托财产相分离

4. 关于信托的生效,下列说法正确的有(　　)。

A. 依法成立的信托合同,自信托合同成立时该信托生效

B. 附生效条件、生效期限的信托合同,自所附条件成就时、所附期限届至时信托生效

C. 采取遗嘱形式成立的信托,除信托文件另有规定外,如果受托人的承诺是在立遗嘱人死亡前作出的,则该信托在遗嘱人死亡时生效;如果受托人的承诺是在遗嘱人死亡后作出的,则该信托在受托人承诺时成立并生效

D. 有关法律、行政法规规定信托财产应当办理信托登记手续,在依法办理登记手续后,信托生效

5. 公益信托是以具有公共利益性质的社会慈善、教育、环保等为目的而设立的信托,根据我国《信托法》的规定( )。

A. 设立公益信托应当经有关公益事业的管理机构审查批准,未经批准的,不得以公益信托的名义进行活动

B. 公益信托应当设置信托监察人,监察人有权以自己的名义,为维护受益人的利益,提起诉讼或者实施其他法律行为

C. 根据信托关系中受益人必须确定的要求,公益信托的受益人必须是确定的社会主体

D. 公益信托终止,没有信托财产权利归属人的,经公益事业管理机构批准,受托人应当将信托财产用于与原公益目的相近似的目的,或者将信托财产转移给具有近似目的的公益组织或者其他公益信托

二、案例分析

王某于1997年与人共同发起成立 A 公司,由于公司经营状况良好,王某2000年一次性从公司获得红利分配30万元,为了给其亲人 B 一个稳定的经济来源,王某将这30万元以 B 为受益人作为信托财产委托 C 信托公司经营管理。时至2007年,A 公司和 C 公司均因经营不善而宣告破产,王某打算由 D 信托公司接手该信托财产继续信托关系。请问:

(1)原信托财产会否被 A 公司或者 C 公司作为破产财产进行破产分配?

(2)王某继续信托的愿望能否实现?

第八章 保 险 法

第一节 保险概述

一、危险与保险

(一) 保险与危险处理

危险,就是某种损失发生的不确定性。危险无处不在,无时不有,而有挑战即有应战。面对各种危险,人类已探索出避免、保留、预防与控制、中和以及转移等处理方式。保险便是危险转移的方式之一。

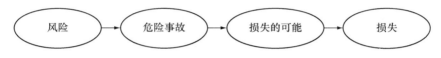

图 8-1 危险与损失

保险,是指投保人根据合同约定向保险人支付保险费,保险人对于合同约定的可能发生的事故所造成的财产损失承担赔偿保险金责任,或者当被保险人死亡、伤残、疾病或者达到合同约定的年龄、期限时承担给付保险金责任的商业保险行为。作为一种转移式的风险处理方式,保险本质上系一种商业化的经济互助机制:一人损失,大家分摊,"人人为我,我为人人"。显然,商法上的保险以商业保险为限,不包括社会保险,亦与储蓄、捐赠、自保和赌博有着显著区别。

(二) 保险的要素

保险机制有三大要素。其一,危险的存在。保险以危险存在为前提。保险与危险同在,无危险则无保险可言。可保危险需具有不确定性,因其不确定性,保险才有意义。不确定性是指危险发生与否难以确定,何时发生难以确定,发生的原因和所导致的结果难以确定。如危险一定会发生,保险人不会承保;危险一定不会发生,投保人也不会投保。人们有意识促成的事件,而非不可预料的客观现象,亦不在可保危险之列。其二,众人协力。保险与众人协力同在。没有众人协力,也就无法实现保险功能。具体说来,有互助保险的直接方式和保险公司的间接方式两种形式。互助保险的每个成员既是保险人,也是被保险人,无疑是成员之间的直接互助共济。保险公司则为第三者,可能遭受同一危险的组织或个人事先向其缴纳一定金额的保险费,保险事故发生后,由其向遭受意外损失的组织或个人支付保险金。表面上看,投保人之间并无互助共济,实际上这是间接互助共济。其三,填补损失。危险并不因保险而消灭,保险只是一种分散因保险事故给当事人造成的损失的机制;就其直接功能而言,就是补偿被保险人因意外所遭受的损失。这种损失补偿并非天上掉下的馅饼,而是以投保人支付保险费为对价。保险系一种以较小代价换取具有更大价值的财产或人身安全的机制。财产保险和人身保险的损失填补方式还有所不同。财产保险的标的系财产或与财产有关的利益,其损失可以用货币度量,故按照实际损失赔付。人身保险的标的为寿命和身体,损失难以用货币度量,赔付一般采用定额形式。一旦发生保险事故,即按照保险合同约定的金额支付。

二、保险的类型

（一）人身保险与财产保险

根据保险标的,可将其分为财产保险和人身保险。保险标的是指作为保险对象的财产及其利益或者人的寿命和身体。在此基础上,又将保险合同分为人身保险合同和财产保险合同(图8-2)。

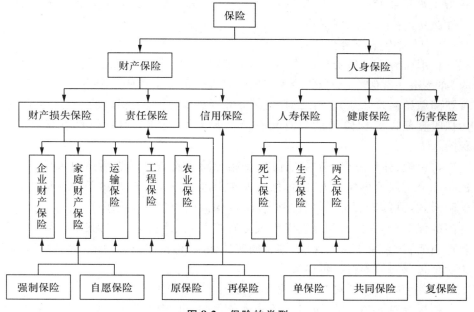

图 8-2 保险的类型

人身保险,是以人的寿命和身体为保险标的的保险,包括人寿保险、健康保险、意外伤害保险等。当人们遭受不幸事故或因疾病、年老以致丧失工作能力、伤残、死亡或年老退休后,保险人对被保险人或受益人给付保险金或年金,以解决病、残、老、死所造成的经济困难。

财产保险,亦称损失保险,是以物或其他财产利益或责任、信用为保险标的的保险。我国开办的财产保险主要有企业和家庭财产保险、运输保险、工程保险、农业保险、产品责任保险、雇主责任保险、机动车第三者责任保险、投资信用保险等。

(二) 自愿保险与强制保险

根据保险实施的形式,可将其分为自愿保险和强制保险(图8-2)。自愿保险,是指基于投保人自己的意思而进行的保险。在这种保险中,是否投保、投何种保险、以何种条件投保、向谁投保等,均由投保人自主确定,不受任何第三者干预。投保人对于自己的财产、人身等保险标的既有投保的权利,也有不投保的自由。保险人也有决定承保与否、如何承保或承保多少的权利。自愿系保险活动的重要原则,故自愿保险居于主流,而强制保险属于例外。

强制保险,又称法定保险,是指根据法律和行政法规,凡是在规定范围内的单位或者个人,不管愿意与否都必须参加的保险。强制保险一般基于国家社会经济政策的需要而设定,如机动车第三者责任保险等。依据我国《保险法》第11条第2款和第186条第2款,只有法律和行政法规方可设定强制保险,规章和地方性法规无权设定强制保险。

(三) 原保险与再保险

根据保险人承担责任的次序,可将其分为原保险与再保险(图8-2)。原保险,亦称第一次保险,是指保险人对被保险人因保险事故所致损害承担直接赔付责任的原始保险。通常所说的保险就是指原保险,它是再保险的基础,再保险人的保险责任以原保险人的责任为前提。易言之,没有原保险,也就谈不上再保险。

再保险,亦称分保、第二次保险,是指保险人将自己承保后所收取的保险费的一部分交纳给再保险人,由再保险人在保险事故发生时承担部分保险责任的保险形式。可以说,再保险就是原保险的保险。再保险系原保险人与再保险人之间的保险合同关系,与原被保险人无直接关系,再保险人仅对原保险人负责。就性质而言,它属于责任保险,即合同责任保险,但基于再保险的特殊性,通常所说的责任保险并不包括再保险。

(四) 单保险、共同保险与重复保险

根据保险人的人数,可以将其分为单保险、共同保险和重复保险。单保险,是指由一个保险人就投保人的一个保险标的、一个保险利益、一个保险事故而订立保险合同的保险。这种形式最为普遍。

共同保险,亦称共保,是指两个以上保险人就同一保险业务各自承担一定份额,或依据保单的约定要求被保险人分担同一保险业务中的一定份额的保险。

它有两种类型:一是两个以上保险人对投保人的同一保险标的订立保险合同,各保险人就保险事故的责任按照承保份额分担责任;二是投保人进行不足额保险,不足部分视为被保险人自保,这实际上是保险人与被保险人共同保险。

重复保险,亦称复保险,是指投保人以同一保险标的、同一保险利益、同一保险事故分别向两个以上保险人订立保险合同的保险。保险属于危险分散机制,其作用就是填补被保险人的损失。就财产保险而言,保险金额不得超过保险价值,重复保险亦不例外。若重复保险的保险金额总额超过保险价值,各保险人赔偿的金额的总和以保险价值为限,各自责任范围以其保险金额占保险金额总和的比例为准,合同另有约定的,从其约定。[1]

三、保险制度的基本原则

作为商法的组成部分,商法的基本原则自应适用于保险。同时,保险在其长期发展过程中,还形成了自身的基本原则,即保险利益原则、最大诚信原则、损失补偿原则和近因原则。诚然,在人身保险与财产保险中,这些原则的适用又有所不同。

(一) 保险利益原则

保险利益,亦称可保利益,是指投保人对保险标的具有的法律上承认的利益。它体现了投保人或被保险人与保险标的之间的经济联系,系投保人或被保险人可以向保险公司投保的利益,即投保人或被保险人因保险标的遭受风险事故而受损失,因保险标的未发生风险事故而受益。作为一种危险分散和转移机制,保险利益是投保人对保险标的享有保险保护的前提,故保险利益是保险合同的效力要件之一。凡是投保人对保险标的不具有保险利益的,保险合同即无效。[2] 这无疑有助于避免将保险变成赌博行为,遏制败德行为,限制损失填补的适用。

保险利益包括适法性、经济性和确定性三个构成要件。只有可用货币计算估价,且得到法律认可和保护的客观利益,包括现有利益和期待利益,才能成为保险利益。对于财产保险而言,被保险人在保险事故发生时,对保险标的具有保险利益即可。一般认为,对保险标的享有所有权或经营管理权的人,保险标的的合法占有人、担保权人以及期待权人,对保险标的享有保险利益。对于人身保险,投保人在订立保险合同时就应对被保险人具有保险利益,依据我国《保险法》第31条,以下五种人享有保险利益:(1) 本人;(2) 配偶、子女、父母;(3) 第2项之外与投保人具有抚养、赡养或者扶养关系的家庭其他成员、近亲属;

---

[1] 参见我国《保险法》第56条第2款。
[2] 参见我国《保险法》第12条、第31条第3款。

(4)与投保人具有劳动关系的劳动者;(5)被保险人同意投保人为其订立合同的,视为投保人对被保险人具有保险利益。

(二)最大诚信原则

商法的诚实信用原则对保险法同样适用,唯保险作为危险分散机制,需遏制败德行为,其对当事人诚信程度的要求也就远远高于其他商行为,故称为最大诚信原则。其基本内容包括告知与说明以及保证两项。

告知与说明义务相互对应,投保人履行告知义务,保险人则负有说明义务。告知,亦称申报,是指在保险合同订立时,投保人应将与保险标的有关的重要情况,如实向保险公司陈述、申报或声明。一般所说的告知仅指狭义的告知,即保险合同订立时的告知;而保险期间保险标的危险增加和保险事故发生时的告知,则为通知。投保人故意或因重大过失违反告知义务,足以影响保险人决定是否同意承保或者提高保险费的,保险人有权解除合同。对于违反通知义务的,保险人只可以对因危险增加而发生的保险事故拒赔。

保险人的说明义务与投保人的告知义务相对应,它要求保险公司在订立保险合同时,就保险合同的条款内容向投保人进行说明。究其原因,保险公司拟订的格式合同,投保人对其内容往往不甚了解。为保护被保险人利益,保险合同中规定的有关保险公司责任免除的条款,保险公司负有向投保人明确说明的义务。否则,这些免责条款不产生效力。[①]

(三)损失补偿原则

保险的目的就是通过危险分散,从而填补投保人或被保险人因保险事故所遭受的损失,损失填补乃保险法的一项基本原则。这就意味着,只有当保险事故发生使被保险人遭受损失时,保险人才在其责任范围内对被保险人进行赔偿。如果有险无损,或虽有损,但不在约定的保险事故之列,保险人亦不赔偿。保险人补偿的数量以实际损失为限,即保险人的补偿正好使保险标的恢复到保险事故发生前的状态。

该原则主要适用于财产保险,但定值保险合同等也不完全适用。对于人身保险,一般不适用于以给付为目的的人寿保险。委付制度、代位求偿制度和重复保险分摊制度,均为损失补偿原则所派生。

(四)近因原则

这是解决因果关系较为复杂的保险纠纷所采用的原则,我国法律上称因果关系,英美等国立法称为近因原则。近因,是指导致结果发生的决定性或最有力的原因。保险法上的近因就是指造成保险标的损害的主要的、起决定性作用的原因。近因原则可以明确保险人对保险标的的损失是否负保险责任以及在何种

[①] 参见我国《保险法》第17条。

程度上承担保险责任。近因属于保险责任时,保险人才承担赔付责任。否则,保险人不承担赔付责任。

第二节 保险公司

一、保险公司的设立

(一) 保险公司的类型

保险组织以经营保险为业,有个人保险组织、合作保险组织和保险公司三种形态,其中,保险公司最为普遍,系现代各国主流的保险组织形态。我国不仅认可公司形态,也允许其他依法设立的保险组织①,保险公司又包括股份有限公司和有限责任公司(图8-3)。如其利用外资,外资保险公司又可分为中外合资保险公司、外资独资保险公司以及外国保险公司分公司。②

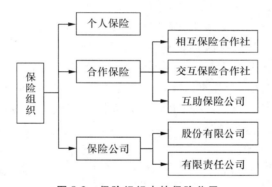

图 8-3 保险组织中的保险公司

(二) 设立条件

依据我国《保险法》第68—69条,设立保险公司需符合七项条件:(1) 主要股东具有持续盈利能力,信誉良好,最近三年内无重大违法违规记录,净资产不低于2亿元;(2) 有符合《保险法》和《公司法》规定的章程;(3) 注册资本的最低限额2亿元;(4) 有具备任职专业知识和业务工作经验的董事、监事和高级管理人员;(5) 有健全的组织机构和管理制度;(6) 有符合要求的营业场所和与经营业务有关的其他设施;(7) 法律、行政法规和国务院保险监督管理机构规定的其他条件。这七项条件属于一般条件,对中资和外资保险公司均适用。

(三) 前置行政许可

与证券公司、基金管理公司一样,保险公司的设立也采用行政许可制。其设

---

① 参见我国《保险法》第183条。
② 参见我国《保险法》第185条,《外资保险公司管理条例》第2条。

立须经保监会批准。① 未经保监会批准,任何单位、个人不得在中国境内经营或者变相经营商业保险业务。擅自设立保险公司或者非法从事商业保险业务活动,属于违法行为,由保监会予以取缔。构成犯罪的,依法追究刑事责任。②

（四）设立程序

无论是设立中资保险公司,还是设立外资保险公司,申请人均需向保监会提出申请。该项申请分为两个阶段,第一阶段是申请筹建,第二阶段为申请开业。只有保监会批准开业后,该保险公司方可办理商事登记,正式成立。

二、保险的经营规则

（一）经营范围

保险公司以经营保险为业,包括财产损失保险、责任保险、信用保险等财产保险业务和人寿保险、健康保险、意外伤害保险等人身保险业务。但是,保险公司的经营范围实行核准制,即特定保险公司的具体经营范围需由中国保监会核定。保险公司只能在核定的业务范围内从事保险经营活动。

财产保险业务与人身保险业务实行分业经营。③ 同一保险人不得同时兼营财产保险业务和人身保险业务。作为例外,经营财产保险业务的保险公司经保监会核定,可以经营短期健康保险业务和意外伤害保险业务。

保险业不仅实行分业经营,而且实行保险专营。如无法律、行政法规的规定,其他公司不得经营保险业务。相应地,保险公司也不得经营非保险业务。依据《保险法》第8条和《证券法》第6条,这种专营并非一成不变。只要将来国家相机出台其他规定,保险公司即可依法进行兼营。准确地说,保险原则上实行专营,禁止兼营。

（二）保险条款与保险费率

为保护社会公众利益,防止不正当竞争,保监会对保险公司的保险条款和保险费率进行监管。监管措施包括审批、备案、要求修改、责令停止使用以及在一定期限内禁止申报新的保险条款和保险费率。凡是需要审批的保险条款,需经保监会批准方可使用。

适用审批制的保险条款和保险费率有三种情形:(1)依法实行强制保险的险种;(2)新开发的人寿保险险种;(3)保监会认定的其他关系社会公众利益的险种。具体目录由保监会制定和调整。凡是适用审批制的保险条款和保险费

---

① 参见我国《保险法》第71条。
② 参见我国《保险法》第159条。
③ 参见我国《保险法》第95条第2款。

率,如该保险条款和保险费率有变更,亦应经保监会批准。① 适用审批制之外的其他保险条款和保险费率,则实行备案制。如该保险条款和保险费率有变更,亦应向保监会备案,备案的期限为保险条款和保险费率经营使用后 10 日之内。备案既可向保监会办理,亦可向保监会的派出机构办理。

（三）偿付能力维持规则

偿付能力,是指保险公司履行赔偿或给付责任的能力。为切实维护投保人、被保险人、受益人的利益,促进保险公司稳健经营和发展,保险公司需具备最基本的偿付能力。鉴于保险公司的经营在很大程度上取决于保险公司基金的积累,为确保其具有正常的偿付能力,各国立法要求其具备最低偿付能力,并提取保证金、保险公积金、保险准备金和保险保障基金。

1. 最低偿付能力

最低偿付能力需与其业务规模相适应,其实际偿付能力在任何时点均不得低于最低偿付能力,最低偿付能力额度标准由保监会规定和调整。实际偿付能力额度就是认可资产减去认可负债的差额。② 一旦保险公司实际偿付能力额度低于最低偿付能力额度,即应采取有效措施,改善偿付能力状况,并将其有关整改方案、具体措施和到期成效等情况报告保监会。其偿付能力充足率就是实际偿付能力额度除以最低偿付能力额度。只要偿付能力充足率低于 100%,中国保监会即应视具体情况采取相应的监管措施。③

2. 保证金

这是保险公司依法需在成立时向国家缴纳的保证金额。其用途就是在保险公司清算时用于清偿债务。就数额而言,是在保险公司成立时按照其注册资本的 20% 提取,存入保监会指定的银行,除保险公司清算时用于清偿债务外,不得动用或处置。④

3. 责任准备金

这是保险公司为承担未到期责任或未决赔款,而从保险费收入中提取的准备金,包括未到期责任准备金和未决赔款准备金。保险公司提取各项责任准备金必须真实、充足。未到期责任准备金,亦称未满期保险准备金,是指在准备金评估日为尚未终止的保险责任而提取的准备金。未决赔款准备金,则是指保险公司为承担已经提出的保险赔偿或者给付金额,以及已经发生保险事故但尚未提出的保险赔偿或者给付金额,而从保险费中提取的准备金。各项责任准备金

---

① 参见保监会《财产保险公司保险条款和保险费率管理办法》第 7 条,《人身保险公司保险条款和保险费率管理办法》第 20 条。
② 参见保监会《保险公司偿付能力管理规定》第 8 条。
③ 参见保监会《保险公司偿付能力管理规定》第 37—38 条。
④ 参见我国《保险法》第 97 条。

提取和结转的具体办法,由保监会制定。①

4. 保险公积金

保险公积金,是指保险公司的储备基金。这是保险公司为自我发展、扩大经营规模以及弥补亏损,而依法从每年税后利润中提取的资金。其具体比例,以有关法律、行政法规及国家财务会计制度为准。② 依据我国《公司法》第166条,法定公积金比例为公司当年税后利润的10%。如法定公积金累计额达到公司注册资本的50%以上,可不再提取。

5. 保险保障基金

保险保障基金,是指保险公司为了应对突然发生的巨额赔付而依法提取的后备资金,其提取和使用办法由保监会制定。其目的在于保障被保险人的利益,支持保险公司稳健经营。该基金实行集中管理,统筹使用。③ 实质上,该基金具有相互保险基金性质,相当于各保险公司共同提交的一种共同基金,由保监会集中管理。如遇特定保险公司丧失偿付能力,比如,被撤销、被宣告破产,以及保监会认为保险业面临重大危机,可能危及社会公共利益和金融稳定的情形下,该基金可用于向保单持有人或保单受让公司等提供救济。

凡是纳入保险保障救济范围的保险业务,保险公司均应依法缴纳保险保障基金,保险保障基金的使用因保险类型而异。④ 对于非人寿保险,如遇保险公司被撤销或被宣告破产,清算财产不足以偿付保单利益的,该基金直接对保单持有人提供救济。对于人寿保险而言,其清算财产不足以偿付保单利益的,该基金则向保单受让公司提供救济,因为其寿险合同必须转让给其他寿险公司或保监会指定的寿险公司。在清算结束前,保单持有人可以将债权转让给保险保障基金,该基金向其支付救济款。一旦清算结束,如保险保障基金获得的清偿金额多于救济款,该基金应将差额部分返还给保单持有人。⑤

(四) 保险资金的运用

保险资金的运用,是指保险公司在经营过程中,将所积聚的部分保险资金用于投资或融资,使其保值增值的活动。这有助于增强保险公司的偿付能力,确保投保人、被保险人、受益人的利益,也有利于提高保险公司的竞争力。为此,各国均将保险资金的运用作为保险公司的重要业务和重要收入来源。诚然,保险资金运用亦有相应的风险,故各国对其运用范围和方式均有明确要求。我国也不

---

① 参见我国《保险法》第98条。
② 参见我国《保险法》第99条。
③ 参见我国《保险法》第100条。
④ 参见我国《保险保障基金管理办法》第16—18条。
⑤ 参见我国《保险保障基金管理办法》第19—24条。

例外,明确规定保险资金的运用需遵循稳健、安全性原则。[①]

具体说来,其运用方式为[②]:(1)银行存款;(2)债券、股票、证券投资基金份额等有价证券;(3)不动产;(4)国务院规定的其他资金运用形式。其具体方式以及具体项目的资金占保险公司资金的比例,由保监会规定。如需在境外运用保险资金,亦需符合国家有关规定。就限制而言,保险资金不得用于设立证券经营机构,也不得用于设立保险业以外的企业。保险公司对其他企业实现控股的股权投资限于三种情形,一是保险类企业,包括保险公司、保险资产管理机构以及保险专业代理机构、保险经纪机构;二是非保险类金融企业;三是与保险业务相关的企业。

(五)风险控制

保险公司以经营保险为业,风险甚高。保险公司所掌握的保险费不仅要保值增值,而且要安全。若不能确保保险资金的安全性,投保人、被保险人、受益人就绝对不"保险"了。为此,各国均为保险公司运营设定了风险控制规范,包括自留保险费制度、限制承保责任制度和强制再保险制度。

1. 自留保险费

保险费并非保险公司的资本,而是其负债。保险公司的自留保险费愈高,其所承担的风险也就愈大。为此,限制财产保险公司的自留保险费数额,系控制其承担过大风险的重要手段。依据我国《保险法》第102条,经营财产保险业务的保险公司当年自留保险费,不得超过其实有资本金加公积金总和的4倍。至于人寿保险公司,当年自留保险费数额则无法定限制。

2. 限制承保责任

为促使保险公司稳健经营,避免因承保特定危险单位的业务量过大,出现一次支付过多保险金,从而陷入困境,危及投保人、被保险人、受益人利益的情况,各国大多规定了保险公司对每一危险单位承保责任的限额。依据我国《保险法》第103条,保险公司对每一危险单位,即对一次保险事故可能造成的最大损失范围所承担的责任,不得超过其实有资本金加公积金总和的10%。如有超过,超过的部分应办理再保险。保险公司对危险单位的计算办法和巨灾风险安排计划,应报经保监会核准。

3. 强制再保险

再保险就是保险的保险,可以分散原保险公司的风险,也是控制保险公司风险的一个重要途径。凡是保险公司对每一危险单位所承担的保险责任,超过法定限额,即超过其实有资本金加公积金之和的10%的,超过部分实行强制再保

---

① 参见我国《保险法》第106条第1款。
② 参见我国《保险法》第106条第2、3款。

险。办理再保险事宜需遵守保监会的规定。①

三、保险公司整顿、接管与终止

（一）整顿和接管

整顿与接管既是对有关违法行为的监管措施，也是对有违法行为的保险公司的挽救措施。作为保险业的监管机构，保监会有权对有违法行为的保险公司采取有关监管措施。

整顿有两个前提：一是保险公司未依法提取或者结转各项准备金，或者未依法办理再保险，或者严重违反资金运用的规定；二是保监会已对其处以监管措施，即依法提取或者结转各项准备金、依法办理再保险、纠正违法运用资金的行为，或调整负责人及有关管理人员，但是保险公司并未在限期内改正。此时，保监会即可对其进行整顿。整顿组织由保监会选派保险专业人员和指定该保险公司的有关人员组成。整顿决定应载明被整顿保险公司的名称、整顿理由、整顿组织和整顿期限，并予以公告。②

接管系更为严厉的监管措施，其目的在于恢复保险公司的正常经营，维护被保险人的利益。其适用的情形为，保险公司的偿付能力严重不足，或者其违法行为损害社会公共利益，可能严重危及或者已经危及保险公司的偿付能力。接管的决定由保监会作出，接管组织的组成和接管的实施办法，亦由其决定，并予公告。被接管的保险公司的债权债务关系不因接管而变化。

接管期限届满，保监会可以决定延期，但接管期限最长以2年为限。接管期限届满，如被接管的保险公司已恢复正常经营能力，保监会即可决定终止接管。如接管组织认为，被接管的保险公司的财产已不足以清偿所负债务，保监会可以依法申请法院对其进行重整或破产清算。③

（二）终止

保险公司的终止，是指依法设立的保险公司因法定原因或经保监会批准，关闭其营业机构而永久停止从事保险业务。鉴于保险的社会性，不仅保险公司的解散实行行政许可制，寿险公司除因分立、合并或者依法被撤销外，不得解散，而且保险公司破产亦需保监会同意，以维护投保人、被保险人、受益人的利益，确保社会安定。保险公司终止事由包括解散、依法撤销和破产。清算为公司终止的必经程序，保险公司自不例外。保险公司解散的，应当依法成立清算组，进行清算。至于破产情形，则是由法院组织保监会等有关部门和有关人员成立清算组。

---

① 参见我国《保险法》第103、105条。
② 参见我国《保险法》第140—141条。
③ 参见我国《保险法》第147—149条。

对于保险公司破产,其破产财产清偿的顺序需依特别法规则进行。① 具体说来,在支付破产费用后,再按照以下四个顺序进行清偿:(1)所欠职工工资和医疗、伤残补助、抚恤费用,所欠应当划入职工个人账户的基本养老保险、基本医疗保险费用,以及法律、行政法规规定应当支付给职工的补偿金;(2)赔偿或者给付保险金;(3)保险公司欠缴的除第(1)项规定以外的社会保险费用和所欠税款;(4)普通破产债权。可见,赔偿或者保险金优先于税款。如破产财产不足以清偿同一顺序的清偿要求,则按照比例分配。一旦清算完毕,保险公司即应办理注销登记,并注销其经营保险业务许可证。完成注销手续之后,该保险公司即告消灭。

第三节 保险合同总论

一、保险合同概述

(一)概念与特征

保险合同,亦称保险契约,是指投保人与保险人约定保险权利义务的协议。② 为了分散和转移危险,投保人依约向保险人交付保险费,如遇保险事故,保险人则依约向被保险人或受益人支付赔偿金或保险金。确切地说,保险合同就是投保人支付规定的保险费,保险人对于承保标的因保险事故所造成的损失,在保险金额范围内承担补偿责任,或在合同约定期限届满时给付保险金的协议。

保险合同具有以下五个特征:(1)最大诚信的合同。这是保险法的最大诚信原则的具体体现。(2)双务、有偿合同。投保人有缴纳保险费的义务,而保险人则有在发生保险事故时,承担由其所造成的财产损失的赔偿责任,或在被保险人死亡、伤残、疾病或达到约定年龄、期限时,承担给付保险金的义务。显然,保险合同属于双务合同。无论投保人还是保险人,各自所享有的合同权利均为有偿取得,故保险合同也属于有偿合同。(3)射幸合同。射幸合同,亦称机会合同,系与交换合同相对应的概念,是指当事人一方支付的对价,所获取的只是一个机会,可能因此获得巨大利益,也可能毫无收益。保险合同正是如此,财产保险合同尤其如此。(4)附和合同。附和合同,亦称定式合同、格式合同、标准合同,是指合同条款和内容并未由双方经充分讨价还价,其中一方只限于接受或拒绝另一方提出的条件而订立的合同。保险合同就是如此,保险合同的条款由保险人单方面制订,投保人要么接受、服从,要么拒绝。(5)非要式合同。非要式合同只需双方当事人达成合意即可,无须履行特定方式作为合同成立要件。一

---

① 参见我国《保险法》第91条。
② 参见我国《保险法》第10条。

般说来，保险合同双方就保险条款达成一致，保险合同即可成立。即使保险事故发生在保险单或暂保单签发之前，亦不影响保险合同的效力。

（二）类型

1. 财产保险合同与人身保险合同

依据保险合同的标的属性，可以将其分为财产保险合同与人身保险合同。财产保险合同以财产及其有关利益为保险标的，而人身保险合同则以人的寿命和身体为保险标的。

2. 定值保险合同与不定值保险合同

依据保险标的的价值是否确定，可以将其分为定值保险合同与不定值保险合同。鉴于人身保险合同为定额保险合同，不存在保险价值问题，该分类只适用于财产保险合同。定值保险合同，是指双方当事人事先确定保险标的的实际价值，并载明于合同中的保险合同。不定值保险合同，是指双方当事人在订立合同时不预先确定保险标的的保险价值，仅载明须至危险事故发生后，再行估计其价值而确定损失的保险合同。

3. 足额保险合同、不足额保险合同与超额保险合同

依据保险金额与保险价值的关系，可以将其分为足额保险合同、不足额保险合同与超额保险合同。其中，超额保险合同是指保险金额超过保险价值的保险合同，为保险法所禁止。① 足额保险合同，亦称全额保险合同，是指保险金额等于保险价值的保险合同。不足额保险合同，亦称低额保险合同，是指保险金额低于保险价值的保险合同。一旦发生保险事故，保险人对被保险人损失的赔偿责任以保险金额为限，超出保险金额的部分，保险人不予赔偿。

4. 补偿性保险合同与给付性保险合同

依据保险合同的目的，可以将其分为补偿性保险合同与给付性保险合同。补偿性保险合同，亦称评价保险合同，是指在发生保险事故时，由保险人评估被保险人的实际损失，从而补偿其损失的保险合同。给付性保险合同，是指当被保险人死亡、伤残、疾病或者达到合同约定的年龄、期限时，由保险人向被保险人或其受益人给付保险金的保险合同。人身保险合同大多属于给付性保险合同。

5. 原保险合同与再保险合同

依据保险人承担责任的次序，可以将其分为原保险合同与再保险合同。顾名思义，原保险合同就是保险人直接对被保险人承担保险责任的保险合同。其当事人为保险人与投保人。与再保险相比，该赔偿责任具有原始性。再保险合同是指保险人将其承保的保险业务，以分保形式部分转移给其他保险人，而与接受该分保业务的保险人所订立的保险合同。该合同大多用于财产保险，人身保

---

① 参见我国《保险法》第55条第3款。

险中则少见。

二、保险合同的主体

（一）当事人

任何合同均有缔约当事人，保险合同自不例外。保险合同当事人，是指订立保险合同，并享有保险合同权利、承担保险合同义务的人，包括保险人和投保人。

1. 保险人

保险人，亦称承保人，是指依法经营保险业务，与投保人订立保险合同，收取保险费，在保险事故发生或保险期限届满时，承担赔偿或给付责任的保险公司。我国保险公司的形式为国有独资公司和股份有限公司。只有依法设立的保险公司方可经营保险业务，且各保险公司只能在核定的业务范围内从事保险经营活动。

2. 投保人

投保人，亦称要保人，是指与保险人订立保险合同，并依约支付保险费的人。投保人可以是自然人，也可以是法人；可以是被保险人本人，也可以是被保险人以外的第三人。作为保险合同当事人一方的投保人应具有相应的权利能力和行为能力，无行为能力和限制行为能力人所订立的保险合同，除经法定代理人或监护人的代理或同意外，属于无效。

（二）关系人

一般合同的当事人均为自己利益而订立，保险合同则既可以为自己利益订立，也可以为他人利益而订立，从而产生了第三方当事人，即保险合同的关系人，包括被保险人和受益人。

1. 被保险人

被保险人，亦称保户，是指其财产或人身受保险合同保障，享有保险金请求权的人。无论是财产保险合同，还是人身保险合同，投保人均可为被保险人，被保险人也可以是与投保人不同的人。尽管被保险人不是合同当事人，但对于以死亡为给付保险金条件的保险合同而言，其订立需经被保险人同意，并认可保险金额，否则，该保险合同无效；作为例外，父母为其未成年子女投保人身保险不受此限；非经被保险人书面同意，保险人所签发的保险单不得转让或质押。[①]

2. 受益人

受益人，亦称保险金受领人，是指人身保险合同中由投保人或被保险人指定的享有保险金请求权的人。投保人、被保险人或第三人均可为受益人，以被保险人、投保人的指定为准，但投保人指定受益人需经被保险人同意。若投保人、被

---

① 参见我国《保险法》第34条。

保险人和受益人三位一体，投保人就是为自己利益而订立保险合同；若投保人为他人利益订立保险合同，则受益人为被保险人或第三人。对于受益人而言，不受民事行为能力以及保险利益之限。

(三) 辅助人

保险业务的技术性很强，随着保险市场分工的日益精细化，利用自身专业知识和技能帮助保险人和投保人订立保险合同的保险辅助人应运而生。主要保险辅助人包括保险代理人、保险经纪人和保险公估人。

保险代理人，是指根据保险人的委托，向保险人收取代理手续费，并在保险人授权的范围内代为办理保险业务的单位和个人。保险代理机构有合伙企业、有限责任公司和股份有限公司三种组织形式。保险代理人应当按照核定的保险代理业务范围以及保险公司授予的代理权，开展保险代理业务。在办理保险代理业务过程中，应遵循保险公司所规定的业务流程，接受保险公司对其委托的保险业务的指导、监督与核查；设立专门账簿记载保险代理业务收支情况，并接受保监会的监督。

保险经纪人，是基于投保人的利益，为投保人与保险人订立保险合同提供中介服务，并依法收取佣金的单位，包括直接保险经纪人和再保险经纪人。保险经纪人仅限于保险经纪机构，不包括个人经纪人，有合伙企业、有限责任公司和股份有限公司三种组织形式。与保险代理业务相比，保险经纪业务范围更为广泛。保险经纪机构必须在保监会核定的业务范围和客户授权范围之内，开展保险经纪业务。

保险公估人，是指依法设立的，接受保险当事人委托，专门从事保险标的的评估、勘验、鉴定、估损、理算等业务的单位。① 它既是服务于保险活动的辅助人，又是独立于保险业的营利组织。与保险经纪机构一样，保险公估人亦仅限于公估机构，不存在个人公估人。保险公估机构应与委托人订立书面合同，依约收取报酬。在开展业务过程中，保险公估机构应向客户告知其名称、营业场所、联系方式、业务范围等事项。② 因其自身过错给保险当事人造成损害的，应依法承担法律责任。③

三、保险合同的订立与效力

(一) 订立

合同的订立采用要约、承诺方式。对于保险合同而言，要约和承诺分别表现

---

① 参见我国《保险公估机构监管规定》第 2 条。
② 参见我国《保险公估机构监管规定》第 39—40 条。
③ 参见我国《保险公估机构监管规定》第 5 条。

为投保和承保。易言之,订立保险合同需经投保人投保与保险人承保两个阶段。投保人的告知义务和保险人的说明义务则是最大诚信原则在保险合同订立中的体现。

1. 投保

投保,亦称要保,是指投保人向保险人提出订立保险合同的意思表示。这是投保人单方面的意思表示,即保险要约,未经保险人接受即不产生保险的效力。其表现形式通常为书面的投保单,该投保单一般为保险人准备的统一格式,投保人只要依照其所列项目逐一填写,交付保险人,即构成投保,从而产生合同要约的效力。

2. 承保

承保,是指保险人同意投保人的保险要约的意思表示,即保险承诺。保险人一经承诺,保险合同即告成立。一般说来,保险人收到投保人的投保单后,经必要审核,同意承保的,保险合同即告成立。[1] 作为非要式合同,保险合同的成立并不以保险单或暂保单的签发为准,只要就保险合同的条款达成协议,保险合同即告成立。

3. 告知与说明义务

在订立保险合同时,投保人负有告知义务,保险人则负有说明义务。依据我国《保险法》第16条,对于投保人履行告知义务的方式,我国采用的是询问回答方式,只要投保人对保险人就保险标的或被保险人的有关情况的询问,做了如实回答,即算履行告知义务。相应地,对于保险合同中有关保险人责任免除的条款,保险人在订立该合同时负有向投保人明确说明的义务。如保险人违反该义务,该条款不产生效力。[2]

(二) 形式

保险合同并不以书面形式为成立要件。依据我国《保险法》第13条,保险合同的形式均为书面形式,除保险单和其他保险凭证外,保险当事人还可以采用其他书面形式。保险合同的主要形式包括投保单、保险单、暂保单和保险凭证,及时向投保人签发保险单或其他保险凭证,乃是保险人的义务。保险人违反该义务,给他人造成损害的,应依法承担民事责任。

(三) 生效

当事人就保险合同的条款达成合意即告合同成立。保险合同的生效无须办理批准、登记等手续,一经成立即告生效。这就意味着,只要保险合同主体具备相应的民事行为能力,其意思表示真实,合同内容和形式合法,保险合同即可生

---

[1] 参见我国《保险法》第13条第1款。
[2] 参见我国《保险法》第17条。

效。当然，当事人可以对保险合同的生效附条件。① 附生效条件的合同，自条件成就时生效；附解除条件的合同，自条件成就时失效。如当事人为自己的利益不正当地阻止条件成就的，视为条件已成就；不正当地促成条件成就的，视为条件不成就。由此可见，尽管保险合同不以书面形式为生效要件，也不以投保人缴纳保险费为生效要件，但是法律另有规定，或当事人在保险合同中另有约定的，则可能成为生效要件。

一般说来，保险合同自其成立时生效。作为例外，法律对其生效时间有规定的，从其规定。此外，当事人还可以对合同生效作出特别约定，比如约定生效期限，该合同自期限届至时生效。② 如保险合同对合同生效时间约定不清，依据我国《保险法》第 30 条，应作出有利于被保险人和受益人的解释。

（四）无效

保险合同的无效，是指保险合同因法定原因或约定原因而全部或部分不产生法律约束力的情形。全部无效是指保险合同全部不发生法律效力，而部分无效则是指部分条款不发生法律效力，而其他条款的效力则不受影响。保险合同无效事由包括法定事由和约定事由。就法定事由而言，一是因违反保险法而无效，主要情形包括无保险利益、超额保险、未经被保险人同意的死亡保险、保险人违反说明义务等；二是因违反其他法而无效，比如，具备我国《合同法》第 52 条所规定的合同无效事由。

保险合同无效，自始不发生法律效力。如属全部无效，整个合同均不发生法律效力；如为部分无效，则只是部分条款无效，其余条款的效力不受其牵连。在发生保险合同约定的保险事故时，保险人不承担保险责任。当事人因无效合同所取得的财产，应予以返还，或依法予以收缴。有过错的一方应赔偿对方因此所受的损失，双方都有过错的，应各自承担相应的责任。

四、保险合同的履行

作为双务合同，一方的合同权利即为对方的合同义务，反之亦然。保险合同一经生效，当事人即应依约全面履行自己的义务，实现保险合同的目的。

（一）投保人的义务

投保人的义务涉及面较广，既有法定义务，也有合同约定义务，主要包括缴纳保险费、维护标的安全和危险增加的通知义务、出险通知义务以及出险施救义务。

1. 缴纳保险费的义务

依据我国《保险法》第 14 条，保险合同成立后，投保人按约交付保险费，是

---

① 参见我国《保险法》第 13 条第 3 款，《合同法》第 45 条。
② 参见我国《保险法》第 13 条第 3 款，《合同法》第 46 条。

投保人的主要义务。对于财产保险合同,保险费一般应在合同成立后一次缴清,经双方特别约定,也可以分期支付。若投保人未按约定交付保险费,保险人可以请求交付,也可以通知被保险人终止合同。对于人身保险合同,保险费多为分期支付。如约定分期支付,投保人应于合同成立时支付首期保险费,并应依约按期支付其余各期的保险费。投保人支付首期保险费后,除合同另有约定外,如投保人超过规定的期限 60 日仍未支付当期保险费,合同效力即告中止,或者由保险人依约减少保险金额。但是,对于人身保险的保险费,保险人不得以诉讼方式要求投保人支付。[①]

2. 维护保险标的安全和危险增加的通知义务

保险系危险的分散与转移机制,为避免投保人、被保险人的败德行为,他们有义务维护保险标的的安全,遵守国家有关消防、安全、生产操作、劳动保护等方面的规定。如怠于履行该义务,保险人有权增加保险费或解除保险合同。在保险合同的有效期内,如保险标的危险程度增加,投保人或被保险人应依约及时通知保险人。保险人有权要求增加保险费或者解除合同。如被保险人违反该义务,对于因保险标的危险增加所发生的保险事故,保险人不承担赔偿责任。[②]

3. 出险通知义务

依据我国《保险法》第 21 条,投保人、被保险人或者受益人负有出险通知义务。目的在于,保险人能够迅速勘查现场,调查取证,采取适当的措施,防止损失进一步扩大,或保全保险标的的残余部分,以便赔偿或给付保险金。通知义务人为保险事故发生后,获悉发生保险事故的投保人、被保险人或受益人。任何一方只要获悉保险事故,即有通知义务。

4. 出险施救义务

依据我国《保险法》第 57 条,在出险时被保险人负有施救义务。为支持和鼓励被保险人施救,保险人应承担被保险人为防止或减少保险的损失所支付的必要的合理的费用,其所承担的数额在保险标的损失赔偿金以外另行计算,但最高以保险金额为限。反之,被保险人应承担不利的后果。[③]

(二) 保险人的义务

1. 及时签发保单的义务

保险合同一经成立,保险人即应及时向投保人签发保险单或其他保险凭证。这是保险合同成立后保险人的法定义务。如果保险人违反该义务,因此导致投

---

① 参见我国《保险法》第 35—36、38 条。
② 参见我国《保险法》第 52 条。
③ 参见我国《海商法》第 236 条。

保人、被保险人损失的,保险人应依法承担赔偿责任。

2. 赔偿或者给付保险金的义务

这是保险人最主要的义务,与投保人缴纳保险费的义务相对应。一旦发生保险事故,或保险合同约定的条件成就,凡是属于保险责任的,保险人即应依约履行赔偿或给付保险金的义务。对于不属于保险责任的情形,应向被保险人或受益人发出拒绝赔偿或拒绝给付保险金的通知书,并说明理由。①

至于赔偿或给付时间,保险合同有约定的,从其约定。如无约定,在保险人与被保险人或受益人达成有关赔偿或给付保险金金额的协议后10日内,履行赔偿或给付义务。为防止保险人"久核不决",我国《保险法》第25条对核定时间达到60日的情形,规定了保险人的先予支付义务。也就是说,如保险人自收到赔偿或者给付保险金的请求和有关证明、资料之日起60日内,仍不能确定赔偿或者给付保险金的数额的,即应根据已有证明和资料可以确定的最低数额先予支付,并在最终确定赔偿或者给付保险金的数额后,支付相应的差额。如保险人违反其义务,未及时履行赔偿或给付保险金的义务,其后果有二:一是继续履行支付保险金义务;二是赔偿被保险人或受益人因此所遭受的损失。②

3. 保密义务

作为最大诚信原则的体现,投保人在订立保险合同时负有告知义务,保险人因而掌握了投保人、被保险人、受益人或再保险分出人的业务和财务情况以及个人隐私。为切实维护投保人、被保险人、受益人的合法权益,预防保险人滥用有关信息和资料,保险人、再保险接受人负有保密义务。

(三) 索赔和理赔

索赔与理赔系履行保险合同的最重要的组成部分。索赔是指保险人或受益人在保险标的出险后,依约向保险人主张保险金的行为。理赔则是保险人依据其工作程序,核定保险责任,确定是否支付保险金的行为。无论是索赔还是理赔,均应遵守规定的程序。

保险人核定完毕,确认属于保险责任,并核算出保险金,被保险人、受益人即可依法领取保险金。保险金一般采用现金方式给付,对于特殊标的或保险合同另有约定的,保险人可以采取修复、重建或重置等方式予以赔偿。

对于财产保险合同而言,保险人在赔偿或给付保险金之后,还要进行损余处理。如属足额保险,保险人已支付了全部保险金额,受损保险标的的全部权利归于保险人;如属低额保险,保险人按照保险金额与保险价值的比例取得受损保险

---

① 参见我国《保险法》第23—24条。
② 参见我国《保险法》第23条第2款。

标的的部分权利。① 如保险标的的损害可归责于第三者,保险人一旦赔偿被保险人,即在赔偿金额范围内取得对该第三者的代位追偿权。被保险人无权放弃对第三者的追偿权。否则,保险人不承担赔偿保险金的责任。②

五、保险合同的变更、解除和终止

(一) 变更

保险合同生效后,在依法履行完毕之前,当事人可以变更。这是合同当事人的权利,只要合同当事人协商一致,即可变更保险合同③,无须办理批准、登记手续。

保险合同的变更包括两种类型:一是投保人、被保险人的变更;二是合同内容的变更。其中,合同内容的变更需采用协议变更方式。协议变更是指合同当事人就变更事项达成合意,才能发生变更的效力。通知变更适用于投保人、被保险人的变更,无须征得保险人的同意,只要投保人通知保险人,即发生合同变更的效力。比如,海上货物运输合同经被保险人背书即可转让。④

批单和变更协议则是变更的两种形式。批单是指保险人应投保人或被保险人的要求出具的变更保险合同内容的书面文件。一经批注或附贴于原保险单或其他保险凭证,批单就成为保险合同的重要组成部分。变更协议则是保险合同当事人就变更事项所签署的协议。该协议一经订立,即构成对原保险合同相关内容的变更。

(二) 解除

保险合同的解除,是指保险合同生效后,在有效期届满前,当事人依法提前终止合同的法律行为。对于保险人而言,保险合同生效后,如无法定原因或合同另行约定,不得解除保险合同。对于投保人而言,则完全相反,只要没有法定限制或合同另行约定,即可解除保险合同。但是,就货物运输保险合同和运输工具航程保险合同而言,保险责任开始后,双方均不得解除合同。⑤

依据解除合同的事由,可以将其分为任意解除、法定解除和约定解除。任意解除是指当事人依法可以根据自己的意愿解除合同。投保人享有这种任意解约权,保险人则不具有该权利。约定解除,是指双方当事人可依合同所约定的解除条件解除合同。一旦条件成就,任何一方均可解除保险合同。无论是投保人,还是保险人,均可行使约定解除权。法定解除是指只要具备法定事由,任何一方当

---

① 参见我国《保险法》第59条。
② 参见我国《保险法》第60—61条。
③ 参见我国《保险法》第20条第1款。
④ 参见我国《海商法》第229条。
⑤ 参见我国《保险法》第15—16、50条。

事人均可行使合同解除权。保险人虽不具有任意解除权,但在具备特定法定事由时,仍可依法解除合同,消灭已生效的保险合同关系。这些事由主要有:(1) 投保人违反告知义务;(2) 被保险人、受益人谎称发生保险事故;(3) 投保人、被保险人、受益人故意制造保险事故;(4) 保险标的的危险增加;(5) 人身保险合同的投保人申报的被保险人年龄不真实,而其真实年龄不符合合同约定的年龄限制。为防范保险人滥用第一种情形和第五种情形,我国《保险法》第 16 条和第 32 条对保险人的解除权作出了相应的限制:一是限期行权。保险人应自知道解除事由之日起 30 日内行权,否则该权利消灭。二是不可抗辩规则。保险合同成立超过 2 年的,保险人不得行使解除权,发生保险事故的,应当承担赔偿或者给付保险金的责任。三是保险人在订立合同时明知投保人未如实告知或者年龄不真实的,不得行使解除权。

任何一方行使解除权,均应通知对方,合同自通知到达对方时解除。如遇对方异议,可以请求法院、仲裁机构确认解除合同的效力。保险合同一经解除,当事人的合同权利义务即告终止,当事人所受领的利益应予返还,但是法律另有规定或合同另有约定的除外。

(三) 终止

保险合同的终止,是指保险合同的效力永久性地停止,使得保险合同约定的当事人权利义务归于消灭。尽管如此,合同终止后,当事人仍应依据诚实信用原则,依据交易习惯履行通知、协助、保密等义务。① 保险合同终止的事由有以下五种:(1) 期限届满;(2) 保险人履行赔偿或给付保险金;(3) 合同解除;(4) 保险标的发生部分损失;(5) 保险标的灭失。

第四节 财产保险合同

一、财产保险合同的概念与特征

财产保险合同,亦称物保险合同、非寿险保险合同,是指以财产及其有关利益为保险标的的保险合同。它与人身保险合同相对应,其标的为财产以及与财产有关的利益。非财产和非财产利益不在其保险标的之列。作为其标的的财产以及与财产有关的利益,不仅包括有形财产,比如房屋、车辆、机器设备、产品等,而且包括无形的经济利益,现有利益与期待利益、积极利益与消极利益均在此列。其中,期待利益又包括因现有利益所产生的期待利益,以及因合同所产生的期待利益。消极利益则是指不受损失的利益,即免除由于事故的发生所增加的

---

① 参见我国《合同法》第 92 条。

额外支出。比如,机动车造成交通事故的赔偿责任。

其特征为:(1)保险金的补偿性。财产保险以赔偿被保险标的的损失为直接目的,严格贯彻损失填补原则。被保险人仅能通过保险补偿其实际损失,而不能因此取得额外利益。(2)保险金额不得超过保险价值。这实际上是财产保险合同补偿性的延伸。我国《保险法》第55条第3款明确禁止保险金额超出保险价值。否则,超过保险价值的部分归于无效。(3)保险人对第三人引起的损害赔偿享有代位求偿权。在财产保险合同中,保险人对第三人所引起的损害赔偿责任,享有保险代位求偿权。如被保险人已获得保险金,即无权放弃对第三人的求偿权,如未经保险人同意而放弃对第三人的代位求偿权,该行为无效。①

二、财产保险合同的类型

(一)财产损失保险合同、责任保险合同以及信用与保证保险合同

依据财产保险合同的标的,可以将其分为财产损失保险合同、责任保险合同以及信用与保证保险合同。

1. 财产损失保险合同

财产损失保险合同,是指投保人以其所有或经营管理的财产,或以其有利害关系的他人财产为保险标的,向保险人交付保险费,由保险人依约负担被保险财产的毁损、灭失风险责任的保险合同。保险标的通常有房屋、建筑物及其附属装修设备,建造中的房屋、建筑物和建筑材料等等,不一而足。保险责任的范围通常包括以下五个方面:(1)火灾、爆炸;(2)雷击、暴风、龙卷风、暴雨、洪水、海啸、地震、地陷、岩崩、雪灾、雹灾、冰凌、泥石流;(3)空中运行物体的坠落;(4)被保险人的供水、供电、供气设备因前述灾害或事故遭受损害,导致停水、停电、停气,从而直接造成被保险财产的损失;(5)在发生保险事故时,为抢救财产或防止灾害蔓延,采取合理的必要措施而造成的被保险财产的损失。凡是被保险财产遭受的危险属于保险责任范围的,保险人即应承担保险责任。反之,保险人可以拒赔。

2. 责任保险合同

责任保险合同,亦称第三者责任保险合同,是指被保险人以其对第三人依法应承担的赔偿责任为保险标的的保险合同。与财产损失保险的标的相比,责任保险合同的标的为消极利益,而非积极利益。

依据险别,可以再将责任保险合同分为多种类型,比如,产品责任保险合同、公众责任保险合同、雇主责任保险合同、职业责任保险合同、展览会责任保险合同、机动车第三者责任保险合同、飞机第三者责任保险合同、轮船旅客责任保险合同、矿山爆破作业责任保险合同等。依据投保是否基于投保人的自愿,可以将

---

① 参见我国《保险法》第61条第2款。

责任保险合同区分为自愿责任保险合同与强制责任保险合同。强制责任保险需有法律、行政法规的依据,我国目前仅对机动车交通事故责任等少数险别实行强制责任保险,其余均为自愿责任保险。就机动车交通事故责任强制保险而言,实行的是统一的保险条款和基础保险费率,具体费率由保监会按照该保险业务不盈利不亏损的原则审批。审批时,保监会可以聘请有关专业机构进行评估,可以举行听证会听取公众意见。① 一旦发生保险事故,保险人可以向被保险人赔偿保险金,也可以直接向受害人赔偿保险金。②

3. 信用与保证保险合同

信用与保证保险合同包括信用保险合同与保证保险合同。信用保险合同其实就是特殊的保证保险合同。

保证保险合同,是指投保人向保险人支付保险费,保险人对被保证人的作为或不作为导致的被保险人的损失承担赔偿责任的保险合同。其目的在于,通过保险形式,填补被保证人的作为或不作为造成的被保险人的损失。其投保人可以是被保证人(债务人),也可以是被保证人的相对人(债权人)。但是,如法律规定或合同约定应当提供担保,则需由被保证人投保,投保人只能为被保证人。

信用保险合同,是指保险人因对被保险人的信用放款、信用售货提供担保而与投保人订立的保险合同。作为保证保险合同的特殊形式,其投保人为被保证人的相对人(债权人),同时也是被保险人。如发生保险事故,保险人依约赔偿被保险人的损失,但保险人有权向负有责任的第三人追偿。该保险合同主要有商业信用保险合同、投资信用保险合同与出口信用保险合同三种形式。

(二) 个人财产保险合同与单位财产保险合同

依据投保人的身份,可以将财产保险合同区分为个人财产保险合同与单位财产保险合同。个人财产保险合同,是指以个人或家庭所有、占有、保管或租赁的财产为保险标的所订立的保险合同。顾名思义,其投保人均为自然人。单位财产保险合同,是指以单位所有或经营管理的财产为保险标的所订立的保险合同。与个人财产保险合同不同,其投保人均为单位,可以是国家机关、事业单位、社会团体,也可以是公司、国有企业、集体企业。这种保险合同属于短期保险合同,其保险期限一般为1年,也可以短于1年。保险期限届满,经办理续保手续,可以再续保。

(三) 火灾保险合同、运输保险合同、工程保险合同与农业保险合同

依据承保财产所分布的行业,又可以将财产保险合同分为火灾保险合同、运输保险合同、工程保险合同以及农业保险合同等。

---

① 参见我国《机动车交通事故责任强制保险条例》第6条。
② 参见我国《保险法》第65条。

1. 火灾保险合同

火灾保险合同,亦称火险合同,是指以存放或坐落于固定场所范围内,并处于相对静止状态的各种有形财产及其有关利益为保险标的所订立的保险合同。与早期单一的火灾危险相比,现代火灾保险合同的承保范围不仅包括火灾,还扩展到闪电、雷击、暴风雨、洪水、地震、爆炸等风险所造成的损失。它已经成为一种普通的财产保险合同,只是习惯上仍称为火灾保险合同。就保险标的的范围而言,一般包括房屋及其附属设备,在建的建筑物和建筑材料,库存商品、机器设备、原材料、半成品、在产品,办公室的管理用具和易耗品,账外及已摊销的财产,各种生活消费品等。

2. 运输保险合同

运输保险合同,是指为承保运输过程因自然灾害或意外事故所造成的损失而订立的保险合同,它包括运输工具保险合同和货物运输保险合同两类。就运输工具保险合同而言,又可以分为船舶保险合同、航空器保险合同、铁路机车保险合同以及机动车辆损失保险合同等。就货物运输保险合同而言,又可以分为海上货物运输保险合同、航空货物运输保险合同、国内(水上、陆上)货物运输保险合同。

3. 工程保险合同

工程保险合同,是指以在建中的各种工程项目的风险损失为承保对象而订立的保险合同。它主要包括建筑工程一切险保险合同、安装工程一切险保险合同、机器损害保险合同等。

4. 农业保险合同

农业保险合同,亦称两业保险合同,是指农业生产者就其从事种植业和养殖业生产过程中可能遭遇的自然灾害或意外事故而订立的保险合同。它以农业财产为承保标的,以农业生产经营者为保险对象。依据风险分布的行业,可以将其分为种植业保险合同与养殖业保险合同。前者包括农作物保险合同、林木种植保险合同等,后者包括畜禽保险合同、水产养殖保险合同等。

三、财产保险合同的主要内容

(一) 保险标的

依据我国《保险法》第12条第4款,凡是财产和与财产有关的利益均可为财产保险合同的保险标的。实际上,保险合同的保险标的因险别而异,不同类型的财产保险合同,其保险标的也就不同。但是,我国《保险法》并未对各种财产保险合同的保险标的作出具体规定。就特定险别而言,保险人可以决定是否接受特定财产或与财产有关的利益为保险标的。以火灾保险为例,对于风险特别、保险金额又难以确定、市场价格波动较大的财产,如无保险人与投保人的特别约定,保险人不予承保。比如,矿井、矿坑内的设备、物资、古玩字画、金银珠宝、艺术品等。易言之,这类财产属于经特约方可承保的保险标的。对于一些无法以货币衡量其价值的财产或利益,火灾保险则一般不予承保。比如,土地滩涂、森林草原、水产矿藏资源、违章建筑、非法占有的财产等。

依据保险利益原则,投保人需对保险标的具有法律上认可的利益,方可投保。如投保人在合同订立时对保险标的拥有保险利益,比如为该财产的所有人或经营管理人,财产保险合同已经依法成立。该合同成立后,投保人转让保险标的,受让人继承被保险人的权利和义务,但被保险人或者受让人应及时通知保险人,货物运输合同以及另有约定的合同自然不在此限。因保险标的转让导致危险程度显著增加的,保险人自收到前款规定的通知之日起30日内,可以按照合同约定增加保险费或者解除合同。保险人解除合同的,应当将已收取的保险费,按照合同约定扣除自保险责任开始之日起至合同解除之日止应收的部分后,退还投保人。被保险人、受让人未履行通知义务的,对于因转让导致保险标的危险程度显著增加而发生的保险事故,保险人不承担赔偿保险金的责任。① 对于海上货物运输保险合同而言②,被保险人背书即可转让,或经其他方式转让,不以保险人同意为条件。保险合同一经转让,如有尚未支付的保险费,被保险人和合同受让人负连带责任。

(二) 保险价值与保险金额

作为财产保险合同的专有条款,保险价值可以在合同订立时确定,也可以保险事故发生时保险标的所具有的价值为准,前者为定值保险合同,后者为不定值保险合同。依据保险金额与保险价值的关系,又可以将其分为足额保险合同、低额保险合同与超额保险合同。基于保险的损失填补原则,各国大多不承认超额保险合同,我国亦然。也就是说,超过保险价值的部分归于无效。重复保险亦然,各保险人的赔偿额总和以保险价值为限。③

保险价值的确定有三种方法:一是当事人约定。这是第一选择,该约定应记载于保险合同。这种方法优先适用,没有约定才谈得上适用其他方法的问题。二是依法定标准计算。三是实际价值,也就是说,以保险事故发生时保险标的的实际价值为准。

(三) 保险责任和责任免除

1. 保险责任

保险责任条款,亦称危险条款,是规定保险人承担风险的范围的合同条款。

---

① 参见我国《保险法》第48—50条,《海商法》第230条。
② 参见我国《海商法》第229条。
③ 参见我国《保险法》第55条第2款,《海商法》第225条。

这是保险合同最重要的条款之一,否则,保险合同也就名不副实,不成其为保险合同了。

保险责任的范围因保险类型而异。比如,就货物运输保险合同而言,就有四种保险责任供投保人选择,即货物运输基本险、货物运输综合险、货物运输一切险以及附加险。同为货物运输保险,险别不同,保险费率不同,其保险责任范围也就不同。投保人投保后,只有被保险财产发生的保险事故在保险责任范围之内,方可获得保险赔偿。否则,即使投保,也得不到保险赔偿。即使在保险责任范围之内,被保险人还需履行维护保险标的安全的义务和危险增加的通知义务。前者要求被保险人遵守国家有关消防、安全、生产操作、劳动保护等规定,维护保险标的的安全。否则,保险人有权要求增加保险费或解除保险合同。后者要求被保险人将保险标的危险程度的增加,依约及时通知保险人。否则,对于因保险标的风险增加所发生的保险事故,保险人也不承担赔偿责任。

2. 责任免除

责任免除,亦称除外责任,是指保险人不承担保险责任的情形。任何保险合同均有除外责任条款,只是除外责任的范围有所不同而已。鉴于责任免除条款不利于投保人、被保险人,加之保险人为保险合同文本的提供方,我国《保险法》第17条对保险人就订立责任免除条款课以明确说明义务。如保险人在订立保险合同时,未对此作出明确说明,该条款不产生效力,保险人仍需对这种保险事故承担保险责任。

具体的免责情形因保险合同的类型而异,即使同一险别,不同保险人的免责范围也不尽一致。对于企业财产保险合同而言,其免责范围包括战争、军事行动、核风险、道德风险、间接损失、保险标的自身瑕疵以及未采取防护措施的暴雨、暴风、暴雪损失等。

(四)代位求偿权

代位求偿权,亦称权益转让,仅适用于财产保险合同,是指保险人对于因第三者过错致使保险标的发生的保险责任范围内的损失,在依约支付保险金之后,享有以被保险人的名义,向该第三者请求赔偿的权利。相应地,被保险人在取得保险金后,应将对该第三者的求偿权让渡给保险人。易言之,对被保险人发生在保险责任范围内的损失应负责任的第三者,保险人对其享有代位求偿权。这既是保险法上损失填补原则的体现,也是民商法上公平原则的要求,故各国财产保险合同均有该制度,我国也不例外。

保险人系以被保险人名义行使求偿权,被保险人应对保险人行使代位求偿权提供必要的协助。比如,提供必要的文件和其所知道的有关情况。如因其过错,导致保险人不能行使代位求偿权,保险人可以相应地扣减或者返还相应的保险金。但是,第三者为被保险人的家庭成员或其组成人员的,则保险人不得对其行使代位求偿权。当然,若其故意造成保险事故,保险人仍可对其行使代位求偿权。[①]

（五）物权代位与委付

物权代位和委付制度,均为推定全损时处理保险标的残余价值归属的制度。物权代位,是指保险人依约对保险事故造成的损失支付了全部保险金额,即可依法取得保险标的的全部或部分权利。委付,是指保险标的发生推定全损时,由被保险人将其所有权转让给保险人,由保险人向被保险人支付全部保险金额。委付实际上也属于物权代位,只不过属于特殊的物权代位,它源于海上保险,迄今仍适用于海上保险。委付与物权代位还具有以下差异:(1)委付发生在支付全部保险金额之前,而物权代位只能在支付全部保险金额之后;(2)委付由保险人决定是否接受,而物权代位无须保险人同意,只要符合法定事由即应适用;(3)委付及于保险标的的全部,而物权代位则可能及于全部,也可能及于部分,因保险是否足额而异。

第五节　人身保险合同

一、人身保险合同的概念和特征

人身保险合同,就是以人的寿命和身体为保险标的的保险合同。保险标的为人的寿命和身体,显然有别于财产保险合同的保险标的——财产及其有关利益。可见,只有具有生命、独立存在的自然人才能成为被保险人。法人虽然也是人,但不具有自然人意义上的生命,故不能成为人身保险合同的被保险人。同时,尚未出生的胎儿和已经丧失生命的死尸,也不能作为被保险人。

其特征为:(1)投保人与被保险人一般都具有特定身份关系。依据我国《保险法》第31条,投保人除了可为本人投保外,还可以为配偶、子女、父母,以及与投保人具有抚养、赡养或扶养关系的家庭其他成员、近亲属投保。不难看出,投保人与前述家庭成员、近亲属均具有特定的亲属关系。投保人为与其不具有这种亲属关系的人投保只是例外,且以被保险人同意投保人为其订立人身保险合同为前提。(2)定额给付性。保险金的多少已经事先约定,该保险金额并不构成人身保险合同的保险标的的价值。事实上,尽管科学技术日新月异,目前仍难以评估人的生命价值。对于人身保险合同而言,除非有法定限制或保险人的限制,投保人可以为人投保任何保险金额,也不会发生像财产保险合同那样的超额保险问题。(3)长期性。人身保险合同具有长期性,尤其是人寿保险合同,

---

[①] 参见我国《保险法》第62条。

其保险期限持续几年乃至几十年,甚至终身。在如此长的期限内,社会经济情况往往发生很大变化,这就为保险机构的稳定性、保险费测算、偿付能力计算、各种责任准备金提留以及资金运用提出了特殊要求,我国不仅对人身保险业务与财产保险业务原则上实行分业经营,而且经营人寿保险业务的保险公司除了分立、合并外,不得解散,即使被依法撤销或被宣告破产,其所持有的人寿保险合同以及准备金,必须转移给其他经营人寿保险业务的保险公司,或保监会指定的经营人寿保险业务的保险公司。(4)储蓄性。人身保险合同除了填补损失外,还有储蓄性质,即为自己年老或丧失劳动能力后提供经济保障,或是为了抚养、赡养或抚养自己身后的亲属。(5)保险费不得通过诉讼方式请求支付。(6)不适用代位求偿权。人身保险合同以难用金钱衡量其价值的寿命和身体为保险标的,不存在足额保险问题,代位求偿权也就没有用武之地。

二、人身保险合同的类型

(一)人寿保险合同、健康保险合同与意外伤害保险合同

依据保障范围,可以将人身保险合同区分为人寿保险合同、健康保险合同与意外伤害保险合同。

1. 人寿保险合同

人寿保险合同,是指以人的寿命为保险标的,以被保险人生存、死亡或生存死亡两全为保险金给付条件的保险合同。它属于定额保险,保险金额为投保人与保险人所约定的承担责任的限额,但并不反映被保险人寿命的实际价值。保险事故表现为被保险人的生存或死亡。也就是说,被保险人在约定的期限内死亡,或生存到保险期限届满时,保险人即应依约向被保险人、受益人给付保险金。

人寿保险合同又可以分为死亡保险合同、生存保险合同、生死两全保险合同和年金保险合同等。

2. 健康保险合同

健康保险合同,亦称疾病保险合同,是指以被保险人因患病、分娩生育所造成的医疗费支出和工作能力丧失、收入减少为保险事故的保险合同。该险虽具有补偿性,即以填补医疗费为限,但是,其保险金额仍为定额支付,仍属人身保险范畴。

健康保险合同又可以分为医疗费给付保险合同、工资收入保险合同、营业收入保险合同、残疾或死亡保险合同。

3. 意外伤害保险合同

意外伤害保险合同,亦称伤害保险合同,是指以被保险人在保险期限内遭受意外伤害而导致残疾、死亡为保险金给付条件的保险合同。该险也是向被保险人、受益人支付确定金额的保险金,不属于填补损害的保险合同。与健康保险的

差别在于,导致该险的损害后果的原因需为意外事故;因疾病所致伤亡,不在其保险责任范围;因其他非意外事故所致伤亡,也不属于保险责任的范围。归结起来,该险的主要除外责任包括:(1)被保险人自杀行为所致伤亡;(2)被保险人在违法犯罪中所受意外伤害;(3)疾病;(4)被保险人在其故意制造事端挑起的斗殴中所受意外伤害;(5)被保险人在吸食、注射毒品过程中发生的意外伤害;(6)酗酒;(7)不必要的冒险行为。

意外伤害保险合同又可分为普通伤害保险合同、团体伤害保险合同、旅行伤害保险合同、交通事故伤害保险合同、职业伤害保险合同等。

(二)团体人身保险合同和个人人身保险合同

依据投保方式,可以将人身保险合同分为团体人身保险合同和个人人身保险合同。个人人身保险合同,是指以单个自然人为被保险人所订立的人身保险合同。每张保单只能为一个人提供保障。团体人身保险合同,是指以某一单位内全体或大多数成员为被保险人所订立的人身保险合同。该合同表现为总保单,为该单位内参加保险的职工提供保障。

(三)一次性给付人身保险合同与分期给付人身保险合同

依据保险金给付方式,可以将人身保险合同分为一次性给付人身保险合同与分期给付人身保险合同。一次性给付人身保险合同的保险金,是在发生保险事故时由保险人一次性支付给被保险人、受益人。分期给付人身保险合同,则是在发生保险事故时,由保险人将保险金分期支付给被保险人、受益人,直至保险金支付完毕,或直到被保险人死亡为止。

(四)分配型人身保险合同与非分配型人身保险合同

依据是否参加保险人的利益分配,可以将人身保险合同分为分配型人身保险合同与非分配型人身保险合同。分配型人身保险合同,亦称分红保险单,是指被保险人不仅可以在发生保险事故时获得约定的保险金,而且可以参加保险人的红利分配。非分配型人身保险合同,亦称不分红保险单,则是指被保险人只能在发生保险事故后获得约定的保险金,不得参加保险人的红利分配。

三、人身保险合同的主要内容

(一)保险单所有权

保险单所有权,是指保险单所有人享有的转让保险单、以保险单为质押进行贷款、受领红利、领取保险金、指定或变更受益人的权利。该条款主要适用于人身保险合同,而不适用于财产保险合同,因为后者大多为短期保险,保险单不具有现金价值。人身保险合同则有所不同,尤其是人寿保险合同,不仅具有长期性,还有储蓄性。鉴于保险单所有人与受益人往往并非同一人,保险单所有权对于人身保险合同颇有意义。

人寿保险合同的被保险人处分保险单的权益,无须经保险人同意。一般说来,被保险人转让保险单的权益,需以转让证书正式通知保险人。否则,保险人不受该转让的约束,因不知转让的事实而将保险金给付原受益人的,保险人不承担错误给付的责任。同时,被保险人可以在保险单的现金价值内,以保险单为质押而申请贷款。当然,被保险人应将质押的事实正式通知保险人。

(二)受益人

受益人,亦称保险金领取人,是指人身保险合同中由被保险人或投保人指定的享有保险金请求权的人。受益人权利的取得属于原始取得,而非继受取得,其所领取的保险金不属于被保险人的遗产,也不在被保险人债权人执行的范围内。受益人可以是自然人,也可以是法人;可以是被保险人,也可以是其他人;可以是完全行为能力人,也可以是无行为能力人和限制行为能力人。如以被保险人以外的他人为受益人,则保险合同应载明其姓名,以便保险人及时给付保险金。

投保人、被保险人和受益人这三角色可以有以下五种组合:(1)三位一体,同一个人充当三个角色,即投保人同时也是被保险人、受益人。(2)三角色分别由三个不同的人充当。(3)投保人和受益人为同一人,被保险人为另一人。(4)被保险人和受益人为同一人,投保人为另一人。(5)投保人与被保险人为同一人,受益人为另一人。

法定受益人无须指定,只有指定受益人才需要被保险人或投保人指定,其所指定的受益人可以为一人,亦可为数人。被保险人、投保人可以单独指定受益人,亦可共同指定受益人。但是,投保人指定受益人时需经被保险人同意。

指定受益人的受益顺序优于法定受益人。在指定受益人中,原始受益人受益顺序优于后继受益人。如被保险人或投保人指定数人为同一顺序的受益人,由其确定每人的受益份额,其份额可以相等,也可以不等。如未确定受益份额,各个受益人享有相等的份额。

(三)告知义务与不可抗辩规则

投保人在订立人身保险合同时,负有告知义务。我国采用询问回答式的告知,即只要投保人对保险人就被保险人的有关情况提出的询问做如实告知,即算投保人履行告知义务。如投保人故意或者因重大过失而未如实告知,因而足以影响保险人决定是否同意承保或者提高保险费率,则保险人有权解除保险合同。对于合同解除前发生的保险事故是否承担赔付责任,则因投保人过错程度而异。① 如属故意隐瞒事实,保险人既不承担赔偿或支付保险金的责任,也不退还保险费;如只是因重大过失而未如实告知,只有该项不告知对保险事故的发生具有严重影响时,保险人才不承担赔偿或支付保险金的责任,但仍可退还保险费。

---

① 参见我国《保险法》第16条第2—5款。

人身保险合同以人的寿命和身体为保险标的，投保人如实申报被保险人的年龄，乃是其告知义务的重要组成部分。投保人误告被保险人年龄，法律后果有三种情形①：（1）投保人申报的被保险人年龄不真实，并且其真实年龄不符合合同约定的年龄限制的，保险人可以在知道解除事由后30日内行使合同解除权，并按照合同约定退还保险单的现金价值。（2）因投保人申报的被保险人年龄不真实，其实付保险费少于应付保险费的，保险人有权更正，并要求投保人补交保险费，或者在给付保险金时按照实付保险费与应付保险费的比例支付。（3）因投保人申报的被保险人年龄不真实，其实付保险费多于应付保险费的，保险人应将多收的保险费退还投保人。

为避免保险人滥用告知义务，逃避保险金给付义务，不可抗辩规则成为平衡双方利益的一个重要工具。不可抗辩规则，亦称不可争议条款、不可否认条款，是指虽然人身保险合同的投保人违反告知义务，保险人享有合同解除权，但是该合同经过法定或约定的除斥期后，保险人即不得以违反该义务为由而解除合同，拒绝承担保险责任。依据我国《保险法》第16条第3款和第32条第1款，投保人虽然在订立合同时误告被保险人的年龄，只要该合同已经成立满2年，保险人即不得行使合同解除权。发生保险事故的，保险人应当承担赔偿或者给付保险金的责任。

（四）保险费及其缴纳

人身保险合同一经成立，投保人即应依约缴纳保险费，这是投保人的首要义务。依据我国《保险法》第36条，投保人缴纳保险费有两种方式：一是一次性缴纳；二是分期缴纳。无论采用何种形式，均应在合同中作出约定。如采用分期缴纳方式，投保人应在合同成立时交付首期保险费，其余保险费则应依约按时缴纳。缴纳保险费的义务以投保人自愿履行为原则，若投保人未依约缴纳保险费，保险人不得用诉讼方式要求其支付。②

合同还可以约定宽限期。只要投保人在宽限期内缴纳保险费，就不构成违约。若当事人在合同中未约定宽限期，则适用法定宽限期，即约定的缴纳日期后60日内。③若宽限期届满，投保人仍不缴纳保险费，合同效力中止。当然，保险人亦可选择依约减少保险金数额。人身保险合同效力中止以后一定期限内，仍可恢复其效力。在我国，该期限为2年。这就意味着，在合同效力中止后2年内仍可恢复其效力。在这2年的复效期内，除非合同另有约定，保险人不得解除合同。

---

① 参见我国《保险法》第32条。
② 参见我国《保险法》第38条。
③ 参见我国《保险法》第36条。

（五）保险金的给付

给付保险金乃是保险人的基本义务。一旦发生保险事故,保险人即应依法或依约向被保险人、受益人支付保险金。保险人收到索赔请求后,经理赔审核,凡是属于保险责任的,即应立即通知被保险人、受益人领取保险金,保险人不得借故拒赔,或久拖不赔。不属于保险责任的,保险人应及时向被保险人、受益人告知拒绝赔偿的决定及其理由。至于支付方式,则因险别而异,主要有一次性支付全部金额、固定期间分期支付、固定金额分期支付、按期给付利息和终身年金这五种方式。

人身保险合同的法定除外责任有三种情形:一是投保人、受益人故意造成被保险人死亡、伤残或疾病;二是被保险人自杀;三是被保险人故意犯罪致其自身伤亡。

与财产保险合同相比,人身保险合同以人的寿命和身体为保险标的,而人的寿命和身体均难以用货币估价,不存在财产保险合同那样的保险价值,也就无所谓足额保险,故保险人不能享有代位求偿权。依据我国《保险法》第46条,即使被保险人的死亡、伤残或疾病等保险事故,系因第三人的行为所致,保险人向被保险人、受益人支付保险金后,无权向该第三人追偿,但被保险人、受益人仍可向该第三人请求赔偿。

司法考试相关知识链接

例题1 2011年卷三　　单项选择题

34. 张三向保险公司投保了汽车损失险。某日,张三的汽车被李四撞坏,花去修理费5000元。张三向李四索赔,双方达成如下书面协议:张三免除李四修理费1000元,李四将为张三提供3次免费咨询服务,剩余的4000元由张三向保险公司索赔。后张三请求保险公司按保险合同支付保险金5000元。下列哪一说法是正确的?

A. 保险公司应当按保险合同全额支付保险金5000元,且不得向李四求偿
B. 保险公司仅应当承担4000元保险金的赔付责任,且有权向李四求偿
C. 因张三免除了李四1000元的债务,保险公司不再承担保险金给付责任
D. 保险公司应当全额支付5000元保险金,再向李四求偿

答案　B

详解　代位求偿权

选项A错误。《保险法》第60条第1款规定,因第三者对保险标的的损害而造成保险事故的,保险人自向被保险人赔偿保险金之日起,在赔偿金额范围内代位行使被保险人对第三者请求赔偿的权利。本案中造成汽车损坏的是第三者

李四，因此，保险公司向张三支付了保险金后，可以向李四进行追偿。

选项 B 正确，选项 C、D 错误。《保险法》第 61 条第 1 款规定，保险事故发生后，保险人未赔偿保险金之前，被保险人放弃对第三者请求赔偿的权利的，保险人不承担赔偿保险金的责任。由于在保险事故发生后，保险人赔偿保险金之前，被保险人张三放弃了对第三者李四的部分赔偿请求权，那么保险人就放弃部分不再承担赔付保险金的责任，但这并不意味着保险人对全部保险金不再承担赔偿责任。因此，保险公司仅应承担 4000 元保险金的赔付责任，且有权向李四求偿。

例题 2　2012 年卷三　　单项选择题

33. 甲向某保险公司投保人寿保险，指定其秘书乙为受益人。保险期间内，甲、乙因交通事故意外身亡，且不能确定死亡时间的先后。该起交通事故由事故责任人丙承担全部责任。现甲的继承人和乙的继承人均要求保险公司支付保险金。下列哪一选项是正确的？

A. 保险金应全部交给甲的继承人

B. 保险金应全部交给乙的继承人

C. 保险金应由甲和乙的继承人平均分配

D. 某保险公司承担保险责任后有权向丙追偿

答案　A

详解　保险金的继承

选项 A 正确，选项 B、C 错误。《保险法》第 42 条第 2 款规定，受益人与被保险人在同一事件中死亡，且不能确定死亡先后顺序的，推定受益人死亡在先。该条第 1 款第（二）项规定，受益人先于被保险人死亡，没有其他受益人的，保险金作为被保险人的遗产，由保险人依照《继承法》的规定履行给付保险金的义务。本案中，被保险人甲与受益人乙在同一交通事故中意外身亡，根据《保险法》的规定，推定受益人乙死亡在先，且该保险没有其他受益人，因此，保险金应作为甲的遗产，由甲的继承人继承。

选项 D 错误。《保险法》第 46 条规定，被保险人因第三者的行为而发生死亡、伤残或者疾病等保险事故的，保险人向被保险人或者受益人给付保险金后，不享有向第三者追偿的权利，但被保险人或者受益人仍有权向第三者请求赔偿。因此，保险公司承担责任后无权向丙追偿。

例题 3　2013 年卷三　　单项选择题

34. 甲公司将其财产向乙保险公司投保。因甲公司要向银行申请贷款，乙公司依甲公司指示将保险单直接交给银行。下列哪一表述是正确的？

A. 因保险单未送达甲公司，保险合同不成立

B. 如保险单与投保单内容不一致，则应以投保单为准

C. 乙公司同意承保时，保险合同成立

D. 如甲公司未缴纳保险费，则保险合同不成立

答案 C

详解 财产保险合同

选项 A、D 错误，选项 C 正确。《保险法》第 13 条第 1 款规定，投保人提出保险要求，经保险人同意承保，保险合同成立。保险人应当及时向投保人签发保险单或者其他保险凭证。因此，保险合同自投保人与保险人达成合意时成立，保单是否送达、保费是否已经缴纳不影响保险合同的成立。送达保单和缴纳保费是对保险合同的履行。

选项 B 错误。最高人民法院《关于适用〈保险法〉若干问题的解释（二）》第 14 条第（一）项规定，投保单与保险单或者其他保险凭证不一致的，以投保单为准。但不一致的情形系经保险人说明并经投保人同意的，以投保人签收的保险单或者其他保险凭证载明的内容为准。因此，并不一定以投保单为准。

例题 4 2011 年卷三　　多项选择题

75．依据《保险法》规定，保险合同成立后，保险人原则上不得解除合同。下列哪些情形下保险人可以解除合同？

A. 人身保险中投保人在交纳首期保险费后未按期交纳后续保费

B. 投保人虚报被保险人年龄，保险合同成立已 1 年 6 个月

C. 投保人在投保时故意未告知投保汽车曾遇严重交通事故致发动机受损的事实

D. 投保人未履行对保险标的安全维护之责任

答案 BCD

详解 保险合同的解除

选项 A 错误。《保险法》第 36 条规定，合同约定分期支付保险费，投保人支付首期保险费后，除合同另有约定外，投保人自保险人催告之日起超过 30 日未支付当期保险费，或者超过约定的期限 60 日未支付当期保险费的，合同效力中止，或者由保险人按照合同约定的条件减少保险金额。被保险人在上述规定期限内发生保险事故的，保险人应当按照合同约定给付保险金，但可以扣减欠交的保险费。同时第 37 条规定，合同效力依照第 36 条规定中止的，经保险人与投保人协商并达成协议，在投保人补交保险费后，合同效力恢复。但是，自合同效力中止之日起满 2 年双方未达成协议的，保险人有权解除合同。保险人依照上述规定解除合同的，应当按照合同约定退还保险单的现金价值。因此，人身保险中投保人在交纳首期保险费后未按期交纳后续保费的，合同效力中止，在投保人补交保险费后，合同效力恢复，保险人不可以立即解除保险合同。

选项 B 正确。《保险法》第 32 条第 1 款规定，投保人申报的被保险人年龄不真实，并且其真实年龄不符合合同约定的年龄限制的，保险人可以解除合同，

并按照合同约定退还保险单的现金价值。保险人行使合同解除权,适用本法第16条第3款、第6款的规定。第16条第3款规定,本条前款规定的合同解除权,自保险人知道有解除事由之日起,超过30日不行使而消灭。自合同成立之日起超过2年的,保险人不得解除合同;发生保险事故的,保险人应当承担赔偿或者给付保险金的责任。第16条第6款规定,保险人在合同订立时已经知道投保人未如实告知的情况的,保险人不得解除合同;发生保险事故的,保险人应当承担赔偿或者给付保险金的责任。本题中投保人虚报被保险人年龄,保险合同成立1年6个月,并未超过2年,保险人可以解除合同。

选项C正确。《保险法》第16条第2款规定,投保人故意或者因重大过失未履行前款规定的如实告知义务,足以影响保险人决定是否同意承保或者提高保险费率的,保险人有权解除合同。

选项D正确。《保险法》第51条第3款规定,投保人、被保险人未按照约定履行其对保险标的的安全应尽责任的,保险人有权要求增加保险费或者解除合同。

例题5 2012年卷三　多项选择题

75. 甲参加乙旅行社组织的沙漠一日游,乙旅行社为此向红星保险公司购买了旅行社责任保险。丙客运公司受乙旅行社之托,将甲运送至沙漠,丙公司为此向白云保险公司购买了承运人责任保险。丙公司在运送过程中发生交通事故,致甲死亡,丙公司负事故全责。甲的继承人为丁。在通常情形下,下列哪些表述是正确的?

A. 乙旅行社有权要求红星保险公司直接对丁支付保险金
B. 丙公司有权要求白云保险公司直接对丁支付保险金
C. 丁有权直接要求红星保险公司支付保险金
D. 丁有权直接要求白云保险公司支付保险金

答案 AB

详解 第三者责任险

选项A、B正确。《保险法》第65条第2款规定,责任保险的被保险人给第三者造成损害,被保险人对第三者应负的赔偿责任确定的,根据被保险人的请求,保险人应当直接向该第三者赔偿保险金。被保险人怠于请求的,第三者有权就其应获赔偿部分直接向保险人请求赔偿保险金。因此,本题中被保险人乙旅行社和丙公司有权要求保险公司直接向丁支付保险金。

选项C、D错误。丁只有在被保险人怠于请求时才有权就其应获赔偿部分直接向保险人请求赔偿保险金。

例题6 2013年卷三　多项选择题

76. 甲公司交纳保险费为其员工张某投保人身保险,投保单由保险公司业务员代为填写和签字。保险期间内,张某找到租用甲公司槽罐车的李某催要租金。李某与张某发生争执,张某打碎车窗玻璃,并挡在槽罐车前。李某怒将张某撞死。关于保险受益人针对保险公司的索赔理由的表述,下列哪些选项是正确的?

A. 投保单虽是保险公司业务员代为填写和签字,但甲公司交纳了保险费,因此保险合同成立

B. 张某的行为不构成犯罪,保险公司不得以此为由主张免责

C. 张某的行为属于合法的自助行为,保险公司应予理赔

D. 张某的死亡与张某的行为并无直接因果关系,保险公司应予理赔

答案 ABD

详解 人身保险合同

选项 A 正确。最高人民法院《关于适用〈保险法〉若干问题的解释(二)》第3条第1款规定,投保人或者投保人的代理人订立保险合同时没有亲自签字或者盖章,而由保险人或者保险人的代理人代为签字或者盖章的,对投保人不生效。但投保人已经交纳保险费的,视为其对代签字或者盖章行为的追认。因此,保险合同成立。

选项 B、D 正确。《保险法》第45条规定,因被保险人故意犯罪或者抗拒依法采取的刑事强制措施导致其伤残或者死亡的,保险人不承担给付保险金的责任。投保人已交足2年以上保险费的,保险人应当按照合同约定退还保险单的现金价值。本案中,张某不存在故意犯罪导致自身伤亡的行为,其死亡与其行为并无直接因果关系,因此保险公司应当赔偿。

选项 C 错误。本案中,张某的行为超出了自主的合理范围和程度。

实战演练

一、选择题

1. 保险业是经营风险的特殊行业,风险甚高。加强对保险公司经营风险的控制,对于保障保险业的稳定和发展以及维护被保险人的利益十分重要。根据我国《保险法》,下列属于控制保险公司经营风险的措施有(　　)。

A. 提取保险公积金　　　　　　B. 承保责任限制

C. 强制再保险　　　　　　　　D. 限制自留保险费

2. 李某与保险代理人张某洽谈车辆保险事宜,谈妥后李某即与张某签署了盖有保险公司印章的合同,缴付了保费,但张某表示需将保费交回公司后才能签发保单。后李某发生保险事故向该保险公司索赔,保险公司称张某已离职,且其未将保险合同和保费交回公司,保险公司不能赔偿。对此,下列哪一选项是正确

的？（　　）

A. 保险公司应当支付保险金,保费由保险公司向张某索赔
B. 李某应当向张某索赔车辆损失
C. 李某向保险公司补缴保费后可以获得保险赔偿
D. 待保险公司找到张某追回保费后,李某可以获得赔偿

3. 杜某与其妻陈某经法院判决于2007年离婚,其女随陈某生活。2008年杜某为其母购买了一份人寿保险,并经其母同意指定自己为受益人。杜某无其他亲属。一日,杜某与其母外出旅游遭遇车祸,其母当场死亡,杜某受重伤住院两天后亦死亡。对于人寿保险金,下列哪一选项是正确的？（　　）

A. 因已无受益人,应归国家所有
B. 应当支付给杜某的前妻陈某和女儿
C. 应当支付给杜某的女儿
D. 因已无受益人,应归保险公司所有

4. 某保险公司开设一种人寿险:投保人逐年缴纳一定保费至60岁时可获得20万元保险金,保费随起保年龄的增长而增加。41岁的某甲精心计算后发现,若从46岁起投保,可最大限度降低保费,遂在向保险公司投保时谎称自己46岁。3年后保险公司发现某甲申报年龄不实。对此,保险公司应如何处理？（　　）

A. 因某甲谎报年龄,可以主张合同无效
B. 解除与某甲的保险合同,所收保费不予退还
C. 对某甲按41岁起保计算,多收部分保费退还某甲或冲抵其以后应缴纳的保费
D. 解除与某甲的保险合同,所收保费扣除手续费后退还某甲

5. 财产损失保险合同,即投保人以其所有或经营管理的财产,或以与其有利害关系的他人财产为保险标的,向保险人交付保险费,由保险人依约负担被保险财产的毁损灭失风险责任的保险合同。该类保险的保险责任范围通常不包括（　　）。

A. 因不可抗力事故,如雷击、洪水、地震等造成的损失
B. 因战争、军事行动或暴乱造成的损失
C. 因核风险造成的损失
D. 因被保险人的故意行为造成的损失

二、案例分析

甲于2008年5月20日经其婆婆乙同意后为乙购买了一份简易人身保险,指定受益人为乙之孙、甲之子丙,丙当时10岁。保险费从甲的工资中扣交。交费2年后,甲与乙之子丁离婚,法院判决丁享有对丙的抚养权。离婚后甲仍按照

合同约定履行交纳保险费的义务。2010年12月10日乙病故,2011年1月甲得知后向保险公司申请给付保险金,甲主张:自己是投保人,一直交纳保险费,而且是受益人丙的母亲,保险金应由她领取。同时,丁提出:被保险人是自己的母亲,本保险合同的受益人是丙,自己作为丙的监护人,这笔保险金应由他领取。保险公司则以甲因离婚而对乙无保险利益为由拒绝给付保险金。请问:

(1)甲要求给付保险金的请求是否合理?为什么?

(2)丁要求给付保险金的请求是否合法?为什么?

(3)保险公司拒付的理由是否成立?为什么?

(4)本案应当如何处理?为什么?

(5)假设甲在离婚后提出解除保险合同,保险公司应如何处理?

(6)假设甲在离婚后不再履行交纳保险费的义务,保险公司应如何处理?

(7)假设乙不堪疾病的折磨于2010年12月10日自杀身亡,保险公司应否承担给付保险金的责任?

(8)假设甲为乙投保时,申报的年龄为62岁,而乙当时真实的年龄是66岁,保险合同约定的最高年龄限制是65岁,那么该案如何处理?保险公司应否给付保险金?

第九章 破 产 法

第一节 破 产 总 论

一、破产概述

(一) 破产

破产,是指债务人不能清偿到期债务,且资产不足以清偿全部债务,或有明显丧失清偿能力可能的一种事实状态。它源于古罗马的财产委付,其英文"bankruptcy"亦源于拉丁语"banca rotta"。当初,只是将债务人从严酷的人身处罚中解脱出来,仍属债权人本位主义,破产即有罪。自19世纪初开始,英美相继确立免责规范,进而光大于全球。如是,破产不再只是债权人实现债权的一般执行程序,也为诚实的债务人摆脱历史负债、东山再起,提供了机会。20世纪中叶以来,随着社会的企业化,企业的社会化,大型企业社会影响举足轻重,企业破产清算,倒下的不只是一个企业,债权人往往为数众多,而破产债权清偿率十分有限,债务人破产也会殃及债权人。何况,企业相互之间又有业务、融资、担保等错综复杂的关系,企业破产往往会带来较大的社会震荡。拯救(再生)程序已为各国通例,且愈来愈成为破产程序的重心。故,在现代商法上,破产不再等同于"清算"或"解体",而是以拯救(再生)为要务,只有无可挽救或挽救已告失败时,才进入破产清算程序。

(二) 破产程序

依据债务人是否因破产程序终结而解体,破产程序有拯救型和解体型两种类型。破产清算属于传统解体型程序:债务人交出全部财产,在法院指挥和监督下将其公平地分配给所有债权人,了结其一切债权债务关系,自身也随之归于消灭。既为破产,破产清算乃各国通例,唯拯救中心主义理念已深入人心,优先适用的不是破产清算,而是各种拯救型程序,这些程序名目繁多,且愈来愈亲善企业(表9-1)。我国《企业破产法》确立的三种破产程序中,重整程序与和解程序就是拯救型,破产清算则属于解体型。

表 9-1 破产程序的种类

	拯救型					解体型
	和解	重整	自愿安排	自愿管理	财产管理	破产清算
中国	✓	✓				✓
美国		✓				✓
英国		✓	✓		✓	✓
澳大利亚	✓	✓		✓	✓	✓
德国		✓		✓		✓
法国	✓	✓				✓
日本		✓				✓
我国台湾地区	✓	✓				✓

（三）破产类型与法律适用

就破产主体而言，有自然人、法人和非法人团体三种类型。首先来看自然人。破产制度本来就发端于自然人破产，自然人破产乃各国通例，唯我国尚未将其纳入破产行列。就社会经济发展的需要而言，应尽快建立自然人破产制度。[①] 至于法人，营利性法人均在破产主体之列。在我国，所有企业法人均为破产主体。无论是全民所有制企业，还是私营企业，无论是有限责任公司，还是股份有限公司，只要具有法人地位，均在破产主体之列。而在美国，非营利法人，如政府亦在破产主体之列。至于非法人团体，美国、英国、澳大利亚、法国、德国均准予其破产。而在我国，非法人团体不在破产主体之列。只有相关法律准予其破产，如合伙企业[②]，方可参照适用《企业破产法》的破产清算程序。

一般说来，各种破产主体均适用破产法，不因破产主体身份而异。我国亦然，企业法人破产均统一适用《企业破产法》，无论是重整、和解，还是破产清算，均适用该法，唯金融机构等特殊公司破产，有关法律有特别规定的，需适用该规定。[③] 国务院还可依据《企业破产法》和有关法律的规定，对金融机构破产厘定实施办法。

（四）破产事由

破产事由，亦称破产界限、企业破产实体条件，是指认定债务人已达到法律规定的破产状态的客观事实。它是法院启动企业破产程序的必备要件，亦是判断破产申请成立与否以及能否作出破产宣告的依据。至于重整，基于"能救则救"的理念，只要有明显丧失清偿能力的可能，即可启动重整。

---

① 参见江平、江帆：《论商自然人的破产能力》，载《现代法学》1997年第4期。
② 参见我国《企业破产法》第135条，《合伙企业法》第92条。
③ 比如，我国《公司法》第187、190条，《商业银行法》第71—72条，《保险法》第90—92条。

破产事由的立法有列举主义、概括主义和折中主义三种体例。传统上,英美法系采用列举主义,大陆法系采用概括主义。美国1978年《破产法》转而采用概括主义,英国1986年《破产法》则采用折中主义,唯我国香港和澳大利亚的自然人破产仍坚守列举主义,概括主义已然成为主流。我国破产立法利用后发优势,采用了主流的概括主义。

就概括性事由而言,主要有不能清偿、停止支付和资不抵债三种类型。不能清偿,亦称支付不能,是指债务人对请求偿还的到期债务,因丧失清偿能力而无法偿还的客观财产状况。各国一般将其作为一般事由,停止支付可以推定为不能清偿,资不抵债则作为清算中组织的破产原因。比较而言,我国则未将不能清偿作为一般事由,亦未规定停止支付,而是归结为两种情形,两者均由复合元素构成:一是不能清偿到期债务加资不抵债,二是能清偿到期债务加明显缺乏清偿能力。问题是,将本为交叉关系的不能清偿与资不抵债并列,大大提高了进入破产程序的门槛,过于苛刻;而明显缺乏清偿能力则是各国破产立法上未出现过的新概念[①],且与不能清偿具有包含与被包含关系,二者的区分令人扑朔迷离。

对此,司法解释作出修补[②]:第一,将"不能清偿"变通性解释为"停止支付"。它包括三个要素:(1)债权债务关系依法成立;(2)债务履行期限已经届满;(3)债务人未完全清偿债务。也就是说,在某种程度上将破产原因解释为破产申请原因,虽然偏离破产理论,但在"停止支付"这一推定标准缺位的情况下,这种解释反而有利于破产法的实际执行。第二,资不抵债标准明晰化。债务人的资产负债表,或者审计报告、资产评估报告等显示其全部资产不足以偿付全部负债的,除有相反证据足以证明债务人资产能够偿付全部负债外,即可认定资不抵债。第三,缓和资不抵债的要求。为此,将明显缺乏清偿能力界定为,债务人账面资产虽然大于负债,但只要具有以下五种情形之一,即可予以认定:(1)因资金严重不足或者财产不能变现等原因,无法清偿债务;(2)法定代表人下落不明且无其他人员负责管理财产,无法清偿债务;(3)经人民法院强制执行,无法清偿债务;(4)长期亏损经营,扭亏困难,无法清偿债务;(5)导致债务人丧失清偿能力的其他情形。这样,资不抵债就不至于在债务人不能清偿的情形下成为推定破产原因的障碍,实际上起到将资不抵债排除出破产申请原因的作用,强化了债权人的破产申请权。

二、破产的申请与受理

(一)破产案件的管辖

破产案件的法院管辖因各国司法体制而异。各国大多由普通法院管辖,我

---

① 参见王欣新:《转换观念完善立法依法受理破产案件(上)》,载《人民法院报》2012年2月8日。
② 参见最高人民法院《关于适用〈中华人民共和国企业破产法〉若干问题的规定(一)》第1—3条。

国亦然。破产案件的地域管辖和级别管辖均以法定管辖为准,以裁定管辖为补充和变通。

1. 地域管辖

地域管辖是指根据破产案件与法院辖区的隶属关系,确定受理破产案件的分工和权限。依据我国《企业破产法》第 3 条,破产案件实行专属管辖,即由债务人住所地法院管辖。债务人住所地是指债务人的主要办事机构所在地,债务人无办事机构的,则由其注册地法院管辖。

2. 级别管辖

级别管辖是指依据案件的性质、繁简程度、影响范围而划分上下级法院之间受理破产案件的分工和权限。我国《企业破产法》对此未作规定,而最高人民法院《关于审理企业破产案件若干问题的规定》第 2 条规定,基层人民法院一般管辖县、县级市或区的工商行政管理机关核准登记企业的破产案件;中级人民法院一般管辖地区、地级市以上工商行政管理机关核准登记企业的破产案件;纳入国家计划调整的企业破产案件,由中级人民法院管辖。

(二) 破产申请

破产申请,是指破产申请人请求法院受理破产案件的意思表示。我国破产程序开始以受理为准,受理虽不是破产程序开始的标志,但属于开始的条件。

1. 申请人

破产申请人系与破产案件有利害关系,依法具有破产申请资格的民商事主体。一般而言,只有债权人和债务人才是合格的破产申请人,但有两个例外[①]:一是在公司自行清算或指定清算情形下,如遇公司资不抵债,清算责任人为破产申请人;二是在法院受理破产案件后,在破产宣告前,持有债务人注册资本 1/10 以上的出资人可为重整申请人。

如申请人为债权人,法院应自收到申请之日起 5 日内通知债务人,债务人对此享有异议权。异议期为 7 日,自收到法院通知之日起计算。

2. 申请的形式

破产申请的意思表示应以申请书为之,并提交有关证据。该申请书需载明以下事项:(1) 申请人、被申请人情况;(2) 申请目的;(3) 申请的事实和理由;(4) 法院认为应当载明的其他事项。如属债务人提出破产申请,还应当向法院提交财产状况说明、债务清册、债权清册、有关财务会计报告、职工安置预案以及职工工资的支付和社会保险费用的缴纳情况。[②] 若申请人为证券公司、银行和

---

① 参见我国《公司法》第 187 条,《企业破产法》第 7 条第 3 款、第 70 条第 2 款。
② 参见我国《企业破产法》第 8 条。

保险公司,则应分别提交中国证监会、银监会和保监会的批准文件。① 此外,申请人还应按照规定缴纳破产案件的前期受理费。该费用属于垫付性质,此后在破产财产中拨还。

3. 申请的效果

申请人向法院提出破产申请后,即产生两方面的法律效果:一是破产申请撤回的限制。只要在法院作出受理决定之前,当事人均可请求撤回破产申请。是否准许由法院决定。二是诉讼时效中断。债权人申请破产,具有请求法院保护其民事权利的性质;而债务人申请的,则有承认一般债务的性质,故破产申请具有中断诉讼时效的效力。

(三)破产案件的受理

破产案件的受理,亦称立案,是指法院收到破产申请后,认为符合法定条件而予以接受,并开始破产程序的司法行为。一旦受理,破产程序即告开始,并产生一系列的法律后果。为作出该决定,法院需进行形式审查和实质审查。对于破产申请,法院有三种处理:一是受理;二是不予受理;三是受理后,在未作出破产宣告前,驳回申请。

法院需在规定期限内作出是否受理的决定。受理决定的时限因申请是否为债权人而异。一般情况下,法院决定是否受理的时限为收到破产申请之日起15日内。若申请人为债权人,一是法院需在收到申请后5日内通知债务人,二是债务人自收到法院通知后享有7日的异议期,法院需在异议期届满后10日内裁定是否受理。对于这两种情形,该时限均可延长,但有两个限制:一是需经上级法院批准;二是最多延长15日。

对于驳回申请,只要尚未宣告破产,若发现债务人不具有破产事由,均可驳回破产申请。无论是裁定不予受理还是驳回申请,申请人对该裁定不服的,均可自裁定送达之日起10日内向上级法院上诉。

无论是裁定受理还是不予受理,法院均应自作出裁定之日起5日内通知申请人。如遇债权人提出破产申请,还应自作出裁定之日5日内送达债务人。为破产程序的顺利进行,实现集体受偿,法院还需要将受理破产申请的裁定通知已知债权人,并予以公告,其时限为裁定后25日内。

(四)受理的效果

法院受理破产案件后,破产程序即告开始。破产程序一旦开始,法院即指挥和监督破产程序,债务人财产进入保全状态,债权人权利行使受约束。

1. 法院组成合议庭

既然破产程序已开始,法院即应组成合议庭,承担破产案件的处理事务,并在

---

① 参见我国《证券法》第129条,《商业银行法》第71条,《保险法》第90条。

规定的时间内将合议庭的组成人员情况书面通知破产申请人和被申请人。对于债权人,法院则应自裁定受理破产申请之日起25日内通知已知债权人,并予以公告。

2. 对债务人的约束

对债务人的约束有四个方面:(1)提交义务。如系债务人申请破产,申请时就应向法院提交财产状况说明、债务清册、债权清册、有关财产会计报告、职工安置预案及职工工资的支付和社会保险费用的缴纳情况。若系债权人申请破产,债务人应自收到法院受理破产申请裁定之日起15日内,向法院提交财产状况说明、债务清册、债权清册、有关财务会计报告以及职工工资的支付和社会保险费用的缴纳情况。(2)妥善保管义务。债务人应妥善保管其占用和管理的所有财产、印章和账簿、文书等资料。这是债权人实现债权的重要保障,故为债务人的重要义务。该义务的主体为债务人的有关人员,即企业法定代表人。经法院决定,企业的财务管理人员和其他经营管理人员,亦需承担该义务。该项义务始于法院将破产申请受理裁定送达债务人之日,终于破产程序终结。(3)配合破产工作的义务。债务人有义务配合破产工作的进行,需根据法院、管理人的要求进行工作,并如实回答债权人的询问。为履行该义务,债务人还有留守于其住所的义务。未经法院许可,不得擅自离开住所地。同时在承担该项义务期间,还不得新任其他企业的董事、监事、高管。该义务主体以及承担义务的期限,与妥善保管义务一样。(4)不个别清偿的义务。破产程序一旦开始,未经法院许可,债务人不得对个别债权人清偿债务,也不得以其财产设立新的担保。否则,对个别债权人的债务清偿归于无效。

3. 对债权人的约束

为了实现债权人集体受偿,避免个别债权人巧取豪夺,损害其他债权人的利益,破产程序一旦开始,便自动冻结债权人的个别追索行为。这是破产程序开始的另一个重要效果:(1)债权人只能通过破产程序行使权利,不得个别追索债务。(2)有财产担保的债权人,在破产宣告前,未经法院准许,不得行使优先权。(3)债务人的开户银行,不得扣划债务人的既存款或汇入抵还其贷款。否则,该扣划归于无效,并应退还所扣划的款项。

4. 对其他人的约束

主要有其他两种人受此约束:一是债务人的债务人和财产持有人。破产申请一经法院受理,他们即应向管理人清偿债务或交付财产。这也是确保债权人集体受偿的需要。如其故意违反该义务,仍向债务人清偿或交付财产,致使债权遭受损失的,不能免除其清偿义务或财产交付义务。二是破产申请受理前成立的双方均未履行完毕的双务合同的对方当事人。管理人有权决定解除或继续履行,并通知对方当事人。如管理人不作为,对方当事人可以催告。如管理人自破产申请受理之日起2个月还未通知对方当事人,或收到前述催告后30日未予答复,即视为解除合同。如果管理人决定继续履行,对方当事人即应履行,但有权要求管理人提供担保。如管理人不提供担保,该合同也视为解除。

5. 债务人财产进入保全状态

为确保债权人公平受偿,保全债务人的财产乃核心任务,这表现为以下三个方面:一是管理人接管债务人财产。法院裁定受理破产申请的同时,就指定管理人。破产程序一开始,即由管理人接管债务人的全部财产,债务人相应地对该财产丧失控制权。债务人的债务人或财产持有人也应向管理人履行债务或交付财产。二是民事诉讼和仲裁的统一处理。[①] 为实现债权人集体受偿,就需要集中债务人的财产和债务,也就要求集中处理有关债务人财产的所有请求和争议。对尚未了结的现有民事诉讼和仲裁,首先应予中止。对新的民事诉讼,一旦破产程序开始,所有有关债务人的民事诉讼,均应由受理破产申请的法院受理。三是民事执行程序和财产保全程序的中止。破产程序开始后,一切有关债务人财产的保全措施均应解除,民事执行程序均应中止。[②]

三、债务人财产管理

(一) 管理人

一旦受理破产申请,法院即应指定管理人,接管债务人的财产,直至破产分配,以免债务人以不当或非法的手段处置财产、损害债权人利益。管理人是债务人财产管理的关键角色。我国《企业破产法》引入了国际通行的管理人制度,取代了以往的清算组。比较而言,管理人更具有专业性、公正性和独立性,有利于推动破产事务市场化运作。公司解散清算虽仍采用清算组形式,但管理人制度无疑有助于这种清算事务的专业化、市场化。

1. 资格

管理人应具有专业性和独立性,这是实现破产程序目标的重要保障。管理人是否仅为自然人,各国不尽一致。在我国,自然人和法人均可担任管理人,唯自然人担任管理人的,需要参加执业责任保险。管理人可以是由有关部门、机构的人员组成的清算组,也可以是依法设立的律师事务所、会计师事务所、破产清算事务所等社会中介机构。[③]

管理人资格主要是三方面的要求:一是专业性。我国对管理人的专业性要求有两种情形:(1) 有关部门或机构的人员组成的清算组,对其未设专业性要求;(2) 社会中介机构担任管理人,对其则有专业性的要求。要求其具备相关专业知

---

① 参见我国《企业破产法》第20—21条。
② 参见我国《企业破产法》第19条。
③ 参见我国《企业破产法》第24条。

识并取得职业资格,方可接受指定。若专业人士曾被吊销相关专业执业证书,则不得担任管理人。① 二是独立性。为确保管理人的独立性,我国《企业破产法》第24条第3款明确要求,管理人不得与本案有利害关系。否则,不得担任管理人。三是品性条件。依据我国《企业破产法》第24条第3款,因故意犯罪受过刑事处罚,或有法院认为不宜担任管理人的其他情形,属于有品性瑕疵,不能担任管理人。

2. 任命

各国管理人的任命方式多种多样。我国由法院指定管理人,法院在裁定受理破产申请的同时,即应指定管理人。不仅如此,管理人需向法院报告工作,其报酬也由法院确定,管理人辞职亦应经法院许可。

管理人管理债务人财产毕竟最终是为了债权人集体受偿,而非为法院,债权人自应有权监督管理人的工作并影响其去留。这体现在四个方面②:(1) 管理人执行职务需接受债权人会议和债权人委员会的监督,并应当列席债权人会议,向其报告职务执行情况,回答询问;(2) 债权人会议有权向法院对管理人的报酬提出异议;(3) 债权人会议认为管理人不能依法、公正执行职务或有其他不能胜任职务情形的,可申请法院予以更换;(4) 管理人未尽勤勉职责、忠实执行职务的义务,对债权人造成损失的,应依法承担赔偿责任。

3. 职权及其行使

为实现破产程序的目标,赋予管理人充分的权力乃各国通例。我国《企业破产法》第25条赋予其九项职权:(1) 接管债务人的财产、印章和账簿、文书等资料;(2) 调查债务人财产状况,制作财产状况报告;(3) 决定债务人的内部管理事务;(4) 决定债务人的日常开支和其他必要开支;(5) 在第一次债权人会议召开之前,决定继续或者停止债务人的营业;(6) 管理和处分债务人的财产;(7) 代表债务人参加诉讼、仲裁或者其他法律程序;(8) 提议召开债权人会议;(9) 法院认为管理人应当履行的其他职责。

至于如何行使该职权,我国《企业破产法》第23条、第26—29条有四项要求:一是管理人应勤勉尽责,忠实执行职务;无正当理由不得辞去职务,管理人辞去职务应当经法院许可。二是聘用必要的工作人员,亦应经法院许可。三是向法院报告工作,接受债权人会议和债权人委员会监督,列席债权人会议,向其报告职务执行情况,回答其询问。四是在第一次债权人会议召开之前,决定继续债务人营业或停止营业的,或具有本应向债权人委员会及时报告的任何行为的,应经法院许可。如管理人违反义务,法院可以依法处以罚款;给债权人、债务人或第三人造成损失的,还应依法承担赔偿责任。

---

① 参见我国《企业破产法》第24条第2、3款。
② 参见我国《企业破产法》第22条第2款、第23条、第28条、第130条。

（二）债务人财产

债务人财产，是指破产案件受理时属于债务人的全部财产，以及受理破产案件后至破产程序终结前债务人所取得的财产。一经破产宣告，这些财产即成为破产财产。[①] 债务人财产自破产案件受理后即由管理人接管，其控制权可能因破产程序的进行而发生转移。比如，和解计划获得通过，并得到法院认可的，该财产应移交给债务人；在重整情形下，债务人请求自行管理财产，经法院批准后，管理人亦应向债务人移交该财产。

就范围而言，无论是债务人财产，还是破产财产，我国《企业破产法》均采用膨胀主义[②]，以强化对债权人的保护。也就是说，破产案件受理时属于债务人的全部财产，以及破产案件受理后至破产程序终结前债务人所取得的财产，均为债务人财产，破产宣告称之为破产财产。

债务人财产由管理人接管，自不待言。债务人的出资人尚未完全履行出资义务的，管理人应要求其缴纳所认缴的出资，且不受出资期限的限制。至于质物和留置物，管理人可以通过清偿债务或提供为债权人接受的担保，将其取回。如质物或留置物的价值低于被担保的债权额，以该质物或留置物当时的市场价值为限。[③]

（三）破产程序前的无效行为

破产程序前的无效行为，是指债务人在破产前一定期限内实施的使债务人财产不当减少，或违反集体受偿原则，依法应被撤销或确认无效的财产处分行为。如表9-2所示，它有三大类型[④]：一是欺诈破产行为，包括一般的欺诈破产行为和严重的欺诈破产行为；二是个别清偿行为；三是经营者以权谋私。

表9-2 破产无效行为的溯及期与后果

无效行为的类型			溯及期	后果	
				撤销	无效
欺诈破产行为	一般	无偿转让财产	受理前1年内	✓	
		以明显不合理的价格进行交易			
		为无财产担保的债务提供财产担保			
		提前清偿未到期债务			
		放弃债权			
	严重	为逃避债务而隐匿、转移财产	无时限		✓
		虚构债务或承认不真实债务			
个别清偿行为		明知无力偿债而为个别清偿	受理前6个月内	✓	
经营者以权谋私			无时限		✓

---

① 参见我国《企业破产法》第107条第2款。
② 参见我国《企业破产法》第30条。
③ 参见我国《企业破产法》第35、37条。
④ 参见我国《企业破产法》第31—33、36条。

我国对破产程序前的无效行为均采用溯及主义。一般破产欺诈行为溯及到破产案件受理前1年内，严重的破产欺诈行为则不受时限限制，无论何时发生，均在规制之列。经营者以权谋私行为亦然。至于个别清偿行为，也追溯到破产案件受理前6个月内。其法律后果有两种：一是撤销；二是无效。对于一般欺诈破产行为和个别清偿行为，其后果均为可撤销，由管理人请求法院予以撤销。至于严重欺诈破产行为，无论发生于何时，均归于无效；经营者以权谋私亦然。对于由此而取得的债务人财产，管理人均有权追回。①

（四）取回权

取回权，是指财产权利人从管理人接管的财产中取回不属于债务人财产的权利。它旨在为权利人提供补救，消除管理人占有的财产与债务人财产之间的不一致现象，确保债务人财产的准确性与合理性。取回权具有以下四个特征：（1）标的物为债务人占有，但不为其所有。（2）是对特定物的返还请求权。（3）其行使无须依破产分配程序，但应以管理人为相对人。（4）在取回前，其标的物视同债务人财产。

我国《企业破产法》第38条和第39条分别规定了一般取回权、特殊取回权和代偿取回权。一般取回权，亦称原物取回权，是指依据民法上原物返还的原理，请求管理人返还所占有的归权利人所有的财产的取回权。特殊取回权是指依据破产法之特别规定，在债务人即将占有权利人的财产，但在实际占有前其破产申请已被受理时，权利人因此所享有的取回权。它通常包括出卖人取回权和行纪取回权。代偿取回权，亦称赔偿取回权，是依据民法上的损害赔偿原理所获得的取回权。这是对一般取回权的补充。

取回权人可以在破产受理后，破产程序终结前，随时主张权利。该请求应向管理人提出，管理人一经查证属实，即应向取回权人返还财产。若管理人认为，请求人缺乏权利根据，可以拒绝给付。取回权人对此有异议的，可提请破产法院裁决。

（五）破产抵销权

破产抵销权，是指债权人在破产申请受理前对债务人负有债务，且给付种类相同，可以其债权抵销其所负债务的权利。大多数国家基于抵销的本质属性和破产程序效率之考虑，承认破产抵销，我国《企业破产法》第40条亦然。

1. 行权条件

行使破产抵销权需符合四项条件：（1）只有债权人才能行使抵销权，管理人不得主张抵销权。（2）与破产债权相抵销的债务，须为破产债权人于破产申请受理前对债务人所负的债务。破产申请受理后债权人对债务人所负债务不得主

---

① 参见我国《企业破产法》第34、36条。

张抵销。(3) 给付种类需相同。(4) 需已申报债权,并获确认。

2. 不适用破产抵销的情形

为防止被滥用,切实维护多数债权人的正当利益,依据我国《企业破产法》第40条,以下三种情形不得适用破产抵销:(1) 债务人的债务人在破产申请受理后取得他人对债务人的债权的。(2) 债权人已知债务人有不能清偿到期债务或破产申请的事实,对债务人负担债务的。但是,债权人因为法律规定或者有破产申请1年前所发生的原因而负担债务的除外。(3) 债务人的债务人已知债务人有不能清偿到期债务或破产申请的事实,对债务人取得债权的。但是,债务人的债务人因为法律规定或者有破产申请1年前所发生的原因而取得债权的除外。

3. 破产抵销权的行使

债权人行权的意思表示需在破产财产分配方案公布前向管理人发出。一旦公布破产财产分配方案,破产债权人不得再主张抵销权。对于附条件破产债权而言,其抵销权行使因所附条件性质而异。若为附停止条件之债,在条件未成就时,不得主张抵销。若为附解除条件之债,只能在条件未成就时,主张抵销权;在条件成就时,不得主张抵销。

债权人与债务人双方债权债务通常并不相等,因此产生差额。若破产债权大于债务,在抵销后,破产债权超过被抵销债务的部分仍属破产债权,继续参与集体受偿程序。若破产债权小于债务,在抵销以后,债务超过破产债权的部分则为破产财产。管理人有权追回该财产,用于破产分配。

(六) 破产费用和共益债务

1. 范围

破产费用,是指破产程序开始后,为破产程序的顺利进行及债务人财产的管理、变价和分配所产生的费用。该费用系为债权人共同利益而产生,依据民事诉讼有关民事执行费用由债务人承担的规则,以及民法上有关共益费用优先受偿的规则,该费用从破产财产中优先拨付。依据我国《企业破产法》第41条,以下三项费用属于破产费用:(1) 破产案件的诉讼费用;(2) 管理、变价和分配债务人财产的费用;(3) 管理人执行职务的费用、报酬和聘用工作人员的费用。

共益债务,亦称财团债务,是指在破产程序中为维护全体债权人的共同利益所形成的债务。依据我国《企业破产法》第42条,以下六项均属共益债务:(1) 因管理人或债务人请求对方当事人履行双方均未履行完毕的合同所产生的债务;(2) 债务人财产受无因管理所产生的债务;(3) 因债务人不当得利所产生的债务;(4) 为债务人继续营业而应支付的劳动报酬和社会保险费用以及由此产生的其他债务;(5) 管理人或相关人员执行职务致人损害所产生的债务;(6) 债务人财产致人损害所产生的债务。

2. 清偿

依据我国《企业破产法》第43条,破产费用和共益债务都属于优先支付的范畴,由债务人财产随时清偿。如债务人财产不足以清偿所有破产费用和共益债务,则先行清偿破产费用。也就是说,虽然针对整个清偿顺序来讲,破产费用和共益债务都在优先清偿之列,但在两者之间,清偿顺序也有先后,即破产费用优先于共益债务。若债务人财产不足以清偿所有破产费用或共益债务的,则按比例清偿。如债务人的财产不足以支付破产费用,管理人应请求法院终结破产程序。法院收到请求后,应于15日内裁定终结破产程序。

四、债权申报

(一) 概述

破产程序一开始,在法院受理破产案件时,对债务人享有债权的债权人便可以依破产法规定的程序行使权利。一旦宣告破产,该债权就称为破产债权,即在破产案件受理时对债务人所享有的债权。破产债权需经依法申报并获得确认,才能通过集体受偿程序受偿。

1. 法律特征

作为财产请求权,破产债权具有五个特征:(1)须为破产案件受理前成立的请求权。(2)须以财产给付为内容。没有财产给付内容的请求权,不得作为破产债权,从而有别于不以财产给付为限的强制执行程序。(3)须为对人的请求权。(4)以债务人财产为受偿的对象。(5)须为可强制执行的请求权。

2. 范围

凡破产案件受理前成立的对债务人的债权,均可成为破产债权。未到期债权,在破产案件受理时视为已到期。对附利息的债权,若破产案件受理后才到期,自破产案件受理时起停止计息。附条件、附期限的债权及诉讼、仲裁未决的债权亦可作为破产债权申报。[①]

债务人的保证人或其他连带债务人,如已为债务人清偿债务,以其对债务人的求偿权申报破产债权;如尚未为债务人清偿债务,亦可以其对债务人的将来求偿权申报破产债权,但债权人已向管理人申报全部债权的除外。多个连带债务人破产的,其债权人有权就全部债权分别在各个破产案件中申报破产债权。管理人或债务人解除合同,对方当事人因此享有的损害赔偿请求权,可以申报破产债权。作为债务人的委托人破产,受托人因不知该事实,继续履行委托事务而享有的请求权亦然。作为出票人的债务人破产,票据付款人因继续付款或承兑所

---

① 参见我国《企业破产法》第44、46—47条。

享有的请求权,同样可以申报破产债权。[1]

（二）申报规则

债权申报,是指债权人在破产案件受理后,依法定程序主张并证明其债权,以便参加破产程序的行为。它具有四个特征:(1)债权人的单方意思表示。根据意思自治原则,债权人享有申报与不申报的自由。(2)以主张并证明债权为内容。(3)债权人参加破产程序的必要条件。债权人申报并经确认后,才具有参加债权人会议的资格,并依法享有相应的权利,而未申报的债权,则不得参加破产程序。(4)需符合法定程序。

1. 申报期限

债权申报期限是债权人向管理人申报债权的固定期间。限定申报期为破产程序及时、顺利进行之必然要求,否则,便无法确定债权人人数和债权数额,难以召开债权人会议。债权申报期限有法定主义和法院酌定主义两种立法例。我国采用法院酌定主义,由法院在受理破产案件时确定该期限,该期限不得少于30日,但不得超过3个月。[2] 债权人应在债权申报期限内向管理人申报债权,对于逾期未申报的债权,债权人并不因此丧失权利,还可以在破产财产最终分配前补充申报;只是已进行的分配,对其不再补充分配,而且由其自行承担审查和确认补充申报债权所需的费用。凡是未依法申报破产债权的,均不得依破产程序行使权利。[3]

2. 申报方式

管理人为破产债权的申报登记机构,由其负责债权申报工作,对债权进行登记造册和审查。

债权申报方式因债权是否为劳动债权而异。对一般债权而言,由债权人主动申报债权,且应采用书面形式,向管理人说明债权的数额和有无财产担保,并提交有关证据。申报债权为连带债权的,应予以说明。作为连带债权人,可以由其中一人代表全体连带债权人申报,也可以共同申报。[4] 至于债务人职工的劳动债权,则无须职工主动申报,而是由管理人主动进行调查后列出清单,职工可以对该清单提出异议。

管理人收到申报材料后,应登记造册,对债权申报的真实性、有效性进行审查,并编制债权表。该表需提交第一次债权人会议核查。债权表和申报材料均由管理人保管,利害关系人可以查阅。

3. 调查、核查与确认

我国《企业破产法》第57、58、61条,对债权的调查权、核查权与确认权作出

---

[1] 参见我国《企业破产法》第51—54条。
[2] 参见我国《企业破产法》第45条。
[3] 参见我国《企业破产法》第56条。
[4] 参见我国《企业破产法》第49—50条。

了合理的区分,将确认权、调查权和核查权分别赋予法院、管理人和债权人会议。具体说来,由管理人进行调查后,编制债权表,提交第一次债权人会议核查。债权人会议通过后,仍需提请法院确认。只有经法院确认后,申报的破产债权才正式得到认可。若债权人、债务人对该表所记载的债权有异议,即应向受理破产申请的法院起诉,由其作出裁定。

(三)破产债权的算定

破产债权的算定,是指将数额未确定债权和未到期债权,以破产案件受理为分界线,计算并认定为数额确定的已到期债权。实际上,就是将所有债权同质化,便于在破产分配中进行公平清偿。

债权算定的标准因债权标的而异:(1)非金钱债权。对于种类物,应依法院受理破产案件裁定之日债务履行地的平均市场价格,计算其债权金额。对于特定物,则应按破产案件裁定之日债务履行地的成本水平和其他相关因素,进行评估,从而确定其债权额。(2)以外币表示的金钱债权,则应按法院受理破产案件裁定之日的人民币市场汇率的基准价,计算该债权的金额。(3)数额未定债权。对于涉讼争议之债,在破产案件受理前已有生效判决的,其数额以判决为准;无生效判决的,由破产法院裁定其数额。未达成协议的非涉讼争议之债,也采用同样的方式。对于合同约定于未来确定数额之债,在破产案件受理时尚未确定的,如合同有明确的计算方法,从其约定。如合同未约定或约定不明,又没有可适用的法定计算依据的,则由法院依据有关事实和公平合理原则裁定其数额。(4)未到期债权。凡是在破产案件受理时尚未到期的债权,均视为已到期。对于附利息之债,在计算时则应减去未到期的利息。

五、债权人会议与债权人委员会

(一)概述

1. 地位

债权人会议,是指由全体登记在册的债权人组成的表达债权人意思和统一其行动的议事机构,它是债权人团体在破产程序中的意思表达机关。设置债权人会议,系债权人意思自治的体现。我国既设债权人会议,又设债权人委员会,作为行使监督职能的常设机构。债权人委员会的成员最多9人,由债权人会议选任,但需有1名债务人的职工或工会代表,这些成员须经法院书面决定认可。

2. 职权

债权人会议作为集体议事机构,我国《企业破产法》第61条赋予其十一项职能:(1)核查债权;(2)申请法院更换管理人,审查管理人的费用和报酬;(3)监督管理人;(4)选任和更换债权人委员会成员;(5)决定继续或停止债务人的营业;(6)通过重整计划;(7)通过和解协议;(8)通过债务人财产的管方案;(9)通过破产财产的变价方案;(10)通过破产财产的分配方案;(11)法院认为应当由债权人会议行使的其他职权。

债权人委员会作为债权人会议常设机构,我国《企业破产法》第68条赋予其四项职权:(1)监督债务人的财产管理和处分;(2)监督破产财产分配;(3)提议召开债权人会议;(4)债权人会议委托的其他职权。该委员会行使以上职权时,有权要求管理人、债务人就其职权范围内的事务作出说明或提供有关文件。若其拒绝接受监督,该委员会有权就监督事项请求法院作出决定,法院应当在5日内作出决定。

3. 债权人会议的组成

依法申报债权的债权人为债权人会议的成员,有权参加债权人会议,享有表决权。债权尚未确定的债权人,除法院能够为其行使表决权而临时确定债权额的外,不得行使表决权。对债务人的特定财产享有担保物权的债权人,未放弃优先受偿权的,对以下事项不享有表决权:一是通过和解协议;二是通过破产财产的分配方案。至于债务人的职工和工会代表,有权参加债权人会议,可以就有关事项发表意见,但不享有表决权。

债权人可以亲自出席债权人会议,也可委托代理人出席。代理人出席会议的,应当向法院或债权人会议主席提交债权人的授权委托书。

(二)债权人会议的召集

第一次债权人会议必须在债权申报期限届满后15日内召开,法院为召集人。以后债权人会议的召集人为债权人会议主席,召集事由为:一是法院认为必要的;二是管理人、债权人委员会和占债权总额1/4以上的债权人向债权人会议主席提议召集会议的。

首次债权人会议的通知,已涵盖于法院在破产案件受理裁定之日起25日内所发布的通知和公告之中。以后债权人会议的通知,管理人应提前15日通知已知的债权人。

(三)债权人会议的召开

债权人会议由债权人会议主席主持。债权人会议主席由法院从有表决权的债权人中指定。

作为债权人的集体议事机构,债权人会议以作出有关决议为目的。一旦作出决议,即对全体债权人具有约束力。决议的定足数因决议类型而异。[①] 对于一般事项而言,决议的定足数为出席会议的有表决权债权人过半数通过,且其代表的债权额占无财产担保债权总额的1/2以上。特别事项则有更高的定足数要求。和解协议的定足数为,出席会议的有表决权债权人过半数通过,且其代表的

---

① 参见我国《企业破产法》第64条第1款、第84条、第86条、第97条。

债权额占无财产担保债权总额的 2/3 以上。重整计划则实行分组表决,每组均需出席会议的同一表决组的有表决权债权人过半数通过,且其代表的债权额占该组债权总额的 2/3 以上。每组通过,方可通过该计划。

作为债权人自治的体现,法院原则上不干预债权人会议是否形成决议。但是,为了破产程序的及时、顺利进行,若债权人会议对特定事项久议不决也不能坐视不管,放任自流。依据我国《企业破产法》第 65 条,对于债务人财产的管理方案和破产财产变价方案,债权人会议未通过的,法院可裁定通过;对于破产财产分配方案而言,经债权人会议两次表决仍未通过的,法院可裁定通过。法院的裁定可以在债权人会议上宣布,亦可另行通知债权人。当然,债权人可以对法院的这种裁定申请复议。[①]

债权人会议的决议对全体债权人均具有约束力。一旦债权人会议通过该决议,无论特定债权人是否出席会议,是否有表决权,是否投票赞成,均应受其约束。和解协议和重整计划在债权人会议通过后,需经法院认可或批准后才生效。认为该决议违法,损害其利益的任何债权人,均可自债权人会议作出决议之日起 15 日内对债权人会议的决议提出异议。

第二节 重 整

一、重整的开始

重整是指困境企业依法定程序,保护其继续营业,实现债务调整和企业整理,使之摆脱困境,走向复兴的拯救型债务清理制度。作为拯救型破产程序,重整自 20 世纪中叶兴起以来,已风靡世界各国,唯适用范围不尽一致。美国、法国和德国的重整程序不仅适用于企业,而且适用于个人,不过实际上主要为企业所采用,英国、澳大利亚和日本则仅适用于公司,我国台湾地区适用范围最狭窄,仅适用于公开发行股票或债券的公司。作为折中,我国以其是否具备法人资格为准,只要属于企业法人,无论是否为公司,均可采用重整程序,进行企业拯救。[②]

与消灭债务人商主体资格的破产清算相比,重整具有三大差异:(1) 目标不同。重整以企业价值最大化为目标,而破产清算则以公平清偿为目标。前者旨在将蛋糕做大,而后者仅着眼于现有蛋糕之公平分配。(2) 成本不同。在破产清算程序,债权人除自费参与破产清算程序外,无需其他投入,而在重整程序中,为了实现挽救企业的目的,不仅股东需要再注资,债权人往往也要减免企业债务或债转股,即欲取之,必先与之。(3) 收益不同。破产清算程序以债权人商主体

---

① 参见我国《企业破产法》第 66 条。
② 参见我国《企业破产法》第 2 条第 2 款。

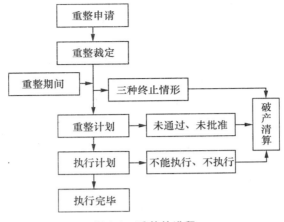

图 9-1　重整的进程

资格消灭而告终,债权人的债权清偿率不高,而重整一旦成功,债权人将获得较高的清偿。

(一) 重整事由

既然重整以企业拯救为目标,等到病入膏肓才进行拯救,即有违其初衷,各国所规定的重整事由比破产事由更为宽泛。已经无力清偿到期债务的,将要无力清偿到期债务的,均可进入重整程序,这更有利于实现重整的目标。作为后起之秀,我国《企业破产法》第 2 条第 2 款博采众长,只要企业法人有明显丧失清偿能力的可能,即可申请重整,无须等到具备破产原因才启动重整程序。

(二) 申请

依据我国《企业破产法》第 70 条,重整申请人包括债务人、债权人以及持有债务人注册资本总额 1/10 以上的出资人。对作为申请人的债权人并无债权数额之要求,对公司股东亦未设持股时间要求,进入条件较为宽松。

重整申请时间因申请人而异。债权人和债务人,既可直接向法院申请对债务人进行重整,也可以在法院受理破产申请后、破产宣告之前,提出这种申请。债务人出资 1/10 以上的出资人则不能直接申请,只能在法院受理的债权人申请债务人破产案件中,在破产宣告前提出该请求。

申请人提出重整申请,不仅要提交申请书,而且还应提交有关证据。该证据需能够证明,债务人属于重整程序的适用对象,并具有重整事由。是否同意重整由法院审查决定。只要债务人为企业法人,且具备重整事由,法院即可裁定债务人重整,并予以公告。

二、重整期间及其营业

重整期间是指用于制定重整计划,并防止债权人在重整程序开始后,对债务人及其财产采取诉讼或其他程序行动,而保护企业营运价值的特定期间。美国称其为冻结期,英国和澳大利亚称为延缓偿付期,法国称为观察期。依据我国《企业破产法》第 72 条,自法院裁定债务人重整之日起至重整程序终止,为重整期间。

(一) 期限

各国对重整期限的规定不尽一致。美国为 18 个月,法国为 6 个月,澳大利亚为 60 日。我国并未对重整期间作出直接规定,但《企业破产法》第 79 条对向法院和债权人会议提交重整计划的时间限制,实际上对重整期间起到约束作用。据此,债务人或管理人向法院和债权人会议提交重整计划的期限为 6 个月,有正当理由的,法院可裁定延长 3 个月。鉴于债权人会议讨论该计划以及法院批准该计划,均需要一定时间,预计重整期间略长于 6 个月或 9 个月。

(二) 自动停止

为保护债务人的营运价值,制止债权人的个别追偿行为,针对债务人的法律程序、担保权的行使以及破产抵销权,在重整期间均应停止。(1) 法律程序中止。一旦受理破产案件,已开始而尚未终结的有关债务人财产的民事诉讼或仲裁,应予中止。管理人接管债务人财产后,才能恢复诉讼或仲裁。一切有关债务人财产的民事执行程序均应中止,财产保全措施应予解除。而在重整期间内,前述法律程序也应中止。债务人合法占有他人的财产,该财产权利人在重整期间内要求取回的,应符合事先约定的条件。(2) 担保权暂停行使。在重整期间内,对债务人的特定财产享有的担保权暂停行使。如果担保物有损坏或有价值明显减少的可能,足以危害担保权人的权利的,担保权人有权向法院请求恢复行使担保权。(3) 投资收益分配禁止。重整期间,债务人的出资人不得请求收益分配。债务人的董事、监事、高管未经法院同意,不得向第三人转让其持有的债务人的股权。

(三) 管理人

重整期间的管理人有三种模式:一是选择制,要么由管理人负责,要么由债务人负责,美国和德国采用该模式。二是并列制,由管理人和债务人共同负责,法国采该模式。三是单一制,不允许债务人在重整期间管理和主持营业,仅由管理人负责债务人的营业,英国和日本采用该模式。我国原则上采用选择制,原则上由管理人负责债务人的财产管理和营业事务,但重整期间的营业亦可由债务人负责,采用这种例外有三项条件[①]:一是债务人申请;二是需要法院批准;三是需要接受管理人的监督。这种富有弹性的安排,既有利于维护公平清偿,也有助于提高企业拯救的成功率。

[①] 参见我国《企业破产法》第 73 条。

(四) 继续营业的特别权利

重整期间的继续营业,是在特定条件下依据特别规定所进行的营业。由于债务人已陷入困境,濒临破产或已具备破产原因,要让其重获生机,必对其加以积极的扶持。否则,难以达成解困复兴的目的。首先是财产的使用与处分方面。管理人有权管理和处分债务人的财产,决定其内部管理事务,这是营业最基本的需要。管理人在继续营业中可以对设定担保的标的物进行使用,但不得进行处分。其次是贷款的优待。现金流是继续营业所必需的,为了让债务人能顺利融资,一般赋予新债权人优先受偿地位甚至担保权。依据我国《企业破产法》第75条第2款和第42条第4项,不仅准予管理人或债务人为继续营业而借款,准予设定担保,而且将其作为共益债务,享有优先受偿待遇。最后是劳动报酬和社会保险费用的优待。为债务人继续营业而支付的劳动报酬和社会保险费用,享受共益债务的待遇,这与贷款之优待异曲同工。

三、重整计划

(一) 概念与特征

重整计划,是指债务人、债权人和其他利害关系人通过协商,就债务清偿和企业拯救作出的安排。这既是当事人各方彼此谅解和让步,寻求债务解决的和解协议,也是其同舟共济,患难与共,力求企业解困复兴的行动纲领。

重整计划具有五个特征:(1)以企业拯救和债务公平清偿为目的。(2)由管理人或债务人负责制备。(3)应依据企业的财务状况和营业前景,确定以让步为基础的债务清偿方案,并确定有助于企业解困复兴的经营方案。(4)一般需征得债权人会议的同意。(5)需经法院批准,方可生效。

(二) 制备

对于重整计划的制备人,我国实行选择制,因为重整期间的营业要么由管理人管理,要么由债务人管理,故重整计划由管理人或债务人制备。至于制备重整计划的期限,有法定主义与法院酌定主义两种立法例,英国、美国等采用法定主义,我国亦采法定主义。[①] 一般情形下,管理人和债务人制备重整计划的期限为6个月,自法院裁定债务人重整之日起计算。该期限届满,未完成该计划,具有正当理由的,经债务人或管理人申请,法院可裁定延长3个月。

至于该计划的内容,依据我国《企业破产法》第81条,其必要记载事项为:债务人的经营方案;债权分类;债权调整方案;债权的受偿方案;重整计划的执行期限;重整计划执行的监督期限;有利于债务人重整的其他方案。对于债权的类型,我国实行法定主义,《企业破产法》第82条规定了四种类型,但法院认为必

---

① 参见我国《企业破产法》第79条。

要时,可以决定在普通债权组中设小额债权组。它们分别为:(1)对债务人的特定财产享有担保权的债权。(2)债务人所欠职工的工资和医疗、伤残补助、抚恤费用,所欠的应当划入职工个人账户的基本养老保险、基本医疗保险费用,以及法律、行政法规规定应当支付给职工的补偿金。(3)债务人所欠税款。(4)普通债权。

（三）通过和批准

作为企业拯救的行动纲领,重整计划不仅需要债权人会议通过,而且须经法院裁定批准,方才生效。唯在特定情形下,法院可强行批准未获债权人会议通过的重整计划。管理人或债务人应在法定期限内完成重整计划,向法院和债权人会议提交该计划。经法院审查,认为符合法律规定的,方可召开债权人会议,付诸表决。法院应在收到该计划草案之日起30日内召开债权人会议,对该计划草案进行表决。[①]

债权人会议对重整计划的表决分组进行,债权分类严格执行前述法定类型,即由四个表决组分组表决。如该计划草案涉及出资人权益调整,则应设出资人组,对此事项进行表决。依据我国《企业破产法》第84条第2款和第86条第1款,债权人每组形成决议的定足数为出席该组的债权人过半数同意,其所代表的债权数额占该组债权总额的2/3以上。每组均通过的,该计划即告通过。

债权人会议未通过重整计划时,仍有两条补救之道[②]:(1)再次表决。管理人或债务人可与未通过重整计划的表决组协商,该组可在协商后再次表决。但是,双方协商的结果不得损害其他表决组的利益。(2)强行批准。若该组拒绝再次表决,或再次表决仍不能通过该计划草案,只要符合法定条件,法院可经管理人或债务人申请而裁定批准该计划草案。

批准是重整计划获得法律效力的必要条件。自重整计划通过之日起10日内,债务人或破产管理人应当向法院提出批准重整计划的申请。法院经审查认为符合法律规定的,应当自收到申请之日起30日内裁定批准,终止重整程序,并予以公告。

（四）效力、执行与监督

重整计划一经批准,即对破产案件受理时已成立的所有债权的债权人均有约束力,对债务人亦具有约束力。不论特定债权人是否参加债权人会议,是否赞成该计划,均应受其约束。尚未申报的债权,在重整计划执行期间不得行使;在重整计划执行完毕后,可以按照重整计划规定的同类债权的清偿条件行使权利。债权人对债务人的保证人和其他连带债务人所享有的权利,不受重整计划的

---

① 参见我国《企业破产法》第84条第1款。
② 参见我国《企业破产法》第87条。

影响。

重整计划由债务人负责执行。已经接管债务人财产和营业事务的管理人,由法院批准该计划后即应向债务人移交财产和营业事务。

债务人负责计划的执行,管理人则负责执行计划的监督。监督期限以该计划的规定为准。经管理人申请,法院可以裁定延长该监督期限。在监督期限内,债务人应向管理人报告重整计划的执行情况和债务人的财产状况。一旦监督期限届满,即应向法院提交监督报告,利害关系人可以查阅该报告。[①] 一旦重整计划执行完毕,债务人对于按照重整计划减免的债务即不再承担清偿责任。[②]

四、重整程序的终止

依据重整程序终止的时间和阶段,可以将其分为三种类型,即在重整计划批准前终止、在重整计划批准过程中终止和在重整计划执行过程中终止。无论在哪个阶段,无论依据何种事由,终止重整程序,均应由法院作出裁定。

重整程序终止导致债务人转入破产清算的效果。若因不能执行或不执行重整计划而终止,还有以下四个方面的后果[③]:(1) 债务人因重整计划实施所受的清偿仍然有效,未受清偿的债权转为破产债权。(2) 债权人在重整计划中作出的让步失去效力。(3) 因重整计划实施而获得部分清偿的债权人,只有在其他债权人所受清偿达到相同比例时,才能继续接受破产分配。(4) 为重整计划的执行提供的担保,继续有效。

第三节 和 解

一、和解概述

和解,是指具有破产原因的债务人,为避免破产清算,与债权人团体达成以让步方法了结债务的协议,并经法院认可后生效的法律程序。我国《企业破产法》上规定的和解为三大破产程序之一,属于独立的破产程序,债务人既可以直接向法院申请和解,也可以在破产宣告之前,申请转入和解程序。[④]

和解具有五个特征:(1) 它适用于已具备破产原因的债务人,并且是以避免破产清算为目的的。不具备破产原因,无从适用破产程序,自无和解之必要。(2) 由债务人提出和解请求。是否和解由债务人自行决定,他人无权越俎代

---

① 参见我国《企业破产法》第 90—91 条。
② 参见我国《企业破产法》第 94 条。
③ 参见我国《企业破产法》第 93 条。
④ 参加我国《企业破产法》第 95 条。

庖。(3)和解协议采用妥协让步法了结债务。债权人虽需作出减少本金、减免利息、延期偿付等让步,但通过暂时的忍让,债务人可能东山再起,债权人所获清偿往往高于破产清算。(4)债务人需与债权人团体达成和解协议。(5)和解程序受法定机关监督。鉴于这是债务人无力清偿情形下实行公平清偿的法律程序,是否同意和解、债权人会议之召开及和解协议的认可,均受法院监督。

二、和解的程序

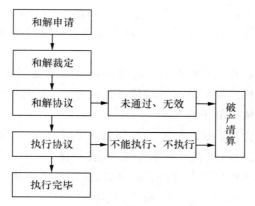

图9-2 和解的进程

（一）申请

依据我国《企业破产法》第95条,只有债务人才可以申请和解,并应提出和解协议草案。这就有别于重整,无论债权人还是债务人均可申请重整,而且债务人的出资人也可以申请重整。债务人可以直接向法院申请和解,亦可在已经开始的破产案件中,在破产宣告之前申请转入和解程序。

法院应对债务人的申请进行审查。如认为和解申请符合法定条件,法院应裁定和解,并予以公告。自该裁定之日起,对债务人特定财产享有担保权的人即可行使权利。

（二）和解协议

和解协议的草案由债务人制备。至于内容,听凭债务人自主确定。这就有别于重整计划草案,法律对其具有必要记载事项的要求。以合同法观之,对于债务人发出的要约,债权人团体需通过债权人会议作出决议,协议方可成立。债权人作出决议最理想的方式,应是一致同意,这并非不可能,但成本异常高昂,故各国均采用多数决形式,我国《企业破产法》亦然。对于形成该决议的定足数,该法第97条要求由出席债权人会议的有表决权的债权人过半数同意,且其所代表的债权额占无财产担保债权总额的2/3以上。

依据我国《企业破产法》第 98 条,和解协议需经法院认可方能生效。和解协议由债务人负责执行。和解协议一旦生效,管理人即应中止执行职务,并向债务人移交债务人的财产和营业事务,向法院提交执行职务的报告。债务人不执行或不能执行和解协议的,经和解债权人请求,法院应裁定终止和解协议的执行,宣告债务人破产。一旦和解协议执行完毕,债务人对依据和解协议减免的债务不再承担清偿责任。

和解协议对债务人和全体和解债权人均具有约束力。作为债务人与债权人团体之间的合同,和解协议具有合同的强制执行力。若债务人不按照和解协议所规定的条件清偿债务,和解债权人自然有权请求法院强制执行。

(三) 终止

和解协议的终止有三种类型:一是因和解协议未通过或无效而终止;二是因债务人不能或不按照和解协议清偿债务而终止;三是因债务人与全体债权人就债务处理达成一致而终止。

前两种情形均会导致破产清算。在债权人会议不通过和解协议、法院不认可和解协议时,法院依职权裁定债务人破产,进入破产清算程序。对于债务人利用欺诈或其他不法手段而使和解协议成立,以及不能或不执行和解协议的,法院则应依债权人的请求而宣告债务人破产,从而进入破产清算程序。对于因不能或不执行和解协议而导致终止的情形,和解债权人因债务人执行和解协议所受清偿继续有效,而未受清偿的部分则转为破产债权。但是,这些债权人只有在其他债权人所受破产分配达到其清偿比例时,才能继续接受破产分配。同时,和解债权人在和解协议中作出的债权调整的承诺失效。第三人为和解协议的执行所提供的担保,并不因和解程序终止而失效,而是继续有效。[①] 第三种情形属于当事人所期望的结果,破产程序因全体债权人与债务人达成自行处理债权债务的协议而终结。

第四节 破 产 清 算

一、破产宣告

(一) 概述

破产清算,是指当债务人不能清偿到期债务时,由法院根据债权人或债务人的申请,依法宣告债务人破产,并将其全部财产公平分配给全体债权人的法律制度。破产宣告则是破产清算的起点。

---

① 参见我国《企业破产法》第 103—104 条。

破产宣告,是指法院认定债务人已具备破产事由,并宣告其破产的司法行为。它是破产法上的一个重要事件,会产生一系列法律效果。它不仅是破产清算开始的标志,而且是破产案件无可逆转地进入破产清算程序的标志(图9-3),债务人破产倒闭已无可挽回。一旦宣告破产,债务人称为破产人,债务人财产称为破产财产,法院受理破产申请时对债务人享有的债权称为破产债权。

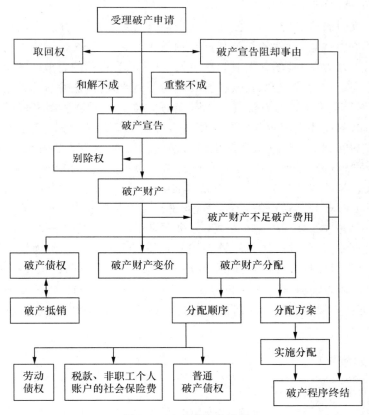

图 9-3　破产清算的进程

债务人具备破产事由则是破产宣告的依据。凡是债务人已具备破产事由,不愿意进入重整或和解程序,或重整、和解不成的,均应宣告破产。① 没有破产事由的,则不得为破产宣告。诚然,具有法定排除破产宣告之事由的,仍应免于破产宣告。这有两种情形:一是第三人为债务人提供足额担保或为债务人清偿全部到期债务的;二是债务人已全部清偿到期债务的。具备这两种情形之一的,法院应裁定终结破产程序。

---

①　参见我国《企业破产法》第79、88、93、99、103、104条。

（二）裁定

无论是直接申请破产清算，还是因重整或和解不成而转入破产清算，法院宣告破产均应采用书面形式。破产宣告应公开进行。法院作出裁定后5日内，应将裁定送达债务人和管理人，并在裁定后10日内通知已知债权人，且发布公告。至于因具有排除破产宣告法定事由而裁定终结破产案件的，亦应予以公告。[①]

（三）裁定的效力

一旦宣告破产，破产案件便转入破产清算程序。裁定对破产案件的效力体现在三个方面：(1)对债务人及其行为的效力。破产宣告对债务人的身份和行为产生以下效力：一是债务人成为破产人，以营利为目的的企业转变为仅为公平清偿债务而存在的破产人，其权利受破产程序的约束，除法院认为确有必要而批准之外，不得进行生产经营活动。二是债务人丧失对财产和事务的管理权。自破产受理时起债务人便将其财产和营业事务移交管理人，破产宣告时已不存在再次移交的问题。对于进入和解程序的债务人而言，管理人因和解协议生效，而将债务人的财产和营业事务移交债务人，故在破产宣告时应重新移交管理人。三是有关人员的留守义务。法定代表人必须留守，其他人员亦可因法院指定而留守。(2)对债务人财产的效力。一是债务人的财产成为破产财产。该财产由管理人占有、支配，并用于破产分配，完全服从破产清算之目的。二是该财产作为一个集合体，受到破产法的保护。(3)对债权人的效力。作为集体受偿的程序，破产宣告对债权人有以下效力：一是破产宣告前，所有债权均处于冻结状态，债权人因该宣告而获得行使权利的许可。二是对破产人特定财产享有担保权的权利人，可由担保物获得优先清偿。三是无财产担保的债权人可依破产分配方案获得清偿。

二、别除权

（一）概念与特征

别除权，是指债权人不依破产分配程序，而以管理人所占有财产中的特定财产单独优先受偿的权利。它以担保物权为基础，核心是优先受偿权，是物权优于债权的体现。与取回权相同，它也是为担保权人提供补救，旨在消除管理人占有的财产与破产财产不一致的现象，确保破产财产的准确性。易言之，取回权和别除权的标的物均不是破产财产。但是，与取回权有所不同，别除权的标的物归破产人所有。

别除权具有四个特征：(1)以担保物权为基础。(2)以实现债权为目的。担保旨在确保债权的实现，其行使以债权有效为前提。在破产程序中，别除权的

[①] 参见我国《企业破产法》第107—108条。

行使,也以债权申报和确认为前提。同时,其行使也仅以实现债权全部清偿为限。(3)以破产人的特定财产为标的物。(4)不依集体清偿程序而行权。别除权人享有就标的物优先受偿的权利。一是别除权人可以个别地接受清偿,二是就标的物而言,可以排他地接受个别清偿。若标的物足以清偿别除权人的所有担保债权,该债权人便获得全额清偿,这显然有别于集体受偿程序中的部分清偿。

（二）权利行使

债权人虽不参加集体受偿程序,其行权不受破产分配程序的约束。但是,行使别除权需符合三项条件:一是债权和担保权合法成立和生效;二是债权和担保权符合破产法规定;三是债权已依法申报并获得确认。

至于行权方式,则因别除权人是否占有标的物而异:(1)别除权人占有标的物。质权人、留置权人因实际占有别除权的标的物,即可不经管理人同意,而直接依担保法的规定,以标的物折价抵偿债务,或将标的物拍卖、变卖后,以其价款清偿债务。(2)别除权人未占有标的物。抵押权人需向管理人主张权利,经管理人同意,取得对抵押物的占有,然后依法以抵押物折价抵偿债务,或以拍卖、变卖后的价款清偿其债务。

标的物可能为破产财产的有机组成部分,对破产财产的整体变价或功能的发挥具有重要意义,而标的物的回赎可以满足该要求。我国《企业破产法》第37条确认了该制度,据此,管理人可通过清偿债务或提供为债权人接受的担保,收回标的物。若标的物的价值低于被担保的债权数额,清偿或替代担保数额以标的物当时的市场价值为限。

（三）争议处理

别除权人占有标的物的,管理人对别除权人的权利有异议,或认为标的物价款超过了债权数额,应归还超过部分的,可直接请求其归还;如协商不成,可请法院裁决。别除权人不占有标的物的,别除权人向管理人主张权利遭到拒绝,或别除权人取得占有后不向管理人归还超过债权数额的价款,应协商解决;不愿意协商或协商不成的,可请求法院裁决。

（四）法律后果

既然别除权仅以实现债权为目的,只要别除权标的物折价,或拍卖、变卖所得价款超过债权数额的,该余额应归破产财产。若其价款不足清偿全部债务的,该差额只能作为破产债权,参与破产分配。若标的物所担保的债权为债权人对破产人以外的第三人享有的债权,管理人因别除权人行使别除权而取得追偿权,在对别除权人所清偿的额度内向该第三人追偿,追偿所得归入破产财产。

三、破产变价和分配

（一）破产财产变价

破产变价,是指管理人将非金钱的破产财产,通过合法方式加以出让,转化为金钱形态,以便破产分配的过程。破产分配以破产变价为前提,破产变价也是贯彻金钱分配原则的必要环节。

1. 变价方案

破产财产变现值直接决定了破产债权清偿率的高低,与各个破产债权利益攸关,故破产变价方案需由管理人制备,并经债权人会议通过。但是,为了确保破产程序的顺利进行,债权人会议不通过该方案的,法院可作出裁定,以避免久议不决。[①] 诚然,破产变价受到市场变化等因素的影响,债权人会议所通过的破产变价方案一般为原则性方案。在实施过程中,管理人对破产财产的处分仍有一定的灵活处置权。这种灵活处置权自应受到债权人委员会和法院的监督。

2. 变价方式

破产变价方式主要有以下三种:(1) 拍卖。以拍卖的方式对破产财产进行变价,不但可以实现破产财产价值的最大化,还可以保证变价过程公开、公平。因此,破产财产的变价原则上应通过拍卖的方式进行。但若债权人会议作出不以拍卖方式变价的决议,则不采取拍卖的方式。(2) 对破产企业进行全部或者部分变价出售。对于成套设备,原则上应整体变卖,以免部分变卖贬损其整体价值。变卖企业时,其无形资产和其他财产可以单独变卖。(3) 依照国家规定不能拍卖或者限制转让的财产,应当依照国家规定的方式处理。

（二）破产分配

破产分配,亦称破产财产分配,是指管理人将变价后的破产财产,依照法定顺序和程序以及债权人会议通过的分配方案,对全体破产债权人进行平等清偿的程序。破产清算以破产分配为目标,一旦完成破产分配,破产程序即告终止。

1. 分配顺序

依据我国《企业破产法》第113条,破产分配按以下三个顺序进行:(1) 破产人所欠职工的工资和医疗、伤残补助、抚恤费用,所欠的应当划入职工个人账户的基本养老保险、基本医疗保险费用,以及法律、行政法规规定应当支付给职工的补偿金。(2) 破产人欠缴的非职工个人账户的社会保险费用和破产人所欠税款。(3) 普通破产债权。至于劳动债权是否享受绝对优先待遇,我国《企业破产法》第132条采用了"新老划断"的办法,只有在该法公布日(2006年8月27日)之前破产人所欠的劳动债权仍可享有优先于担保权的待遇,此后的劳动

[①] 参见我国《企业破产法》第65条第1款。

债权只享有一般优先权,不再优先于担保权。

在先顺序清偿完毕后,有剩余财产时,才清偿下一顺序。对于每一顺序的请求权,破产财产能够足额清偿的,予以足额清偿;不能足额清偿的,按比例清偿。

2. 分配形式

破产分配采用金钱分配的形式。作为例外,债权人会议决议有特别规定,准予非金钱分配的,从其规定。若采用债权分配,应以便于债权人实现债权为原则。将法院已经确认的债权分配给债权人的,由管理人向债权人出具债权分配书,债权人可以凭债权分配书向破产人的债务人要求履行。债务人拒不履行的,债权人可请求法院强制执行。

3. 分配方案的制备及其通过和生效

破产分配方案由管理人负责制备。作为与破产债权人利益攸关的破产分配方案,自应由债权人会议通过。债权人会议第一次表决不能通过的,可以再行表决一次,仍不能通过的,由法院作出裁定。法院可以在债权人会议上宣布该裁定,亦可另行通知债权人。[①] 该方案需经法院裁定认可后才生效,生效日为法院发布裁定之日。

4. 分配方案的实施

破产分配事宜属于管理人的职责,破产分配方案自应由管理人负责执行。当然,其行为受债权人委员会和法院的监督。

分配次数由破产分配方案确定,可以进行一次或多次分配。管理人实施多次分配的,应当公告本次分配的财产额和债权额。在最后分配时,还应在公告中载明对于附条件的债权管理人所提存的分配额,在最后分配公告日停止条件未成就,或解除条件成就的,即应将其分配给其他债权人;反之,则应将该分配额交付该债权人。[②] 破产债权人应按照管理人的通知,及时向管理人受领分配财产。对于金钱分配而言,管理人将款项划入债权人所提供银行账号即可。债权人领取分配财产的费用,自行负担。债权人未受领的分配额,由管理人负责提存。提存期限为最后分配公告日后 2 个月,该期限届满,仍不受领的,视为破产债权人放弃受领的权利。此时,管理人应将其分配给其他债权人。[③]

一旦破产分配完毕,管理人即应向法院提交破产财产分配报告,请求法院裁定破产程序终结。管理人还应及时向法院提交破产财产分配报告。

四、破产程序的终结

破产程序的终结,亦称破产案件的终结,是指破产清算程序不可逆转地归于

---

① 参见我国《企业破产法》第 65 条第 2—3 款。
② 参见我国《企业破产法》第 116—117 条。
③ 参见我国《企业破产法》第 118 条。

结束。依据终结的事由,可以将其区分为三种类型,即破产宣告前的终结、破产分配前的终结以及破产分配完毕后的终结(图9-3)。无论何种类型,破产程序的终结均需法院裁定。对于破产宣告前的终结和破产分配前的终结,法院可依管理人的申请或依职权而裁定。对于破产分配完毕后的终结,应由管理人向法院提交破产财产分配报告,请求法院裁定破产程序终结。法院应在收到该请求后15日内作出是否终结破产程序的裁定。法院认为,符合破产程序规定的,即应裁定终结破产程序,并予以公告。

破产宣告前的终结,使债务人避免了破产清算,其民事主体资格不受影响,仍继续从事生产经营活动。破产分配前的终结和破产分配完毕后的终结,破产人均因破产程序的终结,丧失民事主体资格,尚未得到清偿的破产债权因此而归于消灭。

五、追加分配

追加分配,是指破产程序终结后,对于新发现的属于破产人而可用于破产分配的财产,由法院按破产程序对尚未获得满足的破产请求权进行清偿的补充性程序。追加分配有四个特征:(1)追加分配的财产是破产程序终结后新发现的财产。(2)追加分配受法定除斥期间的限制。我国规定为2年。(3)追加分配由法院负责实施,而非管理人。(4)追加分配应按照破产财产分配方案进行。

追加分配的财产范围为:(1)新发现的可依照破产程序前无效行为而应追回的财产;(2)新发现的破产人应当供分配的其他财产,如破产程序中因纠正错误支出而收回的款项,因权利被承认而追回的财产,债权人放弃的财产和破产程序终结后实现的财产权利等。若该财产数量过少,且不足以支付分配费用的,则不再进行追加分配,由法院上交国库。

追加分配由法院执行,分配顺序仍为破产分配顺序,分配方案仍为破产财产分配方案。凡是在破产分配中已经得到足额清偿的请求权,不得参加追加分配。在尚未获得足额清偿的请求权中,在先顺序的请求权优先清偿,同一顺序的请求权不能足额清偿的,则按照比例清偿。

司法考试相关知识链接

例题1 2011年卷三   单项选择题

31. 2010年8月1日,某公司申请破产。8月10日,法院受理并指定了管理人。该公司出现的下列哪一行为属于《破产法》中的欺诈破产行为,管理人有权请求法院予以撤销?

A. 2009年7月5日,将市场价格100万元的仓库以30万元出售给母公司

B. 2009年10月15日,将公司一辆价值30万元的汽车赠与甲

C. 2010年5月5日,向乙银行偿还欠款50万元及利息4万元

D. 2010年6月10日,以协议方式与债务人丙相互抵销20万元债务

答案 B

详解 撤销权

《企业破产法》第31条规定,人民法院受理破产申请前一年内,涉及债务人财产的下列行为,管理人有权请求人民法院予以撤销:(一)无偿转让财产的;(二)以明显不合理的价格进行交易的;(三)对没有财产担保的债务提供财产担保的;(四)对未到期的债务提前清偿的;(五)放弃债权的。

选项A错误。该公司将市场价格100万元的仓库以30万元出售给母公司的行为不在人民法院受理该公司破产申请前一年内,因此,管理人无权请求人民法院予以撤销。

选项B正确,属于无偿转让财产的情形。该公司将公司一辆价值30万元的汽车赠与甲的行为发生在人民法院受理该公司破产申请前一年内,管理人有权请求人民法院予以撤销。

选项C错误。《企业破产法》第32条规定,人民法院受理破产申请前六个月内,债务人有本法第2条第1款规定的情形,仍对个别债权人进行清偿的,管理人有权请求人民法院予以撤销。但是,个别清偿使债务人财产受益的除外。第2条第1款规定,企业法人不能清偿到期债务,并且资产不足以清偿全部债务或者明显缺乏清偿能力的,依照本法规定清理债务。选项C中,该公司在2010年5月5日,向乙银行偿还欠款50万元及利息4万元,属于在人民法院受理破产申请前六个月内,对个别债权人进行清偿的行为,但是从题目中无法判断当时债务人是否存在《企业破产法》第2条第1款规定的情形,因此不选。

选项D错误。《企业破产法》第40条规定,债权人在破产申请受理前对债务人负有债务的,可以向管理人主张抵销,因此选项D不选。

例题2 2012年卷三 单项选择题

28. 2012年5月,东湖有限公司股东申请法院对公司进行司法清算,法院为其指定相关人员组成清算组。关于该清算组成员,下列哪一选项是错误的?

A. 公司债权人唐某

B. 公司董事长程某

C. 公司财务总监钱某

D. 公司聘请的某律师事务所

答案 A

详解 有限责任公司清算组的成员

选项A错误,选项B、C、D正确。最高人民法院《关于适用〈公司法〉若干问

题的规定(二)》第8条规定,人民法院受理公司清算案件,应当及时指定有关人员组成清算组。清算组成员可以从下列人员或者机构中产生:(一)公司股东、董事、监事、高级管理人员;(二)依法设立的律师事务所、会计师事务所、破产清算事务所等社会中介机构;(三)依法设立的律师事务所、会计师事务所、破产清算事务所等社会中介机构中具备相关专业知识并取得执业资格的人员。

例题3 2012年卷三　　单项选择题

30. 某公司经营不善,现进行破产清算。关于本案的诉讼费用,下列哪一说法是错误的?

A. 在破产申请人未预先交纳诉讼费用时,法院应裁定不予受理破产申请

B. 该诉讼费用可由债务人财产随时清偿

C. 债务人财产不足时,诉讼费用应先于共益费用受清偿

D. 债务人财产不足以清偿诉讼费用等破产费用的,破产管理人应提请法院终结破产程序

答案　A

详解　破产费用

选项A错误。最高人民法院《关于适用〈企业破产法〉若干问题的规定(一)》第8条规定,破产案件的诉讼费用,应根据《企业破产法》第43条的规定,从债务人财产中拨付。相关当事人以申请人未预先交纳诉讼费用为由,对破产申请提出异议的,人民法院不予支持。因此,申请破产的诉讼费不由申请人预交。

选项B正确。《企业破产法》第43条第1款规定,破产费用和共益债务由债务人财产随时清偿。另外,该法第41条第(一)项规定,破产案件的诉讼费用为破产费用。因此,破产案件的诉讼费用可由债务人财产随时清偿。

选项C正确。《企业破产法》第43条第2款规定,债务人财产不足以清偿所有破产费用和共益债务的,先行清偿破产费用。该法第41条第(一)项规定,破产案件的诉讼费用为破产费用。因此,债务人财产不足时,诉讼费用应先于共益费用受清偿。

选项D正确。《企业破产法》第43条第4款规定,债务人财产不足以清偿破产费用的,管理人应当提请人民法院终结破产程序。人民法院应当自收到请求之日起15日内裁定终结破产程序,并予以公告。

例题4 2012年卷三　　单项选择题

31. 在某公司破产案件中,债权人会议经出席会议的有表决权的债权人过半数通过,并且其所代表的债权额占无财产担保债权总额的60%,就若干事项形成决议。该决议所涉下列哪一事项不符合《破产法》的规定?

A. 选举8名债权人代表与1名职工代表组成债权人委员会

B. 通过债务人财产的管理方案
C. 申请法院更换管理人
D. 通过和解协议

答案 D

详解 债权人会议的决议

选项A正确,《企业破产法》第67条规定,债权人会议可以决定设立债权人委员会。债权人委员会由债权人会议选任的债权人代表和一名债务人的职工代表或者工会代表组成。债权人委员会成员不得超过九人。

选项B、C正确。《企业破产法》第61条规定,债权人会议行使下列职权:(一)核查债权;(二)申请人民法院更换管理人,审查管理人的费用和报酬;(三)监督管理人;(四)选任和更换债权人委员会成员;(五)决定继续或者停止债务人的营业;(六)通过重整计划;(七)通过和解协议;(八)通过债务人财产的管理方案;(九)通过破产财产的变价方案;(十)通过破产财产的分配方案;(十一)人民法院认为应当由债权人会议行使的其他职权。债权人会议应当对所议事项的决议作成会议记录。

选项D错误。《企业破产法》第97条规定,债权人会议通过和解协议的决议,由出席会议的有表决权的债权人过半数同意,并且其所代表的债权额占无财产担保债权总额的三分之二以上。本题中债权人所代表的债权额仅占无财产担保债权总额的60%,因此不能通过和解协议。

例题5 2011年卷三   多项选择题

73. 2011年9月1日,某法院受理了湘江服装公司的破产申请并指定了管理人,管理人开始受理债权申报。下列哪些请求权属于可以申报的债权?

A. 甲公司的设备余款给付请求权,但根据约定该余款的支付时间为2011年10月30日
B. 乙公司请求湘江公司加工一批服装的合同履行请求权
C. 丙银行的借款偿还请求权,但该借款已经设定财产抵押担保
D. 当地税务机关对湘江公司作出的8万元行政处罚决定

答案 AC

详解 破产债权

选项A正确。《企业破产法》第46条第1款规定,未到期的债权,在破产申请受理时视为到期。甲公司的设备余款给付请求权,属于破产债权,该债权虽然未到期,但在破产申请受理时视为到期,甲公司可以向管理人申报债权。

选项B错误。可以申报的债权须以财产给付为内容,给付标的为劳务或者不作为的请求权不能申报。本题中加工服装的合同履行权为劳务给付,因此不能申报。但因其不履行或不适当履行而产生的赔偿请求权可以申报。

选项C正确。《破产法》第49条规定,债权人申报债权时,应当书面说明债权的数额和有无财产担保,并提交有关证据。申报的债权是连带债权的,应当说明。因此,已设定抵押的债权可以向管理人进行申报,但需要提交书面说明。

选项D错误。对债务人的罚款等财产性行政处罚,不得申报。因为申报的债权须为平等民事主体之间的债权请求权。

例题6 2012年卷三　　多项选择题

70. 甲公司依据买卖合同,在买受人乙公司尚未付清全部货款的情况下,将货物发运给乙公司。乙公司尚未收到该批货物时,向法院提出破产申请,且法院已裁定受理。对此,下列哪些选项是正确的?

A．乙公司已经取得该批货物的所有权
B．甲公司可以取回在运货物
C．乙公司破产管理人在支付全部价款情况下,可以请求甲公司交付货物
D．货物运到后,甲公司对乙公司的价款债权构成破产债权

答案　BCD

详解　取回权

《企业破产法》第39条规定,人民法院受理破产申请时,出卖人已将买卖标的物向作为买受人的债务人发运,债务人尚未收到且未付清全部价款的,出卖人可以取回在运途中的标的物。但是,管理人可以支付全部价款,请求出卖人交付标的物。

选项A错误。在债务人乙公司尚未收到且未付清全部价款时,出卖人甲公司可以取回在运途中的货物,该货物所有权仍归属于甲公司。

选项B、C正确。

选项D正确。货物运到后,乙公司取得对货物的所有权,甲公司对其享有要求支付货款的债权,乙公司申请破产后,该债权构成破产债权。

例题7 2012年卷三　　多项选择题

71. 中南公司不能清偿到期债务,债权人天一公司向法院提出对其进行破产清算的申请,但中南公司以其账面资产大于负债为由表示异议。天一公司遂提出各种事由,以证明中南公司属于明显缺乏清偿能力的情形。下列哪些选项符合法律规定的关于债务人明显缺乏清偿能力、无法清偿债务的情形?

A．因房地产市场萎缩,构成中南公司核心资产的房地产无法变现
B．中南公司陷入管理混乱,法定代表人已潜至海外
C．天一公司已申请法院强制执行中南公司财产,仍无法获得清偿
D．中南公司已出售房屋质量纠纷多,市场信誉差

答案　ABC

详解　破产原因

最高人民法院《关于适用〈企业破产法〉若干问题的规定（一）》第4条规定，债务人账面资产虽大于负债，但存在下列情形之一的，人民法院应当认定其明显缺乏清偿能力：（1）因资金严重不足或者财产不能变现等原因，无法清偿债务；（2）法定代表人下落不明且无其他人员负责管理财产，无法清偿债务；（3）经人民法院强制执行，无法清偿债务；（4）长期亏损且经营扭亏困难，无法清偿债务；（5）导致债务人丧失清偿能力的其他情形。

选项A正确。属于第（1）项规定。

选项B正确。属于第（2）项规定。

选项C正确。属于第（3）项规定。

选项D错误。不属于上述任何一种情形。

例题8　2013年卷三　　多项选择题

73. 2013年3月，债权人甲公司对债务人乙公司提出破产申请。下列哪些选项是正确的？

A. 甲公司应提交乙公司不能清偿到期债务的证据

B. 甲公司应提交乙公司资产不足以清偿全部债务的证据

C. 乙公司就甲公司的破产申请，在收到法院通知之日起七日内可向法院提出异议

D. 如乙公司对甲公司所负债务存在连带保证人，则其可以该保证人具有清偿能力为由，主张其不具备破产原因

答案　AC

详解　破产申请

选项A正确，选项B错误。最高人民法院《关于适用〈企业破产法〉若干问题的规定（一）》第6条第1款规定，债权人申请债务人破产的，应当提交债务人不能清偿到期债务的有关证据。债务人对债权人的申请未在法定期限内向人民法院提出异议，或者异议不成立的，人民法院应当依法裁定受理破产申请。

选项C正确。《企业破产法》第10条第1款规定，债权人提出破产申请的，人民法院应当自收到申请之日起5日内通知债务人。债务人对申请有异议的，应当自收到人民法院的通知之日起7日内向人民法院提出。人民法院应当自异议期满之日起10日内裁定是否受理。

选项D错误。最高人民法院《关于适用〈企业破产法〉若干问题的规定（一）》第1条规定，相关当事人以对债务人的债务负有连带责任的人未丧失清偿能力为由，主张债务人不具备破产原因的，人民法院不予支持。

例题9　2013年卷三　　多项选择题

74. 尚友有限公司因经营管理不善，决定依照《破产法》进行重整。关于重整计划草案，下列哪些选项是正确的？

A. 在尚友公司自行管理财产与营业事务时,由其自己制作重整计划草案

B. 债权人参加讨论重整计划草案的债权人会议时,应按法定的债权分类,分组对该草案进行表决

C. 出席会议的同一表决组的债权人过半数同意重整计划草案,即为该组通过重整计划草案

D. 三分之二以上表决组通过重整计划草案,重整计划即为通过

答案 AB

详解 重整计划

选项 A 正确。《企业破产法》第 80 条第 1 款规定,债务人自行管理财产和营业事务的,由债务人制作重整计划草案。

选项 B 正确。《企业破产法》第 82 条规定,下列各类债权的债权人参加讨论重整计划草案的债权人会议,依照下列债权分类,分组对重整计划草案进行表决:(一) 对债务人的特定财产享有担保权的债权;(二) 债务人所欠职工的工资和医疗、伤残补助、抚恤费用,所欠的应当划入职工个人账户的基本养老保险、基本医疗保险费用,以及法律、行政法规规定应当支付给职工的补偿金;(三) 债务人所欠税款;(四) 普通债权。人民法院在必要时可以决定在普通债权组中设小额债权组对重整计划草案进行表决。

选项 C 错误。《企业破产法》第 84 条第 2 款规定,出席会议的同一表决组的债权人过半数同意重整计划草案,并且其所代表的债权额占该组债权总额的三分之二以上的,即为该组通过重整计划草案。

选项 D 错误。《企业破产法》第 86 条第 1 款规定,各表决组均通过重整计划草案时,重整计划即为通过。

实战演练

一、选择题

1. 南翔物流有限责任公司因严重亏损,已无法清偿到期债务。2006 年 6 月,各债权人上门讨债无果,欲申请南翔公司破产还债。下列各债权人中谁有权申请南翔公司破产?(   )

A. 甲公司:南翔公司租用其仓库期间,因疏于管理于 2005 年 12 月失火烧毁仓库

B. 乙公司:南翔公司拖欠其燃料款 40 万元应于 2004 年 1 月偿还,但该公司一直未追索

C. 丙公司:法院于 2005 年 10 月终审判决南翔公司 10 日内赔偿该公司货物损失 20 万元,该公司一直未申请执行

D. 丁公司:南翔公司就拖欠该公司货款 30 万元达成协议,约定于 2006 年 10 月付款

　　2. 某房地产开发公司被法院宣告破产。就该破产企业清偿顺序问题,下列哪些说法是正确的?（　　）

　　A. 该破产企业所拖欠的民工工资按第一顺序清偿
　　B. 该破产企业拖欠施工单位的工程欠款可以在破产清算程序开始前受偿
　　C. 因延期交房给购房人造成的损失按照破产债权清偿
　　D. 该公司员工向公司的投资款按照破产债权清偿

　　3. 根据我国《企业破产法》有关破产管理人的规定,下列哪些选项是错误的?（　　）

　　A. 自然人不得担任破产管理人
　　B. 破产管理人可以由法院指定或者债务人聘请,也可以由债权人会议聘请
　　C. 破产管理人应当在法院的指导下开展工作
　　D. 破产管理人的报酬由管理人与债权人会议协商确定

　　4. 某建筑公司因严重资不抵债向法院申请破产救济。关于该案的破产财产范围和清偿顺序等,下列哪些选项是错误的?（　　）

　　A. 该公司所欠民工工资应当列入破产费用先行清偿
　　B. 该公司租用甲公司的一套建筑设备不能列入破产财产
　　C. 该公司的一批脚手架已抵押给某银行,该批脚手架不能列入破产财产
　　D. 该公司员工对该公司的投资款只能作为普通债权受偿

　　5. 根据我国《企业破产法》,重整计划草案的表决通过条件是（　　）。

　　A. 出席会议的同一表决组的债权人过半数同意重整计划草案,并且其所代表的债权额占该组债权总额的 1/2 以上的,即为该组通过重整计划草案。各表决组均通过重整计划草案时,重整计划即为通过。

　　B. 出席会议的同一表决组的债权人过半数同意重整计划草案,并且其所代表的债权额占该组债权总额的 2/3 以上的,即为该组通过重整计划草案。各表决组均通过重整计划草案时,重整计划即为通过。

　　C. 出席会议的同一表决组的债权人过半数同意重整计划草案,并且其所代表的债权额占该组债权总额的 2/3 以上的,即为该组通过重整计划草案。有过半数的表决组通过重整计划草案时,重整计划即为通过。

　　D. 出席会议的同一表决组的债权人过半数同意重整计划草案,并且其所代表的债权额占该组债权总额的 2/3 以上的,即为该组通过重整计划草案。2/3 以上表决组通过重整计划草案时,重整计划即为通过。

二、案例分析

　　A 公司属下有 7 个分公司,由于经营问题,长期资不抵债,无力清偿到期债

务，2007年5名债权人联合向法院提出破产申请，进入破产程序后，A公司未提出重整或和解方案，不久法院对A公司进行破产宣告。破产清算中，对A公司及其7个分支机构进行清算与评估，确定该公司流动资产25万元，土地房产作价为250万元，管理人追回债权50万元，半成品、工业原材料估价350万元。在申报债权有效期间，共计85户债权人进行申报，总计债权额2400万元，其中某银行400万元债权以上述土地与房产作为抵押。A公司尚欠员工工资及有关劳动保险费用50万元。本次破产费用共计25万元。

请问：请计算一般债权的清偿比例为多少？

第十章　商事仲裁与诉讼

第一节　商事仲裁

一、商事仲裁概述

(一) 概念和特征

就语义而言,汉语中"仲裁"的"仲"就是地位居中,"裁"是指对是非进行评断并作出结论,"仲裁"就是由地位居中的人对争议事项公正地作出评断和结论,也就是说,居中公断。英语中"arbitration"(仲裁)同样是指双方当事人协议将其争议交给第三方即仲裁员进行裁决的意思。所谓商事仲裁,就是商事领域的仲裁制度,即商事关系的当事人通过合意,自愿将其有关争议提交给第三方,由其依据法律或依公平原则作出裁决,并承诺自觉履行该裁决所确定的义务的制度安排。

与诉讼相比,仲裁具有如下特点:(1)仲裁管辖权的依据具有自主性。仲裁必须依据仲裁协议进行,而仲裁协议由争议双方自主签订,也即仲裁管辖权的基础是争议双方当事人的自主选择与认同。(2)仲裁机构具有民间性。仲裁机构不是行政机构,也非司法机关,是完全民间性的社团组织,仲裁机构之间没有级别和管辖关系,各仲裁机构完全依据仲裁法的规定组建,根据当事人的仲裁协议开展仲裁活动。(3)仲裁裁决具有终局性和强制性。仲裁裁决一经作出,对于双方当事人均有约束力,任何一方不执行仲裁裁决,另一方当事人可以申请法院强制执行。(4)仲裁制度本身具有效率性。相对于诉讼活动,仲裁对争议的解决过程往往更为迅速,而且费用相对低廉。由于主导仲裁过程的仲裁员往往是法律或者贸易领域的专家,对争议中的事实判断和法律选择也更为专业。更为重要的是,由于仲裁实行一裁终局原则,避免了司法过程中繁琐的二审甚至多审等程序,争议能够在最短的时间内解决,符合商事活动对于效率的追求,成为广受欢迎的一种争议解决途径。

(二) 基本原则

商事仲裁的基本原则,是指在商事仲裁活动中对各方均具有指导作用的基本行为准则。根据我国《仲裁法》的规定,商事仲裁活动应当遵循协议管辖、独立仲裁和一裁终局三项原则。

1. 协议管辖原则

仲裁必须有仲裁协议,没有仲裁协议仲裁机构不受理仲裁申请。仲裁协议是仲裁机构实施管辖的唯一依据。同时,仲裁协议也具有排除司法管辖的效力。一旦双方签订有仲裁协议,任何一方向法院提起诉讼,除仲裁协议无效外,法院均不得受理。

2. 独立仲裁原则

仲裁机构不依附于任何政府权力机构,在业务上不受任何机关、团体或者个人的控制或干预,完全按照法律规定独立开展仲裁活动,作出仲裁裁决。

3. 一裁终局原则

商事法律关系的当事人可以自主选择仲裁机构。一旦选择特定的仲裁机构,就意味着完全接受该仲裁机构的管辖和裁决,该仲裁机构作出的裁决,对双方均具有约束力。仲裁机构相互不存在隶属关系,也不依赖于任何权力机构,任何仲裁机构对任何商事争议的初次裁决均为终局裁决,不存在不服该裁决再向其他仲裁机构甚或其他行政或司法机构上诉或申诉的问题。

二、国内商事仲裁

(一)商事仲裁机构

商事仲裁机构,是指负责受理仲裁申请,审理和裁决商事纠纷的民间性质的机构。仲裁机构是进行仲裁活动的组织保证。我国仲裁机构是指依据《仲裁法》在各地设立的仲裁委员会。仲裁委员会可以在省、自治区和直辖市人民政府所在地的市设立,也可以根据需要在其他设区的市设立,但不按行政区划层层设立。

设立仲裁委员会应当具备下列条件:(1)有自己的名称、住所和章程;仲裁委员会有统一的命名规则,即在仲裁委员会前加所在地的名称,如广州仲裁委员会、北京仲裁委员会、武汉仲裁委员会等。(2)有必要的财产。(3)有该委员会的组成人员。仲裁委员会由主任1人、副主任2至4人和委员7至11人组成。仲裁委员会的主任、副主任和委员由法律、经济贸易专家和有实际工作经验的人员担任。仲裁委员会的组成人员中,法律、经济贸易专家不得少于2/3。(4)有聘任的仲裁员。仲裁委员会应当从公道正派且符合下列条件之一的人员中聘任:① 从事仲裁工作满8年的;② 从事律师工作满8年的;③ 曾任审判员满8年的;④ 从事法律研究、教学工作并具有高级职称的;⑤ 具有法律知识、从事经济贸易等专业工作并具有高级职称或者具有同等专业水平的。仲裁委员会应按照不同专业设仲裁员名册。设立仲裁委员会,应当经省、自治区、直辖市的司法行政部门登记,取得法人资格。

各地的仲裁委员会根据《仲裁法》规定组建自律性组织——中国仲裁协会。

该协会是社会团体法人。各地仲裁委员会是中国仲裁协会的会员。中国仲裁协会的章程由全国会员大会制定。中国仲裁协会根据章程对仲裁委员会及其组成人员、仲裁员的违纪行为进行监督,并依照仲裁法和民事诉讼法的有关规定制定各地仲裁委员会应当遵循的仲裁规则。

(二)仲裁协议

仲裁协议,是商事法律关系双方当事人表示愿意将他们之间可能发生或者已经发生的争议,提交仲裁机构解决的一种书面协议。仲裁协议是当事人申请仲裁和仲裁机构受理仲裁的必要法律依据。

1. 形式

仲裁协议需为书面形式。实践中,这种书面形式的具体表现通常有三种形态:一是仲裁条款。双方当事人在合同中设立专门条款,明确规定将有关该合同的争议提交仲裁机构进行仲裁。二是专门的仲裁协议书。双方当事人为把特定纠纷交由仲裁机构仲裁,而专门就此签订单独协议。这种协议独立于争议涉及的主合同之外,一般是在纠纷发生后,双方当事人为寻求仲裁途径解决而专门签订的。三是其他表示双方当事人愿意提交仲裁解决的书面文件,如双方当事人的相应函电等。

2. 内容

仲裁协议应当包括以下三项内容:(1)请求仲裁的意思表示。意思表示即内在意思的外在表达,仲裁协议必须将当事人之间愿意将其可能发生或者已经发生的争议交由特定仲裁机构进行仲裁解决的意愿明确地以文字形式表达出来,不能含糊不清或者模棱两可。(2)仲裁事项,即双方当事人在仲裁协议中约定通过仲裁解决的争议的具体范围。仲裁事项可以是双方当事人之间的一切争议,也可以是在特定范围内或者因部分事项而发生的争议;仲裁协议约定的仲裁事项对于仲裁委员会受理和裁决双方争议具有约束力,超过该约定范围的争议事项,仲裁委员会不得受理或者裁决。(3)选定的仲裁委员会。仲裁协议必须确定双方当事人选择受理仲裁申请的仲裁委员会,该委员会必须特定,而且只能是一个,应当清楚写明该仲裁委员会的名称,只有仲裁协议指定的仲裁委员会,才有资格受理、裁决该仲裁协议约定范围内发生的争议。

3. 效力

合法有效的仲裁协议一经签订,即发生相应的法律效力。其效力独立于主合同而存在,主合同的变更、解除、终止或者无效等不影响其效力。依法组成的仲裁庭有权确认合同的效力。当事人对仲裁协议的效力有异议的,可以请求仲裁委员会或者请求法院作出裁定。一方请求仲裁委员会作出决定,另一方请求法院作出裁定的,由法院裁定。当事人对仲裁协议的效力有异议的,应当在仲裁庭首次开庭前提出。

有下列情形之一的,仲裁协议无效:(1)约定的仲裁事项超出法律规定的仲裁范围的;(2)无民事行为能力人或者限制民事行为能力人订立的仲裁协议;(3)一方采取胁迫手段,迫使对方订立仲裁协议的。另外,仲裁协议对仲裁事项或者仲裁委员会没有约定或者约定不明确的,当事人可以补充协议。达不成补充协议的,仲裁协议无效。

4. 放弃

当事人达成的仲裁协议在没有进入仲裁程序前,双方可以通过书面的形式放弃该仲裁协议,该放弃协议将直接导致原仲裁协议失效。承认仲裁协议放弃的效力是仲裁管辖来源于当事人自主意愿的重要体现。一方当事人直接向法院起诉一项有仲裁协议的争议而没有声明有仲裁协议,另一方当事人在首次开庭前也没有对法院受理该案提出异议,同样视为放弃仲裁协议,法院因而取得对相应争议的管辖权,可以继续审理相应争议,当事人不得在法院的审理过程中再就法院的管辖权提出异议。

(三)仲裁程序

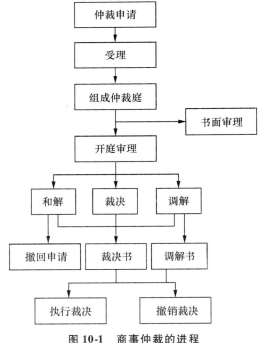

图 10-1　商事仲裁的进程

1. 申请和受理

签订有仲裁协议的商事法律关系的双方当事人发生纠纷后,任何一方均可依据仲裁协议向该协议指定的仲裁机构申请仲裁。申请仲裁应当提交仲裁协议,且有具体的仲裁请求和事实、理由,并应属于接受申请的仲裁委员会的受理范围。仲裁申请书应当载明下列事项:(1)当事人的姓名、性别、年龄、职业、工作单位和住所,法人或者其他组织的名称、住所和法定代表人或者主要负责人的姓名、职务;(2)仲裁请求和所根据的事实、理由;(3)证据和证据来源、证人姓名和住所。

仲裁委员会收到仲裁申请书之日起5日内,认为符合受理条件的,应当受理,并通知当事人;认为不符合受理条件的,应当书面通知当事人不予受理,并说明理由。仲裁委员会受理仲裁申请后,应当在仲裁规则规定的期限内将仲裁规则和仲裁员名册送达申请人,并将仲裁申请书副本和仲裁规则、仲裁员名册送达被申请人。被申请人收到仲裁申请书副本后,应当在仲裁规则规定的期限内向仲裁委员会提交答辩书。仲裁委员会收到答辩书后,应当在仲裁规则规定的期限内将答辩书副本送达申请人。被申请人未提交答辩书的,不影响仲裁程序的进行。申请人可以放弃或者变更仲裁请求。被申请人可以承认或者反驳仲裁请求,并有权提出反请求。

因一方当事人的行为或者其他原因,可能使裁决不能执行或者难以执行的,另一方当事人可以申请财产保全。当事人申请财产保全的,仲裁委员会应当将当事人的申请依照民事诉讼法的有关规定提交法院。财产保全申请有错误的,申请人应当赔偿被申请人因财产保全所遭受的损失。当事人、法定代理人可以委托律师和其他代理人进行仲裁活动。委托律师和其他代理人进行仲裁活动的,应当向仲裁委员会提交授权委托书。

2. 组成仲裁庭

仲裁庭是仲裁委员会针对特定仲裁申请事项组建的负责审理并裁决该申请所涉争议的临时机构。仲裁庭可以采取独任制或者合议制两种形式,采用独任制或者采用合议制应当由争议双方共同约定。独任制即由争议双方约定由一名仲裁员成立仲裁庭,该名仲裁员由双方共同选定或者共同委托仲裁委员会主任指定。合议制仲裁庭由三名仲裁员组成,三名仲裁员中设首席仲裁员。当事人约定由三名仲裁员组成仲裁庭的,应当各自选定或者各自委托仲裁委员会主任指定一名仲裁员,第三名仲裁员由当事人共同选定或者共同委托仲裁委员会主任指定。第三名仲裁员是首席仲裁员。当事人没有在仲裁规则规定的期限内约定仲裁庭的组成方式或者选定仲裁员的,由仲裁委员会主任指定。仲裁庭组成后,仲裁委员会应当将仲裁庭的组成情况书面通知当事人。

为了保证仲裁程序的公平、公正,仲裁程序还有回避制度。参与仲裁程序的仲裁员有下列情形之一的,必须回避,当事人也有权提出回避申请:(1)是本案当事人或者当事人、代理人的近亲属;(2)与本案有利害关系;(3)与本案当事人、代理人有其他关系,可能影响公正仲裁的;(4)私自会见当事人、代理人,或者接受当事人、代理人的请客送礼的。当事人提出回避申请,应当说明理由,并应在首次开庭前提出。回避事由在首次开庭后知道的,可以在最后一次开庭终结前提出。仲裁员是否回避,由仲裁委员会主任决定;仲裁委员会主任担任仲裁员时,由仲裁委员会集体决定。仲裁员因回避或者其他原因不能履行职责的,应当依法重新选定或者指定仲裁员。因回避而重新选定或者指定仲裁员后,当事人可以请求已进行的仲裁程序重新进行,是否准许,由仲裁庭决定。仲裁庭也可以自行决定已进行的仲裁程序是否重新进行。

3. 开庭和裁决

开庭,是指仲裁庭在双方当事人及其代理人的参加下,依法对商事争议进行审理和裁决的活动。一般情况下仲裁应当开庭进行。当事人协议不开庭的,仲裁庭也可以在不开庭的情况下,根据仲裁申请书、答辩书以及其他材料作出裁决。同时,开庭并不意味着仲裁要公开进行,实际上仲裁活动遵循不公开的一般原则,只有当事人协议公开并且不涉及国家秘密的仲裁活动,才可以公开进行。

开庭进行的仲裁活动,仲裁委员会应当在仲裁规则规定的期限内将开庭日期通知双方当事人。当事人有正当理由的,可以在仲裁规则规定的期限内请求延期开庭。是否延期,由仲裁庭决定。申请人经书面通知,无正当理由不到庭或者未经仲裁庭许可中途退庭的,可以视为撤回仲裁申请。被申请人经书面通知,无正当理由不到庭或者未经仲裁庭许可中途退庭的,可以缺席裁决。

根据一般的证据规则,当事人应当对自己的主张提供证据。仲裁庭认为有必要收集的证据,可以自行收集。仲裁庭对专门性问题认为需要鉴定的,可以交由当事人约定的鉴定部门鉴定,也可以由仲裁庭指定的鉴定部门鉴定。根据当事人的请求或者仲裁庭的要求,鉴定部门应当派鉴定人参加开庭。当事人经仲裁庭许可,可以向鉴定人提问。证据应当在开庭时出示,当事人可以质证。在证据可能灭失或者以后难以取得的情况下,当事人可以申请证据保全。当事人申请证据保全的,仲裁委员会应当将当事人的申请提交证据所在地的基层法院。

当事人在仲裁过程中有权进行辩论。辩论终结时,首席仲裁员或者独任仲裁员应当征询当事人的最后意见。仲裁庭应当将开庭情况记入笔录。当事人和其他仲裁参与人认为对自己陈述的记录有遗漏或者差错的,有权申请补正。如果不予补正,应当记录该申请。笔录由仲裁员、记录人员、当事人和其他仲裁参与人签名或者盖章。

当事人申请仲裁后,可以自行和解。达成和解协议的,可以请求仲裁庭根据和解协议作出裁决书,也可以撤回仲裁申请。当事人达成和解协议,撤回仲裁申请后反悔的,可以根据仲裁协议申请仲裁。仲裁庭在作出裁决前,可以先行调解。当事人自愿调解的,仲裁庭应当调解。调解不成的,应当及时作出裁决。调解达成协议的,仲裁庭应当制作调解书或者根据协议的结果制作裁决书。调解书与裁决书具有同等法律效力。调解书应当写明仲裁请求和当事人协议的结果。调解书由仲裁员签名,加盖仲裁委员会印章,送达双方当事人。调解书经双方当事人签收后,即发生法律效力。在调解书签收前当事人反悔的,仲裁庭应当及时作出裁决。

仲裁裁决应当按照多数仲裁员的意见作出,少数仲裁员的不同意见可以记入笔录。仲裁庭不能形成多数意见时,裁决应当按照首席仲裁员的意见作出。裁决书自作出之日起发生法律效力。

（四）仲裁裁决的执行与撤销

仲裁庭作出仲裁裁决后,当事人应当主动履行。一方当事人不履行的,另一方当事人可以依照《民事诉讼法》的有关规定向法院申请执行。受申请的法院应当执行。

当事人提出证据证明仲裁裁决有下列情形之一的,可以自收到裁决之日起6个月内向仲裁委员会所在地的中级人民法院申请撤销裁决:（1）没有仲裁协议的;（2）裁决的事项不属于仲裁协议的范围或者仲裁委员会无权仲裁的;（3）仲裁庭的组成或者仲裁的程序违反法定程序的;（4）裁决所根据的证据是伪造的;（5）对方当事人隐瞒了足以影响公正裁决的证据的;（6）仲裁员在仲裁该案时有索贿受贿,徇私舞弊,枉法裁决行为的;（7）仲裁裁决违反公共利益的。法院经组成合议庭审查核实,应当自受理撤销裁决申请之日起2个月内作出撤销或者驳回申请的裁定。

法院受理撤销裁决的申请后,认为可以由仲裁庭重新仲裁的,通知仲裁庭在一定期限内重新仲裁,并裁定中止撤销程序。仲裁庭拒绝重新仲裁的,法院应当裁定恢复撤销程序。一方当事人申请执行裁决,另一方当事人申请撤销裁决的,法院应当裁定中止执行。法院裁定撤销裁决的,应当裁定终结执行。撤销裁决的申请被裁定驳回的,法院应当裁定恢复执行。

三、国际商事仲裁

国际商事仲裁,是指商事当事人将其间具有国际性的商事纠纷交由第三方（仲裁机构）进行裁决的争议解决制度。关于"国际性"因素的认定,在实践中存在一定的争议。根据1985年联合国国际贸易法委员会《国际商事仲裁示范法》,符合下列条件之一的就是国际性的仲裁:（1）仲裁协议双方当事人在签订该协议的时候,他们的营业地点位于不同的国家;（2）下列地点之一位于双方当事人营业地点共同所在的国家之外:仲裁协议中确定的或根据仲裁协议确定的仲裁地;商事关系主要义务的履行地或与争议的客体具有最密切联系的地点;（3）双方当事人已明示约定仲裁协议的客体与一个以上的国家有联系。根据我国的有关法律和司法实践,可以认定属于国际商事仲裁范围的包括:一方或双方当事人是外国人、无国籍人或者外国企业和组织;当事人之间的商事法律关系发生、变更、消灭的事实发生在国外;当事人争议的标的物在国外。

相对于国内商事仲裁,国际商事仲裁往往由专门的国际商事仲裁机构受理,在适用法律规则方面也更为复杂,其仲裁裁决往往需要得到外国的承认与执行。

(一)仲裁机构

1. 国外的国际商事仲裁机构

(1)国际商会仲裁院。该仲裁院成立于1923年,是附属于国际商会的一个全球性国际常设仲裁机构,总部设在巴黎,1989年更名为国际仲裁院。国际商会仲裁院依据法国法律设立,但它不隶属于任何国家,其委员是来自四十多个国家和地区的法律或解决商事争议的专家;其受案范围几乎包括了因契约关系而发生的任何争议。任何国家的当事人,包括自然人、法人,甚至国家、政府及其机构本身,都可以通过仲裁协议将其有关争议提交国际商会仲裁院仲裁。该院是当今国际商事仲裁领域中最具影响力的国际仲裁机构。

(2)伦敦国际仲裁院。该院成立于1892年,是世界上最古老的常设仲裁机构。伦敦国际仲裁院可以受理提交给它的任何性质的国际争议,在国际社会享有很高声望,特别是国际海事仲裁案件,大多都诉诸该院。

(3)瑞士斯德哥尔摩商会仲裁院。该院是在斯德哥尔摩商会下设立,但又独立于该商会的一个仲裁机构,成立于1917年。它受理世界上任何国家的当事人提交的商事争议,实践中主要用于解决工商和航运方面的争议。

(4)美国仲裁协会。该协会成立于1926年,是一个独立的、非政府性的、非营利性的民间性组织,是美国最主要的国际商事仲裁常设机构,总部设在纽约,并在全美三十多个主要城市设有分会。美国仲裁协会受案范围非常广泛,可以受理全美各地以及外国的当事人提交给它的除法律和公共政策禁止仲裁的事项以外的任何法律争议。

2. 我国的国际商事仲裁机构

我国的国际商事仲裁机构主要是中国国际经济贸易仲裁委员会。该委员会是中国国际贸易促进委员会(中国国际商会)下设的一个民间性的常设仲裁机构,其前身是1954年根据原中央人民政府的决定在中国国际贸易促进委员会内成立的"对外贸易仲裁委员会",1980年改称"对外经济贸易仲裁委员会",1988年改名为"中国国际经济贸易仲裁委员会",2000年10月1日起同时启用"中国国际商会仲裁院"名称。中国国际经济贸易仲裁委员会地点设在北京,并在天津、香港等地设立分会,在深圳和重庆设立了办事处。分会是仲裁委员会的组成部分,他们使用相同的仲裁规则和仲裁员名册,在整体上享有一个仲裁管辖权。中国国际经济贸易仲裁委员会经过多年的发展,已经成为目前世界上重要的国际商事纠纷的仲裁机构之一,受案量也已跃居世界前列。

(二) 仲裁规则

仲裁规则,是指仲裁程序所应遵循和适用的基本规范。仲裁规则可以由仲裁机构制定,有些内容也允许当事人自行约定。仲裁规则是任意性较强的行为规范。一般国际商事仲裁机构都有自己的仲裁规则,如国际商会仲裁院有《国际商会仲裁规则》,美国仲裁协会有《美国仲裁协会国际仲裁规则》,中国国际经济贸易仲裁委员会有《中国国际经济贸易仲裁委员会仲裁规则》等。仲裁规则是仲裁机构开展仲裁的重要程序依据,中国国际经济贸易仲裁委员会新《仲裁规则》于2015年1月1日正式实施。

(三) 法律适用

国际商事仲裁解决的是具有差别国籍利益的商事纠纷,在仲裁中确定选择什么法律作为仲裁裁决的依据便具有重要意义。根据国际商事仲裁的实践和各国国内立法及国际条约的规定,国际商事仲裁中的法律适用主要有以下三种确定方法:

1. 当事人协议选择

意思自治原则是私法的基本原则,国际商事仲裁作为解决私人间国际纠纷的一种规范程序,应当充分尊重这种意思自治,允许当事人自由选择解决纠纷所适用的法律,这也是各国的普遍做法,为有关国际商事仲裁公约和国际性仲裁规则所确认。如1989年的瑞士《联邦国际私法法规》第187条规定,仲裁庭裁决时依据当事人所选择的法律规则;1985年联合国《国际商事仲裁示范法》第28条规定,仲裁庭应依照当事人各方选定的适用于争议实体的法律规则对争议作出决定。

2. 根据冲突法规则确定

在当事人没有明示法律选择的情况下,需要仲裁庭选择解决争议所适用的相关法律依据。从国际商事仲裁的实践看,其选择通常有三种:一是选择仲裁地国家的冲突规则,二是选择仲裁员认为最为适当的或可适用的冲突规则;三是适用与争议有最密切联系国家的冲突规则。

3. 仲裁庭确定

在当事人没有选择仲裁适用的法律的情况下,根据冲突法规则确定仲裁适用的法律存在一个无法回避的缺陷,就是冲突规则的复杂性和不确定性,很难保证当事人选择仲裁所要求实现的裁决结果的公平性和公正性。为此,仲裁员可以根据案情需要直接确定应适用的法律规则。这样的方法赋予了仲裁庭广泛的法律选择空间,仲裁庭为了实现仲裁结果的公平和公正,可以直接适用国内法及诸如国际贸易法、商事习惯法、贸易习惯或惯例以及一般原则等,极大增强了仲裁庭处理不同类型国际商事案件的能力。当然,这种法律选择方法同样存在一些问题,如赋予了仲裁庭太大的权力,增大了当事人对仲裁结果的不可预见性等。国际商事仲裁实践中也在不断地发展新的理论和方法,如"非国内法"或"非法律性"实体规则的适用等,最大限度地实现仲裁裁决的公平和公正。

(四) 仲裁裁决的履行、承认与执行

1. 履行

国际商事仲裁裁决的履行是指当事人在仲裁裁决生效后,主动按照仲裁裁决的要求,承担有关义务的行为。商事仲裁裁决的自觉履行是当事人尊重仲裁裁决的体现。当事人既然选择了仲裁程序解决纠纷,就应当尊重仲裁结果,即使仲裁裁决要求自己承担相应义务,也应当积极、自觉、主动地履行。

2. 承认与执行

国际商事仲裁裁决的承认,是指一国法院认可外国仲裁裁决效力的行为。国际商事仲裁裁决的执行是在承认商事仲裁裁决效力的基础上,利用国家强制力,使已经发生法律效力并取得了执行力的商事仲裁裁决得以实施的司法行为。

国际商事仲裁涉及复杂的多国间利益主体的法律关系,可能由仲裁协议选定的任何国际仲裁机构受理和裁决,执行该仲裁机构的裁决就可能需要其他国家司法机关的配合,而一国司法机关配合执行特定仲裁机构仲裁裁决的前提,是首先要承认该仲裁机构仲裁裁决的效力。可见,国际商事仲裁裁决的承认和执行就成了两个密切联系的问题。传统上,一国法院并无承认外国仲裁裁决在其本国效力的义务,这给国际商事仲裁裁决的执行带来了极大的问题。为此,国际联盟先后主持制定了1923年《日内瓦仲裁条款议定书》和1927年《执行外国仲裁裁决公约》,以期解决上述问题。1958年,在联合国主持下又在纽约制定了《承认与执行外国仲裁裁决公约》(简称1958年《纽约公约》),该《公约》要求缔约国在符合条件的情况下应当承认并执行外国仲裁机构裁决的效力,对拒绝承认与执行的条件也作了规定。它实际上取代了前两个公约,对于保障国际商事仲裁裁决在不同国家的承认与执行具有重要作用。

第二节 商事诉讼

一、商事诉讼概述

商事诉讼,是指法院在当事人和其他诉讼参与人的参加下,依法审理和解决商事纠纷的活动。商事纠纷在商业活动中非常普遍,通过商事诉讼这一国家司法机关直接主导的纠纷解决途径,能够依法、及时、公正地化解矛盾,实现商事当事人的权利救济,这对于保障商主体的合法权益,维护正常的商事活动秩序,具有十分重要的意义。

商事诉讼虽然具有相对独立性,但其本身仍具有民事诉讼的一般特征,在基本的审判程序依据上仍然适用民事诉讼法的规定。较之一般的民事诉讼,商事诉讼具有明显的商事属性,如在诉讼主体方面,商事诉讼的当事人主要是依法从事营利性经营活动的商主体;在诉讼请求的内容方面,权利人追求的主要是商业上应当实现的经济利益;在诉讼裁判依据的实体法方面,也主要适用公司法、保险法、票据法、破产法、证券法等商事法。

(一) 诉讼主体

商事诉讼的主体,是指依法参与诉讼活动,享有权利并承担义务的公民、法人或其他组织。它主要包括三种类型:一是主导诉讼活动的国家审判机关,即各级法院;二是商事纠纷的双方或者多方当事人,即诉讼的原告和被告;三是诉讼当事人以外的其他诉讼参加人,包括诉讼代理人、证人、鉴定人等。

法院是国家的审判机关,在商事诉讼中代表国家依法行使审判权力。法院是商事诉讼活动的主导者,是具体诉讼案件的组织者、指挥者和最终裁判者,它决定着案件的受理、审理和裁判的整个过程。法院依据法律规定的权力和程序,依法审理和裁决纠纷,对商事纠纷的公开、公平和公正解决具有决定性作用。

商事诉讼当事人,是指因商事纠纷而以自己的名义参加商事诉讼活动,并受法院裁判约束,与案件审理结果有直接利害关系的公民、法人和其他组织。这是商事纠纷的直接利害关系人,往往是诉讼活动的发动者(原告)、诉讼请求的承受者(被告)或者争议利益的相关者(第三人)。他们是商事诉讼活动最主要的主体,是商事裁判后果的直接承担者,有权参与诉讼活动,充分行使自己的程序权利和实体权利,以维护自己的合法利益。

商事诉讼代理人,是指根据法律规定或者当事人的委托,为当事人的利益而代理其参与诉讼活动,其诉讼活动的后果由被代理人承担的人。代理人参与商事诉讼,必须依据法律的规定或者当事人的明确授权,在代理权限范围内,以当事人的名义进行。诉讼代理人参与诉讼活动的目的在于维护当事人的诉讼权益,其诉讼行为的后果也由其代理的当事人承担。商事诉讼代理人往往能以自己的特定身份或者专业知识,积极参与诉讼活动,为保障诉讼活动的正常进行,维护当事人的合法权益起到积极作用。

其他诉讼参与人,主要是指除上述人员以外的其他参与到诉讼活动中的人,主要包括证人、鉴定人、勘验人、翻译人等。他们与案件所争利益没有直接关系,其参与诉讼活动的原因往往是因为具备某些特定的条件,能够为法院查明争议事实进而作出公正裁判提供一定的协助。他们积极参与商事诉讼活动,是诉讼活动得以顺利进行的重要保证,这些参与人应当积极、客观地协助法院查明案件事实,促进商事争议的顺利解决,维护法院审判活动的权威和公正。

此外,人民检察院依法行使抗诉权,对法院的审判活动进行法律监督,维护当事人的合法权益,保障国家法律的公正实施,也是商事诉讼的重要主体。

（二）效力

商事诉讼的效力，是指商事诉讼在何时、何地，对何人、何事直接发生作用，包括对人的效力、对事的效力、对空间的效力和对时间的效力四个方面。我国现行《民事诉讼法》于1991年4月9日公布实施，分别于2007年10月28日和2012年8月31日两次经全国人大常委会进行修订。根据法律适用的一般原则，该法对于其生效之前发生并审理的民商事案件，不溯及既往。凡该法公布之后才受理的案件，或诉讼活动尚在进行之中的民商事案件均应适用新《民事诉讼法》的规定。

对人的效力，是指商事诉讼活动对于哪些人可以适用。基于国家主权原则对于司法管辖的一般要求，商事诉讼不仅适用于中华人民共和国全体公民、法人和其他组织，也适用于在我国进行诉讼的外国人、无国籍人或国籍不明的人以及在我国进行诉讼的外国企业和组织。当然，享有司法豁免权者除外。从权利的角度说，凡在我国进行商事诉讼的人在诉讼中都享有商事诉讼权利，负有商事诉讼义务。

对事的效力，是指哪些商事纠纷应当适用商事诉讼。明确对事的效力，有助于法院受理并审结案件，减少或避免法院和其他国家机关之间因职责不明而可能发生的争执，同时也方便当事人起诉。公民之间、法人之间、其他组织之间，以及他们相互之间因商事纠纷引起的争议，除可能因仲裁协议等其他原因排除司法管辖的外，都可以依法提起商事诉讼。

对空间的效力，是指商事诉讼在什么样的空间范围内可以适用。商事诉讼适用于中华人民共和国的一切领域，包括陆地、水域及其地下层和上空以及延伸领土等。易言之，凡发生于我国领域的商事纠纷，都可以通过商事诉讼方式进行解决。需要说明的是，香港、澳门和台湾地区均是我国的神圣领土，但由于历史和现实的原因，对香港、澳门特别行政区实行"一国两制"，对台湾地区也采取类似的办法。在香港、澳门和台湾地区发生的商事纠纷，不适用内地的商事诉讼。

（三）基本原则

商事诉讼的基本原则，是指法律规定的指导整个商事诉讼活动的基本行为准则。它对法院进行审判活动及当事人、代理人和其他诉讼参与人参与诉讼活动，具有重要的指导意义。一般认为，这些基本原则主要有当事人诉讼权利平等原则、处分原则、辩论原则、调解原则、检察监督原则等。

1. 当事人诉讼权利平等原则

当事人诉讼权利平等原则，是指当事人平等地享有诉讼权利，任何一方不得有高于另一方的特权存在。这种平等首先来源于当事人实体法律地位的平等，双方当事人都是平等的商主体，平等地参与各种商事活动，平等地享有各种商事权利，而诉讼活动是商事实体活动的自然延伸，实体法律地位上的平等必然要求双方在诉讼活动中同样地拥有平等的地位,享有平等的权利。其次,诉讼地位的平等还来源于程序公正的客观要求,商事诉讼活动是法院主导下的一种审判程序,程序公正是商事诉讼活动的题中应有之义,只有确认争议各方当事人享有平等的诉讼地位和权利,才能保障审理过程客观公正地进行。

具体说来,它包括三方面的内容:一是商事诉讼当事人平等地享有诉讼权利,如原告享有起诉权,而被告则享有反诉权;原被告双方都享有委托代理、申请回避、提供证据、请求调解、进行辩论、提起上诉等权利;同时,双方负有同等的诉讼义务,如按要求参加诉讼活动、尊重法院裁判、承担诉讼后果等。二是法院应当为当事人平等地行使诉讼权利提供方便和保障,如对于有需要的当事人提供翻译帮助等,以方便其参与诉讼活动,维护自己的合法权益。三是要对当事人在适用法律上一律平等,不得偏袒任何一方。

2. 处分原则

处分原则,是指当事人在商事诉讼的过程中有权在法律许可的范围内自主地处分自己的民事实体权利和诉讼权利。处分原则是私法自治原则在商事诉讼活动中的体现。商事诉讼解决的是当事人的私权,而根据私法自治原则,对于私权,只要不违背法律的强行性规定,不损害国家利益和社会公共利益,当事人有权在行使或者放弃之间自行决定,在诉讼过程中也不例外。处分原则的内容包括三个方面:一是处分权的主体限于商事诉讼当事人及其法定代理人,委托代理人只能在其代理权限内享有该权利。二是处分权包括处分自己的实体权利和诉讼权利两个方面。三是处分原则贯穿于诉讼程序的始终。在诉讼程序提起后至法院的最后裁判作出前,当事人可以自主决定是否以及怎样行使该权利。

3. 辩论原则

辩论原则,是指在法院的主持下,当事人在商事诉讼过程中有权就案件事实和争议问题,各自陈述其主张和根据,互相反驳和答辩。这是诉讼程序自身的要求,因为诉讼程序本身是解决争议的过程,而解决争议首先要理清事实,理清事实就需要认定相关证据、倾听各方主张,进而需要通过争论、质证等辩明是非和真相,辩论就是这样一个过程。辩论原则包括四个方面的内容:一是辩论主体限于当事人及其诉讼代理人。二是辩论形式包括书面和口头两种。三是辩论的内容可以围绕商事纠纷的实体问题进行,也可以围绕商事诉讼的程序问题进行,不过通常有关实体的辩论是双方辩论的核心内容。四是辩论权的行使可以贯穿整个诉讼过程。

(四) 基本制度

商事诉讼的基本制度,是指法院审判商事案件所必须遵循的基本操作规程。它有别于商事诉讼的基本原则,基本原则具有宏观性和指导性,往往贯穿于商事诉讼的整个过程。基本制度则体现为一些具体的操作规则,主要目的和作用在于规范法院的审判活动。我国商事诉讼的基本制度主要包括合议制度、回避制度、公开审判制度和两审终审制度。

1. 合议制度

合议制度,是指由3名以上的审判人员组成合议庭,代表法院行使审判权,对案件进行审理并作出裁判的制度。这是一种集体审判制度,可以避免由1人审判可能产生的不足,有利于提高审判质量,保证案件的正确处理。这也是法院审判商事案件的基本组织形式。除简单的诉讼案件可以采取独任审判制外,其他各种商事纠纷,包括一般、重大、复杂和疑难的商事纠纷,都应组成合议庭进行审理。

2. 回避制度

回避制度,是指审判人员和其他有关人员遇有法律规定不宜参加案件审理的情形时退出案件审理活动的制度。其适用对象首先是审判人员,包括职业法官和非职业法官(陪审员)。其次是其他有关人员,包括书记员、翻译人、鉴定人、勘验人等。审判人员和其他有关人员有下列情形之一的,必须回避,当事人有权用口头或者书面方式申请他们回避:(1)是本案当事人或者当事人、诉讼代理人的近亲属;(2)与本案有利害关系;(3)与本案当事人有其他关系,可能影响对案件公正审理的。回避制度直接目的在于,排除与案件有利害关系的法官等参与案件的处理过程,以保证案件得到公正审判。

3. 公开审判制度

公开审判制度,是指法院将民事案件的审理过程和判决结果向群众和社会公开的制度。这是对诉讼案件进行审判的基本制度,它有两方面的基本要求:一是审判要向群众公开,允许群众旁听案件的审判活动;二是审判要向社会公开,允许大众传媒对案件的审判情况进行采访和报道。除涉及国家秘密等不应公开审理及涉及商业秘密等可以不公开审理的案件外,商事诉讼案件的审理都应当公开进行。不论是否公开审理,都应当公开宣判。

4. 两审终审制度

两审终审制度,是指一个商事案件经过两级法院的审判即告终结的制度。也就是说,对于一般的商事案件,一审法院的判决和裁定并不立即发生法律效力,而允许在规定的时间内提出上诉,经过二审法院审理后作出的判决和裁定,一经宣判,立即发生法律效力。这是根据我国的实际情况,综合考虑了诉讼效率和诉讼公正后设计的一项基本诉讼制度。这样,可以减少当事人的诉累,避免各种纠纷长期处于不确定的状态之中,有效减轻高级法院和最高法院的负担,使其更好地将精力放在对审判业务的监督和指导当中。同时,审判监督程序也能够有效纠正两审终审后仍然存在的不公正裁判问题。

二、管辖

管辖,是指各级法院和同级法院之间受理第一审商事案件的分工和权限。上下级法院受理第一审商事案件的分工和权限问题属于级别管辖;同级法院之间受理第一审商事案件的分工和权限问题属于地域管辖。此外,诉讼管辖还有移送管辖和指定管辖(图 10-2)。由于二审案件一般由一审法院的上一级法院受理,确定了一审法院,二审法院便基本确定。科学、合理地确定各级法院以及同级法院之间的管辖范围,有利于法院正确、及时地行使审判权,也有利于当事人诉讼权利的有效行使。

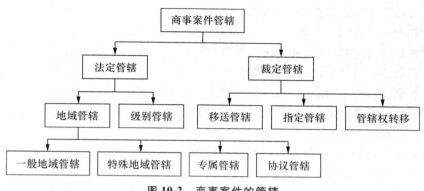

图 10-2　商事案件的管辖

(一) 级别管辖

我国法院分为四级设置,即基层人民法院、中级人民法院、高级人民法院和最高人民法院。这四级法院都有受理一审商事案件的权限,但实际上除法律规定应由中级以上法院受理的案件外,一般的商事诉讼均由基层人民法院受理。中级人民法院只受理重大涉外案件、在本辖区有重大影响的案件,以及最高人民法院确定由中级人民法院管辖的案件(主要包括海事及商事案件、专利纠纷案件、重大的涉港澳台案件、诉讼标的金额大或者诉讼单位涉及省以上的案件、证券虚假陈述赔偿案件等)。高级人民法院只受理在本辖区有重大影响的一审商事案件。最高人民法院只受理在全国有重大影响的一审案件及其认为应当由其受理的一审案件。

(二) 地域管辖

地域管辖解决的是在级别管辖已经确定由哪一级的法院管辖后,再进一步确定由同一级的哪一个法院管辖的问题。地域管辖包括一般地域管辖、特殊地域管辖、协议管辖和专属管辖。

1. 一般地域管辖

一般地域管辖,是指依据法院辖区与当事人所在地之间的隶属关系确定的管辖。它一般实行原告就被告原则,即原告起诉,应向被告住所地的法院提起。对公民提起的诉讼,由被告住所地法院管辖;被告住所地与经常居住地不一致的,由经常居住地法院管辖。对法人或者其他组织提起的诉讼,由被告住所地法院管辖。同一诉讼的几个被告住所地、经常居住地在两个以上法院辖区的,各该法院都有管辖权。

2. 特殊地域管辖

特殊地域管辖,是指不以被告所在地,而以诉讼标的物所在地或者引起诉讼的法律事实所在地为标准确定的管辖。如因合同纠纷提起的诉讼,由被告住所地或者合同履行地法院管辖;因保险合同纠纷提起的诉讼,由被告住所地或者保险标的物所在地法院管辖;因票据纠纷提起的诉讼,由票据支付地或者被告住所地法院管辖;因铁路、公路、水上、航空运输和联合运输合同纠纷提起的诉讼,由运输始发地、目的地或者被告住所地法院管辖;因铁路、公路、水上和航空事故请求损害赔偿提起的诉讼,由事故发生地或者车辆、船舶最先到达地,航空器最先降落地或者被告住所地法院管辖;因船舶碰撞或者其他海事损害事故请求损害赔偿提起的诉讼,由碰撞发生地、碰撞船舶最先到达地、加害船舶被扣留地或者被告住所地法院管辖;因海难救助费用提起的诉讼,由救助地或者被救助船舶最先到达地法院管辖;因共同海损提起的诉讼,由船舶最先到达地、共同海损理算地或者航程终止地法院管辖等。

3. 专属管辖

专属管辖,是指对某些特殊的商事纠纷,法律规定只能由特定的法院行使管辖权。如因不动产纠纷提起的诉讼,由不动产所在地法院管辖;因港口作业中发生纠纷提起的诉讼,由港口所在地法院管辖等。

4. 协议管辖

协议管辖,是指当事人双方以书面协议的方式约定其间的商事纠纷案件的管辖法院从而确定的管辖。依据我国《民事诉讼法》第34条,合同的双方当事人可以在书面合同中协议选择被告住所地、合同履行地、合同签订地、原告住所地、标的物所在地等与争议有实际联系的地点的法院管辖,但不得违反法定级别管辖和专属管辖的规定。

(三) 移送管辖和指定管辖

移送管辖,是指法院发现自己受理的案件不属于本院管辖的,移送给有管辖权的法院进行管辖。依据我国《民事诉讼法》第36条,人民法院发现受理的案件不属于本院管辖的,应当移送有管辖权的人民法院,受移送的人民法院应当受理。指定管辖,则是指在某种特殊情况下或管辖权发生争议时,上级法院对特定具体案件的管辖直接进行指定。依据我国《民事诉讼法》第37条,有管辖权的法院由于特殊原因,不能行使管辖权的,由上级法院指定管辖。人民法院之间因管辖权发生争议,由争议双方协商解决;协商解决不了的,报请它们的共同上级人民法院指定管辖。

三、商事诉讼的程序

(一)第一审普通程序

第一审程序有普通程序和简易程序两种。普通程序,是指法院审理第一审商事案件通常适用的程序,也是最完整、最系统的审判程序,充分体现了商事诉讼的基本原则和基本制度。第一审普通程序通常包括以下几个阶段(图10-3):

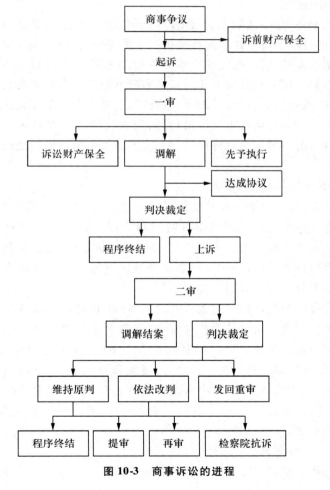

图 10-3　商事诉讼的进程

1. 起诉和受理

起诉,是指当事人认为自己的合法权益受到侵犯或与他人发生商事纠纷,以自己的名义向法院提起诉讼,请求法院依法进行裁判的行为。起诉是当事人的一项重要诉讼权利,是商事诉讼开始的前提。起诉必须符合下列条件:(1)原告是与本案有直接利害关系的公民、法人和其他组织;(2)有明确的被告;(3)有具体的诉讼请求和事实、理由;(4)属于法院受理民事诉讼的范围和受诉法院管辖。

起诉应当向法院递交起诉状,并按照被告人数提供副本。法院收到起诉状,经审查,认为符合起诉条件的,应当在7日内立案,并通知当事人;认为不符合起诉条件的,应当在7日内裁定不予受理;原告对裁定不服的,可以提起上诉。

2. 审理前的准备

审理前的准备,是指法院在受理案件后至开庭审理前,为保证诉讼的顺利进行,依法所做的各项准备工作。这些准备工作主要包括:(1)在立案之日起5日内将起诉状副本发送被告,被告提出答辩状的,法院在收到之日起5日内将答辩状副本发送原告。(2)在受理案件通知书和应诉通知书中向当事人告知有关的诉讼权利义务,或者口头告知。(3)组成合议庭,并在合议庭组成人员确定后3日内告知当事人。(4)认真审核诉讼材料,调查收集必要的证据。(5)通知必须共同进行诉讼的当事人参加诉讼。(6)决定是否采取诉讼保全或先予执行措施等。

3. 开庭审理和宣判

开庭审理,是指在当事人及其他诉讼参与人的参加下,法院依照诉讼程序,在法庭上对案件当事人所争议的事实问题和法律问题进行审理的全部诉讼活动。这是第一审普通程序的一个最基本、最主要的诉讼阶段,是审判过程的中心环节。法院审理商事案件,除涉及国家秘密等应不公开审理及因涉及商业秘密等当事人申请不公开审理的,都应公开审理。

适用普通程序开庭审理一般包括开庭准备、法庭调查、法庭辩论、合议庭评议和宣告判决等阶段。无论是否公开审理,宣告判决一律要公开进行。宣判有当庭宣判和定期宣判两种,当庭宣判的,应当在10日内发送判决书;定期宣判的,宣判后立即发给判决书。宣告判决时,必须告知当事人上诉权利、上诉期限和上诉的法院。法院适用普通程序审理的案件,应当在立案之日起6个月内审结。有特殊情况需要延长的,由本院院长批准,可以延长6个月;还需要延长的,报请上级法院批准。

(二) 第一审简易程序

基层法院和它派出的法庭审理事实清楚、权利义务关系明确、争议不大的简单商事案件,适用简易程序。当事人双方可以同时到基层法院或者它派出的法庭,请求解决纠纷。基层法院或者它派出的法庭可以当即审理,也可以另定日期审理。简易程序由审判员一人独任审理,审理不受普通程序中有关开庭准备、法庭调查、法庭辩论等限制。法院适用简易程序审理案件,应当在立案之日起3个月内审结。

(三) 第二审程序

第二审程序,亦称上诉审程序,是指当事人不服第一审法院的未生效裁判,在法定期限内向上一级法院提出上诉,上一级法院对案件进行重新审理所适用的程序。我国实行两审终审制,一起案件经过两级法院审理即告终结,第二审程序也是终审程序。

1. 提起和受理

上诉必须符合以下法定条件:(1)上诉的对象必须是法律允许上诉的判决或裁定,包括各级法院按一审普通程序或简易程序所作判决,二审法院发回重审后的判决,一审法院按审判监督程序再审所作判决,一审法院所作的不予受理裁定、驳回起诉裁定、处理管辖权异议裁定、驳回破产申请裁定等;而对于最高法院所作的一审判决,法院适用特别程序、公示催告程序作出的判决及前述允许上诉的裁定以外的其他裁定等,均不得上诉。(2)必须有合格的上诉人和被上诉人,包括一审的原告、被告、共同诉讼人、诉讼代表人、有独立请求权的第三人、判决承担民事责任的无独立请求权的第三人等。(3)必须在规定的期限内提出上诉,当事人不服一审判决的,应在判决书送达之日起15日内向上一级法院提起上诉;当事人不服一审裁定的,应在裁定书送达之日起10日内向上一级法院提起上诉。(4)上诉必须递交上诉状。上诉状的内容,应当包括当事人的姓名,法人的名称及其法定代表人的姓名或者其他组织的名称及其主要负责人的姓名;原审法院名称、案件的编号和案由;上诉的请求和理由等。

上诉状应当通过原审法院提出,并按照对方当事人或者代表人的人数提供副本。当事人直接向第二审法院上诉的,第二审法院应当在5日内将上诉状移交原审法院。原审法院收到上诉状,应在5日内将上诉状副本送达对方当事人,对方当事人在收到之日起15日内提出答辩状。法院应当在收到答辩状之日起5日内将副本送达上诉人。对方当事人不提出答辩状的,不影响法院审理。原审法院收到上诉状、答辩状,应当在5日内连同全部案卷和证据,报送第二审法院。

2. 审理和裁判

二审法院对上诉案件,应当组成合议庭,开庭审理。经过阅卷和调查,询问当事人,在事实核对清楚后,合议庭认为不需要开庭审理的,也可以径行判决、裁定。二审法院应当对上诉请求的有关事实和适用法律进行审查。

二审法院对上诉案件的处理,有四种结果:(1)原判决认定事实清楚,适用法律正确的,判决驳回上诉,维持原判决。(2)原判决适用法律错误的,依法改判、撤销或变更。(3)原判决认定事实错误,或者原判决认定事实不清,证据不足,裁定撤销原判决,发回原审法院重审,或者查清事实后改判。(4)原判决遗漏当事人或者违法缺席判决等严重违反法定程序的,裁定撤销原判决,发回原审法院重审。原审法院对发回重审的案件作出判决后,当事人提起上诉的,第二审法院不得再次发回重审。

二审法院审理上诉案件,可以进行调解。调解达成协议,应当制作调解书,由审判人员、书记员署名,加盖法院印章。调解书送达后,原审法院的判决即视为撤销。二审法院判决宣告前,上诉人申请撤回上诉的,是否准许,由第二审法院裁定。

法院审理对判决的上诉案件,应当在第二审立案之日起3个月内审结。有特殊情况需要延长的,由本院院长批准。法院审理对裁定的上诉案件,应当在第二审立案之日起30日内作出终审裁定。

(四)审判监督程序

审判监督程序,亦称再审程序,是指法院对确有错误的、已经发生法律效力的判决、裁定或调解协议,依照法律规定再行审理的程序。再审程序非每一个案件的必经程序,只是法院为纠正已经发生法律效力的错误裁判或调解协议所适用的一种补救程序。

再审程序的发生有以下三种情况:

1. 法院依审判监督程序决定再审

法院对已经发生法律效力且确有错误的裁判,可依一定程序提起再审。(1)各级法院院长对本院已经发生法律效力的判决、裁定,发现确有错误,认为需要再审的,应当提交审判委员会讨论决定再审。(2)最高人民法院对地方各级法院已经发生法律效力的判决、裁定,上级法院对下级法院已经发生法律效力的判决、裁定,发现确有错误的,有权提审或者指令下级法院再审。

2. 当事人申请再审

当事人对已经发生法律效力的判决、裁定,认为有错误的,可以向上一级法院申请再审。当事人的申请符合下列情形之一的,法院应当再审:(1)有新的证据,足以推翻原判决、裁定的;(2)原判决、裁定认定的基本事实缺乏证据证明的;(3)原判决、裁定认定事实的主要证据是伪造的;(4)原判决、裁定认定事实的主要证据未经质证的;(5)对审理案件需要的主要证据,当事人因客观原因不能自行收集,书面申请人民法院调查收集,法院未调查收集的;(6)原判决、裁定适用法律确有错误的;(7)审判组织的组成不合法或者依法应当回避的审判人员没有回避的;(8)无诉讼行为能力人未经法定代理人代为诉讼,或者应当参加诉讼的当事人,因不能归责于本人或者其诉讼代理人的事由,未参加诉讼的;(9)违反法律规定,剥夺当事人辩论权利的;(10)未经传票传唤,缺席判决的;(11)原判决、裁定遗漏或者超出诉讼请求的;(12)据以作出原判决、裁定的法律文书被撤销或者变更的;(13)审判人员审理该案件时有贪污受贿,徇私舞弊,枉法裁判行为的。当事人对已经发生法律效力的调解书,提出证据证明调解违反自愿原则或者调解协议的内容违反法律的,可以申请再审;经法院审查属实的,应当再审。

当事人申请再审的,应当提交再审申请书等材料。法院应当自收到再审申请书之日起3个月内审查,符合条件的,裁定再审,否则裁定驳回申请。有特殊情况需要延长的,由本院院长批准。当事人申请再审,应当在判决、裁定发生法律效力后6个月内提出。有前述第(1)、(2)、(12)、(13)项规定情形的,自知道或者应当知道之日起6个月内提出。

3. 人民检察院抗诉提起再审

抗诉,是指人民检察院根据对审判的法律监督权,对法院已经生效的判决、裁定,发现确有错误的,要求法院再行审理,纠正错误的诉讼活动。最高人民检察院对各级法院已经发生法律效力的判决、裁定,上级人民检察院对下级法院已经发生法律效力的判决、裁定,发现有法定需要提起抗诉情形的,应当提出抗诉。地方各级人民检察院对同级法院已经发生法律效力的判决、裁定,发现有法定需要提起抗诉情形的,应当提请上级人民检察院向同级法院提出抗诉。人民检察院决定对法院的判决、裁定提出抗诉的,应当制作抗诉书。人民检察院提出抗诉的案件,接受抗诉的法院应当自收到抗诉书之日起30日内作出再审的裁定,法院再审时,应当通知人民检察院派员出席法庭。

法院按照审判监督程序再审的案件,发生法律效力的判决、裁定是由第一审法院作出的,按照第一审程序审理,所作的判决、裁定,当事人可以上诉。发生法律效力的判决、裁定是由第二审法院作出的,按照第二审程序审理,所作的判决、裁定,是发生法律效力的判决、裁定。上级法院按照审判监督程序提审的,按照第二审程序审理,所作的判决、裁定是发生法律效力的判决、裁定。法院审理再审案件,应当另行组成合议庭。

(五) 督促程序

督促程序,是指根据债权人的申请,法院对给付金钱或有价证券的请求,经书面审查并以支付令的形式,催促债务人在限定的期限内履行义务所适用的程序。督促程序是一种以迅速结案为目的的简略程序,它不需要开庭,不需要传唤债务人,不需要进行大量的调查取证,只就债权人提供的事实和证据,即可发出支付令,督促债务人清偿债务。

债权人请求债务人给付金钱、有价证券,符合下列条件的,可以向有管辖权的基层法院申请支付令:(1)债权人与债务人没有其他债务纠纷的;(2)支付令能够送达债务人的。申请书应当写明请求给付金钱或者有价证券的数量和所根据的事实、证据。

债权人提出申请后,法院应当在5日内通知债权人是否受理。法院受理申请后,经审查债权人提供的事实、证据,对债权债务关系明确、合法的,应当在受理之日起15日内向债务人发出支付令;申请不成立的,裁定予以驳回。债务人应当自收到支付令之日起15日内清偿债务,或者向法院提出书面异议。法院收到债务人提出的书面异议后,应当裁定终结督促程序,支付令自行失效,债权人可以起诉。债务人在规定的期间不提出异议又不履行支付令的,债权人可以向法院申请执行。

(六) 公示催告程序

公示催告程序,是指法院根据失票人的申请,以公示的方式,催促不明的利害关系人在指定的期限内向法院申报权利,如果逾期无人申报权利或者虽有申报但被驳回,依法作出票据无效之除权判决的程序。

可以背书转让的票据持有人,因票据被盗、遗失或者灭失,可以向票据支付地的基层法院申请公示催告。申请人应当向法院递交申请书,写明票面金额、发票人、持票人、背书人等票据主要内容和申请的理由、事实。法院决定受理申请,应当同时通知支付人停止支付,并在3日内发出公告,催促利害关系人申报权利。公示催告的期间,由法院根据情况决定,但不得少于60日。公示催告期间,转让票据权利的行为无效。利害关系人应当在公示催告期间向法院申报。法院收到利害关系人的申报后,应当裁定终结公示催告程序,并通知申请人和支付人。申请人或者申报人可以向法院起诉。没有人申报的,法院应当根据申请人的申请,作出判决,宣告票据无效。判决应当公告,并通知支付人。自判决公告之日起,申请人有权向支付人请求支付。利害关系人因正当理由不能在判决前向法院申报的,自知道或者应当知道判决公告之日起1年内,可以向作出判决的法院起诉。

(七) 执行程序

执行程序,是指负有义务的一方当事人拒不履行生效法律文书确定的义务,法院依法强制其履行义务所适用的程序。执行程序不是每个案件的必经程序,仅是义务人不履行生效法律文书确定的给付义务时应权利人的申请或者审判员移送执行而发生的一种程序。权利人申请执行的期间为2年。申请执行时效的中止、中断,适用法律有关诉讼时效中止、中断的规定。

执行员接到申请执行书或者移交执行书,应向被执行人发出执行通知,责令其在指定的期间履行,逾期不履行的,强制执行。被执行人不履行法律文书确定的义务,并有可能隐匿、转移财产的,执行员可以立即采取强制执行措施。强制执行措施主要有:(1)查询、冻结、划拨被执行人的存款;(2)扣留、提取被执行人的收入;(3)查封、扣押、冻结、拍卖、变卖被执行人的财产;(4)搜查被执行人隐匿的财产;(5)强制被执行人交付法律文书指定的财物或票证;(6)强制被执行人完成法律文书指定的行为;(7)强制被执行人迁出房屋或退出土地;(8)强制被执行人支付迟延履行金或者迟延履行期间的债务利息;(9)采取或者通知有关单位协助采取限制出境措施;(10)通过媒体公布其不履行义务的信息等。

四、涉外商事诉讼

涉外商事诉讼,是指诉讼活动所形成的法律关系中至少有一个涉外因素的商事诉讼。涉外因素有三个方面:一是诉讼主体具有涉外因素。诉讼当事人一方或双方是外国人、无国籍人、外国企业和组织。二是争议的商事法律关系具有涉外因素。当事人之间争议的商事法律关系的设立、变更、终止的法律事实发生在国外。三是诉讼标的物具有涉外因素。具备上述情形之一者,即为涉外商事诉讼。当然,有的涉外商事诉讼只包含一个涉外因素,有的涉外商事诉讼则包含两个或两个以上的涉外因素。

相对一般商事诉讼,涉外商事诉讼由于具有涉外因素,民事诉讼法对其作出以下特别规定:

(一)法律适用

根据主权原则,在我国进行的涉外商事诉讼,应当适用我国法律。我国缔结或者参加的国际条约同我国法律有不同规定的,适用该国际条约的规定,但我国声明保留的条款除外。对享有外交特权与豁免的外国人、外国组织或者国际组织提起的诉讼,应当依照我国有关法律和我国缔结或者参加的国际条约的规定办理。

(二)审判语言和代理律师选择

法院审理涉外商事案件,应当使用我国通用的语言、文字。当事人要求提供翻译的,可以提供,费用由当事人承担。外国人、无国籍人、外国企业和组织在法院起诉、应诉,需要委托律师代理诉讼的,必须委托我国的律师。在我国领域内没有住所的外国人、无国籍人、外国企业和组织委托我国律师或者其他人代理诉讼,从我国领域外寄交或者托交的授权委托书,应当经所在国公证机关证明,并经我国驻该国使领馆认证,或者履行我国与该所在国订立的有关条约中规定的证明手续后,才具有效力。

(三)管辖

因合同纠纷或者其他财产权益纠纷,对在我国领域内没有住所的被告提起的诉讼,如果合同在我国领域内签订或者履行,或者诉讼标的物在我国领域内,或者被告在我国领域内有可供扣押的财产,或者被告在我国领域内设有代表机构,可以由合同签订地、合同履行地、诉讼标的物所在地、可供扣押财产所在地、侵权行为地或者代表机构住所地法院管辖。

涉外合同或者涉外财产权益纠纷的当事人,可以用书面协议选择与争议有实际联系的地点的法院管辖。选择我国法院管辖的,不得违反我国民事诉讼法关于级别管辖和专属管辖的规定。被告对我国法院管辖不提出异议,并应诉答辩的,视为承认该法院的管辖权力。

因在我国履行中外合资经营企业合同、中外合作经营企业合同、中外合作勘探开发自然资源合同发生纠纷提起的诉讼,由我国法院管辖。

（四）送达

法院对在我国领域内没有住所的当事人送达诉讼文书,可以采用下列方式:（1）依照受送达人所在国与我国缔结或者共同参加的国际条约中规定的方式送达;（2）通过外交途径送达;（3）对具有我国国籍的受送达人,可以委托我国驻受送达人所在国的使领馆代为送达;（4）向受送达人委托的有权代其接受送达的诉讼代理人送达;（5）向受送达人在我国领域内设立的代表机构或者有权接受送达的分支机构、业务代办人送达;（6）受送达人所在国的法律允许邮寄送达的,可以邮寄送达,自邮寄之日起满6个月,送达回证没有退回,但根据各种情况足以认定已经送达的,期间届满之日视为送达;（7）不能用上述方式送达的,公告送达,自公告之日起满6个月,即视为送达。被告在我国领域内没有住所的,法院应当将起诉状副本送达被告,并通知被告在收到起诉状副本后30日内提出答辩状。被告申请延期的,是否准许,由法院决定。

在我国领域内没有住所的当事人,不服第一审法院判决、裁定的,有权在判决书、裁定书送达之日起30日内提起上诉。被上诉人在收到上诉状副本后,应当在30日内提出答辩状。当事人不能在法定期间提起上诉或者提出答辩状,申请延期的,是否准许,由法院决定。

司法考试相关知识链接

例题1 2012年卷三　　单项选择题

48. 武当公司与洪湖公司签订了一份钢材购销合同,同时约定,因合同效力或合同的履行发生纠纷提交A仲裁委员会或B仲裁委员会仲裁解决。合同签订后,洪湖公司以本公司具体承办人超越权限签订合同为由,主张合同无效。关于本案,下列哪一说法是正确的?

A. 因当事人约定了2个仲裁委员会,仲裁协议当然无效

B. 因洪湖公司承办人员超越权限签订合同导致合同无效,仲裁协议当然无效

C. 洪湖公司如向法院起诉,法院应当受理

D. 洪湖公司如向法院起诉,法院应当裁定不予受理

答案 C

详解 仲裁协议

《仲裁法》第5条规定,当事人达成仲裁协议,一方向人民法院起诉的,人民法院不予受理,但仲裁协议无效的除外。仲裁协议对仲裁委员会没有约定明确的,仲裁协议无效,人民法院应当受理,选项C正确。

例题2 2012年卷三　　单项选择题

49. 某仲裁委员会在开庭审理甲公司与乙公司合同纠纷一案时,乙公司对仲裁庭中的一名仲裁员提出了回避申请。经审查后,该仲裁员依法应予回避,仲裁委员会重新确定了仲裁员。关于仲裁程序如何进行,下列哪一选项是正确的?

　　A. 已进行的仲裁程序应当重新进行
　　B. 已进行的仲裁程序有效,仲裁程序应当继续进行
　　C. 当事人请求已进行的仲裁程序重新进行的,仲裁程序应当重新进行
　　D. 已进行的仲裁程序是否重新进行,仲裁庭有权决定

答案 D

详解 仲裁员的回避

《仲裁法》第37条规定,仲裁员因回避不能履行职责的,应当依照仲裁法的规定重新选定或者指定仲裁员。重新选定或者指定仲裁员后,当事人可以请求已进行的仲裁程序重新进行,但是否准许,由仲裁庭决定。仲裁庭也可以自行决定已进行的仲裁程序是否重新进行。故选项D正确。

例题3 2013年卷三　　单项选择题

36. 深圳甲公司与天津乙公司购销合同纠纷仲裁过程中,申请人要求财产保全,即冻结被申请人银行存款55万元或扣押、查封其等值财产。仲裁委员会对此申请应采取下列哪种办法处理?

　　A. 将当事人的申请提交人民法院
　　B. 责令被申请人提供55万元担保,否则不将当事人的申请提交人民法院
　　C. 告知当事人向人民法院申请财产保全
　　D. 通知有关银行冻结被申请人存款或请求人民法院协助扣押、查封被申请人价值55万元的财产

答案 A

详解 仲裁财产的保全

《仲裁法》第28条规定,一方当事人因另一方当事人的行为或者其他原因,可能使裁决不能执行或者难以执行的,可以申请财产保全。当事人申请财产保全的,仲裁委员会应当将当事人的申请依照民事诉讼法的有关规定提交人民法院。申请有错误的,申请人应当赔偿被申请人因财产保全所遭受的损失。故选项A正确。

例题 4　2013 年卷三　　单项选择题

39. 下列关于涉外民事诉讼期间的说法中,正确的是:

A. 涉外民事诉讼中,被告应在收到起诉状副本之日起 60 天内答辩

B. 涉外民事诉讼中,当事人不可以就上诉的期限申请延长

C. 涉外民事诉讼中,案件审结的期限不受《民事诉讼法》第一审普通程序和第二审程序审理期间的限制

D. 涉外民事诉讼中,案件必须在法律规定的期限内审结

答案　C

详解　涉外民事诉讼

选项 A 错误。根据《民事诉讼法》第 268 条的规定,被告在中华人民共和国领域内没有住所的,人民法院应当将起诉状副本送达被告,并通知被告在收到起诉状副本后 30 日内提出答辩状。被告申请延期的,是否准许,由人民法院决定。

选项 B 错误。根据《民事诉讼法》第 269 条的规定,在中华人民共和国领域内没有住所的当事人,不服第一审人民法院判决、裁定的,有权在判决书、裁定书送达之日起 30 日内提起上诉。被上诉人在收到上诉状副本后,应当在 30 日内提出答辩状。当事人不能在法定期间提起上诉或者提出答辩状,申请延期的,是否准许,由人民法院决定。

选项 C 正确,选项 D 错误。根据《民事诉讼法》第 270 条规定,人民法院审理涉外民事案件的期间,不受《民事诉讼法》第 149 条、第 176 条规定的限制,即不受一审、二审审限限制。

实战演练

一、选择题

1. 甲公司与乙公司就某一合同纠纷进行仲裁,达成和解协议,向仲裁委员会申请撤回仲裁申请。后乙公司未按和解协议履行其义务。甲公司应如何解决此纠纷?（　　）

A. 甲公司可以依据原仲裁协议重新申请仲裁

B. 甲公司只能向法院提起诉讼

C. 甲公司既可以向法院提起诉讼,也可以与乙公司重新达成仲裁协议申请仲裁

D. 甲公司可以向仲裁委员会申请恢复仲裁程序

2. 甲县居民刘某与乙县大江房地产公司在丙县售房处签订了房屋买卖合同,购买大江公司在丁县所建住房一套。双方约定,合同发生纠纷后,可以向甲

县法院或者丙县法院起诉。后因房屋面积发生争议,刘某欲向法院起诉。下列关于管辖权的哪种说法是正确的?( )

A. 甲县和丙县法院有管辖权　　B. 只有丁县法院有管辖权
C. 乙县和丁县法院有管辖权　　D. 丙县和丁县法院有管辖权

3. 关于仲裁协议的效力,下列哪些选项是正确的?( )

A. 当事人对仲裁协议效力有争议的,既可以向法院申请认定,也可以向仲裁委员会申请认定
B. 作为合同内容的仲裁条款,在合同无效时,其效力不受影响
C. 仲裁裁决被法院撤销后,当事人可以依原仲裁协议重新申请仲裁
D. 仲裁裁决被法院裁定不予执行后,当事人可以依原仲裁协议重新申请仲裁

4. 根据相关法律规定和司法解释,下列判决和裁定可以上诉的有( )。

A. 二审法院发回重审后的判决
B. 一审法院按审判监督程序再审所作判决
C. 法院适用特别程序、公示催告程序作出的判决
D. 一审法院所作的不予受理裁定、驳回起诉裁定、驳回破产申请裁定

5. 根据我国《民事诉讼法》,关于人民检察院抗诉问题下列说法正确的有( )。

A. 最高人民检察院对各级人民法院已经发生法律效力的判决、裁定,上级人民检察院对下级人民法院已经发生法律效力的判决、裁定,发现有法定需要提起抗诉的情形的,应当提出抗诉
B. 地方各级人民检察院对同级人民法院已经发生法律效力的判决、裁定,发现有法定需要提起抗诉情形的,应当提请上级人民检察院向同级人民法院提出抗诉
C. 人民检察院提出抗诉的案件,接受抗诉的人民法院应当自收到抗诉书之日起30日内进行审查并作出是否再审的裁定
D. 人民法院再审时,应当通知人民检察院派员出席法庭

二、案例分析

原告李某与被告张某、被告A公司买卖合同纠纷一案,某法院2007年3月受理后,承办人向两被告同时发送了诉讼副本等法律文书。被告张某的诉讼文书被退回,经调查得知,张某已外出多年,并且家中再无他人,无法查找张某的下落。为张某借款担保的被告A公司也不知张某的确切下落。承办人即依法发出公告,向被告张某公告送达了诉状副本等法律文书。为张某借款担保的被告A公司在法定答辩期限内提出管辖权异议,认为张某可能在B市做生意多年,要求将该案移交B市法院审理,确保公正审理该案件,但A公司未向法院提供任何能证明张某在B市做生意的证据或线索。原告李某向法院提供了被告张某

的户籍证明和 A 公司的工商登记资料,证实被告张某的住所地和 A 公司的主要营业所在地均在受理法院辖区。在被告 A 公司答辩期满后,受理法院裁定驳回被告 A 公司的管辖权异议。请问:

1. 法院驳回 A 公司管辖权异议是否适当?
2. 如果 A 公司不服法院驳回管辖权异议的裁定,能否上诉?

实战演练的参考答案

第一章 商法概述

一、选择题
1．ABC 2．B 3．ABCD 4．ABD

二、判断题
1．× 2．× 3．✓ 4．× 5．×

第二章 企业法

一、选择题
1．BC 2．C 3．ACD 4．AB 5．AD

二、案例分析
（1）A 公司的 8 万元债务，由甲、乙、丙承担无限连带责任，丁则以其出资 3 万元为限承担责任。

（2）B 公司的 5 万元债务，由乙、丙承担无限连带责任，甲、丁则以其认缴的出资额为限承担责任。

第三章 公 司 法

1．AC 2．D 3．BD 4．CD 5．ABD 6．ACD

二、判断题
1．× 2．× 3．✓ 4．✓ 5．✓

第四章 合 同 法

一、选择题
1．A 2．C 3．ABC 4．ABC 5．ABC

二、案例分析

A 公司的诉讼请求合理。(1) B 公司以电话方式向 A 公司发出了要约,A 公司以实际履行的方式向 B 公司作出了承诺,所以 A、B 之间存在合同关系。现 B 公司出现不安抗辩的事由,A 公司行使不安抗辩权,可以要求解除合同。(2) 解除合同后并不影响追究违约方的违约责任,所以 A 公司可以要求 B 公司支付货款 75 万美元。

第五章 证 券 法

1. D　　2. ABCD　　3. ACD　　4. ABCD　　5. ABCD

第六章 票 据 法

一、选择题

1. ABD　　2. BC　　3. B　　4. BD　　5. ABCD

二、案例分析

理由不正当。汇票具有无因性,乙公司、丙公司只要合法取得了汇票,即享有票据上的权利。即使甲公司与乙公司之间的买卖关系存在问题,也不应影响合法的票据关系。丙公司以背书方式取得该汇票,付款人不得拒绝付款。

第七章 信 托 法

一、选择题

1. AC　　2. ABCD　　3. AD　　4. ABCD　　5. ABD

二、案例分析

1. 根据信托法理和我国《信托法》第 15 条、第 16 条的相关规定,信托财产一经存在即具有独立性,它独立于委托人的财产,也独立于受托人的财产和受托人管理的其他信托关系的财产。据此,本案中的信托财产独立存在,既不属于 A 公司财产,也不属于 C 公司财产,因此不会被作为破产财产进入 A 公司或者 C 公司的破产分配程序。

2. 根据我国《信托法》第 39 条的规定,受托人被依法宣告破产的,其职责终止,受托人职责终止时,其清算人应当妥善保管信托财产,协助新受托人接管信托事务;我国《信托法》第 40 条规定,受托人职责终止的,依照信托文件规定选任新受托人;信托文件未规定的,由委托人选任;……原受托人处理信托事务的权利和义务,由新受托人承继。因此,如果王某在 C 公司破产后委托 D 公司接管信托事务,只要与 D 公司达成合意,C 公司的清算人应当协助 D 公司接管信托事务,原信托关系经变更受托人后可以继续存在。

第八章 保 险 法

一、选择题
1. BCD　2. A　3. C　4. C　5. BCD

二、案例分析

(1) 不合理,因为保单有受益人——丙,而丙的抚养权归丁,所以甲要求给付保险金是不合理的。

(2) 合法。因为丙未满 18 岁,其抚养人丁享有监护权,所以丁请求给付保险金是合法的。

(3) 不成立。因为人身保险与财产保险的要求不同。人身保险只要求订立合同时投保人对被保险人具有保险利益。

(4) 保险公司要承担给付保险金的义务。

(5) 因为保险合同成立满 2 年,保费已交满 2 年,如果解除合同,保险公司应退还保险单的现金价值。

(6) 保险公司只能催缴保险费,不能进行诉讼,如果 60 天后仍不缴的,保险合同效力中止,中止满 2 年仍不补缴的,保险人可以行使解除保险合同的权利,退还保险单的现金价值。

(7) 保险公司可以给付保险金,也可以不给付。因为被保险人自杀是在保险合同成立满 2 年后发生的,如果保险公司不给付保险金,则应给付保险单的现金价值。

(8) 如果在合同成立之日起的 2 年内,保险人发现此问题,保险人可以解除合同;而如果是在 2 年后,即 2010 年的 5 月 20 日以后发现此问题,则保险合同有效,保险人不得解除,应给付保险金。

第九章 破 产 法

一、选择题
1. A　2. ABC　3. ABCD　4. ACD　5. B

二、案例分析

(1) 破产财产:25 + 50 + 350 = 425 万

(2) 别除权:250 万

(3) 破产债权:2400 - 250 = 2150 万

（4）破产费用：25 万

（5）优先权：50 万

（6）一般债权的清偿比例为：425 − 25 − 50/2150 = 16.27%

第十章　商事仲裁与诉讼

一、选择题

1. A　　2. B　　3. AB　　4. ABD　　5. ABD

二、案例分析

（1）根据我国《民事诉讼法》，民商事案件的管辖以原告就被告为原则，本案两被告住所地和主要营业机构所在地均属受理法院辖区，该法院对该案依法具有管辖权。法律虽然规定被告住所地与经常居住地不一致的，由经常居住地法院管辖，但 A 公司并不能证明 B 市就是张某的经常居住地，法院无法认定。再者，一般的管辖权异议，应当由权利人本人提出，A 公司对张某可能存在的管辖权异议，没有法律上代为主张的权利。据此，A 公司的异议既无法证明，又于法无据，法院根据《民事诉讼法》的规定，经审查，认定异议不成立，裁定驳回，于法有据。

（2）根据我国《民事诉讼法》，对于驳回管辖权异议的裁定不服的，当事人可以上诉。如果 A 公司不服法院的驳回裁定，可以依法向该法院的上一级法院提出上诉申请。